科技考古文集

袁靖 著

文物出版社

封面题字：韩启德
封面设计：张希广
责任印制：张　丽
特邀编辑：张　静
责任编辑：李媛媛

图书在版编目（CIP）数据

科技考古文集／袁靖著.—北京：文物出版社，2009.11
ISBN 978-7-5010-2855-9

Ⅰ.科… Ⅱ.袁… Ⅲ.科学技术—考古—中国—文集
Ⅳ.K875.04-53
中国版本图书馆CIP数据核字（2009）第182844号

科技考古文集

袁靖　著

*

文 物 出 版 社 出 版 发 行

（北京市东直门内北小街2号楼）

http://www.wenwu.com
E-mail:web@wenwu.com

北京燕泰美术制版印刷有限公司印刷
新 华 书 店 经 销
787×1092　1/16　印张：25
2009年11月第1版　2009年11月第1次印刷
ISBN 978-7-5010-2855-9　定价:150.00元

Archaeological Science

by
Yuan Jing

Cultural Relics Press
Beijing • 2009

本书出版得到"十一五"

国家科技支撑计划项目"中华文明探源工程(二)"的

"3500BC–1500BC中国文明形成与早期发展阶段的

技术与经济研究"课题资助

目　　录

CONTENTS

前　言

　　20 世纪 70 年代末，我考入西北大学历史系考古专业。在学习中，发现老师讲授的原始社会考古学的主要内容可以用"形状"两个字来概括，即首先认识发掘出土的各个遗址中房址、墓葬、石器、陶器的形状，然后归纳出由一群遗址组成的一个文化或类型的房址、墓葬、石器、陶器的形状，最后依据这些遗迹、遗物的形状特征总结出各个地区、各个时期的各种文化之间的异同。1985 年，我考入中国社会科学院研究生院考古系，师从石兴邦先生学习新石器时代考古。我硕士论文的主要内容就是依据区分遗迹和遗物的形状特征这个基本思路，把甘肃地区马家窑文化马厂类型进一步细分为分布于不同区域的三个组。毕业后，我在中国社会科学院考古研究所参加过多次田野发掘，也写过一些发掘报告和论文。在当时以建立文化谱系为主要目标的新石器时代考古发掘和研究中，我学到了很多知识，打下了比较扎实的考古学基础。

　　1989 年，我到日本千叶大学留学，攻读博士学位。我的导师加藤晋平教授给了我三个建议：一是继续学习中国新石器时代考古，二是学习日本绳纹时代考古，三是学习 20 世纪后半叶兴起于西方考古学界的环境考古学和动物考古学。于是我决定改变自己的知识结构，选择环境考古学和动物考古学作为自己的学习目标。通过学习，我认识到日本、欧美的考古学界在完成考古学文化谱系建设后，通过加强考古学与人文社会科学、自然科学相关学科的紧密结合，建立起新的理论和方法，开辟了新的研究领域，从多个崭新的角度开展研究，把考古学研究推进到一个新层次。环境考古学和动物考古学这两门学科正是欧美学者在推动考古学前进的过程中，逐步建立和完善起来的。

　　从日本获得博士学位后回国十几年来，我的研究工作可以概括为三个部分。

　　第一部分，在国家自然科学基金课题、国家社会科学基金课题、国家文物局课题的支持下，努力促进中国动物考古学研究的目标、理论和方法与国际同类研究接轨，做好动物考古学研究。我先后前往内蒙古、北京、河北、河南、山东、山西、陕西、甘肃、青海、宁夏、新疆、四川、重庆、安徽、江苏、上海、浙江、湖南、湖北、广东、广西等 20 多个省、市、自治区的 40 余处考古遗址开展动物考古学研究。我观察、鉴定、测量过的各种动物骨骼、贝壳数量已达 30 余万块。所有数据都已经输入电脑，由此也建立起一个庞大的数据库。同时，我还把整理过的属于不同地区、不同时期各个古代遗址中出土的动物遗存分类整理，建立起考古研究所中国古代动物骨骼标本库。这样一个包括古代各个地区、各个时期的各类动物骨骼和贝壳的标本库，在中国考古学界是最齐全的，在世界考古学界也是不多见的。我的动物考古研究成果涉及动物考古研究的方法，各种家养动物的起源，不同地区、不同时期的古代居民获取肉食资源的几种方式，不同时空范围内不同阶层的古人利用动物进行随葬和祭祀的特征差异，文化交流中的多种动物证据等等。这些认识揭示了古代人类与动物的各种关系。

第二部分，在国家社会科学基金课题和中国社会科学院重点课题的支持下，组织了包括考古学、第四纪地质与环境、动物考古学、植物考古学、计算机技术在考古中的应用等领域的研究人员组成课题组，在胶东半岛开展了以环境考古研究为目的的贝丘遗址的野外调查、发掘和研究，完成了环境考古工作。我在环境考古领域里探讨的内容概括起来说，就是认识特定时空范围内古代人类是如何在自然环境的制约下开展生存活动的，他们在适应自然环境生存和发展的基础上，又是如何对自然环境产生影响，以至于破坏自然环境的。从现实的角度来看，这些有关古代居民与自然环境相互关系的认识，对于帮助现代人类解决如何与自然环境和谐相处的问题，也是有启示作用的。

第三部分，与科技考古中心（原名为考古科学技术实验研究中心，后改名为考古科技中心，现名为科技考古中心）的同事们一起努力建设、发展科技考古事业。在中国社会科学院和考古研究所各级领导的关心下，我们科技考古中心先后被列为院重点扶植学科、重点学科及重点研究室。我们承担了多项国家级、省部级重要课题。比如在刚刚顺利结项的国家科技支撑计划"中华文明探源工程（二）"项目的四个课题中，我们除主持或参与主持两个课题外，还在另外两个课题中承担了多项任务，成为国内考古学界在这个国家科技支撑计划项目中承担任务最多的研究部门。我在研究中体会到，科技考古正在从两个方面显示出自己的重要作用，一方面是全方位地开辟了以往考古学研究不能涉及的多个新的研究领域，另一方面是大大提高了考古学研究的效率和精确度。放眼未来，这两个方面都将随着考古发掘和自然科学研究的新进展而一直持续下去，并且将越做越大，越做越好。

以上三个部分的主要研究成果都分门别类地收集在这本文集的第一至第三编里。这本文集的第四编是为悼念中国第四纪研究委员会名誉主席、国家最高科学技术奖获得者刘东生院士和原中国历史博物馆馆长俞伟超教授而撰写的。这两位先生在推动中国科技考古事业的发展中，做出了不可磨灭的贡献，我们永远怀念他们。第一至第四编的文章此次发表时都略作改动。这本文集的第五编是我的著述篇目。我把它们按照 20 世纪 80 年代、90 年代和 21 世纪前 8 年分别归类。从中可以看到 21 世纪前 8 年科研成果的主要特征除了数量明显增多外，英文文章的数量也增多了。中国在走向世界，学科在走向世界，我自己也在努力走向世界。

现在，由前辈学者们开创的中国科技考古事业兴旺发达、蒸蒸日上。她得益于国家的大力支持，得益于广大科技考古研究人员的刻苦钻研，得益于学习科技考古的青年学子们的勤奋学习，也得益于全国广大考古研究人员的积极参与。相信通过大家的努力，只要进一步加强科技考古研究力度，提高考古学调查、发掘和研究中科学技术的含量，考古学运用的技术方法就会越来越科学，考古学提取的信息资料就会越来越丰富，考古学开辟的研究领域就会越来越广泛，考古学获得的研究成果就会越来越精彩，考古学的明天就一定会更加灿烂辉煌。

第一编
动 物 考 古

本编由七组文章组成。

《试论中国动物考古学的形成与发展》、《动物考古学研究综述》、《走向世界的中国动物考古学》、《中国动物考古学研究的回顾与思考》阐述了中国动物考古研究的发展过程、主要成果、现状及在世界动物考古学界的位置。

《动物考古学的研究目标、理论和方法》、《中国古代家猪的鉴定标准》、《论动物考古研究与区系类型的关系》主要从理论和方法上把握动物考古学研究。

《中国古代家马的研究》、《中国古代家猪的起源》论述了家畜起源问题，这是动物考古学研究的热点之一。

《论中国新石器时代居民获取肉食资源的方式》、《论甑皮岩遗址居民获取肉食资源的方式》、《论长江流域新石器时代居民获取肉食资源的方式》、《论黄河流域和长江流域史前居民获取肉食资源方式的差异》是对不同地区、不同时期古代居民获取肉食资源方式的比较研究。

《中国新石器时代用猪祭祀及随葬的研究》、《动物考古学研究所见商代祭祀用牲之变化》、《山东滕州前掌大墓地随葬动物前肢的研究》、《安徽滁州何郢遗址出土动物遗骸研究》论述了古代人类除把动物作为肉食资源以外，在随葬和祭祀活动中也将它们作为重要的物品对待，而且不同时期、不同地区、不同阶层的人处理动物的方式也各有特点。

《公元前 2500 年至公元前 1500 年中原地区动物考古学研究》探讨了中原地区文明形成和发展过程中人与动物的各种关系。

《〈清江流域古动物遗存研究〉序一》和《〈考古遗址出土动物骨骼测量指南〉中译本序》是对动物考古学专著和译著的介绍。

试论中国动物考古学的形成与发展

早在 19 世纪前叶，动物考古学研究就在欧洲开始了。经过 100 多年的发展，在各国学者的努力下，动物考古学建立起了自己的研究目标、理论和方法，并在世界各地开展研究，取得了许多有意义的成果[1]。动物考古学作为一门探讨古代社会、历史、环境及人的行为的学问，正在日益发挥积极的作用。与当今世界开展动物考古学研究较好的国家和地区相比，我国在这方面的研究力量还很薄弱，在研究理论、方法、具体实践等方面都还有许多差距和一些空白。基于对我国动物考古学研究现状和经验的总结，对如何进一步拓展这门学科研究的思考，本文尝试对迄今为止我国新石器时代以来的动物考古学研究历史作一个概述和评价，希望能有助于我国动物考古学研究的发展。

早在 20 世纪 30 年代，杨钟健、裴文中、德日进等中外学者就做过关于我国动物考古学的研究。1936 年，德日进、杨钟健发表的《安阳殷墟之哺乳动物群》[2]，可以视为中国动物考古学研究的开始。因为在当时这样的研究做得很少，直至 20 世纪 40 年代，此项工作也并没有得到很好的持续发展。因此，笔者在这里主要围绕 1950 年以后的研究进行探讨。这里把 20 世纪 50 年代以来的动物考古学研究分为两个时期，即开始期和形成期。

开始期（20 世纪 50 年代至 70 年代）

开始期的代表作是李有恒、韩德芬的《陕西西安半坡新石器时代遗址中之兽类骨骼》[3]。这篇研究报告建立了编写体例、观察问题的角度等方面的规范，我国动物考

---

[1] a. 祁国琴、袁靖：《欧美动物考古学简史》，《华夏考古》1997 年第 3 期，第 91～99 页。

　　b. 西本丰弘著，袁靖、焦南峰译：《日本动物考古学的现状课题》，《考古与文物》1993 年第 4 期，第 104～110 页。

[2] 德日进、杨钟健：《安阳殷墟之哺乳动物群》，《中国古生物志》丙种第十二号第一册，1936 年。

[3] 李有恒、韩德芬：《陕西西安半坡新石器时代遗址中之兽类骨骼》，《古脊椎动物与古人类》1959 年第 1 卷第 4 期，第 173～185 页。

古学研究报告的编写迄今还没有完全突破这个框架。

概括起来说，该报告有以下五个特点：（1）鉴定了出土动物骨骼的种属和部位。在报道资料时注重对动物骨骼进行形态上的描述，归纳特点。（2）注意到动物骨骼与人类活动的关系，以动物种类与人的关系进行分类，把进行了骨骼鉴定的动物分为驯养的及可能驯养的、狩猎获取的、可能是较晚时期侵入的三大类。（3）出土的猪的骨骼形态虽然与野猪的骨骼大致相同，但从年龄结构看，半坡遗址的猪绝大多数是幼仔或年轻的，成年的很少。在幼仔和青少年时死亡不是野猪的特征，而是存在家猪的证据。这是我国动物考古学研究中第一次根据猪的年龄结构来论证家猪的存在。（4）注意到人的行为对动物骨骼的影响，如对鹿角的加工痕迹，及出土的动物骨骼中没有完整的肢骨，破碎的肢骨往往只保留关节的两端，上面有砸击的痕迹，推断可能是当时的人为吃骨髓而砸碎的。（5）通过竹鼠骨骼的发现和现代竹鼠的生息环境认识到当时这个地方有竹林，推测当时的气候比现在温暖湿润。另外还通过其他动物的生息环境认识当时遗址周围地区的地形地貌。

从以上五个特点看，其研究范围包括鉴定动物的种属及部位、探讨半坡人的活动及认识当时的自然环境。可以说中国 20 世纪 50 年代的动物考古学研究自一开始就涉及当今动物考古学研究的几个主要方面。

在这里还必须指出，在半坡的动物骨骼研究报告中，所整理的动物骨骼标本是经过挑选的，都是属于保存状态比较好的，并不是出土的全部动物骨骼。此外，在动物骨骼上原来记载有出土的层位、单位等，但研究者认为这些信息意义不大，因此没有保留这些记载。由于半坡的动物骨骼研究报告没有对出土的全部动物骨骼做鉴定，也没有按动物骨骼的出土单位进行分析，因而影响了该报告的科学性。但是，我们不能苛求前人，不能强求他们在当时就具有我们现在这样的认识。必须承认，在 20 世纪 50 年代末，一篇动物骨骼研究报告能够达到这样的水平是很不简单的。而且这篇报告的编写体例、研究方法影响了以后几十年的中国动物考古学研究，该报告在中国动物考古学的研究史上永远处于特殊的地位。

后来，李有恒、韩德芬在《广西桂林甑皮岩遗址动物群》[4] 中又提出了新的认识，如将出土的动物由原来划分为驯养的、狩猎获取的、晚期侵入的三类进一步细分为五类：（1）绝灭和绝迹的动物。（2）由人类饲养的动物。（3）主要的狩猎对象。（4）偶然猎获的动物。（5）穴居的动物。同时他们还根据动物骨骼中反映出来的一些现象，对当时的情况作了解释和推测，如甑皮岩遗址出土的猪年龄较大，这被认为是由于遗址的年代

---

〔4〕 李有恒、韩德芬：《广西桂林甑皮岩遗址动物群》，《古脊椎动物与古人类》1978 年第 16 卷第 4 期，第 244～254 页。

早，驯养水平低，将猪养到 1～2 岁时还长不大，故一直养到 3 岁以上才宰杀。另外，由于在遗址中没有发现狗的骨骼，他们就推测在洞穴里居住的居民，对狗的需要不是十分强烈等等。

在开始期还有一件值得一提的事，即在 1974 年出版的《大汶口》的动物骨骼鉴定报告中提到发现了地平龟，这在我国是首次发现，它打破了以前所知的地平龟仅属于美洲的界限[5]。这个发现在鉴定动物种属方面可以称得上是一个比较大的成就。

归纳开始期发表的几十篇动物骨骼研究报告，可以说我国的动物考古学研究从 20 世纪 50 年代开始基本上可以分为两大类，一类以半坡的动物骨骼研究报告为代表，除了鉴定动物种属外，还对当时的环境及人的活动进行了一些探讨。另一类仅是单纯地对动物骨骼做出种属鉴定，在报告中只是列举动物的名称，而不展开任何讨论。这两大类研究报告的传统一直持续了几十年。

这里还需要强调一个背景，即在 1950 年以后相当长的时间里，考古学界研究的重点是确立中国考古学文化编年，归纳各地考古学文化类型的异同。这个重建古代文化的时间、空间框架的工作是我们必须首先完成的。因此，考古学家们把大量的精力投入到比较各地出土的陶器、石器的特征上。正是在这样的大背景下，我国的动物考古学研究一直处于从属地位，出土的动物骨骼资料也没有得到很好的重视，鉴定出土动物骨骼的工作主要由古生物学家来承担。

总的来说，开始期有三个特征：（1）有些动物骨骼研究报告的研究起点比较高，能从人与动物的关系上进行探讨。当时一些动物骨骼研究报告的内容已经包括了鉴定动物种属、推测当时环境及探讨当时人的一些行为等动物考古学研究的主要目的。（2）考古学界对动物考古学研究不够重视，没有对每个遗址出土的动物骨骼都进行采集和研究。即便对遗址中出土的动物骨骼进行采集和整理，其方法也不够科学，研究者没有认识到对全部动物骨骼进行鉴定的重要性和按动物骨骼的出土单位进行整理分析的必要性。（3）当时从事动物考古研究的人本身对研究动物骨骼的目的认识不够统一，表现在一些研究报告的编写体例、探讨内容等方面的随意性。

形成期（20 世纪 80 年代以来）

形成期的代表作有祁国琴的《动物考古学所要研究和解决的问题》、《姜寨新石器

---

〔5〕 叶祥奎：《我国首次发现的地平龟甲壳》，见山东省文物管理处、济南市博物馆编：《大汶口》，第 159～164 页，北京：文物出版社，1974 年。

时代遗址动物群的分析》[6]，魏丰、吴维棠、张明华、韩德芬的《浙江余姚河姆渡新石器时代遗址动物群》[7]。

祁国琴经过数年在美国对动物考古学所作的研究和考察，在《动物考古学所要研究和解决的问题》一文中就研究内容及材料的处理方法提出了以下认识：（1）恢复和重建古代居民居址附近的自然条件，包括古气候和古生态环境。（2）研究古代居民狩猎的对象和狩猎技术、对食物的选择以及加工食物的方法。（3）研究遗址长期性或季节性居住的证据。（4）研究古代社会结构和居住情况。（5）研究古代宗教或祭祀用的动物制品及禁忌物。（6）研究古代的贸易情况。（7）研究手工制品和天然原料的来源。（8）研究家畜饲养。（9）在发掘和整理时对骨骼的采集和处理方法。

这是一篇比较全面地介绍欧美动物考古学研究现状的文章，对中国的考古学者认识当时世界动物考古学研究的动向起到了相当积极的宣传作用。

另外，祁国琴在《姜寨新石器时代遗址动物群的分析》这篇研究报告中首次使用统计最小个体数的方法对姜寨的动物骨骼进行定量统计，对各类动物在总数中各占多少比例得出了明确的结论。我们的动物考古学研究终于开始摆脱过去那种使用"较多"、"比较少"等模糊的语言表达各类动物数量的方法，在与世界动物考古学研究方法接轨方面走出了有意义的一步。祁国琴在报告中还尝试把动物骨骼复原到遗址中出土的位置并进行探讨，她发现属于姜寨一期的动物骨骼中有40％集中在遗址南部，从而推测产生这种现象的原因是生活在这个地域的氏族人口多，或者居住时间长。

《浙江余姚河姆渡新石器时代遗址动物群》是我国动物考古学形成期的第一本动物考古学专著，从这一点来说就可见其意义不同寻常。这本专著描述的动物骨骼分属于61个种属，并配有线图，报告的讨论部分包括河姆渡遗址动物群的性质、当时居住在遗址的先民们对环境的利用和改造、驯养的动物、兽骨的利用、从动物骨骼看民俗现象、关于下颌骨上的人工割划痕迹等等。

除上述代表作外，这一时期还有一些比较有意思的研究报告和论文。研究报告有周本雄的《河北武安磁山遗址的动物骨骸》[8]，他在文章中指出：磁山遗址出土的鸡骨与现代家鸡的骨骼形状比较接近，可能当时已有家鸡，因而我国的家鸡起源

〔6〕 a. 祁国琴：《动物考古学所要研究和解决的问题》，《人类学学报》1983 年第 2 卷第 3 期，第 293～300 页。

b. 祁国琴：《姜寨新石器时代遗址动物群的分析》，见西安半坡博物馆、陕西省考古研究所编：《姜寨》，第 504～538 页，北京：文物出版社，1988 年。

〔7〕 魏丰、吴维棠、张明华、韩德芬：《浙江余姚河姆渡新石器时代遗址动物群》，北京：海洋出版社，1989 年。

〔8〕 周本雄：《河北武安磁山遗址的动物骨骸》，《考古学报》1981 年第 3 期，第 339～346 页。

在世界上是最早的，可追溯到距今 7000 年前，这应该说是一个重大发现。另外，由于经鉴定的鸡骨大部分为雄性，他认为这可能是出于宗教需要，或者像现代一样，留下产卵的母鸡，而把公鸡杀掉。他还发现这个遗址出土的猪骨数量不像仰韶、龙山文化遗址里出土的那样占绝对优势，野生动物的骨骼数量相当多，因而推测狩猎在当时还占有一定地位。韩立刚在《安徽省濉溪县石山子遗址动物骨骼鉴定与研究》[9] 这篇报告中统计了出土的各类动物的骨骼数量，描述了它们的形状，同时着重对骨器制作及骨骼上的人工痕迹进行探讨。张兴永、耿德铭、刘晖在《塘子沟早全新世哺乳动物群》[10] 一文中提出云南地区新石器时代"塘子沟动物群"的命名，他们比较详细地描述了出土动物骨骼的形态特征，统计了全部动物的最小个体数，推测了当时的自然环境和经济生活。这是一篇对边疆地区遗址中出土的动物骨骼所作的很有价值的报告。成庆泰在《三里河遗址出土的鱼骨、鱼鳞鉴定报告》[11] 一文中对出土的鱼骨进行了分析鉴定，并与现代鱼类进行了对比探讨。他还发现该遗址中鱼鳞与鱼骨分别出土于两个地方，因而推测当时的人在吃鱼之前知道去鳞。这是我国动物考古学研究中第一篇比较详尽的关于出土鱼骨的研究报告。

这个时期有两篇论文比较特殊。一篇是吕遵谔、黄蕴平的《大型食肉类动物啃咬骨骼和敲骨取髓破碎骨片的特征》[12]，他们通过对骨骼进行实验分析，提出动物啃咬骨骼留下痕迹的模式和敲骨取髓打破骨片的特征。另一篇是龙凤骧的《马鞍山遗址出土碎骨表面痕迹的分析》[13]，他通过对出土骨骼表面的观察和分析，区分表面痕迹是自然作用还是人为作用的结果（比如敲骨吸髓、制作骨制品等）。这两篇论文探讨的内容在当今世界动物考古学研究中都是相当前沿的。

值得一提的还有李天元翻译的《动物骨骼图谱》[14]，这本书的英文原著选取了一些常见动物各个部位的骨骼线图，把不同动物的同一部位骨骼放在一起加以比较，并配以简要的文字说明，使用起来比较方便，对于骨骼鉴定很有帮助。

---

〔9〕 安徽省文物考古研究所：《安徽省濉溪县石山子遗址动物骨骼鉴定与研究》，《考古》1992 年第 3 期，第 253～262 页。

〔10〕 张兴永、耿德铭、刘晖：《塘子沟早全新世哺乳动物群》，见张兴永主编：《保山史前考古》，第 49～62 页，昆明：云南科技出版社，1992 年。

〔11〕 成庆泰：《三里河遗址出土的鱼骨、鱼鳞鉴定报告》，见中国社会科学院考古研究所编著：《胶县三里河》，第 186～189 页，北京：文物出版社，1988 年。

〔12〕 吕遵谔、黄蕴平：《大型食肉类动物啃咬骨骼和敲骨取髓破碎骨片的特征》，见北京大学考古系编：《纪念北京大学考古专业三十周年论文集》，第 4～39 页，北京：文物出版社，1990 年。

〔13〕 龙凤骧：《马鞍山遗址出土碎骨表面痕迹的分析》，《人类学学报》1992 年第 11 卷第 3 期，第 216～229 页。

〔14〕 伊丽莎白·施密德著，李天元译：《动物骨骼图谱》，北京：中国地质大学出版社，1992 年。

另外，这个时期还发表了一些介绍动物考古学或国外动物考古学研究的文章。如周本雄的《中国新石器时代的家畜》、《考古动物学》[15]。安家瑗、龙凤骧的《动物考古学在美国》[16]，袁靖、焦南峰、秦小丽等翻译的《日本动物考古学的现状课题》、《动物考古学研究的进展》、《根据动物牙齿状况判断哺乳动物的年龄》、《关于如何确定遗址中出土的日本野猪年龄问题的探讨》、《论弥生文化的家猪》等[17]。

特别要强调的一点是1992年，由美国科学院美中学术交流委员会和中国科学院古脊椎动物与古人类研究所联合主办的中美田野考古学校，邀请了美国加利福尼亚大学圣克鲁斯分校的吉黛纳博士在周口店举办了为期三周的动物考古学讲座，听众包括来自全国一些省市的考古工作者。吉黛纳博士主要讲授了哺乳动物骨骼学基础、史前人类食物结构及其活动的季节性、动物屠宰方法、骨骼表面各种痕迹的辨认与分析、骨骼破碎规律及风化等，这是利用把国外动物考古学家请进来的方式推动我国动物考古学研究的发展[18]。

通过这种方式，考古工作者开始有意识地参与动物考古学研究。其中比较有代表性的研究报告是陈全家的《农安左家山遗址动物骨骼鉴定及痕迹研究》。在文章中，除鉴定了出土动物的种类、统计了它们的最小个体数外，他还讨论了当时狩猎和捕捞所占的地位、动物的驯养、遗址被占用的时间及骨器制作等内容[19]。从文章中我们可以

---

[15] a. 周本雄：《中国新石器时代的家畜》，见中国社会科学院考古研究所编著：《新中国的考古发现和研究》，第194~198页，北京：文物出版社，1984年。

　　 b. 周本雄：《考古动物学》，见中国大百科全书总编辑委员会《考古学》编辑委员会、中国大百科全书出版社编辑部编：《中国大百科全书·考古学》，第252页，北京：中国大百科全书出版社，1986年。

[16] 吉黛纳讲授，安家瑗、龙凤骧整理：《动物考古学在美国》，《文物天地》1993年第1期，第44~45页。

[17] a. 西本丰弘著，袁靖、焦南峰译：《日本动物考古学的现状课题》，《考古与文物》1993年第4期，第104~110页。

　　 b. 松井章著，袁靖、秦小丽译：《动物考古学研究的进展》，《考古与文物》1994年第1期，第92~112页。

　　 c. 小池裕子、大泰司纪之著，袁靖译：《根据动物牙齿状况判断哺乳动物的年龄》，《北方文物》1992年第3期，第104~106页。

　　 d. 小池裕子、林良博著，袁靖译：《关于如何确定遗址中出土的日本野猪年龄问题的探讨》，见四川大学博物馆、中国古代铜鼓研究学会编著：《南方民族考古（第五辑）》，第198~202页，成都：四川科学技术出版社，1993年。

　　 e. 西本丰弘著，袁靖译：《论弥生文化的家猪》，《农业考古》1993年第3期，第282~294页。

[18] 吉黛纳讲授，安家瑗、龙凤骧整理：《动物考古学在美国》，《文物天地》1993年第1期，第44~45页。

[19] 陈全家：《农安左家山遗址动物骨骼鉴定及痕迹研究》，见吉林大学考古学系：《青果集》，第57~71页，北京：知识出版社，1993年。

看到他对骨器制作及骨骼上的人工痕迹都作了相当细致的观察与研究，这个特点以往并不多见。这似乎反映出考古工作者进行的动物考古学研究与古生物学家所作的研究是有所区别的，相对来说，考古工作者在研究中更注重把动物骨骼与人的行为联系在一起进行探讨。

与开始期相比，形成期的研究比较有声有色。但是必须指出，到了这个时期，我们的不少动物骨骼研究报告仍有不足之处，如研究者对出土的动物骨骼所反映出的当时的文化面貌还没有很好地把握；在发掘时没有采集全部的动物骨骼；没有最小个体数的统计和比较；没有按动物骨骼出土的层位、单位进行整理和分析；在涉及人的行为的讨论时往往仅是区分家养动物和野生动物的种类，没有再做别的探讨等等。另外，动物骨骼的研究报告仍然是作为附录放在考古报告正文的后面。大家普遍没有认识到，遗址里出土的动物骨骼和陶器、石器、骨器一样，都是在当时被人利用后废弃的，都能从一个侧面反映古代人的某些行为。因此，在搞清出土动物骨骼所属的种类、年龄、数量、性别及部位的基础上，概括其规律，并认真探讨其出现的原因，对于在一定程度上复原古代人的行为是大有裨益的，对于发掘报告结论部分的完整性、丰富性、科学性也是不可缺少的。当然，这也与动物考古研究报告的质量有关，到了20世纪90年代，有些动物骨骼研究报告还仅仅是鉴定动物的种属，基本上不展开讨论。毫无疑问，单单是一个动物种类的名单，在发掘报告的正文里是没有地位的。

总的来说，形成期有三个特征：（1）通过走出去、请进来两种方式，把当今世界上流行的动物考古学的目标、方法介绍到中国，并且开始运用一些国际动物考古学界通用的方法做研究。我国动物考古学研究终于迈出了与世界动物考古学研究接轨的第一步。（2）从事动物考古学研究的专家人数增多了，考古工作者也参与到动物考古学研究的领域中来，这是一个可喜的变化。与开始期相比，动物考古学研究成果的质与量都有了显著提高。（3）没有形成一套系统的、为大家所承认的动物考古学研究的目标、理论和方法，还没有克服在开始期就已经存在的不足。

结　语

综上所述，经过几十年的努力，中国动物考古学取得了不少成果。比如，我们认识了属于中国新石器时代各个主要文化类型的动物种类，初步了解古代中国南方和北方家养动物的特点，通过分析研究遗址中出土的动物种类，初步了解当时遗址所在地区的气候、环境与现在的差异，尝试着对骨器制作技术及动物骨骼上的人工痕迹进行分析等等。但是还应该指出我国的动物考古学研究一直是在比较封闭的环境里发展，其指导思想、操作方法长期以来没有与国际上流行的指导思想和操作方法接轨，如果把我们的研究与欧美、日本的研究放到一起系统比较的话，我们会明显感到自己的不足，我们本来可以从遗址中出土的动物骨骼中获得更多的认识。不过，只要我们能够正视差距，从现在开始，指导思想明确、操作方法得当、努力做下去，相信我们所拥有的宝贵资料一定会给我们带来许多有价值的研究成果，中国动物考古学的研究前景一定是灿烂辉煌的。

本文在写作过程中，得到中国科学院古脊椎动物与古人类研究所祁国琴先生的指教，吉林大学考古系李伊萍老师为我收集资料花费了很多精力，在此一并衷心感谢。

（原载于《江汉考古》1995 年第 2 期，第 84～88 页）

动物考古学研究综述

中国的动物考古研究始于 20 世纪 30 年代，由于各种原因，在相当长的时间里这方面的研究一直没有很好地开展起来。到了 20 世纪 90 年代，中国动物考古学研究才有了明显起色。这里分为鉴定和研究报告、综述和专题研究、国外动物考古学研究的介绍等几个方面进行介绍。

鉴定和研究报告

东北内蒙古地区

黑龙江

陈冠芳等鉴定了密山新开流新石器时代遗址的动物骨骼，确认软体动物及鱼类、爬行类、鸟类和哺乳类动物 12 种。其中没有发现家养动物[1]。

吉林

陈全家通过对农安左家山新石器时代遗址的动物骨骼进行定性定量分析，确认鸟类和哺乳类动物 24 种，提出当时狩猎和捕捞占据主导地位、狗和猪已经是驯养的动物、这是一处季节性居住遗址等观点。另外，他对动物骨骼上的人工和非人工痕迹的识别、骨器的制作方法及当时的自然环境等也提出了自己的看法[2]。

辽宁

傅仁义鉴定了大连郭家村遗址的动物骨骼，确认软体动物及哺乳类动物 29 种。他认为狗、猪是驯养的动物，从大汶口文化到龙山文化，家猪的比例有增多的趋势，而渔猎活动仍占有一定比例。他对遗址周围的自然环境也进行了推测[3]。

傅仁义通过对彰武平安堡新石器时代至青铜时代遗址出土动物骨骼的鉴定，确认

[1] 陈冠芳、周本雄：《新开流遗址出土动物骨骼鉴定表》，《考古学报》1979 年第 4 期，第 518 页。
[2] 陈全家：《农安左家山遗址动物骨骼鉴定及痕迹研究》，见吉林大学考古学系编：《青果集》，第 57～71 页，北京：知识出版社，1993 年。
[3] 傅仁义：《大连郭家村遗址的动物遗骨》，《考古学报》1984 年第 3 期，第 331～334 页。

鸟类和哺乳类动物 10 种，其中狗、猪和牛等家畜占主要地位。他同时对遗址周围的自然环境也进行了推测[4]。

傅仁义研究了大连大嘴子青铜时代遗址的动物骨骼，确认软体动物及鱼类、哺乳类动物 27 种。他对狗和猪的骨骼进行了测量，并推测当时人获取肉食资源的方式包括饲养家畜和渔猎[5]。

内蒙古

黄蕴平通过对敖汉赵宝沟新石器时代遗址动物骨骼的定性定量分析，确认软体动物及鱼类、鸟类和哺乳类动物 21 种。她认为除狗和猪为家畜外，其余都是野生动物，由此推测当时的人以狩猎和捕捞活动为主。她对当时获取的纯肉量进行了统计，对动物骨骼进行了测量，并对动物骨骼上的切割痕迹和加工骨器的过程进行了研究[6]。

黄蕴平通过对凉城石虎山 I 新石器时代遗址动物骨骼的定性定量研究，确认哺乳类 18 种，除狗和猪为家养动物外，其他都是野生动物，由此推测当时以狩猎活动为主。她还对动物骨骼进行了测量[7]。西本丰弘专门对石虎山 I 遗址的猪骨进行了研究，通过测量与观察，确认当时既存在家猪，也存在野猪，并证明当时猪的家畜化已经有一段时间了[8]。

黄蕴平通过对伊金霍洛朱开沟遗址龙山晚期至商周的动物骨骼进行定性定量研究，确认了哺乳类 11 种。测量和统计结果证明这些动物中以狗、猪、牛和绵羊四种家畜为主。她还将统计学上的置信度、平均百分比等概念引入解释分析中，使数据更具科学性。她在报告中还列出猪、牛、羊等主要动物的测量数据，确立该遗址各种家养动物的骨骼形态学标准。她还研究了骨角器的制作工艺，并对遗址附近的古环境和当时人类的经济生活进行了探讨[9]。

[4]　傅仁义：《平安堡遗址兽骨鉴定报告》，《考古学报》1992 年第 4 期，第 474～475 页。

[5]　傅仁义：《大嘴子遗址出土动物遗骸研究》，见大连市文物考古研究所编著：《大嘴子》，第 285～290 页，大连：大连出版社，2000 年。

[6]　黄蕴平：《动物骨骼概述》，见中国社会科学院考古研究所编著：《敖汉赵宝沟》，第 180～201 页，北京：中国大百科全书出版社，1997 年。

[7]　黄蕴平：《石虎山 I 遗址动物骨骼鉴定与研究》，见内蒙古文物考古研究所、日本京都中国考古学研究会编（田广金、秋山进午主编）：《岱海考古（二）》，第 489～513 页，北京：科学出版社，2001 年。

[8]　西本丰弘著，袁靖译：《石虎山 I 遗址猪骨鉴定》，见内蒙古文物考古研究所、日本京都中国考古学研究会编（田广金、秋山进午主编）：《岱海考古（二）》，第 514～526 页，北京：科学出版社，2001 年。

[9]　黄蕴平：《内蒙古朱开沟遗址兽骨的鉴定与研究》，《考古学报》1996 年第 4 期，第 515～536 页。

华北地区

北京

黄蕴平通过对房山镇江营和塔照新石器时代至商周时期遗址的动物骨骼进行定性定量分析，确认软体动物及鱼类、爬行类、鸟类和哺乳类动物23种，其中以狗、猪、牛和马四种家养动物为主，捕捞和狩猎活动也在经济活动中占有一定比例。她发现动物骨骼上有切割痕迹。她认为商周时期的气候比现在稍温暖湿润[10]。

房利祥通过对丰台大葆台汉墓动物骨骼的研究，确认鱼类、鸟类和哺乳类动物10余种。他主要对马骨进行了测量和分析[11]。

河北

周本雄研究了徐水南庄头新石器时代早期遗址的动物骨骼，确认软体动物及爬行类、鸟类、哺乳类动物16种，除狗和猪可能为家养动物外，其余均为野生动物[12]。

周本雄通过对武安磁山新石器时代中期遗址动物骨骼进行研究，确认软体动物及鱼类、鸟类和哺乳类动物23种，发现被埋葬的狗和猪，认为当时已经存在家鸡、家狗和家猪等家养动物，并对家鸡的起源问题进行了讨论。他发现该遗址的猪骨数量不像仰韶、龙山文化遗址里出土的那样占绝对优势，狩猎活动在当时还占有较高比例[13]。

西北地区

甘肃

周本雄通过对天水师赵村和西山坪新石器时代遗址动物骨骼的研究，确认软体动物及爬行类、鸟类和哺乳类动物19种，野生动物的骨骼自马家窑文化到齐家文化明显减少，齐家文化中家猪的骨骼占绝大多数[14]。

周本雄鉴定了永靖大何庄齐家文化遗址的动物骨骼，确认哺乳类7种，家猪占绝大多数，当时有把猪下颌随葬于墓中的习俗，还用整头的牛和羊进行祭祀[15]。

---

[10] 黄蕴平：《动物遗骸鉴定报告》，见北京市文物研究所著：《镇江营与塔照》，第557～565页，北京：中国大百科全书出版社，1999年。

[11] 房利祥：《大葆台一号汉墓随葬的动物骨骸分析》，见大葆台汉墓发掘组编：《北京大葆台汉墓》，第115～117页，北京：文物出版社，1989年。

[12] 周本雄：《河北省徐水县南庄头遗址的动物遗骸》，《考古》1992年第11期，第966～967页。

[13] 周本雄：《河北武安磁山遗址的动物骨骼》，《考古学报》1981年第3期，第339～346页。

[14] 周本雄：《师赵村与西山坪遗址的动物遗存》，见中国社会科学院考古研究所编著：《师赵村与西山坪》，第335～339页，北京：中国大百科全书出版社，1999年。

[15] 中国科学院考古研究所甘肃工作队：《甘肃永靖大何庄遗址发掘报告》，《考古学报》1974年第2期，第29～61页。

周本雄通过对永靖秦魏家齐家文化墓地动物骨骼的鉴定，确认哺乳类 7 种，其中家猪占绝大多数，当时有把猪下颌随葬于墓中的习俗[16]。

宁夏

袁靖等通过对固原唐代史道洛墓动物骨骼的定性定量分析，确认鸟类和哺乳类动物 8 种。其中以牛、羊为主，没有发现猪，可能与这里为农牧迁徙地区有关。他们对各种动物骨骼均进行了测量[17]。

新疆

安家瑗等通过对和静察吾乎沟口一、三号墓地动物骨骼的定性定量分析，确认马、鹿科动物、黄牛和绵羊四种哺乳动物，它们均为当时人有意识随葬的遗存；他们还对马和绵羊的牙齿进行了测量[18]。

西藏

黄万波等通过对昌都卡若新石器时代遗址动物骨骼的研究，确认软体动物及鸟类、哺乳类动物 17 种，并对一些动物骨骼进行了测量。他们认为，除猪为家畜外，其余都是野生动物，当时的经济以狩猎为主，气候比现在温暖。由于在该遗址发现宝贝，证明当时存在文化交流[19]。

黄河中下游地区

山西

袁靖通过对垣曲古城东关新石器时代遗址动物骨骼的定性定量分析，确认软体动物及鱼类、爬行类、鸟类、哺乳类动物 17 种，其中家猪的数量最多。他对猪下颌骨进行了测量[20]。

黄蕴平通过对侯马天马－曲村遗址龙山文化和周代两个时期的动物骨骼的定性定量分析，确认哺乳类 6 种，以家畜为主，其中羊的数量从早期到晚期逐渐减少，而猪的数量从早期到晚期逐渐增多。祭祀坑中的动物为整只的马、牛和羊。同时，

〔16〕 中国科学院考古研究所甘肃工作队：《甘肃永靖秦魏家齐家文化墓地》，《考古学报》1975 年第 2 期，第 57～96 页。

〔17〕 袁靖、安家瑗：《动物骨骼》，见原州联合考古队编：《唐史道洛墓》，第 296～336 页，京都：勉诚出版社，2000 年。

〔18〕 安家瑗、袁靖：《新疆和静县察吾乎沟口一、三号墓地动物骨骼研究报告》，《考古》1998 年第 7 期，第 63～68 页。

〔19〕 黄万波、冷健：《卡若遗址兽骨鉴定与高原气候的研究》，见西藏自治区文物管理委员会、四川大学历史系：《昌都卡若》，第 160～166 页，北京：文物出版社，1985 年。

〔20〕 袁靖：《垣曲古城东关遗址出土动物骨骼研究报告》，见中国历史博物馆考古部、山西省考古研究所、垣曲县博物馆编著：《垣曲古城东关》，第 575～588 页，北京：科学出版社，2001 年。

她对动物骨骼进行了测量[21]。

陕西

周本雄通过对临潼白家村前仰韶文化时期遗址动物骨骼的研究，确认软体动物及鸟类、哺乳类动物12种。他认为当时的家养动物包括鸡、狗、猪和水牛[22]。

李有恒等通过对西安半坡新石器时代遗址的动物骨骼的研究，确认鱼类、鸟类和哺乳类动物19种。他们注重对动物骨骼进行体型上的描述，把动物分为驯养的及可能驯养的、狩猎获得的、可能是较晚时期侵入的三大类。他们根据猪的年龄结构来论证家猪的存在，注意动物骨骼上的加工痕迹，并依据动物的生态特征推测当时的自然环境[23]。

周本雄通过对宝鸡北首岭遗址分属于前仰韶文化和仰韶文化的动物骨骼进行研究，确认软体动物及鱼类、爬行类、鸟类和哺乳类动物21种。他认为当时肉食资源的获取以饲养鸡、狗、猪、牛为主，可能还驯养鹿，同时也存在着狩猎。他还对猪的牙齿进行了测量[24]。

祁国琴通过对临潼姜寨遗址中分属于仰韶文化和龙山文化的动物骨骼进行定性定量分析，确认软体动物及鱼类、鸟类和哺乳类动物29种。她认为当时人获取肉食资源的方式包括饲养和狩猎。当时除家猪外可能还饲养梅花鹿。她对猪的牙齿进行了测量。她还尝试着把动物骨骼复原到遗址中的出土位置，从而探讨当时人的行为。另外，她还依据动物的生态特征推测当时的自然环境[25]。

傅勇通过对扶风案板遗址中分属于仰韶文化和龙山文化的动物骨骼进行分析，确认软体动物及鸟类、爬行类、哺乳类动物16种，其中以猪等家养动物为主。他对当时的自然环境也做了推测[26]。

---

[21] a. 北京大学考古系商周组、山西省考古研究所编著：《天马－曲村（1980－1989）》，第983~993页，北京：科学出版社，2000年。
　　 b. 黄蕴平：《天马-曲村遗址兽骨的鉴定和研究》，见北京大学考古系商周组、山西省考古研究所编著：《天马－曲村（1980－1989）》，第1153~1169页，北京：科学出版社，2000年。
[22] 周本雄：《白家村遗址动物遗骸鉴定报告》，见中国社会科学院考古研究所编著：《临潼白家村》，第123~126页，成都：巴蜀书社，1994年。
[23] 李有恒、韩德芬：《陕西西安半坡新石器时代遗址中之兽类骨骼》，《古脊椎动物与古人类》1959年第1卷第4期，第173~185页。
[24] 周本雄：《宝鸡北首岭新石器时代遗址中的动物骨骸》，见中国社会科学院考古研究所编著：《宝鸡北首岭》，第145~153页，北京：文物出版社，1983年。
[25] 祁国琴：《姜寨新石器时代遗址动物群的分析》，见西安半坡博物馆、陕西省考古研究所编：《姜寨》，第504~538页，北京：文物出版社，1988年。
[26] 傅勇：《陕西扶风案板遗址动物遗存的研究》，《考古与文物》1988年第5、6期，第203~208页。

吴家炎通过对南郑龙岗寺新石器时代遗址的动物骨骼进行鉴定，确认软体动物及鱼类、爬行类、鸟类和哺乳类动物22种。他发现许多动物骨骼上有人工切割痕迹[27]。

王宜涛通过对商县紫荆遗址中前仰韶文化至西周时期的动物骨骼进行定性定量分析，确认软体动物及两栖类、爬行类、鸟类和哺乳类动物16种。他认为当时的气候比现在温暖湿润[28]。

刘莉等对临潼康家新石器时代遗址动物骨骼进行定性定量分析，确认软体动物及鱼类、鸟类和哺乳类动物28种。她认为龙山文化时期人们获取肉食资源的方式基本为家养和狩猎并重，家养动物主要包括猪、牛和羊。她还对当时的自然环境进行了推测[29]。

祁国琴等鉴定了长安沣西西周遗址的动物骨骼，确认4种哺乳类动物[30]。

袁靖等通过对长安沣西西周遗址的动物骨骼进行定性定量分析，确认软体动物及鸟类、哺乳类动物14种。其中家养动物占据绝对多数。他对狗、猪、梅花鹿、牛和羊的颌骨进行了测量。他认为文蛤的存在证明当时存在文化交流[31]。

河南

黄万波等通过对舞阳贾湖新石器时代中期遗址的动物骨骼进行研究，确认软体动物及鱼类、爬行类、鸟类、哺乳类动物38种，对一些动物骨骼进行了测量。他将猪的年龄划分为三个阶段，并列出判断标准，认为当时存在家猪，可能还存在牛和羊等家畜，不过渔猎活动在当时仍占据重要的地位[32]。

贾兰坡等通过对淅川下王冈遗址中仰韶文化至西周时期的动物骨骼进行研究，确认鱼类、爬行类、哺乳类动物31种，认为当时存在狗、猪、黄牛等家畜。因为发现一些生息于热带的动物骨骼，证明当时的气候要比现在温暖湿润[33]。

周本雄通过对汤阴白营新石器时代遗址的动物骨骼进行研究，确认软体动物及鱼

〔27〕 吴家炎：《动、植物遗骸》，见陕西省考古研究所：《龙岗寺》，第40～42页，北京：文物出版社，1990年。

〔28〕 王宜涛：《紫荆遗址动物群及其古环境意义》，见周昆叔主编：《环境考古研究（第一辑）》，第96～99页，北京：科学出版社，1991年。

〔29〕 刘莉、阎毓民、秦小丽：《陕西临潼康家龙山文化遗址1990年发掘动物遗存》，《华夏考古》2001年第1期，第3～24页。

〔30〕 祁国琴、林钟雨：《动物骨骼鉴定单》，《考古》1992年第11期，第1002～1003页。

〔31〕 袁靖、徐良高：《沣西出土动物骨骼研究报告》，《考古学报》2000年第2期，第246～256页。

〔32〕 黄万波：《动物群落》，见河南省文物考古研究所编著：《舞阳贾湖》，第785～805页，北京：科学出版社，1999年。

〔33〕 贾兰坡、张振标：《河南淅川下王冈遗址中的动物群》，见河南省文物研究所、长江流域规划办公室考古队河南分队编：《淅川下王冈》，第429～439页，北京：文物出版社，1989年。

类、爬行类、哺乳类动物 16 种，其中家猪的数量最多，还有鸡、狗、猫、马、牛、山羊另外 6 种家养动物。他认为龙山文化时期有饲养马和家猫的可能性[34]。

研究者通过对驻马店杨庄遗址动物骨骼的研究发现二里头时期的软体动物及哺乳类 6 种，其中家猪的数量最多[35]。

袁靖通过对郑州商代窖藏坑中动物骨骼的鉴定，确认狗、猪、牛、羊 4 种哺乳类动物，它们全部属于家畜[36]。

袁靖等通过对安阳洹北花园庄商代遗址中动物骨骼的研究，确认软体动物及鱼类、鸟类、哺乳类动物 12 种，其中鸡、狗、猪、牛、羊 5 种家养动物占绝大多数，并对一些动物骨骼进行了测量[37]。

德日进、杨钟健等通过对安阳殷墟动物骨骼的研究，确认 6 种鱼类和 29 种哺乳类，并以 1000、100、10 为单位进行了统计[38]。陈志达汇总了安阳殷墟遗址出土的动物骨骼资料，提出当时的人已经把鱼、鸡、鸟、猴、狗、象、马、猪、鹿、牛、羊等作为祭祀或随葬的物品[39]。

山东

周本雄、叶祥奎、郭书元等通过对山东兖州王因遗址中北辛文化和大汶口文化的动物骨骼进行研究，确认软体动物及鱼类、爬行类、鸟类、哺乳类动物 66 种，他们认为这两期文化中的动物均以猪为主。他们还发现完整的猪骨架。另外，他们推测捕捞活动也有一定的规模，当时的人有用猪、鹿和獐的下颌骨随葬的习俗。他们发现在龟

〔34〕周本雄：《河南汤阴白营河南龙山文化遗址的动物遗骸》，见《考古》编辑部编辑：《考古学集刊（3）》，第 48～50 页，北京：中国社会科学出版社，1983 年。

〔35〕北京大学考古学系、驻马店市文物保护管理所编著：《驻马店杨庄》，第 194～195 页，北京：科学出版社，1998 年。

〔36〕袁靖：《郑州南顺城街窖藏坑出土动物骨骼鉴定报告》，见河南省文物考古研究所、郑州市文物考古研究所编著：《郑州商代铜器窖藏》，第 128～129 页，北京：科学出版社，1999 年。

〔37〕袁靖、唐际根：《河南安阳市洹北花园庄遗址出土动物骨骼研究报告》，《考古》2000 年第 11 期，第 75～81 页。

〔38〕a. 秉志：《河南安阳之龟壳》，见傅斯年、董作宾、陈寅恪、丁山、徐中舒编辑：《安阳发掘报告》，第三期，第 443～446 页，北平：京华印书局代印，1931 年。

b. 德日进、杨钟健：《安阳殷墟之哺乳动物群》，《中国古生物志》丙种第十二号第一册，1936 年。

c. 杨钟健：《安阳殷墟扭角羚之发见及其意义》，《中国考古学报》，第三册，第 261～265 页，1948 年。

d. 伍献文：《记殷墟出土之鱼骨》，《中国考古学报》，第四册，第 139～143 页，1949 年。

e. 杨钟健、刘东生：《安阳殷墟之哺乳动物群补遗》，《中国考古学报》，第四册，第 145～153 页，1949 年。

〔39〕陈志达：《自然遗物》，见中国社会科学院考古研究所编著：《殷墟的发现与研究》，第 415～418 页，北京：科学出版社，1994 年。

甲上有灼痕和钻孔，扬子鳄遗骸的存在证明当时的气候比现在温暖湿润[40]。

李有恒、许春华发现曲阜西夏侯遗址大汶口文化的墓葬中随葬完整的猪头骨，均为雄性[41]。

李有恒、叶祥奎等通过对泰安大汶口遗址中动物骨骼的研究，确认爬行类、鸟类和哺乳类动物9种，其中以家猪为主，多用猪头随葬。另外还发现有地平龟[42]。

成庆泰通过对胶县三里河新石器时代遗址中鱼骨的研究，确认4种海产鱼类。他发现在遗址中，鱼鳞与鱼骨分别出自两个地方，因而推测大汶口文化的人在吃鱼之前知道去鳞[43]。齐钟彦通过对三里河遗址中贝壳的研究，确认软体动物、棘皮动物和节肢动物19种[44]。

梁思永通过对章丘城子崖新石器时代遗址中动物骨骼的研究，确认软体动物及哺乳动物17种，其中狗和猪的数量最多[45]。

周本雄通过对潍县鲁家口新石器时代遗址中动物骨骼的鉴定，确认软体动物及节肢动物、鱼类、爬行类、鸟类和哺乳类动物21种，其中家猪最多[46]。

周本雄通过对牟平照格庄新石器时代中遗址动物骨骼的鉴定，确认软体动物及鱼类、爬行类、哺乳类动物20种，其中猪的数量最多。他发现完整的狗骨架，在猪、

---

〔40〕　a. 周本雄：《山东兖州王因新石器时代遗址出土的动物遗骸》，见中国社会科学院考古研究所编著：《山东王因》，第414～416页，北京：科学出版社，2000年。

　　　　b. 周本雄：《山东兖州王因新石器时代遗址中的扬子鳄遗骸》，见中国社会科学院考古研究所编著：《山东王因》，第417～423页，北京：科学出版社，2000年。

　　　　c. 叶祥奎：《山东兖州王因遗址中的龟类甲壳分析报告》，见中国社会科学院考古研究所编著：《山东王因》，第424～427页，北京：科学出版社，2000年。

　　　　d. 郭书元、李云通、邵望平：《山东兖州王因新石器时代遗址的软体动物群》，见中国社会科学院考古研究所编著：《山东王因》，第428～451页，北京：科学出版社，2000年。

〔41〕　李有恒、许春华：《山东曲阜西夏侯新石器时代遗址猪骨的鉴定》，《考古学报》1964年第2期，第104～105页。

〔42〕　a. 李有恒：《大汶口墓群的兽骨及其他动物骨骼》，见山东省文物管理处、济南市博物馆编：《大汶口》，第156～158页，北京：文物出版社，1974年。

　　　　b. 叶祥奎：《我国首次发现的地平龟甲壳》，见山东省文物管理处、济南市博物馆编：《大汶口》，第159～164页，北京：文物出版社，1974年。

〔43〕　成庆泰：《三里河遗址出土的鱼骨、鱼鳞鉴定报告》，见中国社会科学院考古研究所编著：《胶县三里河》，第186～189页，北京：文物出版社，1988年。

〔44〕　齐钟彦：《三里河遗址出土的贝壳等鉴定报告》，见中国社会科学院考古研究所编著：《胶县三里河》，第190～191页，北京：文物出版社，1988年。

〔45〕　梁思永：《墓葬与人类，兽类，鸟类之遗骨及介类之遗壳》，见傅斯年、李济、董作宾、梁思永、吴金鼎、郭宝钧、刘屿霞著：《城子崖》，第90～91页，南京：国立中央研究院历史语言研究所，1934年。

〔46〕　周本雄：《山东潍县鲁家口遗址动物遗骸》，《考古学报》1985年第3期，第349～350页。

鹿、羊的肩胛骨上发现钻孔和灼痕[47]。

石荣琳通过对枣庄建新新石器时代遗址中动物骨骼的研究，确认软体动物及鱼类、哺乳类动物6种，她发现在墓葬中随葬猪头骨，在房基之下埋葬完整的猪骨架[48]。

范雪春通过对兖州六里井遗址中大汶口文化和东周时期的动物骨骼进行研究，确认软体动物及爬行类、哺乳类动物15种，这两个时期的动物都是以家猪为主，到东周时期还出现了马。她还认为当时的气候比现在暖湿[49]。

卢浩泉通过对兖州西吴寺遗址中龙山文化和周代的动物骨骼进行研究，确认软体动物及爬行类、鸟类和哺乳类动物10种。他认为这两个时期均以家猪的数量最多，到了周代，黄牛等家养动物比例增大，梅花鹿比例减少[50]。

卢浩泉等通过对泗水尹家城遗址中龙山文化、岳石文化和商周时期的动物骨骼进行研究，确认鸟类、哺乳类动物10种，各期中均以猪为主。他发现龙山文化在墓葬中随葬猪下颌，自岳石文化开始牛等家养动物的比例增大，鹿等野生动物的比例减少。他还认为龙山文化的气候比现在温暖湿润[51]。

淮河下游地区

安徽

韩立刚通过对濉溪石山子新石器时代遗址中动物骨骼的定性定量分析，确认软体动物及鱼类、鸟类和哺乳类动物21种。他根据猪牙齿的生长和磨蚀过程将其划分为幼年、少年、青年、壮年和老年等五个生长阶段。他提出当时存在家猪，可能还存在家养的黄牛，但是狩猎和捕捞经济占主要地位。另外，他对自然环境、骨器制作及骨骼上的人工痕迹也进行了探讨[52]。

袁靖等通过对蒙城尉迟寺遗址中大汶口文化和龙山文化的动物骨骼进行定性定量分析，确认软体动物及爬行类、鸟类和哺乳类动物19种。他认为当时的气候比较温暖

[47] 周本雄：《山东牟平县照格庄遗址动物遗骸》，《考古学报》1986年第4期，第476～477页。

[48] 石荣琳：《建新遗址的动物遗骸》，见山东省文物考古研究所、枣庄市文化局编：《枣庄建新》，第224页，北京：科学出版社，1996年。

[49] 范雪春：《六里井遗址动物遗骸鉴定》，见国家文物局考古领队培训班编著：《兖州六里井》，第214～216页，北京：科学出版社，1999年。

[50] 卢浩泉：《西吴寺遗址兽骨鉴定报告》，见国家文物局考古领队培训班：《兖州西吴寺》，第248～249页，北京：文物出版社，1990年。

[51] 卢浩泉、周才武：《山东泗水县尹家城遗址出土动、植物标本鉴定报告》，见山东大学历史系考古专业教研室：《泗水尹家城》，第350～352页，北京：文物出版社，1990年。

[52] 安徽省文物考古研究所：《安徽省濉溪县石山子遗址动物骨骼鉴定与研究》，《考古》1992年第3期，第253～262页。

湿润，当时人获取的肉食资源中狗和猪等家养动物占主要地位，狩猎活动也比较兴盛。他发现大汶口人有在墓葬中随葬动物的习惯[53]。

长江中游地区

江西

李有恒及黄万波等分别研究了万年仙人洞石器时代遗址的动物骨骼，确认 17 种哺乳类和少数软体动物及甲壳类、爬行类和鸟类动物。他发现部分鹿角上有人工痕迹[54]。

湖北

李天元通过对宜都城背溪新石器时代中期遗址南区中动物骨骼的鉴定，确认软体动物及鱼类、爬行类、哺乳类动物 10 种[55]。

黄象洪通过对宜昌路家河遗址中主要属于商代的动物骨骼的研究，确认鱼类、爬行类、哺乳类动物 18 种，其中狗、猪和水牛为家畜，鱼类和鹿科动物均较多。他认为渔猎经济在当时占很大比重。他还对鹿科动物的角进行了测量[56]。

彭锦华通过对沙市周梁玉桥商代遗址中的动物骨骼进行定性定量分析，确认软体动物及鱼类、爬行类、哺乳类动物 20 种。他经过统计，证明前三类动物数量较多。他推测当时虽然已经是商代，但经济活动仍以渔猎为主，家养动物有狗、猪和水牛。他认为这种经济发展的特点与当地自然环境特征相关[57]。

湖南

袁家荣发表了道县玉蟾岩石器时代遗址的动物骨骼研究结果，发现螺类 26 种，鱼类 5 种，龟鳖类 2 种，鸟类 27 种，哺乳类 28 种，它们全部为野生动物[58]。

---

〔53〕 袁靖、陈亮：《尉迟寺遗址动物骨骼研究报告》，见中国社会科学院考古研究所编著：《蒙城尉迟寺》，第 424～441 页，北京：科学出版社，2001 年。

〔54〕 a. 李有恒：《江西万年大源仙人洞洞穴遗址出土动物骨骼清单》，《考古学报》1963 年第 1 期，第 14～15 页。
　　　b. 黄万波、计宏祥：《江西万年仙人洞全新世洞穴堆积》，《古脊椎动物与古人类》1963 年第 7 卷第 3 期，第 263～272 页。

〔55〕 李天元：《宜都城背溪遗址南区出土的动物遗骸鉴定表》，见湖北省文物考古研究所编著：《宜都城背溪》，第 291 页，北京：文物出版社，2001 年。

〔56〕 黄象洪：《路家河遗址出土动物遗骸鉴定报告》，见长江水利委员会编著：《宜昌路家河》，第 134～140 页，北京：科学出版社，2002 年。

〔57〕 彭锦华：《湖北沙市周梁玉桥遗址动物骨骼的鉴定与研究》，《考古与文物》1990 年第 1 期，第 90～96 页。

〔58〕 袁家荣：《湖南道县玉蟾岩 1 万年以前的稻谷和陶器》，见严文明、安田喜宪主编：《稻作 陶器和都市的起源》，第 31～41 页，北京：文物出版社，2000 年。

长江下游地区

江苏

黄象洪通过对常州圩墩新石器时代遗址中的动物骨骼进行研究，确认软体动物及鱼类、爬行类、鸟类和哺乳类动物 41 种。他发现鹿科动物数量最多，此外还有大量的螺蛳和蚬壳，猪骨的数量相对较少。他还将遗址中出土的家猪年龄分为幼仔、幼年、青年、成年和老年五个阶段，并提出具体的标准。另外，他还对一些动物骨骼进行了测量[59]。

李民昌通过对沭阳万北新石器时代遗址中动物骨骼的研究，确认软体动物及鱼类、爬行类和哺乳类动物 8 种。其中的 4 种哺乳类中以家猪为主。他按照猪下颌牙齿的生长序列将猪的生长阶段分为五段，还对动物骨骼进行了测量。他认为当时的自然环境由开始的针阔叶混交林－草原景观逐步演变为亚热带落叶常绿林[60]。

吴建民通过对苏州龙南遗址中崧泽文化与良渚文化的动物骨骼进行研究，确认软体动物及鱼类、鸟类、哺乳类动物 12 种。他统计了动物骨骼，发现当时存在大量家猪，还有一定数量的鹿科动物，当时遗址周围有森林和湖泊[61]。

李民昌通过对高邮龙虬庄新石器时代遗址中动物骨骼的研究，确认软体动物及鱼类、爬行类、鸟类和哺乳类动物 20 种。他对动物骨骼进行了统计和测量。他认为当时的气温比现在要高，经济活动以渔猎为主，狗、猪等家养动物占有一定的比例，当时有埋葬狗的习俗[62]。

上海

黄象洪等通过对青浦崧泽新石器时代遗址中动物骨骼的研究，确认鱼类、爬行类和哺乳类动物 9 种。他认为当时的动物群中以鹿科为主，也存在一定数量的家犬和家猪[63]。

黄象洪通过对青浦福泉山新石器时代遗址中动物骨骼的研究，确认 6 种哺乳动物中最多的是梅花鹿，其次是麋鹿，此外还有数十件家猪标本和少量家犬[64]。

---

[59]　黄象洪：《常州圩墩新石器时代遗址第四次（1985 年）发掘出土的动物遗骸研究》，见上海市自然博物馆编：《考察与研究》，第 20～30 页，上海：上海科学技术文献出版社，1990 年。

[60]　李民昌：《江苏沭阳万北新石器时代遗址动物骨骼鉴定报告》，《东南文化》1991 年第 3、4 期，第 183～189 页。

[61]　吴建民：《龙南新石器时代遗址出土动物遗骸的初步鉴定》，《东南文化》1991 年第 3、4 期，第 179～182 页。

[62]　李民昌：《自然遗物——动物》，见龙虬庄遗址考古队编著：《龙虬庄》，第 464～492 页，北京：科学出版社，1999 年。

[63]　黄象洪、曹克清：《崧泽遗址中的人类和动物遗骸》，见上海市文物保管委员会：《崧泽》，第 108～114 页，北京：文物出版社，1987 年。

[64]　黄象洪：《青浦福泉山遗址出土的兽骨》，见上海市文物管理委员会（黄宣佩主编）：《福泉山》，第 168～169 页，北京：文物出版社，2000 年。

　　袁靖等通过对马桥遗址中良渚文化和马桥文化的动物骨骼进行定性定量分析，确认软体动物及鱼类、爬行类、鸟类和哺乳类动物 21 种。他认为自良渚文化到马桥文化，狗、猪等家养动物的数量是由多到少，而梅花鹿、麋鹿等野生动物的数量则是由少到多。他推测遗址附近的植被以沼泽、灌木丛和森林为主[65]。

浙江

　　魏丰等通过对余姚河姆渡新石器时代遗址中动物骨骼的研究，撰写了专著《浙江余姚河姆渡新石器时代遗址动物群》[66]。这本专著描述的动物骨骼分属于软体动物、节肢动物及鱼类、爬行类、鸟类和哺乳类动物的 61 个种属，报告中除对于各个种属的骨骼做了详细的文字说明以外，还配有线图。该报告讨论了河姆渡遗址的动物群里包括了典型的热带动物，证明当时河姆渡的气候比现在温暖湿润。当时已经存在家养的狗、猪和牛，渔猎活动也很兴盛。报告中全面研究了当时人对兽骨的加工和利用，还通过对动物骨骼的研究探讨民俗现象，强调了下颌骨上的人工割划痕迹等等。

华南地区

福建

　　祁国琴通过对闽侯县石山新石器时代晚期遗址中动物骨骼的研究，确认软体动物及鱼类、爬行类、哺乳类动物 14 种，并对狗骨进行了测量。她认为当时的狗和猪是家畜，其余均为野生动物。她还推测当时的气候比现在温暖[67]。

广西

　　李有恒等通过对桂林甑皮岩新石器时代遗址中动物骨骼的研究，确认软体动物及鱼类、爬行类、鸟类和哺乳动物 39 种，其中狗和猪为驯养动物。他认为当时的经济以狩猎采集为主，气候比现在暖湿[68]。

云南

　　张兴永等对保山塘子沟新石器时代遗址中的动物遗存进行整理，确认哺乳类 29

〔65〕 袁靖、宋建：《上海市马桥遗址出土动物骨骼的初步研究》，《考古学报》1997 年第 2 期，第 225~231 页。

〔66〕 魏丰、吴维棠、张明华、韩德芬：《浙江余姚河姆渡新石器时代遗址动物群》，北京：海洋出版社，1989 年。

〔67〕 祁国琴：《福建闽侯县石山新石器时代遗址中出土的兽骨》，《古脊椎动物与古人类》1977 年第 15 卷第 4 期，第 301~306 页。

〔68〕 李有恒、韩德芬：《广西桂林甑皮岩遗址动物群》，《古脊椎动物与古人类》1978 年第 16 卷第 4 期，第 244~254 页。

种，全部为野生动物。另外，他们还发现一些贝类、鱼类和鸟类的遗骸。他们统计了全部动物的最小个体数，并对动物骨骼进行了测量。他们推测当时的气候较现在热，当时人的生存活动是狩猎和采集等[69]。

张兴永通过对元谋大墩子新石器时代末期遗址中动物骨骼的研究，确认软体动物及鱼类、哺乳类动物21种，其中野生动物的骨骼比家养动物要多，由此推测狩猎在当时人们的经济生活中占有重要地位[70]。

综述和专题研究

综述

我国的动物考古学研究虽然开展较早，但直至20世纪80年代初，周本雄才在《中国大百科全书·考古学》的《考古动物学》条目中对动物考古学研究的目的、作用及采集和研究方法作了简单地阐述[71]。10年后，袁靖系统地阐述了动物考古学研究的目标、理论和方法，指出其目标是认识古代存在于各个地区的动物种类，复原当时的自然环境，探讨古代人类与动物的各种关系及古代人类的行为。除以考古学理论为指导以外，其理论基础还借用了C.莱伊尔的"均变说"。其方法包括定性定量分析、注重可鉴定标本数和最小个体数的统计、测量特定的骨骼、建立年龄结构等等。他还强调了对埋藏学的认识的重要性[72]。后来，胡松梅强调了分异度和均衡度等统计方法在动物考古中的应用，分异度的大小直接反映着一个动物群所处的环境[73]。

从宏观上分析，自20世纪50年代以来我国的动物考古研究大致分为开始期（20世纪50年代至70年代）和形成期（20世纪80年代以来）这样两个时期[74]。专题研究主要是在形成期开展起来的。

---

〔69〕 张兴永、耿德铭、刘晖：《塘子沟早全新世哺乳动物群》，见张兴永主编：《保山史前考古》，第49～62页，昆明：云南科技出版社，1992年。

〔70〕 云南省博物馆：《元谋大墩子新石器时代遗址》，《考古学报》1977年第1期，第71～72页。

〔71〕 周本雄：《考古动物学》，见中国大百科全书总编辑委员会《考古学》编辑委员会、中国大百科全书出版社编辑部编：《中国大百科全书·考古学》，第252页，北京：中国大百科全书出版社，1986年。

〔72〕 袁靖：《研究动物考古学的目标、理论和方法》，《中国历史博物馆馆刊》1995年第1期，第59～68页。

〔73〕 胡松梅：《分异度、均衡度在动物考古中的应用》，《考古与文物》1999年第2期，第92～96页。

〔74〕 袁靖：《试论中国动物考古学的形成与发展》，《江汉考古》1995年第2期，第84～88页。

家畜起源研究

周本雄通过对考古遗址中出土动物骨骼的归纳，认为中国北方新石器时代最主要的家养动物是鸡、狗和猪，南方是狗、猪和水牛，此外，马和羊也已普遍饲养[75]。

袁靖通过数年来的动物考古学研究实践，从方法论上明确提出三种区别家养动物与野生动物的方法，在此基础上对现在所知的新石器时代遗址中出土的动物骨骼进行了全面分析，确认中国新石器时代家畜的出现以狗和猪为最早，然后才有牛和羊等。家畜出现的时间至少要比栽培作物和制陶技术晚千年以上。另外，他还提出中国家猪起源的四个前提，即肉食供应不足、存在野猪、栽培植物成功、收获的粮食达到相当数量[76]。

获取肉食资源研究

王家德通过对长江三峡地区大溪文化的动物骨骼、渔猎工具的研究，总结出当时的捕鱼和狩猎方法及动物的种类，认为渔猎经济在当时的生产活动中占有极为重要的地位[77]。

袁靖在《论中国新石器时代居民获取肉食资源的方式》中比较全面地收集了目前所知的中国各个地区新石器时代遗址中出土的动物骨骼资料，将其按家养动物和野生动物分别进行了统计和分析，归纳出依赖型、初级开发型、开发型等古代居民获取肉食资源方式的几种类型，建立起它们的发展模式。他认为中国各个地区新石器时代遗址中表现出来的不同的获取肉食资源的方式，正是当时不同地区的人们在自己文化传统习俗的基础上适应环境，逐步建立、完善自己的生存活动方式的反映。但是，这都是在自然环境的制约下被动地完成的。因此，他将其总结为被动发展论[78]。

与环境相关的动物考古学研究

王青等在《海岱地区的獐与史前环境变迁》[79] 一文中认为，海岱地区自大汶口文化到龙山文化时期獐的出现频率发生变化，这与同时期所发生的气温变化具有明

---

[75] 周本雄：《中国新石器时代的家畜》，见中国社会科学院考古研究所编著：《新中国的考古发现和研究》，第194~198页，北京：文物出版社，1984年。

[76] 袁靖：《略论中国古代家畜化进程》，《光明日报》2000年3月17日第C4版。

[77] 王家德：《试论长江三峡地区大溪文化的原始渔猎》，《江汉考古》1994年第3期，第52~55页。

[78] 袁靖：《论中国新石器时代居民获取肉食资源的方式》，《考古学报》1999年第1期，第1~22页。

[79] 王青、李慧竹：《海岱地区的獐与史前环境变迁》，《东南文化》1994年第5期，第67~78页。

显的同步性，獐的出现、繁盛与消亡过程在时间上显示出相应阶段的气候变迁。王青还认为，古代辽东半岛獐的活动有着深刻的自然环境变化背景，其消长变化与气候的暖湿和干冷变化密切相关[80]。

1994～1998 年，中国社会科学院考古研究所胶东半岛贝丘遗址课题组对胶东半岛 21 处贝丘遗址进行大范围调查和小规模试掘，获取了大量资料。此项研究以贝类等水生动物为主要研究对象。通过研究，总结出这 21 处贝丘遗址可以依据出土贝壳种类的不同分为 8 组，各组内的遗址相邻，由此证明当时居住在不同遗址的人类获取贝类的种类不同和其所处的不同自然环境有关。他们通过对探方关键柱中获得的贝壳的尺寸进行测量统计，发现其有自下而上尺寸变小的趋势，由此推测，这是因为当时人大量采集贝类后对这种自然资源的生长过程形成较大的人为干涉，将其称之为"采集压"。这是中国首次对贝丘遗址进行以动物考古学为主要内容的研究，其成果不但表现在揭示了古代人类与自然环境、特别是动物资源的相互关系上，而且在获取资料的方法上也有所创新[81]。

动物埋葬研究

王仁湘认为在新石器时代遗址和墓葬里埋葬猪骨，不是作为财富的象征，而是具有宗教意义，猪在一定的历史条件下被人们认作"护卫灵"[82]。王吉怀分析了家畜埋葬现象，认为墓中随葬的动物是作为财产的象征，而专门埋葬动物的现象，则更多地体现了宗教色彩[83]。

高广仁在《中国史前时代的龟灵与犬牲》[84]一文中，通过对新石器时代墓葬中出土龟甲的研究，认为海岱地区及长江流域史前文化中以龟随葬的文化现象及其所反映的"龟灵"观念，乃是商殷文化中"龟灵"、"龟卜"的渊源；而集中发现于大汶口—龙山文化墓葬中随葬狗的现象，是商代以犬为牲的祖型。

家马研究

中国的家马起源问题一直为中外学者所关注。多年来，中国的家马起源于新石器

〔80〕　王青：《辽东半岛的獐与古环境变迁》，《考古与文物》1999 年第 5 期，第 28～34 页。

〔81〕　中国社会科学院考古研究所编著：《胶东半岛贝丘遗址环境考古》，北京：社会科学文献出版社，1999 年。

〔82〕　王仁湘：《新石器时代葬猪的宗教意义》，《文物》1981 年第 2 期，第 79～85 页。

〔83〕　王吉怀：《试析史前遗存中的家畜埋葬》，《华夏考古》1996 年第 1 期，第 24～31 页。

〔84〕　高广仁：《中国史前时代的龟灵与犬牲》，见高广仁著：《海岱区先秦考古论集》，第 291～303 页，北京：科学出版社，2000 年。

时代的观点一直占据上风[85]，但也有起源于先秦之说[86]。

　　近年来，我国学者对此展开了讨论，袁靖等在《中国动物考古学研究的两个问题》[87]一文中，根据新石器时代以来仅有几处遗址中发现零星的马骨或马牙，而在殷墟中家马却突然大量出现的事实，提出古代黄河中下游地区的家马很可能起源于殷墟，而殷墟出土的家马又很可能是从其他地区传入而非当地起源的观点。稍后，水涛撰《驯马、马车与骑马民族文化》[88]一文，同意这种观点，并且从世界范围内探讨家马的起源问题。他认为，最早对马的驯化和饲养发生在乌克兰东部到哈萨克斯坦北部之间的森林草原和草原地带，时间大约在公元前5000年至公元前4500年间，整个欧亚大陆古代世界的人们对马的驯化和饲养，首先兴起于从黑海到里海之间的草原地区，然后波及其他地区。后来，王宜涛发表了《也谈中国马类动物历史及相关问题》[89]一文，反对袁靖等学者的提法，认为中国养马、驯马和用马的历史可以早到龙山文化。对此，韩东撰《也谈家马的起源及其他》[90]一文，反对王宜涛的结论，还是认为黄河中下游地区的家马很可能起源于殷墟，指出商与西北地区存在交换的证据，并指出王宜涛阐述的印第安人的骑马术没有事实依据。再后来，李旻发表了《浅述旧大陆马的驯化和早期使用》[91]一文，介绍了当今世界上用扫描电子显微镜观察马牙以判定家马的方法，指出现在所知最早的家马出自乌克兰距今6000年左右的德莱夫卡遗址，距今4000～3000多年前家马分布于乌克兰到天山之间的广阔区域里。他认为，在中原地区出现的马匹是商代的权贵阶层在与北方草原的

---

〔85〕　a. 周本雄：《中国新石器时代的家畜》，见中国社会科学院考古研究所编著：《新中国的考古发现和研究》，第194～198页，北京：文物出版社，1984年。

　　　　b. 谢成侠：《古代中国马匹利用的历史》，见张仲葛、朱先煌主编：《中国畜牧史料集》，第103～122页，北京：科学出版社，1986年。

　　　　c. 斯坦利J. 奥尔森：《中国是动物早期驯化的一个中心》，《人类学学报》1993年第12卷第2期，第120～129页。

　　　　d. 财团法人馬事文化財団（末崎眞澄編著）1996『馬と人の歴史』東京　株式会社アート・センター160頁

〔86〕　a. 林巳奈夫1959「中国先秦時代の馬」『民族学研究』第23巻第4期39－50頁

　　　　b. 林巳奈夫1960「中国先秦時代の馬」『民族学研究』第24巻第1・2期33－57頁

〔87〕　袁靖、安家瑗：《中国动物考古学研究的两个问题》，《中国文物报》1997年4月27日第3版。

〔88〕　水涛：《驯马、马车与骑马民族文化》，《中国文物报》1997年6月15日第3版。

〔89〕　王宜涛：《也谈中国马类动物历史及相关问题》，《中国文物报》1998年8月12日第3版。

〔90〕　韩东：《也谈家马的起源及其他》，《中国文物报》1999年6月23日第3版。

〔91〕　李旻：《浅述旧大陆马的驯化和早期使用》，《青年考古学家》，1999年第11期，第16～24页。

骑马民族发生交流时引进的政治资源，是权威的象征。迄今为止的最后一篇文章是王志俊等撰写的《中国北方家马起源问题的探讨》[92]，他们强调了中国是野生马的重要基地，有着足够的驯养马的条件。中国北方驯养马的时间受气候条件的影响，估计从夏末开始驯养马，至商代早、中期完成驯养，到商代晚期已能大量繁殖马和使用马。

与动物考古学相关的实验考古

我国动物考古学中的实验考古也得到重视，吕遵谔等通过对骨骼做实验分析，提出动物啃咬骨骼留下痕迹的模式和敲骨取髓打破骨片的特征[93]。龙凤骧通过对出土的骨骼表面的观察和分析，区分出表面痕迹是自然作用还是人为作用的结果（比如敲骨吸髓、制作骨制品等）[94]。

国外动物考古学研究的介绍

国外动物考古学研究开展较早，其研究成果对中国动物考古学研究有重要影响。中国一些研究者通过各种方式向国内介绍国外动物考古学的研究成果。其中，祁国琴通过对美国动物考古学研究所作的考察，提出动物考古学研究要注意以下问题：（1）恢复和重建古代居民居址附近的自然条件，包括古气候和古生态环境。（2）研究古代居民狩猎的对象和狩猎技术、对食物的选择以及加工食物的方法。（3）研究遗址长期性或季节性居住的证据。（4）研究古代社会结构和居住情况。（5）研究古代宗教或祭祀用的动物制品及禁忌物。（6）研究古代的贸易情况。（7）研究手工制品和天然原料的来源。（8）研究家畜饲养。（9）在发掘和整理时对骨骼的采集和处理方法等[95]。李天元翻译了《动物骨骼图谱》[96]，这本图谱收集了一些常见动物的各个部位骨骼的线图，把不同动物的同一部位骨骼放在一起比较，并配以文字说明，

---

〔92〕 王志俊、宋澎：《中国北方家马起源问题的探讨》，《考古与文物》2001 年第 2 期，第 26～30 页。

〔93〕 吕遵谔、黄蕴平：《大型食肉类动物啃咬骨骼和敲骨取髓破碎骨片的特征》，见北京大学考古系编：《纪念北京大学考古专业三十周年论文集》，第 4～39 页，北京：文物出版社，1990 年。

〔94〕 龙凤骧：《马鞍山遗址出土碎骨表面痕迹的分析》，《人类学学报》1992 年第 11 卷第 3 期，第 216～229页。

〔95〕 祁国琴：《动物考古学所要研究和解决的问题》，《人类学学报》1983 年第 2 卷第 3 期，第 293～300页。

〔96〕 伊丽莎白·施密德著，李天元译：《动物骨骼图谱》，北京：中国地质大学出版社，1992 年。

简明扼要地表现了不同骨骼的特征，对于鉴定动物骨骼很有帮助。这是继 20 世纪 60 年代初刘后贻等翻译《哺乳动物大型管状骨检索表》[97] 一书之后，又一本有价值的动物考古学研究的工具书。

1992 年，由美国科学院美中学术交流委员会和中国科学院古脊椎动物与古人类研究所联合主办的中美田野考古学校，邀请美国加利福尼亚大学圣克鲁斯分校的吉黛纳博士在周口店举办了为期三周的动物考古学讲座，听众来自中国一些省市的动物考古工作者和考古工作者。吉黛纳博士主要讲授了哺乳动物骨骼学基础、史前人类食物结构及其活动的季节性、动物屠宰方法、骨骼表面各种痕迹的辨认和分析、骨骼破碎规律及风化等，这样的动物考古学讲座在中国尚属首次[98]。

袁靖等还翻译介绍了国外动物考古学的研究成果[99]，阐述了如何根据猪或鹿的牙齿判断它们的年龄；指出了这样的动物年龄判断在认识古代人类对于动物的"狩猎压"时的意义；介绍了如何根据猪的头骨、下颌及颈椎的特征来识别家猪和野猪，确立一个骨骼形态学的标准；探讨了日本和欧美动物考古学研究的发展过程，总结其得失。这些译文在启发思路、开阔视野方面都有一定的参考价值。

结　语

总结以上的工作，可以说我国的动物考古学研究已经取得了一定的成绩。但是我们还必须清醒地认识到，与国际上同类研究相比，我们还需要做很多基础性的工作。比如，迄今为止各种动物骨骼的测量部位和年龄判断标准还没有统一，大家很难开展

---

[97]　B. 格罗莫娃著，刘后贻等译：《哺乳动物大型管状骨检索表》，北京：科学出版社，1960 年。

[98]　吉黛纳讲授，安家瑗、龙凤骧整理：《动物考古学在美国》，《文物天地》1993 年第 1 期，第 44～45 页。

[99]　a. 小池裕子、大泰司纪之著，袁靖译：《根据动物牙齿状况判断哺乳动物的年龄》，《北方文物》1992 年第 3 期，第 104～106 页。

　　b. 小池裕子、林良博著，袁靖译：《关于如何确定遗址中出土的日本野猪年龄问题的探讨》，见四川大学博物馆、中国古代铜鼓研究学会编著：《南方民族考古（第五辑）》，第 198～202 页，成都：四川科学技术出版社，1993 年。

　　c. 西本丰弘著，袁靖译：《论弥生文化的家猪》，《农业考古》1993 年第 3 期，第 282～294 页。

　　d. 西本丰弘著，袁靖、焦南峰译：《日本动物考古学的现状课题》，《考古与文物》1993 年第 4 期，第 104～110 页。

　　e. 松井章著，袁靖、秦小丽译：《动物考古学研究的进展》，《考古与文物》1994 年第 1 期，第 92～112 页。

　　f. 新美伦子著，陈文译：《日本的动物遗存研究状况》，《华夏考古》1997 年第 1 期，第 111～112 页。

比较研究。动物骨骼研究报告的体例也没有定规，没有对资料进行全面的分析。从事动物考古学研究的人员数量还很有限，各个地区对考古遗址中出土的动物骨骼的鉴定、测量和研究工作存在很大的差异。另外，家畜起源的问题，有关古代各个地区、各个时期的人们利用动物作为肉食资源、进行祭祀、劳役和战争的研究，古代环境的研究，实验考古的研究等等才刚刚起步。展望前程，任重而道远。但是只要我们扎扎实实地开展工作，中国的动物考古学研究就一定大有希望。

（原载于中国考古学会编：《中国考古学年鉴（2002）》，第 106～121 页，北京：文物出版社，2003 年）

走向世界的中国动物考古学

  2006 年 2 月至 6 月，我应英国杜伦大学考古系的邀请，在那里做了 4 个月的客座教授。期间，我分别在杜伦大学考古系、剑桥大学麦克唐纳考古研究所、伦敦大学考古研究所、谢菲尔德大学考古系、约克大学考古系等 5 所学校做了 7 次有关中国动物考古学研究的历史与现状的讲演，参观了这几所大学的考古系和考古研究所应用自然科学相关方法和技术进行考古研究的实验室，另外还专门到牛津大学参观他们的古 DNA 实验室。通过这些参观访问和相互交流，收获不小，感触颇深。概括起来，有以下几点认识。

充分认识西方动物考古学研究的优势

  就像中国考古学的起步受到西方的影响一样，中国动物考古学的开创也是向西方学习的产物。在参观访问这几所大学的动物考古研究室时，我感觉到，如果将双方的单个研究室进行比较，差距并不明显，有些方面我们还略占优势。比如，我们收集的古代动物标本数量和种类就比他们任何一个大学的研究室都要多。但是从总体上看，把这几所大学动物考古研究室的发展历程、研究力量及他们与相关研究机构的合作等综合起来，就从一个侧面明显地反映出整个西方动物考古学研究的强大实力。他们有上百年的发展历史、拥有数百人的研究队伍；所涉及的研究地域非常广泛，除欧美以外，还包括非洲、大洋洲和西亚地区；他们的各种研究方法相当系统、仪器设备十分齐全。他们经过长期的研究，积累了相当丰富的研究成果，其中很多研究成果都具有原创性。可以毫不夸张地说，目前，西方学者凭借其强大的实力在世界动物考古学研究领域里一统天下。

客观评价西方动物考古学研究的不足

  任何事物都是一分为二的，西方学者的研究也并非十全十美，研究地域的局限就是其不足之一。特别是他们对中国动物考古学研究的认识是相当有限的。正是由于他们对东亚地区涉猎极少，因而不能认识古代东方人类与动物间各种关系的发展进程，无法开展东西方相关课题的比较研究，对于世界范围内的动物考古学研究而言，这无疑是很大的缺陷。这个问题迟早要解决，而由谁来解决还是一个未知数。我个人认为，中国学者对此应当仁不让。

发扬团队精神，开展中国动物考古学研究

中国国内现在从事动物考古学研究的人员已经超过 10 人，其中近半数都有出国留学的背景。这也使我们对西方动物考古学研究的认识不断深入。中国作为世界四大文明古国之一，悠久的历史为我们积累了极为丰富的动物考古学研究资料，其中蕴含着古代东方文化的诸多特点，是世界动物考古学研究中不可或缺的一个重要方面。国内正在兴起的人文社会科学和自然科学相结合的研究趋势，也为我们的研究创造了极好的学术环境。现在，我和我的同事们正与中国科学院、吉林大学、中国农业大学等国内一流的科研和教学机构进行合作，在涉及动物考古学研究前沿的古 DNA 分析、稳定同位素和微量元素测试等方面开展研究。在研究中，我们要注意尽量发挥自己的优势。其中包括我们得到国家相关部门的大力支持，具有一支初具规模的研究队伍，对西方的了解比较全面，与国内自然科学相关学科的优秀研究人员合作，使用先进的仪器设备开展研究，充分掌握中国考古发掘中出土的珍贵资料等等。在此基础上，我们要有意识地加快发展的步伐，开拓创新，努力走向世界。

海纳百川，有容乃大

进一步扩大对外交流。客观地说，我国的动物考古学研究能够取得现有的成果，除了自身的努力之外，也得益于多年来的中外交流和合作研究。在这样的过程中，我们开阔了视野，学习了方法，增长了才干，取得了成果。借鉴别人的经验可以帮助我们少走弯路，学习别人的长处可以帮助我们共享人类智慧的结晶。今后我们应该继续贯彻"请进来、走出去"的方针，更多地与世界一流的研究机构和专家开展交流，学习对方的新技术和新方法，掌握对方的新资料和新观点，把握世界动物考古学研究的前沿动态，参与世界动物考古学研究。

弘扬中华文明，宣传研究成果

由于西方学术界多年来对中国考古学界的诸多研究一直十分陌生，他们非常希望了解中国的研究现状。我在英国多所大学做的有关中国动物考古学研究历史与现状的讲演，受到普遍好评。在英国出版发行的国际考古学界的一流刊物《古物志》的编辑也明确表示，他们的杂志欢迎中国学者的稿件。我们要继续在世界一流的刊物上发表英文文章，这既对我们文章的科学性、规范化提出了新的要求，又把有关中国古代人类与动物相互关系的研究成果推向世界，让各国学者了解古代东方文明的诸多特色，

并由此带动国际学术界对中国文化的关注，推动东西方文化的比较研究，在世界范围内促进研究的逐步深入。

加强队伍建设，确保学科发展

我们必须加大建设中国动物考古学研究队伍的力度，鼓励现有的研究人员苦练内功，做好研究工作，为中国动物考古学的发展贡献力量，努力在国际学术舞台上崭露头角。我们要调整、完善国内整个动物考古学研究团队的实力，在全国范围内实现理论国际化、方法标准化、资料信息化。我们还必须认识到，真正缩短中国和国际动物考古学先进水平之间的差距，需要几代人的努力和积累。所以我们要积极培养年轻人，给他们创造各种成才的机会，保证中国的动物考古学研究后继有人。

中国考古学走向世界，是每一个学者个人研究的需要，也是研究机构发展的需要，更是国家利益的需要。从个人角度讲，这样做可以在世界范围内实现自己学术研究的价值；从研究机构的角度讲，这样做可以提高自身在国际学术界的地位；而从国家的角度讲，这样做可以在世界范围内弘扬中华民族的优秀文化，向世界展示中华民族的伟大复兴。

（本文的主要内容原载于《中国文物报》2006 年 9 月 8 日第 7 版）

中国动物考古学研究的回顾与思考

以往的收获

中国动物考古学研究开始于 20 世纪 30 年代。1936 年，德日进、杨钟健发表的《安阳殷墟之哺乳动物群》，拉开了中国动物考古学研究的序幕。由于各种原因，我国的动物考古研究在以后 20 余年里没有多少进展。到了 20 世纪 50 年代末，这一局面有所改观。中国科学院古脊椎动物与古人类研究所的李有恒、韩德芬研究员在对陕西西安半坡遗址中出土的动物遗骸研究中，注意探讨新石器时代人类与动物的关系，提出了新的观点。多年来，中国社会科学院考古研究所的周本雄研究员对多个不同时期、不同地区遗址中出土的动物遗存进行研究，取得了不少收获。1989 年以后，在美国做过访问学者的中国科学院古脊椎动物与古人类研究所的祁国琴研究员在研究陕西临潼姜寨遗址出土的动物遗存时，运用统计最小个体数等一些新方法开展研究，取得了有意义的结果。在 20 世纪 90 年代，北京大学考古文博学院的黄蕴平教授、辽宁省文物考古研究所的傅仁义研究员、吉林大学边疆考古研究中心的陈全家教授、安徽省文物考古研究所的韩立刚研究员、国家博物馆陈列部的安家瑗研究员、中国社会科学院考古研究所的袁靖研究员等陆续发表了一批有关动物考古的研究报告和论文。进入 21 世纪，吉林大学边疆考古研究中心的汤卓炜教授、河南省文物考古研究所的马萧林博士、陕西省考古研究所的胡松梅研究员、湖北省文物考古研究所的武仙竹研究员、山东大学东方考古研究中心的宋艳波老师等先后开始各自的动物考古研究，中国的研究队伍进一步壮大。

70 多年过去了，考古学研究的重点由田野考古人员单独建立编年体系、确立各个时空范围内的物质文化特征转向多学科的研究人员共同参与研究古代人类的各种行为及社会结构特征，探讨历史发展规律。在这样的大背景下，动物考古研究人员和考古研究人员共同努力，中国动物考古研究取得了长足的进展。总结我们的收获，可以概括为以下六个方面。

成立了多个动物考古实验室和教研室

中国社会科学院考古研究所、河南省文物考古研究所、北京大学考古文博学院、吉林大学边疆考古研究中心、山东大学东方考古研究中心都分别成立了动物考古实验室和教研室，有专门的研究人员承担动物考古的研究和教学任务，各个实验室和教研室都制作了一批现生动物骨骼标本，积累了一定数量的古代动物骨骼资料。

发表了大量研究报告和论文

多年来，我们发表了大量关于考古遗址中出土动物遗存的研究报告，其出土地域遍布全国各个省、市、自治区，遗址的时间范围从新石器时代一直到唐代。此外，还发表了相当数量的论文，探讨了动物考古的研究方法、各种家养动物的起源、不同地区获取肉食资源方式的差异、不同时空范围内动物祭祀的特征、在文化交流中的动物证据等等。

开设讲座，培养研究生

自 1992 年美国加利福尼亚大学圣克鲁斯分校的吉黛纳博士在周口店举办动物考古讲座以来，中国科学院古脊椎动物与古人类研究所、中国社会科学院考古研究所、北京大学、吉林大学和山东大学相继给研究生和本科生开设了动物考古课程，培养了专攻动物考古研究的硕士生和博士生。迄今为止，已经毕业的动物考古学硕士 10 名、博士 1 名，在读硕士 1 名、博士 2 名。另外，我们还多次在国家文物局主办的所长培训班、领队培训班及多所大学讲授动物考古研究专题课程。

多学科结合开展研究

近年来，中国科学院昆明动物研究所张亚平院士、吉林大学生命科学院古 DNA 实验室周慧教授和蔡大伟博士、中国农业大学农业生物技术国家重点实验室赵兴波教授等与动物考古学研究人员开展合作研究，在探讨古代动物的 DNA 方面取得了重要收获。中国社会科学院考古研究所科技考古中心张雪莲研究员、北京大学考古文博学院吴小红教授对古代动物的食性研究，也取得了有益的成果。动物考古研究和自然科学相关学科的结合日益紧密。

组织团队联合攻关

在 2006 年启动的国家科技支撑计划"中华文明探源工程（二）"中，我们专门设立了"公元前 3500 年至公元前 1500 年动物考古学研究"子课题，探讨这一时期内全国各个地区的古代居民获取肉食资源的方式特征、异同及其变迁。上面提到的国内从事动物考古研究的人员除年事已高者外，基本上都参与了这个子课题的研究。这是国内首次在一个明确目标下，调动全国的研究力量，开展多个地区、多个时期、多个角度、多个领域的动物考古合作研究，其势头正旺，成果可待。

中外合作，走向世界

多年来，袁靖、马萧林分别出席过国际动物考古学会的世界大会和美国考古年会并做报告，黄蕴平、袁靖到法国、日本、瑞典、英国等国进行学术访问并做专题讲座，袁靖、马萧林、周慧、蔡大伟等还在英国的《古物志》、美国的《人类考古杂志》、《考古科学杂志》等世界一流的考古学刊物上发表文章，向世界介绍包括古 DNA 研究在内的中国动物考古学研究成果。经国家文物局批准，袁靖与英国、日本等国家的学者开展的动物考古合作研究项目有 6 项，其中 4 项已经顺利结项，相关成果陆续在《考古》和《中国文物报》上发表。2007 年在河南郑州召开的国际动物考古学学术研讨会，为迄今最精彩的中外动物考古研究人员的学术交流活动，西方多位著名学者到会，宣讲研究成果，中方学者也展示了包括古 DNA 研究和食性分析在内的整体实力。

未来的方向

回顾中国动物考古学研究的历程，确实有不少可圈可点之处。但是用国际动物考古研究的一流水平来衡量，还须努力。我们设想从以下八个方面开展工作。

培训研究人员，完善操作方法

国内现在从事动物考古学研究的人员数量有限，一些考古发掘工地在发掘时没有科学地采集动物遗存，不少省、市和自治区的考古遗址中出土的动物遗存亟待整理。我们要通过举办动物考古学研究人员培训班，为各地文物考古研究机构培训能够熟练掌握相关田野采样技术的专业人员，同时帮助有条件的机构建立实验室，培养能够独立开展动物考古学研究的人员。要通过组织田野操作示范和实验室工作展示、举办相应的学术交流会等方式，讨论和规范动物遗存的提取、鉴定、测量、统计和分析方法，与国际动物考古学研究方法接轨，为推动中国动物考古学研究逐步走向深入奠定基础。

编写工作指南，翻译相关参考书

我们现在可以利用的中文的动物考古学研究书籍极其有限，研究人员各自利用的外文资料也不尽统一。马萧林博士等翻译的《考古遗址出土动物骨骼测量指南》即将出版，这可以帮助大家规范动物骨骼的测量方法。我们承担的国家文物局课题"动物骨骼图谱"2009 年也将完成，届时这本图谱将列出考古遗址中出土的动物遗存中常见的 5 种鱼类、2 种爬行类、1 种鸟类及 12 种哺乳类的全部骨骼，另外还有常见的 22 种贝类，供动物考古学研究人员在鉴定古代遗址出土的动物骨骼时进行对照，供学习动物考古学的学生在上课时参考。我们还将翻译美国学者撰写的《动物考古学》一书，这本书是自 20 世纪 90 年代末出版以来在欧美最为流行的教科书，2007 年底这本书的第 2 版即将问世，我们已经和作者、出版社协商好相关的全部翻译、出版事宜。希望通过这些书籍的出版，加强中国动物考古学理论研究的建设。

建设完善的现代动物对比标本库

秉承以今证古的原则，鉴定古代动物骨骼需要借助现代动物骨骼作为对比标本，保证鉴定的科学性和可靠性。我们各个实验室和教研室都要更加努力地收集和制作现代动物骨骼标本。鉴于各类动物的种属都极其丰富，单单依靠我们几个实验室和教研室的力量很难面面俱到。因此，我们除了自身努力以外，还可以借助中国科学院动物研究所、古脊椎动物与古人类研究所、成都动物研究所等科研机构标本馆的帮助，通过实物、照片、三维模型等各种形式，逐步建设和完善一个全国性的现代动物骨骼对比标本库，供国内外学者在整理考古遗址中出土的动物遗存时对照参考。

做好古代动物遗存的采集和整理工作

鉴于在以往的考古发掘工作中往往仅是采集肉眼能够看到的动物遗存，因而发表的动物遗存研究报告只能建立在这些资料的基础之上，还有不少地区连这样的动物考古学研究都不能做到。所以，在今后全国范围内的学术发掘和与基本建设相关的发掘工作中，我们务必要注意全面采集动物遗存，对各个遗址中出土的动物遗存开展全方位的整理，写好各个遗址的动物遗存研究报告，逐步积累各个时期和各个地区的动物遗存资料及填补空白。不断积累更加翔实、更加全面、更加系统、更加科学的动物遗存资料。

做好动物考古学研究

动物是古代人类渔猎及由狩猎转为饲养的对象，是当时人类的肉食来源，也是他们进行祭祀、随葬和文化交流的用品，还是他们在战争和劳役中使用的工具。进入阶级社会以后，利用动物种类和部位的差异还成为划分不同人群等级、身份的标志。而所有的古代动物遗存，又是由于当时人类的有意放置或废弃，经过长时间的埋藏，到现代被发掘出来。因此，围绕各种家畜的起源，不同时空范围内获取肉食资源的方式，动物遗存在社会复杂化进程中的作用，不同时期、不同地区、不同阶层利用动物祭祀和随葬的特征，动物在战争和劳役中的作用，动物作为文化交流的实物，动物埋藏学等方面开展研究是十分必要的。

建立古代动物遗存的样品库和数据库

各个考古单位发掘中出土的古代动物遗存都是整个中国考古学界的宝贵资料。各个动物考古实验室和教研室可以采取相互交换或所有权不变但使用权共享的方式，广泛收集和整理全国各地考古遗址中出土的古代动物遗存，按照地区、年代和种属，分门别类地进行收藏和管理，为国内外学术界同行开展研究提供资料，为博物馆开展全民教育和科普活动提供实物展品。在完成研究的基础上，我们应该将考古遗址中出土的动物遗存的考古背景、出土状况、实物照片、测量数据等重要信息数字化，建立和不断充实中国古代动物遗存的数据库，与网络连接，为国内外学者进行比较研究提供资料。

积极开展相关机构和相关学科之间的合作研究

现有的研究成果证明，动物考古学与生物学、生命科学等自然科学相关学科的研究机构或研究人员开展合作，在原始创新和集成创新方面大有作为。我们要在这些方面进一步加大力度，拓宽合作研究的机构和领域，提高合作研究的层次和水平。我们还要在国家政策和法规的许可下，积极与国外动物考古学研究人员展开学术交流，了解国外研究发展的新动向，欢迎国外学者参与我们的研究。同时我们也要积极参与到国际动物考古学的研究中去。

强化动物考古学的教学工作

不断培养动物考古学的高层次人才是中国动物考古学事业能够持续发展的根本保证。我们要通过给本科生和研究生开设动物考古学课程，为培养专业人才或复合型人才打好基础。在培养学生的过程中，强化英语也是一个必要的训练。西方学者在动物考古学领域内有上百年的研究历史，他们在世界各地开展工作，对各个课题进行深入研究，他们发表的许多英文文献值得我们认真阅读和思考。而要做到这一点，英语能力是必需的。这次在郑州召开的国际动物考古学学术研讨会上，多位西方学者做了很精彩的发言，但是因为没有中文翻译，与会的中国学者中，真正能够听懂对方发言的为数甚少，这种不对等的交流必须靠我们自己来改变。尽管由于各种原因，我们现有的动物考古学研究人员不可能全部达到熟练运用英语的水平，但是我们可以通过翻译来沟通。同时，我们必须从学生抓起，要求他们向熟练运用英语的目标努力，鼓励他们逐步把握国际动物考古学研究的动向，提高研究能力，在未来的国际学术大舞台上，展示中国的文化和中国学者的风采。

近年来，国家文物局等政府部门加大了对于考古学研究的经费投入，这对我们是一种鼓舞，是一种支持，更是一种鞭策。我们要珍惜这个大好时机，努力工作，刻苦钻研，为把中国动物考古学的研究推向深入、推向世界而贡献我们的全部力量。

（原载于《中国文物报》2007 年 9 月 7 日第 7 版）

动物考古学的研究目标、理论和方法

前　言

1976 年，在法国举行的第九届史前学与原史学国际会议上，世界各国的动物考古学家正式成立了国际动物考古学会（International Council for Archaeozoology，简称 ICAZ），联合国教科文组织也确认该学会为其下属的分支机构[1]。至此，动物考古学终于在世界上"正名"了。

因为动物考古学的建立是基于生物学和动物学的研究，考古学家常常误认为自己没有资格评论动物考古学家的工作。其实，对动物遗体的解释与对人工遗物的解释没有很大的不同，其区别仅在于材料是否为有机体以及各自有不同的变化过程[2]。

近年来国内已逐渐开展了动物考古学的研究，河南渑池班村遗址的发掘便包括了这方面的内容。本文即结合这些研究成果，就这门学科的研究目标、理论和方法作一论述。

动物考古学的研究目标

关于动物考古学的研究目标，中外学者的看法大同小异[3]，概括起来说，就是（1）认识古代存在于各个地区的动物种类。（2）复原当时的自然环境。（3）探讨古代人类与动物的各种关系及古代人类的行为。

如果我们承认遗址中出土的动物骨骼都是被当时居住在这里的人类废弃的，这些

---

[1]　周本雄：《考古动物学》，见中国大百科全书总编辑委员会《考古学》编辑委员会、中国大百科全书出版社编辑部编：《中国大百科全书·考古学》，第 252 页，北京：中国大百科全书出版社，1986 年。

[2]　Douglas J. Brewer. 1992. Zooarchaeology: Method, Theory, and Goals, in Michael Brian Schiffer (ed.), *Archaeological Method and Theory* 4: 197. Tucson, AZ: the University of Arizona Press.

[3]　袁靖：《关于动物考古学研究的几个问题》，《考古》1994 年第 10 期，第 919~928 页。

动物骨骼所属的动物是被当时居住在这里的人类畜养的、或是在居住地周围猎获的，那么，通过对这些动物骨骼的鉴定，就可以在一定程度上搞清楚当时生息于这个地区的动物种类。就像根据新石器时代众多遗址中出土的陶器特征可以进行文化的区系类型划分一样，我们也可以根据各遗址出土的动物种类去认识它们在时间和空间上的特点。如在我国新石器时代，秦岭、淮河以北地区的家养动物是鸡、狗和猪；秦岭、淮河以南地区是狗、猪和水牛[4]。另外，在中原地区新石器时代遗址中，出土鱼骨的数量很少，但在三峡地区，出土的鱼骨比例却比较大[5]。还有，我国大部分地区的古代遗址中出土的动物骨骼里，猪骨可谓是最常见的。但在属于商周时期的新疆和静县察吾乎沟口墓地出土的大量动物骨骼中，却连一块猪骨也没有被发现[6]。

因为被我们鉴定的古代动物在当时都需要有一个适合它们的生存环境，如果我们假定古代动物和现代同类动物所适应的生存环境是相同的，那么，我们根据遗址中出土的某种对环境变化比较敏感的野生动物骨骼就可以在一定范围内推测当时遗址附近的自然环境。

我们通过运用定性定量的方法研究出土的动物骨骼的种类、数量，又可以搞清楚当时人类有规律地获得的动物资源是什么、最主要的是哪些、人类运用什么手段去获得它们、长时间里发生了什么变化，另外，人类当时除了食用动物的肉以外，又是怎样利用一部分动物骨骼制作工具。这些探讨，都可以为我们解释古代人类与动物的各种关系及古代人类的一部分行为提供佐证。

动物考古学的研究理论

动物考古学研究最基本的理论是均变说。均变说是地质学家 C. 莱伊尔在 19 世纪30 年代提出来的，他认为，地球的变化是古今一致的，地质作用的过程是缓慢的、渐进的，地球过去的变化只能通过现今的侵蚀、沉积、火山作用等物理和化学的作用来认识。在地壳中所发现的遗迹中的古代生物的种种变化，在其种类和程度上都可能同现今正在进行的变化相类似，现在是了解过去的钥匙[7]。经过 100 多年的发展，这条

---

[4] 周本雄：《中国新石器时代的家畜》，见中国社会科学院考古研究所编著：《新中国的考古发现和研究》，第 194～198 页，北京：文物出版社，1984 年。

[5] 袁靖：《巫山县欧家老屋、大溪、魏家梁子、双堰塘遗址出土的动物骨骼研究报告》，待刊。

[6] 安家瑗、袁靖：《新疆和静县察吾乎沟口一、三号墓地动物骨骼研究报告》，《考古》1998 年第7 期，第 63～68 页。

[7] C. 莱伊尔著，徐韦曼译：《地质学原理（第一册）》，第 143～152 页，北京：科学出版社，1959 年。

原理在地质学界受到了批评和补充。但不管均变说在解释千百万年来自然界的变化过程中存在什么问题，"现在是了解过去的钥匙"的思想在探讨全新世这一特定时间框架里动物的生态、生长状况时仍是一个精彩的理论精髓。

根据这一原理，动物考古学家便假定各种动物适应的生态环境是古今一致的，如果遗址中出土的某种动物和现在的某种动物属于同一种，那么依据现在这种动物生息的生态环境就可以推测当时遗址周围的环境。比如，竹鼠是以吃竹笋和竹根为生的，只能生活在竹林中，而竹林必定存在于气候温暖潮湿的环境。因为在西安地区的考古遗址中发现了竹鼠的骨骼，尽管现在竹鼠的生存范围已经局限在长江下游和秦岭以南地区，西安地区已经没有竹鼠了，但是根据西安地区古代遗址中发现的竹鼠骨骼，便可推测数千年前西安地区的气温比现在高，气候也比现在湿润，现在这个地区的环境发生了较大的变化[8]。还有，现代贝类中的泥蚶，适应在气温和水温较高、底质为泥沙混杂的环境里生存；蚬适应在河水与海水的交汇处，即淡水与咸水混杂的环境里生长。如果我们在古代贝丘遗址里发现了这些贝类，就可以根据它们的生态推测当时遗址周围的气候与地貌[9]。

动物考古学家除了根据均变说探讨古代环境外，还认为动物在其生长过程中的某些生理特征也是古今一致的。比如，现在的猪和梅花鹿在长到半岁时长出第1臼齿，长到1岁到1岁半时长出第2臼齿，长到2岁到2岁半时长出第3臼齿，随着年龄的增长，这些臼齿的表面又不断遭受磨损，各个年龄段的磨损状态大致有一定的特征。动物考古学家依据现在这些动物牙齿的生长规律和磨损特征对遗址中出土的猪和梅花鹿的牙齿进行观察、分析，就能推测它们的年龄[10]。现代贝类在其生长的时候，贝壳上每一天增长一条线，从春季到秋季，线与线之间的距离间隔较大，而在冬季，线与线之间的距离则变得相当紧密。因此，通过对贝丘遗址中出土的贝壳进行切片，在高倍显微镜下数线、分析，我们就可以判断这个贝的死亡时间[11]。

---

[8] 李有恒、韩德芬：《陕西西安半坡新石器时代遗址中之兽类骨骼》，《古脊椎动物与古人类》1959年第1卷第4期，第173~185页。

[9] 松島義章 1989「貝からみた古環境の変遷」第3回大学と科学公開シンポジュウム組織委員会編『新しい研究法は考古学になにをもたらしたか』東京　クバプロ 10－31頁

[10] a. Koike, H. & Outaishi, N.. 1985. Prehistoric Hunting Pressure Estimated by the Age Composition of Excavated Sika Deer (*Cervus nippon*) Using the Annual Layer of Cement, *Journal of Archaeological Science* 12：443-456.

b. 小池裕子・林良博 1984「遺跡出土ニホンイノシシの齢査定について」古文化財編集委員会編『古文化財の自然科学的研究』京都　同朋舎 519－524頁

[11] Koike, H.. 1986. Jomon Shell Mounds and Growth-line Analysis of Molluscan Shells, in Richard J. Pearson, Gina Lee Barnes, Karl L. Hutterer (ed.), *Windows on the Japanese Past：Studies in Archaeology and Prehistory*：267-278, Ann Arbor, MI：Center for Japanese Studies, The University of Michigan.

以均变说为指导，动物考古学家在研究遗址中出土的动物骨骼时，就有了比较科学的理论依据。当然，作为一门学科来说，仅仅用均变说是不能概括全部的，这门学科还应该包括其他方面的理论。比如，如何站在人的立场上，去观察人与动物的各种关系；如何依据出土的动物骨骼资料，对当时人类的生存活动及历史作出正确的推测和分析等。这些都是需要提出规律性认识的方面，而这些理论的建立，尚有待于我们今后的努力。

动物考古学的研究方法

动物骨骼的采集和处理的方法

从考古遗址中房址、墓葬、窖穴和灰坑等单位出土的动物骨骼有些是比较完整的，但大多数都是破碎的，有的甚至破碎得很厉害。不过切不可因此而轻视它们的价值。这些动物骨骼都是当时人类生活的产物，是通过一系列转变后遗留下来的。它们最早属于活的动物，被当时的人类利用后，依次变为死亡后的堆积、被发掘出来的骨骼、被鉴定的标本。这些标本来之不易，是我们研究的基础，必须认真和妥善地处理。

首先，按单位采集全部的动物骨骼，记录坐标。这样，可以保存当时人类废弃或处理动物骨骼时的原样，为以后的分析提供一个空间依据。如河南省渑池县班村遗址的动物骨骼绝大部分出自窖穴或灰坑，在采集时按单位作了记录。从这些坑里出土的骨骼种类看，大致可以将坑分为 A～D 四类。A 类坑有 1 个，属于距今 7000 多年前的裴李岗文化，其中全部是鹿科的骨骼。这和当时鹿科在全部动物中占有较大比例有关，因为当时人吃的鹿科较多，废弃的也多，这些骨骼就可能集中在一起出现。B 类坑也有 1 个，里面出土了 7 具比较完整的小猪骨架，当时一定是出于某种原因（如祭祀、瘟疫等），把这 7 头小猪埋在一起了。C 类坑有 2 个，里面主要是猪的上、下颌骨，这也是一种特殊的现象，其原因尚待探讨。D 类坑数量最多，有几十个，里面都是数种动物各个部位的骨骼，没有什么规律，看来必定是当时人们把不要的骨骼废弃在这种灰坑里[12]。如果在发掘时对上述动物骨骼仅仅是按文化层进行归类处理，我们在整理时就不可能提出以上这些认识。可见按单位采集动物骨骼，是深入研究的基础。

第二，对灰坑等遗迹的土进行水洗筛选，从中拣出肉眼不易发现的细小动物骨骼，为我们全面认识当时的实际情况尽可能的创造条件。比如内蒙古敖汉旗兴隆洼遗址和安

---

〔12〕　袁靖：《河南渑池班村遗址动物骨骼研究报告》，待刊。

徽省蒙城县尉迟寺遗址的灰坑内的土都进行过水洗，从中拣出了细小的鱼骨等动物骨骼[13]，这个发现就为我们正确认识当时人类的肉食结构及生产活动提供了新的资料。

第三，把骨骼表面的土清洗干净，把出土单位写在骨骼上。因为，有的骨骼上会残留一些人工或自然的损伤痕迹，经过清洗，我们可以仔细地辨别出来。尉迟寺遗址的一座墓葬里随葬了一块折断的猪的股骨，从断裂处看，不是新碴，周围也没有发现能与这块破碎的股骨粘对的碎骨片，应该说这块股骨放入墓葬时就是这样被折断的形状。在股骨断裂处附近，发现了明显的人工砍砸痕迹，可见当时是有意识地将它折断的[14]。在1994年的发掘中，这种随葬折断的股骨的现象又有发现。在整理时通过对它们的观察，可能会认识到当时在随葬时处理动物的某种规律。而要做到这些，首先是要仔细地处理好出土的动物骨骼，将它们清洗干净。另外，在动物骨骼上要注明出土地点，这样在整理时才不会出现混乱。

第四，对破碎的骨骼要注意粘对，骨骼愈完整，其特征就表现得愈多，在鉴定它们是属于哪种动物的哪个部位时就愈迅速、愈可靠。上面提到的班村遗址出土的7头小猪就是经过粘对才搞清楚的，在整理前它们只是一堆乱七八糟的碎骨，而粘对后就比较明显地显示出各个部位的特征。从研究的角度看，一堆碎骨和7头小猪的价值大不一样。

第五，在以上工作的基础上鉴定动物骨骼所属的种属和部位。鉴定时必须有对比的标本和参考书。对比的标本包括两类：一类是把现生的哺乳类、家畜、家禽、鱼类、贝类等加工制成标本；另一类是将遗址中出土的已经确认了种属及部位的完整或主要特征明显的动物骨骼作为标本。动物考古工作者要有意识地去建立现代动物和古代动物骨骼的标本库房，这对于正确鉴定出土的动物骨骼至关重要，即所谓有比较才有鉴别。常用的参考书主要有《中国脊椎动物化石指南》[15]、『貝塚の獣骨の知識』[16]、*Mammal Bones and Teeth*[17]、《动物骨骼图谱》[18] 等，这些书图文并茂，具有很高的

[13] a. 袁靖：《内蒙古赤峰兴隆洼遗址动物骨骼研究报告》，待刊。

　　　b. 袁靖、陈亮：《尉迟寺遗址动物骨骼研究报告》，见中国社会科学院考古研究所编著：《蒙城尉迟寺》，第424~441页，北京：科学出版社，2001年。

[14] 袁靖、陈亮：《尉迟寺遗址动物骨骼研究报告》，见中国社会科学院考古研究所编著：《蒙城尉迟寺》，第424~441页，北京：科学出版社，2001年。

[15] 中国科学院古脊椎动物与古人类研究所《中国脊椎动物化石指南》编写组编：《中国脊椎动物化石指南》，北京：科学出版社，1979年。

[16] 金子浩昌 1984 『貝塚の獣骨の知識』東京　東京美術

[17] Simon Hillson. 1992. *Mammal Bones and Teeth*. London：Institute of Archaeology University Collage London.

[18] 伊丽莎白·施密德著，李天元译：《动物骨骼图谱》，北京：中国地质大学出版社，1992年。

参考价值。最后将鉴定的结果详细记录在卡片上[19]。

动物骨骼的测量和统计的方法

测量头骨和牙齿

关于测量方法及记录格式，以安格拉·冯登德里施（Angela von den Driesch）的《考古遗址出土动物骨骼测量指南》为准[20]。我们测量头骨、牙齿的主要着眼点是探讨动物的进化及种的区别等问题。比如日本的西本丰弘在属于弥生时代的遗址里发现了一些猪的头骨，经过测量，发现这些猪头骨与绳纹时代的野猪头骨有区别。如头骨上部隆起，下颌骨的联合部变宽，下颌底的角度变大等。他认为绳纹时代的野猪不可能在短时间里进化成这样的形态，这些猪可能是由渡来人从大陆带来的，属于家猪[21]。由于我国对猪头骨测量的资料太少，这个推测还无法证实。但西本通过测量发现猪头骨形状的不同是很重要的，这揭示了一个需要我们在今后的工作中引起高度重视的现象。另外，在我国旧石器时代就有普氏野马、大连马，但在新石器时代的遗址里发现的马骨极少，以至于专家无法断定其为家马还是野马[22]。可是到了商周时期，出土的马骨数量骤增。那么，商周时期的这些马是当时人通过驯养野马得来的，还是由西方传入的，就成为一个值得探讨的问题。通过测量出土的马头及牙齿并将这些数据放在一个大的时间、空间框架里进行比较，应该能够得到一些有科学根据的启示。

定量统计

在对动物的种属做出判断以后，还必须确定它们的量。种属的判断和确认各类种属的量是整理动物骨骼时必须注意的互相关联、密不可分的两个方面。通过种属判断，我们可以认识与古代人类有关系的动物究竟是哪些种类。而根据各类种属的量，我们还可以弄清被古代人类捕获或饲养的动物种类中，哪些动物多，哪些动物少，占主要地位的是什么动物。这样，对古代人类通过狩猎或饲养得到的动物在他们的肉食结构中各占多少比例就有一个比较正确的认识。应该说如果没有量的统计，动物种类的量的比较及各类动物的各部位骨骼的量的比较就无法进行，进而关于人的行为及埋藏因素的分析也就不可能深入。定量统计在动物考古学中是最重要的方法之一。

定量统计的操作方法有两种：一种是确认鉴定标本的数量（The Number of Identi-

〔19〕　袁靖：《关于动物考古学研究的几个问题》，《考古》1994 年第 10 期，第 919～928 页。

〔20〕　Angela von den Driesch. 1976. *A Guide to the Measurement of Animal Bones from Archaeological Sites*. Cambridge, MA：Peabody Museum of Archaeology and Ethnology，Harvard University.

〔21〕　西本丰弘著，袁靖译：《论弥生文化的家猪》，《农业考古》1993 年第 3 期，第 282～294 页。

〔22〕　周本雄：《中国新石器时代的家畜》，见中国社会科学院考古研究所编著：《新中国的考古发现和研究》，第 194～198 页，北京：文物出版社，1984 年。

fied Specimens，简称 NISP），另一种是统计最小个体数（The Minimum Number of Individuals，简称 MNI）。

确认鉴定标本的数量就是对分别属于各个种属的全部的动物骨骼进行统计，这种方法在西方曾长期使用，但后来发现它存在几个问题。如：（1）过去的沉积过程、食腐肉及屠宰行为都会影响对标本的统计，即有的动物骨骼保存下来，有的没有保存下来，这样在统计时就有误差。（2）有的动物骨骼（如北美野牛）极有特征，连较小的碎片也能被可靠地确认。有的动物骨骼（如田鼠的头盖骨）则较难确认。这样也容易歪曲标本的统计数字。（3）不同的采集技术（如是否筛选、筛子网眼的大小等）也会影响到被鉴定的标本数量。（4）这种定量统计不能确认同类动物的骨骼是否属于不同的个体，从遗址中出土的10块破碎的猪头骨也可能是属于多个个体的，也可能是属于1个个体的[23]。

为弥补确认鉴定标本的数量这种方法在统计上的不足，就出现了按照同类动物的各个部位骨骼的多少统计最小个体数的方法。对动物最小个体数的确定原则和方法分别是：（1）必须是能够鉴定到种或属的动物骨骼。（2）统计一个种或属各个部位的骨骼，哪种骨骼（包括分清左右）数量最多，这个数字就是这个种或属的最小个体数。比如，一头猪的上颌骨、下颌骨、肩胛骨、肱骨、桡骨、尺骨、盆骨、股骨、胫骨等左右都只有1块。如果发现一个遗址中出土的猪骨里，有2块左下颌骨、1块右肩胛骨、1块左盆骨（图1）。那么由于左下颌骨发现的最多，就可以推测当时至少有2头猪。虽然右肩胛骨和左盆骨可能与这些左下颌骨是一个个体的，也有可能不是，当时的实际个体数可能会超过2头，但是为保险起见，我们确定的个体数是以最小个体数

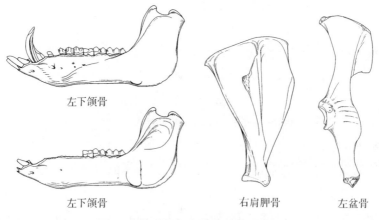

左下颌骨　　　　　　　　　　左下颌骨　　　　　　右肩胛骨　　　　左盆骨

图1　至少属于两头猪的骨骼示意图

〔23〕　Douglas J. Brewer. 1992. Zooarchaeology：Method，Theory，and Goals，in Michael Brian Schiffer（ed.），*Archaeological Method and Theory* 4：210-211. Tucson，AZ：the University of Arizona Press.

为准。确定了动物的最小个体数，就为我们的深入研究打好了基础。

比如，甘肃省武山县傅家门遗址包含的石岭下和马家窑这两个类型的遗存里，各类动物的最小个体数汇总而成的动物总数及各类动物的最小个体数在总数中所占的比例这两个方面都没有大的区别，不同的仅是石岭下类型有 1 头梅花鹿，而马家窑类型则没有。这说明当时这两个类型的人在所食的肉食结构上没有大的区别，也就是说马家窑类型的人在获取肉食的行为上与石岭下类型的人相比没有什么大的变化[24]。

在 1993 年度班村遗址发掘中出土的动物骨骼有 4000 多块，分别属于距今 7000 多年前的裴李岗文化、距今 5000 多年前的仰韶文化庙底沟类型、距今 4000 多年前的庙底沟二期文化和距今 2000 多年前的战国时代等。通过鉴定种属，确认当时被食用的动物有鲤鱼、草鱼、鸡、猴、兔、狗、家猪、梅花鹿及其他鹿科等。这些动物种类在各个时期没有什么大的差别，说明古代人类通过饲养家畜、狩猎和捕鱼而获取肉食资源的生产活动在数千年里是比较一致的。但是，如果根据这些动物的最小个体数制定的百分比看，在距今 7000 多年前猪在全部动物中所占的比例是 60％左右，到距今 5000 多年前是 80％左右，而梅花鹿及其他鹿科在全部动物中所占的比例由距今 7000 多年前的 40％左右减少到距今 5000 多年前的 10％以下[25]（图 2）。这种随着时间的推移，以猪为主的家养动物数量增多，而狩猎动物比例减少的现象，也许能反映出在这个地区生活的古代人类越来越注重养猪等饲养家畜的活动，肉食来源趋向稳定的过程。

如果我们再进一步做分析，上述这些猪与鹿的比例相差悬殊或有的地点根本就没有鹿的现象与姜寨遗址出土的动物种类的状况差别就相当大。姜寨遗址中出土的动物骨骼分别属于仰韶文化和客省庄二期文化，在这两个文化的动物种类中鹿类（包括梅花鹿和其他鹿科）与猪数量最多，特别是鹿类在各类出土动物的最小个体数中名列榜首，且梅花鹿的年龄较小。据此研究者提出当时该地有饲养这种动物的可能性[26]。兴隆洼遗址和尉迟寺遗址中出土的动物骨骼的整理结果也显示，动物种类里鹿的比例相当大，与猪的数量接近[27]，这与姜寨遗址出土的动物种类比例相似。由此看来，上述这五个遗址中出土的猪与鹿的状况大致可以分为两种类型，一种是猪与鹿的比例大致相当（姜寨、兴隆洼、尉迟寺），一种是猪多鹿少或没有鹿（班村、傅家门）。这既证

〔24〕 袁靖：《甘肃武山傅家门遗址出土动物骨骼研究报告》，待刊。

〔25〕 袁靖：《河南渑池班村遗址动物骨骼研究报告》，待刊。

〔26〕 祁国琴：《姜寨新石器时代遗址动物群的分析》，见西安半坡博物馆、陕西省考古研究所编：《姜寨》，第 504～538 页，北京：文物出版社，1988 年。

〔27〕 a. 袁靖：《内蒙古赤峰兴隆洼遗址动物骨骼研究报告》，待刊。

　　　b. 袁靖、陈亮：《尉迟寺遗址动物骨骼研究报告》，见中国社会科学院考古研究所编著：《蒙城尉迟寺》，第 424～441 页，北京：科学出版社，2001 年。

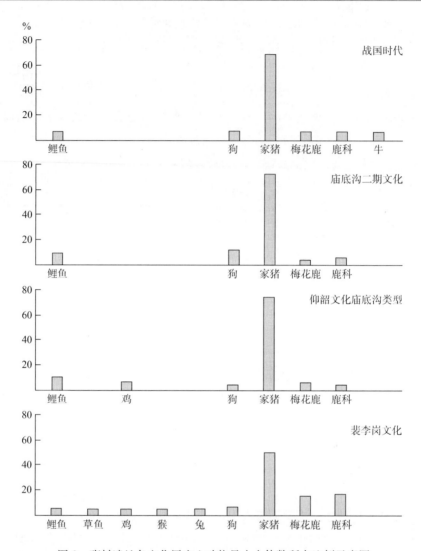

图 2　班村遗址各文化层出土动物最小个体数所占比例示意图

明不同区域、不同文化、不同时期的人在获取肉食时的生产行为是有区别的，也证明由于当时鹿类生态分布的不同而反映出当时某些遗址周围的自然环境的区别。带着这些认识继续研究其他遗址中出土的动物骨骼，就可能对我国古代人类的一部分生产活动、生活及当时鹿类分布的区域特点、出土的动物种类与遗址周围微小环境的关系等提出规律性的认识。

测定年龄

动物考古学家在分析动物骨骼时除确定动物种类及它们的最小个体数外，还可以通过观察猪与鹿的下颌骨的牙齿，大致判定它们的年龄。判定方法主要有两种，一种是切片观察法，就是对牙齿切片后进行化学处理（用苏木精染色），观察牙骨质里所包含的混浊层与透明层，混浊层是因为钙质高的缘故，形成于冬季；透明层则形成于冬季以外的其他季节。通过判断混浊层的层数、透明层的厚薄等可以判定动物的年龄。但这样做会破坏标本，还要有专门的仪器设备[28]。所以我们一般采用的是更简便的观察法。观察法是根据观察猪或鹿的下颌骨上第1、第2、第3臼齿的萌出过程及磨损状况来判定年龄[29]。然后统计各个年龄段的个体数，这样就可以制定全部动物的年龄结构（Age composition），由此可以看出它们中间哪种年龄段的个体数量最多，哪种年龄段的个体数量最少，最大的年龄是多少，平均年龄是多少等等。制定和分析年龄结构是我们研究动物骨骼不可缺少的重要一环，尤其是对动物骨骼中占比例较大的猪和鹿，按各年龄段搞清它们的最小个体数，看哪个年龄段的最小个体数最多，这对于我们认识古代人类的行为也是很有帮助的。比如，我国的学者们根据遗址中出土的猪的年龄大多集中在1～2岁，年龄结构较年轻，因而比较倾向于把这种年龄结构作为存在家猪的一个重要证据。因为年轻的猪大量死亡，不是野猪生长的自然现象。根据现代饲养猪的经验，把猪养到一年左右，即屠宰吃掉。只有种猪才会饲养到成年。青幼年猪的肉嫩而易熟，成年和老年猪的肉则不好吃[30]。作为对比，日本绳纹时代的经济形态是狩猎、捕鱼捞贝和采集，出土的动物骨骼中除狗以外，没有家畜，猪骨都是属于野猪的。从野猪的年龄结构看，参差不齐，不但小猪、成年猪和老年猪都有，而且成年猪和老年猪所占的比例还相当大。如於下贝丘遗址出土的野猪，其年龄结构就是一例[31]（图3）。可以说，日本绳纹时代贝丘遗址中野猪的年龄结构是我们依靠年龄结构确认中国新石器时代遗址中存在家猪的一个重要参考。

　　傅家门遗址出土的、分别属于石岭下和马家窑类型的猪，其年龄都在2岁或2.5岁以下，平均年龄仅1.5岁或1.4岁左右[32]。班村遗址各个文化层出土的猪的平均年

[28]　Koike，H. ＆ Outaishi，N.．1985．Prehistoric Hunting Pressure Estimated by the Age Composition of Excavated Sika Deer (*Cervus nippon*) Using the Annual Layer of Cement，*Journal of Archaeological Science* 12：443-456.

[29]　a. Koike，H. ＆ Outaishi，N.．1985．Prehistoric Hunting Pressure Estimated by the Age Composition of Excavated Sika Deer (*Cervus nippon*) Using the Annual Layer of Cement，*Journal of Archaeological Science* 12：443-456.

　　　b. 小池裕子・林良博 1984「遺跡出土ニホンイノシシの齢査定について」古文化財編集委員会編『古文化財の自然科学的研究』京都　同朋舎 519－524頁

[30]　李有恒、韩德芬：《陕西西安半坡新石器时代遗址中之兽类骨骼》，《古脊椎动物与古人类》1959年第1卷第4期，第173～185页。

[31]　袁靖 1992「動物遺存体」麻生町教育委員会（加藤晋平・茂木雅博・袁靖編集『於下貝塚』麻生　麻生町教育委員会 102－185頁

[32]　袁靖：《甘肃武山傅家门遗址出土动物骨骼研究报告》，待刊。

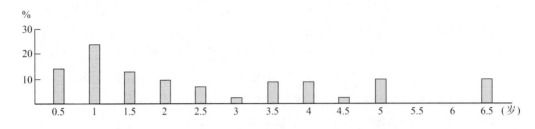

图 3 日本茨城县於下贝丘遗址出土不同年龄野猪所占比例示意图

龄都在 1.5 岁左右，其中庙底沟二期文化的猪，其 2 岁以下的占到 80％左右[33]。该年龄结构应是当时存在家猪的重要证据之一。但是，除傅家门和班村遗址之外，从 1993年兴隆洼遗址发掘出土的一部分动物资料看，猪的年龄明显偏大，3 岁以上的占大多数[34]。这样的年龄结构与我们上文中论述的家猪的年龄结构有区别，而与日本绳纹时代野猪的年龄结构有相近之处，联系到兴隆洼遗址还出土了大量的马鹿的骨骼，可见当时的狩猎活动是相当兴盛的。那么，除狩猎马鹿以外，当时这一地区的先民是否还狩猎野猪呢？如果还狩猎野猪的话，是否还存在饲养家猪？家猪和野猪的比例何者为大？通过分析其年龄结构，对区分家猪与野猪、确定古代人类宰杀家猪的最佳年龄及解决由此引申出来的其他问题是有积极作用的。

另外，把属于各个时期的遗址中出土的猪和鹿的年龄结构汇总起来并做一个纵向的比较，这也是很有意思的。比如，日本学者小池裕子和大泰司纪之通过对日本绳纹时代早期的石山、鸟浜两处遗址中出土的梅花鹿的下颌骨进行分析，证明当时被捕杀的梅花鹿的平均年龄分别为 6.22 岁和 6.96 岁。而现在被列为动物自然保护区的金华山的梅花鹿群中，雄鹿的平均年龄为 5.79 岁，雌鹿的平均年龄为 6.44 岁。绳纹时代早期的梅花鹿的平均年龄与现代动物自然保护区的梅花鹿的平均年龄近似。由此小池等推测，在绳纹时代早期，人们狩猎梅花鹿的数量有限，对作为整体存在的梅花鹿种群并不构成太大的威胁，野生鹿群的自然年龄结构并未因人的狩猎活动而受到影响。但在绳纹时代晚期的木户作、矢作、宫前和山武姥山等数个遗址中出土的梅花鹿的平均年龄已降到 4.6～5.6 岁，显得比较年轻。而现在北海道狩猎区里雄鹿的平均年龄为 4.7 岁，雌鹿的平均年龄为 5.2 岁。在绳纹时代晚期被捕杀的梅花鹿的平均年龄与现在生息于狩猎区的梅花鹿的平均年龄近似。这证明，处于绳纹时代晚期的人们所进行的狩猎活动已经对梅花鹿的自然生存形成一种压力，即被捕杀的梅花鹿的数量过大，已经直接影响到梅花鹿的自然年龄结构。这可能与随着人口的增加，对肉食的需求量也

---

〔33〕 袁靖：《河南渑池班村遗址动物骨骼研究报告》，待刊。

〔34〕 袁靖：《内蒙古赤峰兴隆洼遗址动物骨骼研究报告》，待刊。

随之增加，因而对梅花鹿的捕获量也相应的扩大有关[35]。在动物考古学研究中，这种随着时间的变化，人们捕获的某种动物的平均年龄也相应的年轻化的现象，可用狩猎压（Hunting pressure，意指人类的狩猎活动对动物生存形成压力）来解释。而此项研究的基础，是判断各个时期遗址中出土的同类动物的年龄结构。

研究动物骨骼上的人工痕迹及动物啃咬痕迹

这里论述的人工痕迹主要是指切割和砍砸的痕迹。切割和砍砸的痕迹往往是古代人在肢解动物，从骨骼上剔肉或进行某种行为时所留下的。探讨这些动物骨骼上的人工所造成的痕迹，对认识古代人的行为有一定的帮助。

从解剖学上看，动物的筋肉、肌腱在骨骼上有固定的位置，如果是肢解动物留下的切割痕迹，其往往集中在那些位置。可以说，这几乎是一种超越时代、超越文化的普遍规律。宾弗（Binford）在北美、非洲做过几次民族学调查，根据他的总结，人们肢解动物的步骤是：（1）先从头后部和环椎之间下刀，把头割下。（2）把脖子和脊椎部分分开。（3）割下四肢（盆骨有时连在后肢上，有时残留在脊椎一侧）。（4）用多种方式处理肋骨和脊椎。一般说来，在下颌骨、颈椎、肩胛骨、肱骨、盆骨、胫骨上留下切割痕迹的可能性相对来说较大[36]。傅家门遗址出土的 1061 块骨骼中发现带有切割痕迹的骨骼 16 块，分别属于石岭下和马家窑类型。这些骨骼的部位包括肩胛骨、桡骨、盆骨等[37]。因此可以说，傅家门遗址的材料与宾弗通过民族学调查所总结的肢解动物的规律有相似之处。

根据外国学者对其他国家的石器时代或相当于石器时代的遗址中出土的动物骨骼的研究表明，由于没有锐利的金属工具，而石制工具又比较钝，所以留下切割痕迹的骨骼仅占全部骨骼的 1％～10％，极个别的超过 20％[38]。傅家门遗址发现的带有切割痕迹的动物骨骼仅占全部骨骼的 2％以下，与外国的资料相比，属于比例相当小的一类[39]。这可能与当时的人对动物的形体结构比较熟悉，肢解动物相当熟练有关。

---

[35]　Koike，H. & Outaishi，N.．1985．Prehistoric Hunting Pressure Estimated by the Age Composition of Excavated Sika Deer（*Cervus nippon*）Using the Annual Layer of Cement，*Journal of Archaeological Science* 12：443-456.

[36]　Lewis Roberts Binford. 1981. *Bones：Ancient Men and Modern Myths*：91 New York：Academic Press.

[37]　袁靖：《甘肃武山傅家门遗址出土动物骨骼研究报告》，待刊。

[38]　Bunn，H. T. & Kroll，E.．1986．Systematic Butchery by Plio/Pleistocene Hominids at Olduval Gorge，Tanzania，*Current Anthropology* 27：210.

[39]　袁靖：《甘肃武山傅家门遗址出土动物骨骼研究报告》，待刊。

　　另外，从切割痕迹看，属于新石器时代的傅家门遗址的切割痕迹显得较粗，长度为 6 毫米左右[40]，而属于青铜时代的察吾乎沟口墓地的则显得较细，长度为 20 毫米左右[41]。这反映出当时使用的工具有石器和金属器之分，并且切割的方式也有不同。

　　动物骨骼上除了可能有切割等人工痕迹外，还可能有啮齿类、食肉类动物留下的啃咬痕迹。对啃咬痕迹进行研究，也可发现很有意思的问题。如日本的於下贝丘遗址中出土的野猪和梅花鹿的骨骼中，根据动物颌骨和四肢骨分别确认的最小个体数常常是不一致的，即根据野猪或鹿的颌骨确认的最小个体数多，而根据同类动物的四肢骨确认的最小个体数少[42]。在日本其他贝丘遗址的动物骨骼整理报告中，往往也存在这种现象。这里有一个埋藏因素的问题，即动物骨骼被人废弃以后，又一次或多次受到破坏。我们现在看到的动物骨骼，已经不是古代人废弃的原貌了。追究动物骨骼被废弃后所经历的破坏、变化过程，属于埋藏学研究的一个方面。埋藏学（Taphonomy）是前苏联古生物学家叶菲列莫夫（И. А. Ефремов）首先提出，是由希腊语 Taphos（墓、埋藏）和 Nomos（规律）这两个词合并而成。指专门研究生物死亡、破坏、风化、搬运、堆积和掩埋的整个过程，以及在这一过程中生物受到各种各样因素的影响而发生变化的一门科学[43]。我在日本时曾和别人合作，用现在的狗做实验，让它啃咬骨骼，观察骨骼上残留的痕迹，将此与遗址中出土的带有啃咬痕迹的动物骨骼做比较，推测动物骨骼从废弃、埋藏到今日被我们发现为止可能出现的一些变化。在实验中发现，可能是颌骨的骨壁较厚的缘故，狗对颌骨兴趣不大，而是喜欢啃咬肢骨。在狗啃咬肢骨时，总是从骨质较软的关节部位（近端或远端不定）开始，将关节部位咬碎吞咽后，再用上颌的门齿掏骨髓吃，就这样一直啃咬到骨壁较厚的骨干部为止。根据这一实验结果，我们推测在绳纹时代，由于绳纹人在食肉后对骨骼往往敲骨吸髓，所以绳纹人废弃的肢骨的骨干部多是碎片，而肢骨的关节部又在废弃后遭到狗的啃咬，这样，肢骨被整个破坏了。于是今天我们根据这些属于骨干部的碎骨片很难确认它们是动物的哪个部位的骨骼，因而无法进行统计。但是与肢骨相比，颌骨在埋藏前后所受到的破坏都要小很多，容易确认。这很可能就是我们今天看到的颌骨和肢骨比例失调现象的重要原因之一。国内几个遗址出土的动物骨骼中，几乎都存在依据同类动物的颌骨和四肢骨分别确认的最

[40]　袁靖：《甘肃武山傅家门遗址出土动物骨骼研究报告》，待刊。

[41]　安家瑗、袁靖：《新疆和静县察吾乎沟口一、三号墓地动物骨骼研究报告》，《考古》1998 年第 7 期，第 63～68 页。

[42]　袁靖 1992「動物遺存体」麻生町教育委員会（加藤晋平・茂木雅博・袁靖編集）『於下貝塚』麻生　麻生町教育委員会 102－185 頁

[43]　尤玉柱：《史前考古埋藏学概论》，第 1 页，北京：文物出版社，1989 年。

小个体数不一致这种现象[44]。在不少动物骨骼上，也有狗啃咬的痕迹。因此，在分清带有啃咬痕迹的动物骨骼所属的动物种类、部位的基础上，深入进行埋藏学的研究，对于我们如实地反映古代人的行为，正确地解释我们今天通过发掘看到的现象都是很有帮助的。

研究骨角器的材料与制作

进入新石器时代以后，出现了大量的骨质和角质的生产工具及装饰品。我们研究这些骨角器的目的主要是为了了解它们的原材料属于哪些动物的什么部位、当时人类制作骨角器的步骤和手法、探讨古代人类制作骨角器工艺方面的发展过程。

结　语

随着田野发掘工作的不断进步，收集和研究出土动物骨骼的活动正在逐渐增多。动物骨骼和陶器、石器一样，都是古代人类利用以后废弃的。它们反映了古代环境的某些现象和古代人类的一部分行为。如果我们能够按单位全部采集这些动物骨骼，鉴定和统计它们所属的种类、年龄、数量、性别及部位。在此基础上，认识其具备的特点、概括其内在的规律，探究其形成的原因，进行认真的研究，那么对于我们认识被古代人类利用的动物种类、复原古代环境的面貌及探讨古代人类的行为等方面都是大有益处的。可以说，通过动物考古学研究获得的许多认识，在单纯地研究人工遗迹、遗物的过程中是得不到的。

动物考古学研究在欧美、日本都开展得有声有色，但在我国尚属起步阶段，要和国际上的动物考古学研究接轨，我们还需要做许多开创性的工作。另外，动物考古学本身的理论和方法尚有不完善的地方，亟待建设和创新。虽然任重而道远，但千里之行，始于足下。

本文在写作过程中得到中国科学院古脊椎动物与古人类研究所祁国琴先生的指教，中国历史博物馆安家瑗同志也提出了有益的意见，在此一并表示衷心的感谢。

（原载于《中国历史博物馆馆刊》1995 年第 1 期，第 59～68 页）

----

[44]　a.　袁靖：《河南渑池班村遗址动物骨骼研究报告》，待刊。

　　　b.　袁靖：《内蒙古赤峰兴隆洼遗址动物骨骼研究报告》，待刊。

　　　c.　袁靖、陈亮：《尉迟寺遗址动物骨骼研究报告》，见中国社会科学院考古研究所编著：《蒙城尉迟寺》，第 424～441 页，北京：科学出版社，2001 年。

　　　d.　袁靖：《甘肃武山傅家门遗址出土动物骨骼研究报告》，待刊。

中国古代家猪的鉴定标准

家猪（*Sus Scrofa domesticus*）是由野猪（*Sus Scrofa*）经驯化演变而成。与世界上其他国家相比，从古到今，猪在中国人的饮食结构中一直占据着十分重要的地位，这是中国的一个特色。探讨中国古代家猪的起源是中国动物考古学研究的一个热点。工欲善其事，必先利其器，要探讨中国古代家猪的起源问题，建立家猪的鉴定标准自然是首先要考虑的问题。

我们自 2003 年开始就注重讨论家猪的鉴定标准，特别是强调要建立系列的鉴定标准，当年提出的系列标准主要是形体特征、年龄结构、性别特征、数量比例、考古现象等 5 条[1]。近年来，随着研究的深入及自然科学相关学科方法的引入，我们对于如何进一步完善家猪鉴定标准的认识不断深化[2]。这里首先系统地阐述鉴定家猪的系列标准，同时围绕几个相关问题做一些详细的说明；然后，介绍我们对中国家猪起源的研究实例；最后得出结论。

系 列 标 准

我们认为凭借单个标准鉴定考古遗址中出土的猪骨是否属于家猪是不准确的。要做好鉴定工作需要建立一整套的系列标准，从各个不同的角度进行判断。以下分别介绍。

[1] a. 袁靖：《古代家猪的判断标准》，《中国文物报》2003 年 8 月 1 日第 7 版。
   b. 袁靖、杨梦菲：《猪的驯养问题》，见中国社会科学院考古研究所、广西壮族自治区文物工作队、桂林甑皮岩遗址博物馆、桂林市文物工作队编：《桂林甑皮岩》，第 337～341 页，北京：文物出版社，2003 年。
[2] a. 袁靖：《中国古代的家猪起源》，见西北大学考古学系、西北大学文化遗产与考古学研究中心编：《西部考古（第一辑）》，第 43～49 页，西安：三秦出版社，2006 年。
   b. 袁靖 2007「古代中国におけるブタの起源」茂木雅博編『日中交流の考古学』東京　同成社 483－490頁
   c. 罗运兵：《野生还是家养：判断标准的讨论》，《中国古代家猪研究》，第 10～70 页，中国社会科学院研究生院博士学位论文，2007 年。
   d. 罗运兵、张居中：《河南舞阳县贾湖遗址出土猪骨的再研究》，《考古》2008 年第 1 期，第 90～96页。

形体特征

考古遗址中出土的家猪一般体形比野猪要小。由于是饲养，有人向猪提供食物，它们可以不必像野猪那样经常用鼻吻部拱地掘食，时间长了引起鼻吻部及头骨长度缩短。另外，在饲养过程中猪的活动范围可能受到限制，且一般不需要争夺和对抗，缺乏剧烈运动，这些都促使家猪的形体开始变小。

通过对考古遗址中出土的猪的牙齿和骨骼进行观察和测量，可以依照一些特征比较明确地区分家猪和野猪。如由于头骨的缩短，可能出现头骨的宽长比值变大以及下颌联合部的倾斜角度增大等现象；因为家猪整个形体的变小过程不是同步进行的，颌骨齿槽可能先变小、而牙齿的尺寸却没有相应变小，要在缩短的空间里长出尺寸依旧跟原来一样大的牙齿，这样就会产生齿列扭曲的现象；我们认为，上颌第3臼齿的平均长度为35毫米、平均宽度为20毫米，下颌第3臼齿的平均长度为40毫米、平均宽度为17毫米，这些大致是考古遗址中出土家猪上下第3臼齿的最大平均值。最近马萧林博士撰文谈到猪的第2臼齿的尺寸、骨骼的尺寸等也是判断的依据，我们认为他说的十分有理，在今后的研究中，我们应该有效地运用这些新的标准[3]。

年龄结构

考古遗址中出土的家猪的年龄往往比较小，年龄结构以年轻个体为主。关于这个现象可以用现在的经验来解释，养猪主要是为了吃肉，猪长到1~2岁后，体形和肉量不会再有明显增加，如果继续饲养下去所产生的肉量，不如再从一头小猪养起见效快，且1~2岁猪的肉相对来说比较嫩。因此，古代饲养的猪往往在1~2岁就被屠宰，故其年龄结构中以1~2岁左右的占据多数或绝大多数。而狩猎时杀死的野猪年龄则很有可能大小不一，所以，考古遗址中出土的野猪，其年龄结构包括各个年龄段，从而表现出一种参差不齐的分布特征。

20世纪60年代中国学者对陕西西安半坡遗址中出土的动物骨骼进行研究，依据遗址中出土的整个猪群年龄结构普遍年轻的现象提出当时的猪是家猪的观点[4]。当然，国外学者提出这一认识的时间更早。但后来国外有些学者在进行深入研究时对此提出反思，认为狩猎所获野猪也可能具有这样的特征，国内学者依据现代狩猎获取的野猪群的年龄结构的特征，也对此标准提出了质疑[5]。

---

〔3〕　马萧林：《河南灵宝西坡遗址动物群及相关问题》，《中原文物》2007年第4期，第48~61页。

〔4〕　李有恒、韩德芬：《陕西西安半坡新石器时代遗址中之兽类骨骼》，《古脊椎动物与古人类》1959年第1卷第4期，第184页。

〔5〕　马萧林：《河南灵宝西坡遗址动物群及相关问题》，《中原文物》2007年第4期，第48~61页。

目前，国内资料的统计表明，考古遗址中出土的家猪，其年龄结构基本上以年轻个体为主，其原因与上述饲养家猪的目的及家猪长大所需要的时间有关。而狩猎所获野猪的年龄结构则会有两种可能，一种是可能存在年轻的年龄结构，但更多的可能是年龄结构参差不齐。比如我们在对日本绳纹时代中期於下贝丘遗址中出土的猪骨进行整理时，发现其年龄结构存在参差不齐的现象[6]。日本学者在研究日本绳纹时代其他的贝丘遗址中出土的猪骨时也发现同样的现象[7]。一般而言，古代居民如果饲养家猪的话，遗址中出土的猪骨的年龄结构普遍年轻；而如果是狩猎所获野猪的话，出土猪骨的年龄结构大多呈现参差不齐的现象。这种现象是我们通过对许多考古遗址中出土的动物骨骼进行研究，得到的切实的结论。

我们承认，考古遗址中出土的猪的年龄结构可能存在一定的特殊性，如上文提到的野猪的年龄结构可能也会出现年轻个体偏多的情况，还有河南偃师商城遗址中祭祀沟里出土的家猪的年龄结构中以年龄较大的个体为主，但其形态学的观察结果、牙齿和骨骼的尺寸、个体数量等多个方面的证据都明白无误地显示出家猪的特征。我们认为这是为了专门进行祭祀而饲养的猪群的特殊现象[8]。在认识古代居民是通过饲养家猪、还是通过狩猎野猪获取肉食资源的过程中，一些现代民族学资料可以为我们如何把握猪的年龄结构所起到的作用提供启示，但是要真正使用得当，还得具体情况具体分析。实际上，国外学者的论述也不是完全否定年龄结构这个标准，只是强调不能将它作为主要证据而已。

性别特征

我们发现，考古遗址中出土的家猪，其性别比例不平衡。母猪或性别特征不明显的猪占明显多数，可以确定为公猪的数量很少。我们推测，因为饲养是一种人为控制的行为，母猪长大了，除了提供肉食以外，还可以繁殖小猪，因此母猪受到重视。而公猪则不同，除了提供肉食以外，只要保留极少量的公猪承担对全部母猪的交配任务即可。且公猪性成熟后性格暴躁，不易管理。因此，除保留个别公猪作为种猪外，大部分公猪在幼年时就被阉割，阉割后的公猪长大后多具有母猪的体形特征。而在阉割技术出现以前，大部分公猪有可能在幼年时或年纪不大时就被宰杀。

〔6〕 袁靖 1992「動物遺存体」麻生町教育委員会（加藤晋平・茂木雅博・袁靖編集）『於下貝塚』
　　　　 麻生　麻生町教育委員会 102－185 頁
〔7〕 西本豊弘 1999「家畜」西本豊弘・松井章編『考古学と動物学』東京　同成社 59－62 頁
〔8〕 袁靖：《动物考古学研究的新发现与新进展》，《考古》2004 年第 7 期，第 54～59 页。

数量比例

考古遗址中出土的哺乳动物骨骼里家猪的骨骼往往占有相当的比例，且常随着时间的推移，数量上有一个从少到多的过程。这是因为饲养家猪的首要目的是获取肉食资源，其饲养的数量必须达到一定的规模才能满足肉食供给的要求，随着饲养水平的提高，家猪的数量也会呈现出增多的趋势，所以家猪骨骼在出土动物骨骼中往往占有较大的比例。而如果是以狩猎为主，考古遗址中出土的动物的种类和数量则往往取决于各种动物的自然分布状况和被捕获的难易程度。关于数量比例的特点在中国各个地区和各个时间段里均不是绝对一致的，这是由于各个地区自然资源的丰富程度不同，各个时间段里人口的数量也有差异，当地当时的人获取肉食资源的方式也不尽相同，这往往要在一个历时过程中加以检验。另外，在家猪起源的早期阶段，可能其数量比例也不会很大。

埋葬或随葬现象

这是我们特别关注的一个标准。我们通过多年的研究发现，在中国新石器时代考古遗址中土坑或墓葬里往往埋葬或随葬完整的狗、猪或它们的一部分肢体。其中猪是被埋葬或随葬数量最多的动物，在中国整个新石器时代各个地区的很多遗址里埋葬或随葬猪的现象都具有规律性。另一种被埋葬或随葬较多的动物是狗，但其出现的范围主要集中在东部地区，陕西和甘肃发现的实例相当少。除了这两种动物以外，在属于新石器时代前仰韶文化或仰韶文化的个别遗址里，我们还发现过数量极少的貉、鹿、牛等动物的颌骨或肢骨。在新石器时代晚期的遗址中出土单独埋葬完整的牛和羊的现象[9]。

我们认为，在新石器时代的较早阶段，出现古代居民把狗、貉、猪、鹿、牛等多种动物的部分身体或整体埋葬的现象，最初选定上述这些动物作为随葬品或牺牲进行埋葬，很可能因为当时人与它们有特殊的关系。不然，何以在各个遗址里发现的哺乳动物种类几乎都不下十种，但是真正在墓葬或属于特殊遗迹的土坑里仅发现这几种动物。当然，我们也不排除偶然性的存在，即古代居民偶然把某些动物埋在墓葬或土坑里。但是上述动物中真正延续下来、贯穿于整个新石器时代的仅仅是狗和猪。那么，在整个新石器时代不同地区的古代人类都单单挑出狗和猪这两种动物进行埋葬和随葬，这可能暗示他们与这两种动物有特殊的感情。这种特殊的感情可能就是起源于饲养。我们用其他判断家猪的标准都可以证明，很多新石器时代的遗址中出土的随

〔9〕　a. 罗运兵：《中国古代家猪研究》，中国社会科学院研究生院博士学位论文，2007年。

　　　b. 袁靖、黄蕴平、杨梦菲、吕鹏、陶洋、杨杰：《公元前2500年至公元前1500年中原地区动物考古学研究》，见中国社会科学院考古研究所考古科技中心编：《科技考古（第二辑）》，第12～34页，北京：科学出版社，2007年。

葬和单独埋葬的猪骨都属于家猪。因此，我们一般把埋葬和随葬的狗和猪都视为是饲养的家畜。这样，如果我们把埋葬动物的行为作为判断标准的话，在追踪家养动物的历史时，自然要涉及其最早的阶段。因此，如果发现埋葬猪的行为，便可将其作为可能出现家猪饲养的重要线索。就单个遗址而言，如果埋葬猪的个体数量较多，基本上可以肯定该遗址存在家猪饲养。磁山遗址中出土的多个单独埋葬的猪就是相当典型的实例。

病理现象

病理现象主要包括线性牙釉质发育不全和齿槽脓肿两个方面。线性牙釉质发育不全是指哺乳动物在牙冠形成过程中牙釉质厚度方面出现的一种缺陷，比较典型地表现为齿冠表面形成横向的一个或多个齿沟或齿线。成釉细胞的釉质分泌对生理干扰非常敏感，线性牙釉质发育不全的出现一般是由发育期生理紧张造成的。在家猪中，线性牙釉质发育不全的比例较高，而在野猪中则很低，这很可能与家猪在整个生存过程中都被人控制相关[10]。齿槽脓肿主要是因为龋齿和牙周炎，其产生的概率往往与食物成分中碳水化合物的含量呈正比，即高淀粉和高糖食物容易导致龋齿。这类食物残留在牙缝里，引起龋齿，久而久之，引发牙床发炎、腐烂，在骨骼上留下病变的痕迹。在以农业为主的古代人群中这种现象较为常见，而以其他方式获取食物的人群中则不多见。同样，在考古遗址中出土的家猪中就发现有这种现象，但是在野猪中不见[11]。

食性分析

因为对于家猪而言，其食物来源已受人类控制，其部分、甚至全部食物均由人类提供。这些食物往往包括人吃的食物的皮和壳及人吃剩的食物。另外，家猪还常常吃人的粪便。人的粪便成分一般和人吃的食物成分相似。因此，如果以猪骨为对象，分析骨骼的^{13}C、^{15}N稳定同位素和微量元素的含量，了解其食性状况，再对同一遗址中出土的人骨做同样的分析并进行比较，可以为确认饲养家猪提供科学的依据。

距今10000多年以前的江西万年吊桶环遗址中出土的猪骨从形态特征来看是典型的野猪，研究人员对吊桶环遗址中出土的13块猪骨进行稳定同位素分析，从8个个体中得到了可靠数据。其δ^{13}C值中以C_3类植物为主，δ^{15}N的平均值为2.7‰，最高值没

---

〔10〕 罗运兵、袁靖：《观察野猪向家猪转变的新视角——线性牙釉质发育不全分析》，《中国文物报》2005年4月1日第7版。

〔11〕 西本豊弘 1999「家畜」西本豊弘・松井章編『考古学と動物学』東京 同成社 59－62頁

有超过 4‰。与距今 4000 年前的河南新密新砦遗址中出土的从各种特征看都可以认定是家猪的猪骨进行对比，研究人员在新砦遗址的 11 块猪骨中取得 $\delta^{13}C$ 的结果，猪骨的 $\delta^{13}C$ 值和人骨一样，都在-12‰到-7‰这个范围之内，都显示出它们以 C_4 类食物为主，与吊桶环遗址的猪的 $\delta^{13}C$ 值明显不同。同时，新砦遗址中猪骨的 $\delta^{15}N$ 的平均值为 6.18‰（去掉最高值之后取平均），其最低值为 4.5‰。新砦遗址中猪骨的 $\delta^{15}N$ 值显示其食物中动物性蛋白的含量要比吊桶环遗址的多。$\delta^{15}N$ 值的高低与是否摄入动物性蛋白关系极大。野猪在自然环境中自由取食时，不能获得较多数量的动物性蛋白，因此超过 4‰的 $\delta^{15}N$ 值很可能是在人工干预的情况下，摄入包含高动物蛋白的食物而显示出来的[12]。

从以上的实例中我们可以看出，由于自然环境中 C_3 类植物的比例往往高于 C_4 类植物，所以，如果遗址中所表现的农业特征是以粟作农业为主的话，那么仅靠 $\delta^{13}C$ 值就足以证明猪是否被人工驯养，因为粟是属于 C_4 类植物，猪只有食用大量的 C_4 类植物，其 $\delta^{13}C$ 值才会以 C_4 为主，这种情况只有在人工饲养的环境中才能做到。如果遗址中所表现的农业特征是以稻作农业为主的话，水稻是属于 C_3 类植物，单单依据这个测试结果，很难判断当时猪食用的是水稻还是其他野生的 C_3 类植物，那么就要结合 $\delta^{15}N$ 值的分布情况来分析猪的驯养情况[13]。

古 DNA 研究

通过对考古遗址中出土的猪骨进行 mtDNA 研究，科学家们正在逐步确认各个地区、各个时期的猪的相互关系。这一研究为建立古代猪的整个谱系创造了条件，有利于家猪起源的研究，也有利于判断家猪和野猪。我们现在已经掌握了中国现代家猪的全部基因特征，并开始进一步对古代猪骨的 DNA 研究，这样我们有可能获得新的认识[14]。

关于相关问题的说明

上述这些标准是我们通过对多个不同时期、不同地点的考古遗址出土的大量动物骨骼的研究得出的认识。这些标准可以分为两类，一类是通过对单个个体的观察确定

---

[12] 吴小红、肖怀德、魏彩云、潘岩、黄蕴平、赵春青、徐晓梅、Nives Ogrinc：《河南新砦遗址人、猪食物结构与农业形态和家猪驯养的稳定同位素证据》，见中国社会科学院考古研究所考古科技中心编：《科技考古（第二辑）》，第 49～58 页，北京：科学出版社，2007 年。

[13] 吴小红、肖怀德、魏彩云、潘岩、黄蕴平、赵春青、徐晓梅、Nives Ogrinc：《河南新砦遗址人、猪食物结构与农业形态和家猪驯养的稳定同位素证据》，见中国社会科学院考古研究所考古科技中心编：《科技考古（第二辑）》，第 49～58 页，北京：科学出版社，2007 年。

[14] a. 刘莉：《中外专家合作探究中国家猪品种起源》，《科技日报》2006 年 12 月 5 日第 3 版。

b. 袁靖：《别开生面的一加三会议》，《中国文物报》2007 年 4 月 13 日第 7 版。

其特征，即头骨的长宽比、下颌联合部的倾斜角度、齿列扭曲、齿槽脓肿及牙齿的尺寸大小等形态学上的观察和测量、埋葬或随葬现象、食性分析结果等，我们只要发现这些特征，基本上就可以将此个体认定为家猪。另一类是依照一个群体的整体状况进行判断，即经过对多个个体的测量、观察和统计等，如全部牙齿尺寸大小的平均值、年龄结构、性别特征、数量比例、线性牙釉质发育不全等群体特征。上述这两类标准都不是绝对的，依照个体的特征可以对群体进行推测，在对群体进行判断时，也不能忽略对个体的关注。

我们认为，在判断考古遗址中出土的猪骨是否属于家猪时，上述的各种方法都是十分重要的。因为不同遗址中出土的猪骨往往都有一定的局限性，如有的数量不多、有的特征不明显、有的残缺严重、保存状况不好等等。我们必须尽可能地寻找相应的标准进行判断，即便是面对相当符合某项标准的研究对象，我们也要通过对比全部标准的判断结果，进行互相印证，进一步提高结论的科学性。这就是我们提出的对家猪进行判定的系列标准的实际内涵。

另外一个不能忽视的要点是任何一个考古遗址里即便出土相当数量的可以鉴定为家猪的骨骼，我们也不能排除当时仍然存在狩猎野猪的可能性。因此，如果发现与家猪各种判断标准明显不符的实例，我们必须引起高度重视。当然，就国内外目前已有的研究手段而言，我们还不能将一个遗址里的全部猪骨一一区分为家养还是野生。根据目前已掌握的国内的几个野猪种群的牙齿测量数据，我们发现每个野猪种群内都有少量个体尺寸非常小，所以很难通过牙齿尺寸的散点分布来判断一个遗址内是否存在野猪。因此，在进行这类研究时，对野猪的判断要特别慎重。

这里要强调的是，在探讨家猪的起源问题时，如果有条件先从埋葬或随葬现象及食性分析的角度进行判断，然后再进行测量、观察和统计等，其结论则可能更具有说服力。因为在野猪刚刚被人饲养时，其形体特征是不会马上发生变化的，需要有一个转变的过程。所以在其驯化的初级阶段，单从观察特征和测量数据上看，早期家猪可能与我们所知的野猪更为接近，而与家猪相差较大。在饲养家猪的开始阶段，家猪的数量可能不会太多，其在性别特征、年龄结构上的表现可能也不典型。而考古遗址发现的随葬或埋葬猪的这种显示人与猪的特殊关系的现象，及 $\delta^{13}C$ 和 $\delta^{15}N$ 测量数据则是比较有说服力的证据。另外，现在正在尝试进行的通过大范围、大样本量的猪骨的 DNA 分析，探讨猪的谱系等，也成为判定家猪的新方法。这些方法的完善，将为我们判断考古遗址中出土的猪是否属于家猪提供更加科学的依据。

研 究 实 例

基于以上的标准和认识，我们认为，位于东北地区的距今 8200～7000 年的内蒙古赤峰兴隆洼遗址、位于华北地区的距今 8000 年左右的河北武安磁山遗址、位于淮河上游地区的距今 8500 年左右的河南舞阳贾湖遗址、位于长江下游地区的距今 8200～7000 年的浙江萧山跨湖桥遗址出土的猪骨中都有家猪的存在。有关上述这几个遗址存在家猪的证据参见专门文章，这里不再赘述[15]。

这里特别要解释的是，在上述遗址中，年代最晚的磁山遗址中出土家猪的认定问题。磁山遗址在多个土坑中埋葬狗和猪的现象，及出土的猪主要是未成年的幼小个体[16]，都和我们所谓的家猪的判断标准相似。其大量出土粟这种农作物，证明当时的农业产量已经达到了一定的规模。这也可以视为当时可能存在饲养家猪行为的一个旁证。对于第 3 臼齿偏大的问题，我们可以给出解释，首先，研究者没有交代这几颗牙齿出自何处，是埋在土坑里的猪，还是文化层中出土的猪骨。如果是文化层里的猪骨，则与土坑里的猪无关。我们在前面阐述系列标准时提到过，即便存在家猪，也不排除仍然存在野猪的可能性。如果是土坑里的家猪，由于磁山遗址的年代较早，饲养家猪的历史不长，出现个别牙齿尺寸仍然较大、保留着一些野猪特征的特例，是可能的。其二，研究者没有交代其是否对所有的第 3 臼齿进行过测量，如果整个遗址里仅有这三颗第 3 臼齿，表明出土的猪中仅有三个个体属于成年个体，印证了报告指出的出土的猪主要为未成年个体，实际上这为家猪的存在提供了很好的证据。因为磁山遗址中出土的猪骨数量最多，个体相应也多，在这个猪群中，仅有三例年龄在 2 岁半以上，这显示该猪群的年龄结构非自然分布，很可能是人为控制的结果，即与饲养家猪相关。这两点都影响到我们如何认识这些数据，我们可以说这几颗牙齿可能是野猪的，但是有野猪和有家猪一样，都不能以偏概全，即不能因为有野猪就说当时没有家猪，也不能因为有家猪就说当时没有野猪。我们认为，除了上面提到的在土坑里埋葬多头狗和猪及大多数猪的年龄都属于幼小个体这两条证据外，另外还要考虑当时其他遗址的状况，即利用动物考古学的特点，从历时性的过程中来认识磁山遗址是否饲养家猪。在其他几个年代较磁山遗址要早的遗址和许多年代较磁山遗址要晚的一系列遗址中，我们都发现有家猪的证据，这也是一个很重要的现象。把这些遗址排列起来，可以显示

〔15〕 a. 袁靖：《中国古代的家猪起源》，见西北大学考古学系、西北大学文化遗产与考古学研究中心编：《西部考古（第一辑）》，第 43～49 页，西安：三秦出版社，2006 年。

　　 b. 袁靖 2007「古代中国におけるブタの起源」茂木雅博編『日中交流の考古学』東京　同成社 483－490頁

　　 c. 罗运兵：《野生还是家养：判断标准的讨论》，《中国古代家猪研究》，第 10～70 页，中国社会科学院研究生院博士学位论文，2007 年。

　　 d. 罗运兵、张居中：《河南舞阳县贾湖遗址出土猪骨的再研究》，《考古》2008 年第 1 期，第 90～96 页。

〔16〕 周本雄：《河北武安磁山遗址的动物骨骸》，《考古学报》1981 年第 3 期，第 339～346 页。

出家猪饲养的历时性发展过程。既然在年代早于和晚于磁山遗址的许多遗址里我们都已经发现了家猪的证据[17]，那么，我们认为磁山遗址存在家猪的观点是可以成立的。

结　论

综上所述，现有的研究表明，在鉴定考古遗址中出土的猪骨是否属于家猪的过程中，形体特征、年龄结构、性别特征、数量比例、埋葬或随葬现象、病理现象、食性分析、DNA 研究等各有其优势和使用范围。正是基于这样的特征，我们把这些标准整合到一起，建立一个系列标准，由此做到更加全面、更加客观地开展研究。近年来的事实也证明，这样的研究是有效的。即便如此，我们认为现有的这个系列标准仍然需要继续补充和完善。当然，最早意义上的家猪与野猪分野也许只是一个纯理论意义上的命题，可能我们暂时还无法给予明确阐述。但是，这并不能动摇我们继续探索和努力的决心。

本研究得到国家科技支撑计划"中华文明探源工程（二）"的课题"3500BC－1500BC 中国文明形成与早期发展阶段的技术与经济研究"（课题号：2006BAK21B03）的资助，特此致谢。

（本文尚未正式发表，作者有袁靖、罗运兵、李志鹏、吕鹏，主要由袁靖撰写）

---

〔17〕　a. 袁靖：《中国古代的家猪起源》，见西北大学考古学系、西北大学文化遗产与考古学研究中心
　　　　 编：《西部考古（第一辑）》，第 43～49 页，西安：三秦出版社，2006 年。

　　　 b. 罗运兵、张居中：《河南舞阳县贾湖遗址出土猪骨的再研究》，《考古》2008 年第 1 期，第
　　　　 90～96页。

　　　 c. 袁靖：《论中国新石器时代居民获取肉食资源的方式》，《考古学报》1999 年第 1 期，第 1～
　　　　 22 页。

论动物考古学研究与区系类型的关系

前　言

在科技部启动国家科技支撑计划"中华文明探源工程（二）"时，专门强调，在执行过程中要大力加强自然科学相关学科和考古学的结合，以求明确由科技部作为项目组织单位的作用和意义。我们负责的"中华文明探源工程（二）"中的四个课题之一"3500BC－1500BC 中国文明形成与早期发展阶段的技术与经济研究"，在每一个研究领域里，我们应用的方法和探讨的内容都与自然科学相关学科和考古学的结合密切相关。在执行该课题的过程中，我们在《中国文物报》上开辟了《科技考古漫谈》这个专栏，希望在进行课题研究的同时，及时发表我们从事植物考古学、动物考古学、古 DNA 研究、碳氮稳定同位素分析、锶同位素分析、冶金考古、陶瓷考古、计算机技术在考古中的应用等多个领域的科技考古研究的学者们的各种感想和认识。既讲述具体的研究成果，也讲述研究的思路和技术路线。以漫谈的方式进行阐述和探讨，在做好课题的同时，也从另一个方面推动科技考古学科的发展。

我曾经在《科技考古漫谈》上撰文，阐述用区系类型的观点为指导开展科技考古研究的认识。由于是以漫谈的方式阐述看法，我没有对为何要以区系类型的观点为指导开展科技考古研究进行详细的论述。文章发表后，听到大家的反响，我感到一个观点的提出，如果不做系统、全面地论述，未必能够得到大家的完全理解和基本认同。而科技考古涉及众多的领域，如果要对每一个领域都做详细探讨，仅用一篇论文是很难交代清楚的。因此，本文专门围绕动物考古学研究进行论述，阐述自己对在动物考古学研究中贯彻区系类型观点的必要性、可行性的认识。考虑到动物考古学研究又涉及多个研究内容，为了更加透彻地讲清楚动物考古学与区系类型的关系，这里再进一步以古代居民获取肉食资源的方式与区系类型的关系为题，进行详细的论述。这样做，一方面可以全面、系统地阐述自己的认识，另一方面还可以举一反三，帮助大家理解我对科技考古与区系类型关系的认识。

在动物考古学研究中贯彻区系类型观点的必要性

我们大家都知道，20 世纪 80 年代，苏秉琦先生基于对当时分布于全国各地、属于新石器时代各种文化的陶器进行类型学研究，提出区系类型的观点。按照我个人的理解，这个观点的核心是强调在中国新石器时代的整个时空框架内，不同的考古学文化分别具有自己独特的物质性特征。所属时期相同、所处区域不同的考古学文化之间，各自具有较为明显的特征，区别较大。而处于同一区域、在时间顺序上具有前后关系的考古学文化之间，往往能够看到延续和继承的关系，有一定的同一性。苏秉琦先生这个观点的提出及而后在这一观点指导下，在全国范围内进行的一系列考古调查、发掘和研究工作，依据出土的遗迹、遗物的形状特征，对考古学文化类型进行分类、排队、归纳、汇总等研究，对整个新石器时代的考古学研究结果进行了认真的梳理，构建起长时段、大范围的多个考古学文化框架体系，把当时的考古学研究推进到那个时代所能做到的最高水平。回顾那段研究历程，我有两点感受。一是一个观点对于整个谱系研究所起到的伟大指导作用。二是我们的前辈考古研究人员十分出色地完成了他们所处的那个时代的考古学研究赋予他们的历史使命，给我们树立了光辉的榜样。

21 世纪以来，从世界范围看，现代考古学正在逐渐演变成一门以研究古代人类的行为、古代的人地关系、古代人类的历史发展规律为目的、包括社会科学和自然科学多个相关学科的研究方法和手段的学科。能否在考古的调查、发掘和研究中坚持地层学、类型学等传统考古学方法的基础上，更加科学、更加系统、更加广泛、更加有效地运用各种其他学科的研究方法和手段，已经成为当前衡量一个国家考古学研究水平的极为重要的标尺之一。包括动物考古学在内的多学科合作、共同开展考古学研究正在成为中国考古学研究方法中的一个重要内容。

在动物考古学研究中，我深深体会到，虽然在学科的发展过程中，我们的研究方法变得越来越多样化，但是，区系类型的观点并没有随着新的研究领域的开辟而过时。相反，对如何深入开展研究依然有着重要的指导作用。比如，区系类型的观点与我们进一步做好新石器时代居民获取肉食资源方式的研究息息相关。

通过对迄今为止新石器时代考古发掘出土的众多遗址中动物的遗存研究，我们认识到，黄河流域和长江流域的古代居民获取肉食资源的方式具有不同的特点。比如黄河流域史前居民在距今 10000 年左右通过狩猎、捕捞活动获取肉食资源，但是黄河中上游地区的居民到距今 8000 年前已经开始出现两种新的获取肉食资源的方式，一是以狩猎活动为主，饲养家猪活动为辅的方式。一是以饲养家猪活动为主，而以狩猎活动为辅的方式，但家猪的比例在哺乳动物中仅仅略占多数。而后，随着时间的发展，在全部获取肉食资源的活动中，饲养家猪所占的比例越来越大，直至占据绝大多数。

黄河下游地区的居民至少在距今 7000 多年前主要通过渔猎活动获取肉食资源，饲养家猪的活动占次要地位。距今 7000 年以来，这里的居民开始通过主要以饲养家猪的活动来获取肉食资源，并且在以后的整个新石器时代一直保持这样的习惯。这里必须要强调的一点是，在获取肉食资源的全部活动中黄河下游地区饲养家猪的比例没有像黄河中上游地区那样达到绝对多数。

我们认为，黄河中上游地区和黄河下游地区距今 7000 年以来的古代居民都是通过饲养家猪的方式获取肉食资源，但是在长期的发展过程中，黄河中上游地区的古代居民在相当大的程度上依赖饲养家猪获取肉食资源，而相比之下，黄河下游地区的古代居民的依赖程度则偏低一些。

长江中游地区的居民在距今 10000 年开始获取肉食资源的方式同样是完全依靠狩猎和捕鱼。至少到距今 7000 年左右，这里开始出现家猪，从那时起一直到距今 4000 年左右的新石器时代结束之际，各个遗址中出土的动物骨骼均包含大量的鱼骨，捕鱼是这个地区史前时期居民获取肉食资源的一个显著特征。长江中游地区考古遗址中出土的动物遗存中除了鱼骨之外，野生动物的种类也不少，其中尤以鹿科动物的数量最多，可见当时的狩猎活动也比较兴盛，狩猎对象主要以鹿科动物为主。尽管我们对石家河文化的古代居民获取肉食资源方式的认识基本上是一个空白。但是，从总体上看，在这个地区新石器时代居民获取肉食资源的活动中，饲养家猪似乎没有长期占据主要的地位。

长江下游地区的一些新石器时代的遗址里也发现一定数量的鱼骨，这些遗址中的鱼骨证明捕鱼在这个地区获取肉食资源的活动中也占有一定的地位。这一地区至少在距今 8200 年前后就开始出现家猪，但是在距今 8200～5000 年左右的各个遗址中出土家猪的数量始终很少，在出土的哺乳动物骨骼中，以鹿科动物为主的野生动物一直占据优势。但是在距今 5000～4000 多年的良渚文化时期，家猪骨骼在出土的动物骨骼中突然占据多数，显示出家猪饲养在这一时期成为当地居民获取肉食资源的主要方式。但是，在良渚文化之后的广福林文化及马桥文化的遗址里，我们发现当地居民获取肉食资源的方式又恢复到原来那种以渔猎为主的状态。如果把良渚文化时期所出现的现象作为特例对待，那么，长江下游地区新石器时代的居民获取肉食资源的方式大致保持以渔猎活动为主。

我们认为，长江中游地区和长江下游地区的居民主要通过渔猎活动获取肉食资源和饲养家猪的比例不高这两点具有较强的一致性。但是长江中游一些地区的新石器时代居民更注重捕捞体型较大的鱼，这在长江下游地区新石器时代居民获取肉食资源的方式中是少见的。而长江下游地区在特定时间段里饲养家猪的比例突然增加的现象也是值得关注的。

我们对黄河流域和长江流域新石器时代居民获取肉食资源的方式进行比较后发现，黄河流域的居民获取肉食资源的特征是主要通过饲养家猪的方式，这与长江流域的居民获取肉食资源的特征是通过渔猎活动形成鲜明的对照。

从整体上看，我们对黄河流域和长江流域新石器时代居民具备不同的获取肉食资源方式这个观点，是建立在对大量考古遗址中出土的动物遗存进行定性、定量研究的基础上，是用统一的方法和标准进行研究的结果，应该说是一个比较客观的认识。但是仔细对照我们所论述的全部论据，可以说我们对黄河流域、长江流域这两个区域的各个地区、各个时间段的各个文化中的动物遗存的具体认识程度还很不一致。

中原地区的河南龙山文化是我们可以给出比较肯定的认识的文化。因为我们对同属于河南龙山文化的柘城山台寺、禹州瓦店、登封王城岗、汤阴白营等多个遗址中出土的动物骨骼均进行了研究，从研究结果看，发现的哺乳动物种属大概一致，家猪在全部动物中所占的比例大致相当，家养黄牛或绵羊的出现也有一定的相似性，依据这些研究结果，我们可以对当时这一地区特定时间段里古代居民获取肉食资源的方式做出定性、定量的判断。但是，即便如此，这几个遗址的动物遗存的研究结果是否能够代表河南龙山文化从早到晚各个时期的特征，当时河南龙山文化的居民在获取肉食资源的方式上是否还存在一定的地区性差异，这些都是需要继续探讨的问题。

客观地讲，从研究获取肉食资源方式的角度看，历数遍及黄河流域和长江流域新石器时代的各个考古学文化和类型，能够像河南龙山文化那样，可以把多个遗址的研究结果作为基础材料进行归纳的仅仅是少数，面对大多数考古学文化或类型，我们依据的事实往往只是一个或两个遗址的动物遗存的研究结果，有的甚至是依据分别属于前后两个不衔接的时期的单个遗址的研究结果，然后对中间的那段空白进行推测。在这样的基础上架构起来的系统认识，与其说是结论性的总结，不如说是为今后的研究指出了方向。试想，如果我们对这两个流域内每个文化或类型的古代居民获取肉食资源方式的认识都能建立在对属于该文化或类型的多个遗址的动物遗存研究结果的基础之上的话，这无疑将大大加强我们认识的全面性、系统性、客观性和科学性。

当然，我们在反思自己认识的局限性时，不能不考虑到以下几个因素。一是在不少遗址的发掘过程中，出土的动物遗存并不像出土的人工遗物那样普遍。由于南方地区一些遗址的埋藏环境的特殊性，动物骨骼没有保存下来。二是有些遗址发掘的时间比较早，当时还没有认识到采集动物骨骼的重要性，没有开展动物考古学方面的工作。由于这些原因，在研究新石器时代居民获取肉食资源的方式上，我们没有条件开展与考古学的区系类型研究一样的系统地探讨，只能依据能够收集到的资料开展研究，而这些资料中存在的空白、不足等等问题是我们必须面对的现实。值得庆幸的是，现在的考古调查、发掘在规模和数量上与以前的工作相比已经有了显著进步。通过有意识地收集动物遗存，在田野发掘中普及应用浮选法收集微小动物遗存等工作，新出土的动物遗存数量越来越多，这为我们做好今后的动物考古学研究奠定了十分有利的基础。

由此我们认为，要进一步做好古代居民获取肉食资源方式的研究，突出考古学的区系类型观点是一个十分重要的前提。

在动物考古学研究中贯彻区系类型观点的意义

从上面的论述中我们可以看到，在帮助我们进一步做好古代居民获取肉食资源的方式具体研究中，区系类型的观点具有重要的指导意义。同样，认真领会区系类型的观点，有助于我们做好关于古代各种家养动物起源的研究；各个时期、各个地区、各个阶层利用各种动物进行祭祀、战争、文化交流等多个方面的动物考古学的研究。

我们认为，在动物考古学研究中认真贯彻区系类型的观点，其意义主要体现在两个方面。

第一，我们从事的动物考古学研究，首先必须针对具体遗址中出土的动物骨骼开展基础性工作。我们的第一步认识都是通过研究特定遗址的具体动物骨骼后提出自己的看法。以区系类型的观点为指导，可以帮助我们把这个对特定遗址的动物考古学研究的具体看法，放到这个遗址所属的由多个遗址组成的考古学文化的层面上去认识。如果属于同一个文化的其他多个遗址已经开展了动物考古学的研究，那么我们要把这个新认识和从其他多个遗址里已经得出的认识进行比较，把握它们的同一性和差异性，以求更加客观、更加全面地完善自己的认识。如果其他遗址还没有做这方面的研究，或者所做的遗址数量不多，我们则要加强这方面的研究，在属于同一文化的其他遗址开展工作。从考古学文化层面上提出的动物考古学的研究结果，必须建立在对一定数量的遗址进行全面、扎实的基础性研究工作之上。

第二，在系统总结一个考古学文化的动物考古学研究的基础上，开展不同时期、不同地区的文化之间动物考古学的比较研究，从中归纳它们之间是否存在连续性、关联性、变异性、差异性等，以求在全国范围内全面认识动物考古学某个方面的研究结果。同样，如果其他考古学文化还没有做这方面的研究，或者做的力度和深度还不够，我们则要努力去开展这方面的研究。从全国的范围内、在大跨度的时间框架里提出动物考古学某个方面的研究结果，同样要建立在对多个文化内的动物遗存进行全面、扎实的基础性研究工作上。

余　论

　　科技考古各个研究领域都具有一定的共性，其中一点就是要围绕考古发掘出土的遗迹和遗物开展研究，甚至是围绕同一种遗迹或遗物开展不同角度的研究。既然研究的对象从考古发掘出土的角度来说是同一的，那么其研究的基本思路也应该具有一定的共性。我们认为贯彻区系类型的观点对于做好科技考古各个领域的研究工作是十分有益的。

　　在上文中我们阐述过，区系类型的观点就是强调在中国新石器时代的整个时空框架内，不同的考古学文化分别具有自己独特的物质性特征。所属的年代相同、所处的区域不同的考古学文化之间，各自具有较为明显的特征，区别较大。而处于同一区域、在时间顺序上具有前后关系的考古学文化之间，往往存在延续和继承的关系，有一定的同一性。以这个区系类型的观点为指导，对照科技考古各个领域的研究，从总体上把握认识，可以发现一些需要认真思考的问题。

　　比如，我们现有的关于一个考古学文化碳十四年代的认识，是依据几个同属于这个文化的考古遗址的测年数据获得的。这是否能够比较清楚地反映出这个文化不同时期的时间框架。在进行多个文化之间的碳十四年代比较时，我们用来比较的各个文化的碳十四年代是否都是建立在对多个遗址的测年数据排比之上。

　　我们对于一个考古学文化所处的自然环境的认识，是通过对几个同属于这个文化的考古遗址的环境考古学研究获得的。这个文化不同时期的自然环境特征是否具有共性。我们在进行文化之间的自然环境比较时，用来比较的各个文化的自然环境研究结果是否都是建立在对多个遗址的具体研究基础之上。

　　我们对于一个考古学文化的人骨特征的认识，是通过对几个同属于这个文化的考古遗址出土的人骨研究获得的。各个遗址出土的人骨数量分别是多少。这个文化不同时期的人骨特征是否一致。我们在进行文化之间的人骨研究比较时，用来比较的各个文化的人骨研究是否都是建立在对多个遗址内一定数量的人骨研究结果的归纳之上。

　　我们对于一个考古学文化中获取植物性食物资源方式的认识，是通过对几个同属于这个文化的考古遗址出土的植物遗存的研究获得的。这个文化不同时期的获取食物资源的方式是否具有连续性。我们在进行文化之间获取食物资源方式的比较时，用来比较的各个文化中获取食物资源方式是否都是建立在对多个遗址研究结果的整理之上。

　　我们对于一个考古学文化中某类人工遗物的结构和组成元素的认识，是通过对几个同属于这个文化的考古遗址出土的同类人工遗物的测试和分析获得的。这个文化不同时期的同类人工遗物在结构和组成元素上有无区别。我们在进行文化之间的同类人工遗物比较时，用来比较的各个文化的这类人工遗物的研究是否都是建立在对多个遗址的研究结果的汇总之上。

通过罗列科技考古研究领域的诸多问题，我们发现，对比已经相当成熟的考古学的区系类型研究成果，科技考古的各个研究领域都可谓处于刚刚起步的阶段，还有大量的基础性工作尚待完成。

千里之行，始于足下。我们要更加有意识地提倡在科技考古研究中贯彻区系类型的观点，帮助从事科技考古研究的人员进一步理清思路，把握现有的研究成果在中国古代各个考古学文化中的位置，一步步做好基础性研究。只有这样，才能真正做到原始创新和集成创新。

我们认为，就像区系类型的观点在一个特定时期里带动了中国考古学研究的大发展一样，现在，这个观点也同样能够为当今科技考古研究的深入开展及加强多学科结合的考古学研究发挥重要的指导作用。

（本文尚未正式发表）

中国古代家马的研究

  中国和国外的有关学者对中国古代家马的研究，其热点主要集中在起源的问题上。如美国的奥尔森认为中国的家马起源于新石器时代中期[1]，中国的周本雄、谢成侠、王宜涛和日本的末崎真澄等学者都认为家马起源于中国新石器时代的龙山文化[2]，王志俊等学者认为家马起源于夏末商初[3]，日本的林巳奈夫认为家马起源于殷商至战国时期[4]。而笔者则认为至少在黄河中下游地区，家马起源于商代晚期[5]。可见学者们的认识并不一致。

  另外，大家判断家马起源的标准主要是根据考古学的文化现象进行推测。绝大多数学者只要发现考古遗址里出土马骨，不管其数量多少，也不进行测量及提出尺寸上的依据，就认定其是家马。而笔者和林巳奈夫则依据大量完整的马骨架有规律地出土于考古遗址中特定的遗迹里，认定这是当时人的一种有意识地处理马匹的行为，因此这一时期肯定存在家马。我们依据的是比较有说服力的考古学证据。迄今为止，笔者整理和测量的马骨数据都是从距今 3000 年左右及更晚的遗址中出土的一些马骨[6]，

[1] 斯坦利 J. 奥尔森著，殷志强译：《中国北方的早期驯养马》，《考古与文物》1986 年第 1 期，第 89～91 页。

[2] a. 周本雄：《中国新石器时代的家畜》，见中国社会科学院考古研究所编著：《新中国的考古发现和研究》，第 194～198 页，北京：文物出版社，1984 年。

  b. 谢成侠：《古代中国马匹利用的历史》，见张仲葛、朱先煌主编：《中国畜牧史料集》，第 103～122 页，北京：科学出版社，1986 年。

  c. 王宜涛：《也谈中国马类动物历史及相关问题》，《中国文物报》1998 年 8 月 12 日第 3 版。

  d. 财团法人马事文化财团（末崎眞澄編著）1996『馬と人の歴史』東京 株式会社アート・センター 160 頁

[3] 王志俊、宋澎：《中国北方家马起源问题的探讨》，《考古与文物》2001 年第 2 期，第 26～30 页。

[4] a. 林巳奈夫 1959「中國先秦時代の馬」『民族学研究』第 23 卷第 4 期 39－50 頁

  b. 林巳奈夫 1960「中國先秦時代の馬」『民族学研究』第 24 卷第 1・2 期 33－57 頁

[5] 袁靖、安家瑗：《中国动物考古学研究的两个问题》，《中国文物报》1997 年 4 月 27 日第 3 版。

[6] a. 袁靖、安家瑗：《中国动物考古学研究的两个问题》，《中国文物报》1997 年 4 月 27 日第 3 版。

  b. 袁靖、唐际根：《河南安阳市洹北花园庄遗址出土动物骨骼研究报告》，《考古》2000 年第 11 期，第 75～81 页。

  c. Yuan Jing and Xu Lianggao. 2001. A Study of Faunal Remains Unearthed at Fengxi, Chang'an, Shaanxi Province, *Chinese Archaeology* 1：134-136.

因为没有看到商代晚期与家马起源有关的马骨，无法进行测量，所以现在还不能从骨骼形态学上提出家马起源的标准。

本文拟在归纳自旧石器时代晚期到商末周初出土的马骨资料的基础上，进一步确认黄河中下游地区家马起源于商代晚期的观点，同时，阐述我们关于古代居民对马的阉割问题的看法。

旧石器时代晚期至商末周初遗址中出土的马骨

旧石器时代晚期

中国发现马骨化石的遗址大致有 30 处（图 1）。其中，黑龙江省发现 1 处，吉林省发现 3 处，辽宁省发现 4 处，内蒙古自治区发现 2 处，山西省发现 6 处，陕西省发现 4 处，甘肃省发现 5 处，新疆维吾尔自治区发现 1 处，贵州省发现 1 处，四川省发现 1 处，云南省发现 2 处[7]。

从以上的发现中我们可以看到有三个特点，一是发现马骨化石的地点主要集中在中国的东北、华北和西北为主的北方地区，共发现 30 处，而在云南、贵州、四川所处的西南地区仅发现 4 处。二是北方地区发现的马骨化石在种属上基本都属于普氏野马（*Equus przewalskyi* Poliakof），而西南地区发现的马骨化石种属不明。三是两个地区的各个遗址中发现马骨化石的数量不等，北方地区遗址发现的马骨化石数量往往较多，最多的是峙峪遗址，按照第 3 臼齿统计的最小个体数可达 120 匹[8]。而在西南地区的有关报告中要么没有马骨化石的数量记录，要么仅仅发现 1 颗或 2 颗马牙。

新石器时代

在中国新石器时代的遗址中发现马骨的数量极少，都集中在北方地区，这里全部汇总如下。

属于黄河中下游地区的陕西西安半坡遗址文化堆积年代较长，距今 6000～2600 年均有文化堆积，但是文化内涵丰富的年代主要集中在距今 6000～5000 年。在半坡遗址的文化层里出土了 2 颗马牙和 1 节趾骨[9]。距今 4000 年左右的陕西华县南沙村遗址的

---

[7]　a. 祁国琴：《中国北方第四纪哺乳动物群兼论原始人类生活环境》，见吴汝康、吴新智、张森水主编：《中国远古人类》，第 277～337 页，北京：科学出版社，1989 年。

　　b. 韩德芬、许春华：《中国南方第四纪哺乳动物群兼论原始人类的生活环境》，见吴汝康、吴新智、张森水主编：《中国远古人类》，第 338～391 页，北京：科学出版社，1989 年。

[8]　贾兰坡、盖培、尤玉柱：《山西峙峪旧石器时代遗址发掘报告》，《考古学报》1972 年第 1 期，第 39～58 页。

[9]　李有恒、韩德芬：《陕西西安半坡新石器时代遗址中之兽类骨骼》，《古脊椎动物与古人类》1959 年第 1 卷第 4 期，第 173～185 页。

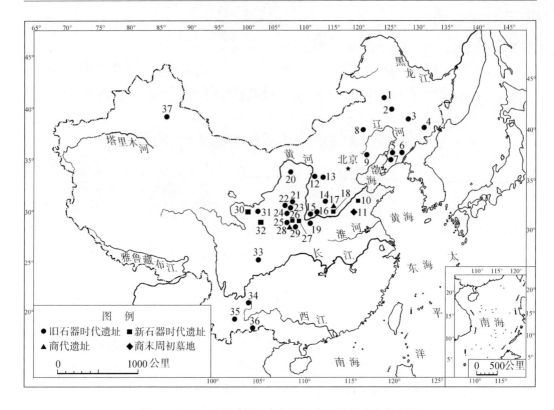

图1 中国旧石器时代至商末周初出土马骨遗址分布图

1. 黑龙江齐齐哈尔昂昂溪遗址 2. 吉林前郭县青山头遗址 3. 吉林榆树大桥屯遗址 4. 吉林安图石门山遗址 5. 辽宁本溪三道岗遗址 6. 辽宁喀左鸽子洞遗址 7. 辽宁海城小孤山遗址 8. 内蒙古巴林左旗乌尔吉遗址 9. 辽宁本溪庙后山遗址 10. 山东章丘城子崖遗址 11. 山东滕州前掌大墓地 12. 山西朔县峙峪遗址 13. 山西五台县五台山遗址 14. 山西和顺当城遗址 15. 山西襄汾丁村遗址 16. 山西阳高许家窑遗址 17. 河南安阳殷墟遗址 18. 河南汤阴白营遗址 19. 山西平陆车村遗址 20. 内蒙古鄂尔多斯萨拉乌苏遗址 21. 甘肃华池柔远遗址 22. 甘肃环县刘家岔遗址 23. 甘肃庆阳赵家庄、龙骨沟遗址 24. 陕西长武窑头沟、鸭儿沟遗址 25. 陕西乾县大北沟遗址 26. 陕西西安半坡遗址 27. 陕西华县南沙村遗址 28. 陕西西安老牛坡遗址 29. 陕西蓝田涝池河遗址 30. 甘肃永靖大何庄、秦魏家遗址 31. 甘肃榆中上苦水遗址 32. 甘肃武山傅家门遗址 33. 四川资阳鲤鱼桥遗址 34. 贵州威宁王家院子遗址 35. 云南峨山老龙洞遗址 36. 云南文山西畴遗址 37. 新疆乌鲁木齐仓房沟遗址

一个灰坑里发现 2 具完整的马骨架[10]。距今 4000 年左右的河南汤阴白营遗址，在文化层里发现了数块马的骨骼[11]。距今 4000 年左右的山东章丘城子崖遗址，在文化层

---

〔10〕 王宜涛：《也谈中国马类动物历史及相关问题》，《中国文物报》1998 年 8 月 12 日第 3 版。

〔11〕 周本雄：《河南汤阴白营河南龙山文化遗址的动物遗骸》，见《考古》编辑部编辑：《考古学集刊（3）》，第 48～50 页，北京：中国社会科学出版社，1983 年。

里发现了数块马的趾骨[12]。

属于黄河上游地区距今 5000 年左右的甘肃武山傅家门遗址，在文化层里发现 1 颗马牙[13]。距今 3700 年左右的甘肃永靖大何庄遗址，在文化层中发现 3 块马的下颌骨[14]。甘肃永靖秦魏家齐家文化墓地的年代大致与大何庄相同，报告中提到发现马骨，但由于其数量少，且破碎，所以未报道部位及数量[15]。

我们认为，由于当时对半坡遗址出土的全部动物骨骼作为一个出土单位来整理，没有区别全部动物骨骼各自出土的地层和单位，导致我们无法确认这些马骨出自距今 6000～2600 年的哪个文化层。另外，迄今为止，在年代上与半坡遗址 6000～5000 年的文化层相当的遗址已经发现几十处，但都没有发现马骨的记录[16]。有关白营遗址和城子崖遗址的马骨标本的报道都很简单，特别是白营遗址的马骨标本极少，而且破碎，所以整理者没有谈及所发现的是马的哪一部位的骨骼，也没有指出其属于家马的理由。同样，与白营遗址和城子崖遗址年代相当、同处于黄河中下游地区的绝大多数距今 4000 年左右的遗址里也没有发现马的骨骼[17]。而陕西华县南沙村遗址的具体材料尚没有发表报告，依据研究者有关这次发掘的论文，在这个灰坑里仅发现马骨，没有发现任何可以证明这个灰坑年代的文化遗物，发掘者只是依据这个灰坑周围发现的距今 4000 年左右的文化遗物，而推测这个灰坑也属于这一时段[18]。故我们很难对这批在年代上尚有问题的材料开展讨论。因此，依据上述的材料，我们认为，即使当时在黄河中下游地区存在马，这些马也不属于当时人饲养的家马，而是属于野马。

黄河上游地区的傅家门、大何庄、秦魏家遗址均发现有马骨。由于傅家门、秦魏家遗址中出土的马骨数量极少，而当时的研究者又没有对大何庄遗址出土的 3 块下颌骨进行描述、测量和照相，这些马骨的实物资料也没有保存下来。所以我们现在很难

[12] 梁思永：《墓葬与人类，兽类，鸟类之遗骨及介类之遗壳》，见傅斯年、李济、董作宾、梁思永、吴金鼎、郭宝钧、刘屿霞著：《城子崖》，第 90～91 页，南京：国立中央研究院历史语言研究所，1934 年。
[13] 袁靖：《甘肃武山傅家门遗址动物骨骼研究报告》，待刊。
[14] 中国科学院考古研究所甘肃工作队：《甘肃永靖大何庄遗址发掘报告》，《考古学报》1974 年第 2 期，第 29～61 页。
[15] 中国科学院考古研究所甘肃工作队：《甘肃永靖秦魏家齐家文化墓地》，《考古学报》1975 年第 2 期，第 57～96 页。
[16] 袁靖、安家瑗：《中国动物考古学研究的两个问题》，《中国文物报》1997 年 4 月 27 日第 3 版。
[17] 袁靖、安家瑗：《中国动物考古学研究的两个问题》，《中国文物报》1997 年 4 月 27 日第 3 版。
[18] 王志俊、宋澎：《中国北方家马起源问题的探讨》，《考古与文物》2001 年第 2 期，第 26～30 页。

做进一步的探讨，更深入的研究有待于今后这一地区的新发现。

商末周初

河南安阳殷墟遗址属于距今 3370～3050 年的商代晚期。在这个遗址里发现多座车马坑，一般都是 1 车 2 马。另外，于 1934 年秋至 1935 年秋在殷墟遗址的西北冈发掘出马坑 20 个，每坑中马的数量少则 1 匹，多则 37 匹，而以 1 坑中 2 匹为多。1978 年春，考古学家在殷墟遗址 1550 号大墓东南用探铲确认了上百个排列成行的方坑。发掘了其中的 40 个坑，坑长约 2.80～3.00 米，宽约 2.00～2.20 米，深约 0.80～1.60 米。每个坑中埋马最少为 1 匹，最多为 8 匹，有 12 个坑为每坑 2 匹马，有 11 个坑为每坑 6 匹马，还有 3 个坑为每坑 1 个人 2 匹马(图 2～5)。这些马很可能和祭祀有关。

图 3　河南安阳殷墟武官北地 27 号马坑

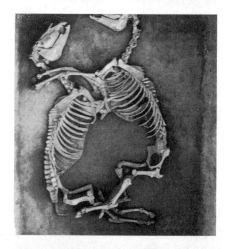

图 4　河南安阳殷墟武官北地 34 号马坑

图 2　河南安阳殷墟郭家庄遗址 52 号车马坑

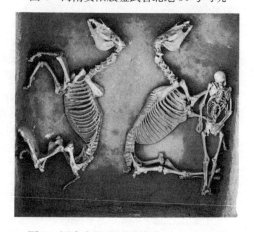

图 5　河南安阳殷墟武官北地 41 号马坑

除马坑外，还有猪坑和牛坑等，但只有马坑是成片地集中在一起，猪坑和牛坑都是零星地分布在埋人的坑之间或单独出现[19]。

陕西西安老牛坡遗址发现属于商代晚期的遗存，其年代未做碳十四测定，大致相当于殷墟遗址较晚时期。在遗存中发现 1 个将人、狗和马埋在一起的坑，1 个马坑和 1 个车马坑，车马坑为 1 车 2 马（图6）[20]。

山东滕州前掌大墓地属于商末周初，其年代未做碳十四测定，年代的上限晚于殷墟遗址。在这个遗址中发现几个车马坑和马坑，车马坑均为 1 车 2 马[21]（图7）。

以上这些遗址都位于黄河中下游地区，由此可以证明至少在距今 3370 年，家马的存在是确凿无疑的。

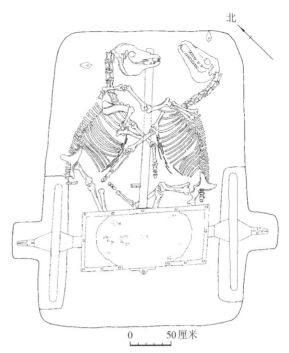

图 6　陕西西安老牛坡遗址 27 号车马坑

家马的起源

上文提到黄河中下游地区在商代晚期存在家马，那么商代早期是否存在家马呢？我们从商代早期开始探讨。要说明的是，属于商代的遗址迄今为止发现不少，但是对出土的动物骨骼进行过科学整理的遗址数量并不多，好在这些进行过科学整理的动物骨骼

图 7　山东滕州前掌大墓地 4 号车马坑

〔19〕　陈志达：《自然遗物》，见中国社会科学院考古研究所编著：《殷墟的发现与研究》，第 415～418 页，北京：科学出版社，1994 年。

〔20〕　刘士莪编著：《老牛坡》，第 270～272 页，西安：陕西人民出版社，2002 年。

〔21〕　中国社会科学院考古研究所编著：《滕州前掌大墓地》，第 124～138 页，北京：文物出版社，2005 年。

的遗址都是各期的重要遗址，具有很好的代表性。这里归纳如下。

河南偃师商城遗址属于距今 3600～3400 年的商代早期，在这个遗址的祭祀沟里发现了大量的鱼、狗、猪、鹿、牛和羊的骨骼，但是未见马骨[22]。

河南郑州小双桥遗址属于距今 3435～3410 年的商代中期，在这个遗址的祭祀坑里发现了蚌壳、象牙和鹤、狗、猪、鹿、牛的骨骼等，但是未见马骨[23]。

河南安阳洹北商城属于商代中期，其碳十四年代尚未确认。在这个遗址的文化层里发现了丽蚌、蚌、青鱼、鸡、田鼠、狗、犀、家猪、麋鹿、黄牛、水牛和绵羊等 12 种动物的骨骼，但是未见马骨[24]。

考古学家在殷墟遗址的车马坑和马坑里均发现埋葬有马，且数量相当多，证明当时的马已经成为家畜。但是我们从商代早期的偃师商城遗址到商代中期的洹北商城遗址中的祭祀遗迹、文化层和灰坑里却没有发现马骨。究其原因，应该有两种解释。第一种解释，由于对属于商代这一时期多个遗址的发掘范围有限，所以没有发现马骨。第二种解释，商代的早期和中期尚无家马，到商代晚期才出现家马。当时马的地位十分特殊，为商代王室和贵族专用。王室和贵族生前用其驾车或进行祭祀活动，死后则用它们随葬。我们认为，依据目前的考古发现，第二种解释的可能性较大。

古文字的研究也为我们提供了证据，在甲骨卜辞中有"王畜马于兹牢"的记载[25]，但是我们从未发现有关王畜鸡、畜狗、畜猪、畜牛、畜羊的甲骨卜辞的记载。我们认为，"王畜马于兹牢"这条卜辞强调了马的重要性。当然，王不可能亲自去养马，"王畜马于兹牢"可能仅仅是一种象征性的举动。但正是这种象征性的举动却证明了那时马的特殊性。

由于考古发掘的材料有限，加之目前我们测量的马骨都是属于距今 3000 年以后的[26]，还没有测量商代晚期（距今 3370～3050 年）的马骨，也没有对其进行遗传基因的研究，所以还不能对商代晚期的家马是如何起源的问题做出全面科学的回答。但

[22] 王学荣、杜金鹏、李志鹏、曹慧奇：《偃师商城发掘商代早期祭祀遗址》，《中国文物报》2001 年 8 月 5 日第 1 版。

[23] 河南省文物考古研究所、郑州大学文博学院考古系、南开大学历史系博物馆学专业：《1995 年郑州小双桥遗址的发掘》，《华夏考古》1996 年第 3 期，第 1～56 页。

[24] 袁靖、唐际根：《河南安阳市洹北花园庄遗址出土动物骨骼研究报告》，《考古》2000 年第 11 期，第 75～81 页。

[25] 中国社会科学院历史研究所编：《甲骨文合集（9）》，29415 号，第 3603 页，北京：中华书局，1981 年。

[26] a. 袁靖、安家瑗：《中国动物考古学研究的两个问题》，《中国文物报》1997 年 4 月 27 日第 3 版。

是从考古发现的资料看，商代晚期的家马，很可能是通过文化传播，从其他地区进入黄河中下游地区的[27]。

马 的 阉 割

在中国的甲骨文中已经有关于阉割动物的记载，如"猪"字，其腹部有一画与腹部连或不连两种写法，据闻一多考证，连着的是公猪，不连的是阉割的猪[28]。又如"马"字，其腹部加一符号，据王宇信考证，此为用绳或皮条为套，将马的睾丸绞掉[29]。

现有确切证据可以证明中国最早阉割的动物就是马，时间为公元前221年的秦朝。秦朝的第一位皇帝秦始皇死后葬于秦始皇陵，位于现在陕西省临潼县。考古学家在秦始皇陵东侧1.5公里处发现一组大型陪葬坑，其中1号坑是战车与步兵的排列组合，2号坑是战车、骑兵、步兵的混合编组，3号坑是武士打扮的仪仗队。三个坑内确认有木制战车130余乘，陶马600余件，其中拉车的陶马500余匹、骑兵的鞍马116匹，各类武士俑近7000件[30]。另外还发现了铜车马陪葬坑，出土了2组4匹马拉的车，全部是用青铜制作的[31]。

我们发现1号坑里的马均是拉车的马，每辆车由4匹马拉，这4匹马都制成了被阉割过的样子。从图中我们可以明显地看出其只有阴茎而没有睾丸（图8-1）[32]。铜车马陪葬坑出土的铜车同样由4匹马拉车，这些马也被制成阉割过的样子。从图中我

---

b. 袁靖、唐际根：《河南安阳市洹北花园庄遗址出土动物骨骼研究报告》，《考古》2000年第11期，第75～81页。

c. Yuan Jing and Xu Lianggao. 2001. A Study of Faunal Remains Unearthed at Fengxi, Chang'an, Shaanxi Province, *Chinese Archaeology* 1：134-136.

[27] a. 袁靖、安家瑗：《中国动物考古学研究的两个问题》，《中国文物报》1997年4月27日第3版。

b. 林巳奈夫 1959「中国先秦時代の馬」『民族学研究』第23卷第4期 39-50頁

c. 林巳奈夫 1960「中国先秦時代の馬」『民族学研究』第24卷第1・2期 33-57頁

[28] 闻一多：《释为释豕》，《考古学社社刊》1937年第6期，第185～194页。

[29] 王宇信：《商代的马和养马业》，《中国史研究》1980年第1期，第99～108页。

[30] 袁仲一：《秦始皇陵兵马俑》，见陕西始皇陵秦俑坑考古发掘队、秦始皇兵马俑博物馆编：《秦始皇陵兵马俑》，第1～22页，北京：文物出版社，1983年。

[31] 秦始皇兵马俑博物馆、陕西省考古研究所：《秦始皇陵铜车马发掘报告》，第182～188页，北京：文物出版社，1998年。

[32] 陕西省考古研究所、始皇陵秦俑坑考古发掘队编著：《秦始皇陵兵马俑坑一号坑发掘报告》，第187、191页，北京：文物出版社，1988年。

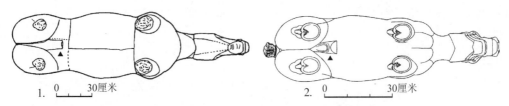

图 8　秦始皇兵马俑坑出土的陶马、铜马

1. 1 号坑陶马底视图　2. 2 号坑右骖铜马底视图（▲上方表现出阉割后的生殖器）

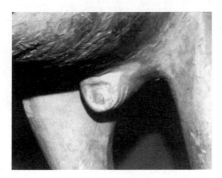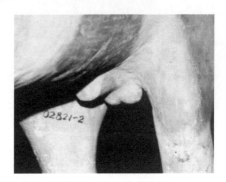

图 9　秦始皇兵马俑 2 号坑出土的陶鞍马（左．阉割过，右．未阉割）

们也可以明显地看出这 4 匹马均只有阴茎而没有睾丸（图 8-2）[33]。2 号坑里发现的马有拉车的和骑乘的两种，骑乘的马背上有马鞍，故称为鞍马[34]。拉车的马与 1 号坑的马和铜车马相同，也是只有阴茎而没有睾丸。鞍马则可以分为两种，一种只有阴茎而没有睾丸；另一种既有阴茎，又有睾丸（图 9）。由此看来，当时安放在这里的陶马和铜马依据睾丸的有无可以区分为两类。一类明显地表现出其是被阉割过的公马，如 1 号坑、2 号坑里拉战车的陶马、铜车马陪葬坑中拉车的马及 2 号坑里的部分鞍马。另一类则明显地显示出其是没有被阉割的公马，如 2 号坑里的部分鞍马。我们现在还无法解释为什么当时拉车的马都是阉割过的，而鞍马却可以分为阉割过的和没有阉割过的这样两类。但是这个发现对于我们认识当时的养马技术、用马制度等都是很有价值的。

结　论

中国旧石器时代存在野马，它是当时人捕猎的对象。但是到了新石器时代，马却

〔33〕　秦始皇兵马俑博物馆、陕西省考古研究所：《秦始皇陵铜车马发掘报告》，第 182～188 页，北京：文物出版社，1998 年。

〔34〕　袁仲一：《秦始皇陵东侧第二、三号俑坑军阵内容试探》，见袁仲一、张占民编：《秦俑研究文集》，第 217～230 页，西安：陕西人民美术出版社，1990 年。

与人基本上没有什么关系了。而到了商代晚期的黄河中下游地区，突然出现了大量的家马，这可能与外来文化的传播有关。考古学的证据表明，在公元前 221 年以前中国就熟练地掌握了阉割马的技术，而通过对甲骨文记载的分析，这种阉割技术的出现至少是在距今 3300 年前。

本文在写作过程中得到中国社会科学院考古研究所冯时先生、陕西省考古研究所段清波先生的指教，中国社会科学院考古研究所李淼先生、张蕾同志和中国社会科学院研究生院博士生吕鹏为本文绘制插图，在此表示衷心感谢。

（原载于陕西省文物局、陕西省考古研究所、西安半坡博物馆编：《中国史前考古学研究》，第 436～443 页，西安：三秦出版社，2003 年）

中国古代家猪的起源

　　家猪（*Sus Scrofa domesticus*）是由野猪（*Sus Scrofa*）经长期驯化演变而成。与世界上其他国家相比，从古到今，猪在中国人的肉食结构中一直占据最重要的地位，这是中国的一个特色。探讨中国古代家猪的起源自然是中国动物考古学界的一个热点课题。我们曾经提出中国古代家猪起源于河北武安磁山遗址的观点[1]。迄今为止的研究结果依然支持磁山遗址出土的家猪是中国最早的家猪之一的认识。除磁山遗址的资料以外，我们通过这几年的动物考古学研究，又有一些新发现，深化了我们的认识。这里首先提出鉴定家猪的一系列标准并公布新的资料，最后，阐述我们的新观点。

鉴定家猪的标准

　　在探讨家猪起源的问题时，首先要确立鉴定家猪的标准。我们经过多年的动物考古学研究，对判定中国考古遗址中出土的猪是否为家猪提出以下一系列标准。

形体特征
　　考古遗址中出土家猪的体形一般比野猪小。因为是人饲养猪，由人提供食物，它可以不必像野猪那样用鼻吻部拱地掘食。久而久之引起鼻吻部及头骨长度缩短。另外，在饲养过程中猪的活动范围受到限制，一般不需要争夺和对抗，缺乏剧烈运动，这些都促使家猪的形体开始变小。通过对牙齿和骨骼的测量，可以对家猪和野猪进行明确地区分。通过多年的研究我们认为，上颌第 3 臼齿的平均长度为 35 毫米、平均宽度为 20 毫米，下颌第 3 臼齿的平均长度为 40 毫米、平均宽度为 17 毫米，这些大致是家猪上下颌第 3 臼齿的最大的平均值，考古遗址中出土家猪第 3 臼齿的平均值一般都等于或小于这些数值，而野猪第 3 臼齿的平均值往往明显大于这些数值。

---

〔1〕 Yuan Jing and Rowan Flad. 2002. Pig Domestication in Ancient China，*Antiquity* 76（293）：724-732.

年龄结构

考古遗址中出土家猪的年龄结构往往比较年轻。因为当时养猪的主要目的是为了获取肉食。猪长到1~2岁后，体形和肉量不再有明显地增加。若继续饲养下去所能增长的肉量，不如再从一头小猪养起见效快。且1~2岁猪的肉质相对来说比较细嫩。因此饲养的猪往往在1~2岁即被屠宰，故在其年龄结构中，以1~2岁左右的占多数或绝大多数。而狩猎时杀死的野猪年龄大小不一，所以考古遗址中出土野猪的年龄结构一般没有规律。

性别特征

考古遗址中出土的家猪中性别比例不平衡。母猪或性别特征不明显的猪明显占据多数，可以确定为公猪的数量很少。因为饲养是一种人为控制的行为，母猪长大了，除了提供肉以外，还可以繁殖小猪，因此母猪受到重视。而公猪则不同，除了提供肉以外，只要保留极少量的公猪就可以承担对全部母猪的交配任务，且公猪长大后性格暴躁，不易管理。因此，除保留个别公猪作为种猪外，大部分公猪在幼年时就被阉割，阉割后的公猪长大后多具有母猪的体形特征。在阉割技术出现以前，大部分公猪可能在幼年时就被宰杀。

数量比例

考古遗址中出土的哺乳动物骨骼中家猪的骨骼占有相当的比例。因为饲养家猪的首要目的是获取肉食资源，其饲养的数量必须达到一定的规模才能满足需求，所以在出土动物骨骼中家猪骨骼往往占有较大的比例。而如果获取肉食资源的方式是以狩猎为主，考古遗址出土的动物种类和数量则取决于它们的自然分布状况和被捕获的难易程度。关于这一点在中国各个地区并不是绝对的，各个地区自然资源的丰富程度不同，当时人获取肉食资源的方式也不同。

埋葬或随葬现象

在中国新石器时代考古遗址的一些土坑或墓葬中，往往发现埋葬或随葬两种完整的动物或其一部分肢体。这是当时人有目的的行为。其中猪是数量最多的一种被埋葬或随葬的动物，这在中国整个新石器时代各个地区的很多遗址里都具有规律性。另一种动物是狗，其出现的范围主要局限在东部地区。我们一般把这种埋葬或随葬猪的现象认定是出现于饲养家猪起源以后，即埋葬和随葬的猪都与家猪相关。

食性分析

对于家猪而言，其食物来源主要由人提供。这些食物往往包括人吃的食物的皮和壳及人吃剩的食物。因此，如果以猪骨为对象，分析它们所含的稳定同位素^{13}C、^{15}N和微量元素，了解它们的食性状况，再对同一遗址中出土的人骨做同样的分析并进行比较，可以为确认饲养家猪提供科学的依据。

古 DNA 研究

通过对考古遗址中出土的猪骨进行 mtDNA 研究，科学家们逐步确认各个地区、各个时期的猪的相互关系。这为建立古代猪的完整谱系创造了条件，有利于家猪起源的研究。

我们认为，在判断考古遗址中出土的猪骨是否属于家猪时，上述的各种方法都是十分重要的，通过对这些方法所得到的结果进行互相印证，我们能够在判断家猪时做出比较科学的结论。

这里要强调的是，在探讨家猪的起源问题时，如果有条件先从埋葬或随葬现象的角度进行判断，然后再进行测量、观察和统计等，其结论可能更具有说服力。因为在野猪刚刚转变为家猪时，其形体特征是不会马上发生变化的，需要有一个转变的过程。特别是牙齿这类保存遗传特征最为稳定的部位，其发生变化往往需要经历一段比较长的时间。所以在其刚刚成为家猪时，如果单单从观察特征和测量数据看，可能与我们所知的野猪更为接近，而与家猪相差较大。在饲养家猪的开始阶段，家猪的数量可能不会太多，在性别特征、年龄结构上的表现可能也不典型。而考古遗址中发现的随葬或埋葬猪这种显示人与猪的特殊关系的现象，则是比较有说服力的证据。另外，现在正在尝试进行基于稳定同位素和微量元素的分析，探讨出于同一遗址的人与猪的食性是否相同。通过对大范围、大样本量的猪骨进行 DNA 分析，探讨猪的谱系等等。这些都是判定家猪的新方法。这些方法的完善，将为我们判断考古遗址出土的猪是否属于家猪提供更加科学的依据。

与中国家猪起源相关的考古资料

在位于中国内蒙古地区、华北地区和长江三角洲地区年代较早的古代遗址里发现了饲养家猪的证据。以下分别叙述。

内蒙古自治区赤峰市兴隆洼遗址

兴隆洼遗址（图 1）的年代为距今 8200～7000 年，可以分为三期，第一期为距今

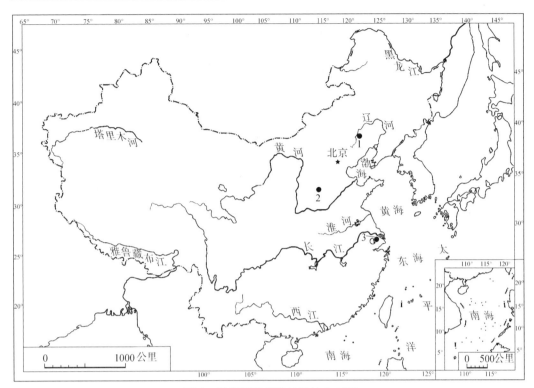

图 1　早期饲养家猪的遗址分布图

1. 内蒙古赤峰兴隆洼　2. 河北武安磁山　3. 浙江萧山跨湖桥

8200～8000 年，第二期为距今 8000～7400 年，第三期为距今 7400～7000 年[2]。

　　从形体特征看，三分之二以上的猪的第 3 臼齿尺寸超过 40 毫米，尤其是到了第三期，第 3 臼齿中超过 40 毫米的个体数占到 90%，野猪的特征比较明显。其年龄结构普遍偏大，和野猪的年龄结构类似。其最小个体数的统计显示，猪在第一期占全部动物总数的 42.9%，第二期占 14.4%，第三期占 22.5%。相反，鹿科动物的数量除第一期稍低于猪以外，其他各期都明显多于猪。这个特征也使人联想到，兴隆洼遗址出土的猪骨属于野猪的可能性较大[3]。

　　但是，有一些特殊现象必须考虑。在兴隆洼遗址第二期的墓葬中，M118 埋有一仰身直肢的成年男性，在墓主边上随葬有一雌一雄两头猪，猪身仰卧，从它们的四肢均呈蜷曲状的形态看，当时可能是将这两头猪分别捆绑后埋葬的[4]（图2）。另外，与

〔2〕　中国社会科学院考古研究所内蒙古工作队：《内蒙古敖汉旗兴隆洼聚落遗址 1992 年发掘简报》，《考古》1997 年第 1 期，第 1～26 页。

〔3〕　袁靖：《内蒙古赤峰兴隆洼遗址动物骨骼研究报告》，待刊。

〔4〕　中国社会科学院考古研究所内蒙古工作队：《内蒙古敖汉旗兴隆洼聚落遗址 1992 年发掘简报》，《考古》1997 年第 1 期，第 1～26 页。

图 2　内蒙古赤峰兴隆洼遗址 M118 人猪合葬

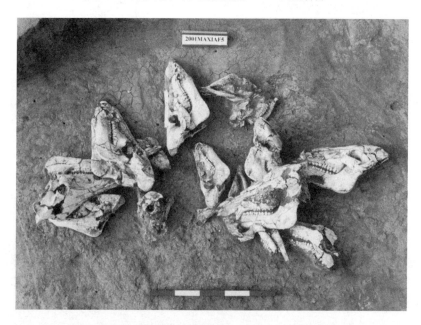

图 3　内蒙古赤峰兴隆沟遗址第 1 地点 F5 出土兽头骨

兴隆洼遗址第二期年代相当、距离兴隆洼遗址不到 20 公里的内蒙古自治区赤峰市兴隆沟
遗址有一座房址[5]，在其西南侧出土有 15 个兽头，摆放成一组，其中 12 个是猪头，3 个
是马鹿头（图 3），大多数兽头的前额正中被人为地钻有圆形小孔（图 4）。这些兽头是当
时的人有意摆放的，显示出他们的一种特殊行为。其实，在兴隆洼遗址第一期，考古研

---

〔5〕　中国社会科学院考古研究所内蒙古工作队：《兴隆沟遗址发掘获重要成果》，《中国社会科学院古
　　　代文明研究中心通讯》2002 年第 3 期，第 64～67 页。

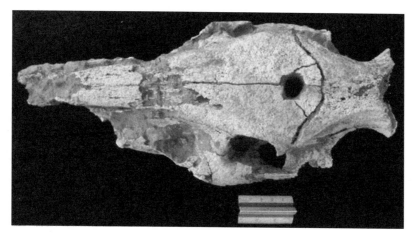

图4　内蒙古赤峰兴隆沟遗址第1地点F5出土猪头骨

究人员就发现了在房址中摆放兽头的现象，同样以猪头最多。但这批资料尚未正式发表。

兴隆洼遗址和兴隆沟遗址的这些现象使我们不得不考虑当时可能存在数量有限的家猪。理由主要有以下三条。一是因为在兴隆洼遗址里，我们发现一些猪的第3臼齿的尺寸较小，这可以作为判断这些猪为家猪的证据之一。二是在兴隆洼遗址里发现17种哺乳动物，其中马鹿和狍的数量相当多，特别是在第二期，比猪还多。但是当时的人唯独把猪放在墓葬里作为随葬，而不是马鹿、狍或者其他动物。这使得我们推测当时的人与猪有一种特殊的感情。三是从兴隆沟遗址房址里出土的那组兽头看，猪的比例明显高于马鹿。从尚未发表的兴隆洼遗址的那几座房址里出土的兽头材料看，也是猪的比例明显高于马鹿。虽然在兴隆洼遗址第一期，猪的最小个体数占全部哺乳类总数的42.9%，马鹿占20.1%，猪的比例高出马鹿一倍多。但是到了第二期，马鹿占16.7%，猪仅占14.4%，反而少于马鹿。到了第三期，猪占22.5%，马鹿占20%，两者相差无几。因此，从各期出土的猪和马鹿的数量比例看，与那些房址里出土的兽头数量比例明显不符，即在当时的人有意摆放的兽头中，猪的数量要比马鹿的数量多出几倍。这也是我们认为当时的人对猪进行特殊处理的理由。根据以上三条，我们推测距今8200～7000年之间，内蒙古地区很可能已经存在饲养家猪的行为。另外，我们还有一个十分重要的旁证。近年来，植物考古学家在兴隆沟遗址发现了距今约8000年的谷子和糜子，通过抽样观察和测量发现，这些出土的谷粒在形态和尺寸上仍保留着较浓厚的野生祖本特征，应该属于栽培作物进化过程中的早期品种。研究者认为兴隆沟遗址所在的西辽河上游地区应该是谷子和糜子以及以这两种小米为代表的中国北方旱作农业的起源地之一[6]。当时作为栽培作物的谷子和糜子的发现，与家猪的出现可以互相印证。

────────────

〔6〕　赵志军：《探寻中国北方旱作农业起源的新线索》，《中国文物报》2004年11月12日第7版。

河北省武安县磁山遗址

河北省武安县磁山遗址（图 1）的年代为距今 8000 年左右。

磁山遗址中出土的猪下颌第 3 臼齿的平均长度为 41.4 毫米，平均宽度为 18.3 毫米。这个遗址中出土的 60％以上的猪在半岁到 1 岁时就被宰杀。发掘时发现的 186 个灰坑中 H5 的底部埋葬有 2 头猪，H12、H14、H265 的底部各埋葬 1 头猪。H107 还埋葬 1 只狗。这些动物的骨架上都堆满了已经炭化的小米[7]。

磁山遗址的材料发表于 1980 年，有关动物骨骼的报告比较简单。在推测当时已经存在家猪饲养时，我们不能引用更多的资料。但是，即便受到这些局限，其下颌第 3 臼齿的尺寸已经接近我们提出的家猪的尺寸标准。那些猪的年龄结构不像是狩猎的结果，而是人为控制下的产物。更重要的是在 4 个灰坑里发现埋葬有完整的猪，上面还堆积有小米。这绝对是当时人有意识的一种行为。因此，我们推测当时已经存在家猪饲养的观点是可以成立的。另外，对这个地区晚于磁山遗址的其他不同时期的遗址中出土的动物骨骼研究，也证明了自磁山遗址以后，家猪饲养有一个逐步扩大化的过程[8]。因为上述有关研究我们已经发表过文章，这里不再赘述。

浙江省杭州市萧山区跨湖桥遗址

跨湖桥遗址（图 1）的年代为距今 8200～7000 年，可以分为三期，第一期为 8200～7800 年，第二期为 7700～7300 年，第三期为 7200～7000 年[9]。

从形体特征看，各期都发现猪颌骨上齿列明显扭曲的现象（图 5），显示出因为下颌的缩短而造成牙齿排列凌乱的证据，可以认为是家猪。从牙齿尺寸看，第一期下颌第 3 臼齿有 6 个数据，其中有 3 个大于 42 毫米，而第二期的 3 个数据均小于 40 毫米，第三期的 4 个数据除 1 个为 40.96 毫米以外，其余均小于 38 毫米。除第一期的三个超过 42 毫米的数据可以推测为属于野猪以外，其余的包括第一期另外三个在内的 10 个数据都属于家猪的范围。尤其是牙齿尺寸逐渐变小，家畜化的过程表现得更为明显。从年龄结构看，2.5 岁以上的猪由第一期的 87.5％降低到第二、三期的 45％左右，其平均年龄也由第一期的 4.6 岁降低到第二期的 3.5 岁，再降低到第三期的 2.9 岁。从第一期到第三期有一个明显地逐步年轻化的过程。从猪在全部哺乳动物中所占的比例看，按照最小个体数的统计结

---

〔7〕　a. 河北省文物管理处、邯郸市文物保管所：《河北武安磁山遗址》，《考古学报》1981 年第 3 期，第 303～338 页。

　　　b. 周本雄：《河北武安磁山遗址的动物骨骸》，《考古学报》1981 年第 3 期，第 339～346 页。

〔8〕　袁靖：《论中国新石器时代居民获取肉食资源的方式》，《考古学报》1999 年第 1 期，第 1～22 页。

〔9〕　浙江省文物考古研究所、萧山博物馆编：《跨湖桥》，第 228 页，北京：文物出版社，2004 年。

图 5　浙江萧山跨湖桥遗址 T0412⑤出土齿列扭曲的猪下颌骨

果，猪在全部哺乳动物中的比例分别为第一期 22.58％，第二期 12.2％，第三期 8％[10]。

　　跨湖桥遗址第一期出土的猪的颌骨已经出现齿列扭曲的现象，其下颌第 3 臼齿小于 40 毫米的个体数已经占相当的比例，这是因为在长时间的控制活动范围及进行喂养等人为因素的影响下，而逐渐形成的形态变异。因此，我们可以确认距今 8200 年的跨湖桥遗址第一期就存在家猪。同时我们还要强调，基于牙齿出现形态变异需要一个时间过程，因此，南方地区家猪起源的时间还应该从距今 8200 年再向前追溯。这个发现对于我们正确认识中国古代家猪的起源时间是具有重要意义的。

　　我们过去认为，中国新石器时代遗址中，自家猪饲养起源以后，家猪在全部哺乳动物中所占的比例会不断增加。但是在跨湖桥遗址出土的状况却不一样，家猪的比例反而越来越少了。我们认为这是新石器时代长江三角洲地区的特殊现象。在中国先秦时期的重要文献《周礼·职方氏》里，专门提到"东南曰扬州，其山镇曰会稽……其畜易鸟兽，其谷易稻"[11]。即一直到秦以前，这个地区的农作物是水稻，但是获取肉食的方式是猎取鸟类和野兽。由此我们推测先秦时期长江三角洲地区即便有家畜，其数量可能也是相当有限的。

讨　论

　　根据国外动物考古学家迄今为止的认识，世界上最早的家猪发现于土耳其安那托利亚高原东南部的 Çayönü 遗址，其年代约为距今 9000 年。其依据是这个遗址中出土

〔10〕　袁靖、杨梦菲：《动物研究》，见浙江省文物考古研究所、萧山博物馆编：《跨湖桥》，第 241～270 页，北京：文物出版社，2004 年。

〔11〕　阮元校刻：《十三经注疏》，第 861～863 页，北京：中华书局影印，1980 年。

的猪在全部动物中占有一定比例，且它们的牙齿有一个从大到小的变化过程，这是在人为饲养过程中必然产生的生理现象[12]。迄今为止这个实例还是世界上最早的家猪的例证。我们对中国浙江省杭州市萧山区跨湖桥遗址的研究结果证实，当时猪的饲养已有相当长的历史。我们现在尚不能推测中国南方地区家猪起源的时间可以追溯到什么时候，但是，这个追溯在时间上正在缩短与 Çayönü 遗址的距离。

最近，英国学者通过从分布于世界各地的 686 个野猪和家猪的标本上提取的线粒体 DNA 序列进行分析，揭示出整个欧亚大陆有多个家猪的驯化中心，东亚至少有一个家猪的驯化中心[13]。我们在前面提到的中国的材料可以证实，在距今 8200～8000 年左右，中国内蒙古地区、华北地区和长江三角洲地区都已经开始饲养家猪了。这个事实印证了英国学者根据 DNA 分析得到的认知结果。而且我们的研究进一步证实，即便在位于东亚地区的中国，严格地说，家猪的起源也不仅仅只有一个中心，而是多元的。因为我们在上面提到的那三个遗址之间并不存在文化交流的现象。我们认为，那三个遗址中饲养家猪的行为，都是独立发生的。

这里还要涉及的一个问题是饲养家猪的目的。一般认为，饲养家猪的目的是为了用一种新的方法满足人们不断增长的肉食需求[14]。我们专门以中国黄河流域新石器时代的实例论述过这个起源和发展的过程[15]。但是用这个理由很难解释在中国新石器时代发生在内蒙古赤峰市兴隆洼遗址和浙江省杭州市萧山区跨湖桥遗址的现象。这里有一个需要关注的事实，即兴隆洼遗址出土的显示为家猪的实例都与随葬及祭祀相关。无独有偶，在长江三角洲地区，距今 6000 年以来的几个新石器时代遗址的墓葬里都发现随葬猪或单独埋葬猪的现象[16]。由此我们认为，对于具体地区的资料，要做具体的分析，不能一概而论。尽管在新石器时代的黄河流域，当时人饲养家猪是为了食肉。但是当时在内蒙古和长江三角洲地区，人们养猪的原因可能与原始宗教相关。如果确

[12]   Hongo，H. and Meadow，R.．1998. Pig Exploitation at Neolithic Çayönü Tepesi（Southeastern Anatolia），in Nelson，S.（ed.），*Ancestor for the pigs：pigs in prehistory*：77-98. Philadelphia，PA：Museum Applied Science Center for Archaeology，University of Pennsylvania Museum of Archaeology and Anthropology.

[13]   Greger Larson，Keith Dobney，Umberto Albarella，Meiying Fang，Elizabeth Matisoo-Smith，Judith Robins，Stewart Lowden，Heather Finlayson，Tina Brand，Eske Willerslev，Peter Rowley-Conwy，Leif Andersson，Alan Cooper1. 2005. Worldwide Phylogeography of Wild Boar Reveals Multiple Centers of Pig Domestication. *Science* 307（11）：1618-1621.

[14]   袁靖：《论中国新石器时代居民获取肉食资源的方式》，《考古学报》1999 年第 1 期，第 1～22 页。

[15]   Yuan Jing and Rowan Flad. 2002. Pig Domestication in Ancient China，*Antiquity* 76（293）：724-732.

[16]   a. 常州市博物馆：《江苏常州圩墩村新石器时代遗址的调查和试掘》，《考古》1974 年第 2 期，第 109～115 页。

实如此，那么中国各个地区新石器时代的人饲养家猪的目的就是不一样的，即有的地区的人是为了保证肉食的来源，有的地区的人则是出于原始宗教的考虑。关于这点我们现在仅能做一个大概的推测，深入研究尚有待于今后新资料的发现。

中国社会科学院研究生院博士生吕鹏为本文绘制地图，在此表示衷心地感谢。

（原载于西北大学考古学系、西北大学文化遗产与考古学研究中心编：《西部考古（第一辑)》，第 43～49 页，西安：三秦出版社，2006 年）

---

b. 常州市博物馆：《常州圩墩新石器时代遗址第三次发掘简报》，《史前研究》1984 年第 2 期，第 69～81 页。

c. 苏州博物馆、吴江县文物管理委员会：《江苏吴江龙南新石器时代村落遗址第一、二次发掘简报》，《文物》1990 年第 7 期，第 1～27 页。

d. 南京博物院：《江苏吴县草鞋山遗址》，《文物资料丛刊（3)》，第 1～24 页，北京：文物出版社，1980 年。

e. 苏州博物馆、吴江市文物陈列室：《江苏吴江广福村遗址发掘简报》，《文物》2001 年第 3 期，第 41～51 页。

f. 上海市文物保管委员会：《崧泽》，第 98～105 页，北京：文物出版社，1987 年。

g. 上海市文物保管委员会：《上海市松江县广富林新石器时代遗址试探》，《考古》1962 年第 9 期，第 465～469 页。

h. 徐新民、楼航、程杰、杨根文、高祥慧：《浙江平湖庄桥坟发现良渚文化最大墓地》，《中国文物报》2004 年 10 月 29 日第 1～2 版。

论中国新石器时代居民获取肉食资源的方式

动物考古学研究的主要目的之一就是探讨古代人类与动物的各种关系，其中最重要的关系就是古代人类通过何种方式获取动物作为肉食资源。获取动物作为肉食资源的方式可以概括为家畜饲养、狩猎和捕捞等。古代人类在食用这些通过不同方式获取的动物以后，将它们的骨骼废弃在居住地周围。考古发掘采集的动物骨骼可以在一定程度上反映动物被当时人利用的状况。因此，通过对考古遗址中出土的动物骨骼进行种属鉴定，及运用最小个体数（其确定原则和方法是：（1）必须是能够鉴定到种或属的动物骨骼。（2）统计一个种或属各个部位的骨骼，有左右的必须分清左右，哪种骨骼的数量最多，这个数字就是这个种或属的最小个体数。但是，肋骨、脊椎骨、趾骨等一般不作为最小个体数的统计对象）、可鉴定标本数（其确定原则和方法是：（1）必须是能够鉴定到种或属的动物骨骼。（2）对分别属于各个种或属的全部动物骨骼进行统计）等定量分析方法进行统计[1]，这样我们对古代人类利用的动物种类和数量就能有一个比较科学的认识。

据有关学者研究，我国新石器时代的家养动物有鸡、狗、猪、牛、羊等。其中对家猪的确认主要是依据年龄结构，即各个新石器时代遗址中出土的猪的年龄主要集中在 2 岁以下，这中间又以 1 岁左右的居多。这个年龄结构显然与野猪的年龄结构不符，因为野生动物群的年龄结构是自然形成的，其中应该包括各个年龄段，狩猎者不可能专门去捕获 2 岁以下、主要为 1 岁的野猪。目前所知中国最早的家猪出自广西桂林甑皮岩遗址，距今约 8000 多年[2]。家狗的判断是依据遗址中出土的狗头骨较小，吻部较短。另外，在有的遗址中，储藏粮食的窖穴底部发现完整的狗骨架，这大概是人有意识地摆放的。目前所知中国最早的家狗出自河北武安磁山遗址，距今 8000 年左右[3]。家鸡的认定主要是将遗址中出土的鸡的跗跖骨的测量数据与现代原鸡、现代家鸡的同类骨骼的测量数据进行比较，发现其数据位于后两者之间。

〔1〕 袁靖：《研究动物考古学的目标、理论和方法》，《中国历史博物馆馆刊》1995 年第 1 期，第 59～68 页。

〔2〕 李有恒、韩德芬：《广西桂林甑皮岩遗址动物群》，《古脊椎动物与古人类》1978 年第 16 卷第 4 期，第 244～254 页。

〔3〕 周本雄：《河北武安磁山遗址的动物骨骼》，《考古学报》1981 年第 3 期，第 339～346 页。

而现代动物学研究证明，家鸡是原鸡经人工驯养而成。另外，有的遗址中发现的鸡大多数为雄性，这也间接地反映出人工作用的结果。目前所知中国最早的家鸡出自磁山遗址[4]。确定遗址中出现家牛的理由是从牛骨上看家牛的体型较小，与其祖先原始牛有区别。目前所知中国最早的家牛出自陕西临潼白家村遗址，距今7000多年[5]。有关家羊的确认未见详细报道，仅提到内蒙古赤峰红山后的红山文化遗址中发现了出土最早的家羊，年代至少为距今5000年前[6]。而我国新石器时代的野生动物包括各种鱼类及猴、兔、中华竹鼠、狼、貉、熊、獾、虎、獐、麂、梅花鹿、马鹿、麋鹿、狍等等。这里要说明的是，有关中国新石器时代马的问题尚需做进一步研究[7]，本文暂不讨论。

经过对动物骨骼的定性定量分析，我们认识到家养动物中猪占大多数。另外，虽然野生动物的种类明显超过家养动物，但如果从各类野生动物的数量上看，则主要集中在獐、梅花鹿、麋鹿等鹿科动物上，把一个遗址中猪等家养动物和鹿科动物的数量加到一起，基本上占其全部动物总数的绝大多数。家养动物是通过人工饲养活动繁殖获得的，而野生动物是通过狩猎活动获得的。本文试图对我国新石器时代遗址中出土的动物骨骼资料进行整理和归纳，比较各个遗址中家养动物和野生动物的数量比例，总结当时人们获取肉食资源的不同方式，归纳出中国新石器时代人类获取肉食资源的基本模式，在一定范围内探讨其形成的原因，并提出理论上的认识。

各地区遗址中出土的动物骨骼

从严格意义上讲，我国的动物考古学研究尚处于刚刚起步的阶段[8]。新石器时代遗址的发掘报告中有关动物骨骼的详细记录不多，大多都十分简略，有相当一部分甚至完全没有提及。在这里我们将有关新石器时代遗址的发掘报告中对出土的动物骨骼记载比较明确，基本上对各类动物都有量的界定或估量的资料汇集到一起，按家养动物和野生动物的标准进行统计和归纳。通过比较研究我们注意到，在各个地区的考古

〔4〕周本雄：《河北武安磁山遗址的动物骨骸》，《考古学报》1981年第3期，第339～346页。

〔5〕周本雄：《白家村遗址动物遗骸鉴定报告》，见中国社会科学院考古研究所编著：《临潼白家村》，第123～126页，成都：巴蜀书社，1994年。

〔6〕周本雄：《中国新石器时代的家畜》，见中国社会科学院考古研究所编著：《新中国的考古发现和研究》，第194～198页，北京：文物出版社，1984年。

〔7〕袁靖、安家瑗：《中国动物考古学研究的两个问题》，《中国文物报》1997年4月27日第3版。

〔8〕袁靖：《试论中国动物考古学的形成与发展》，《江汉考古》1995年第2期，第84～88页。

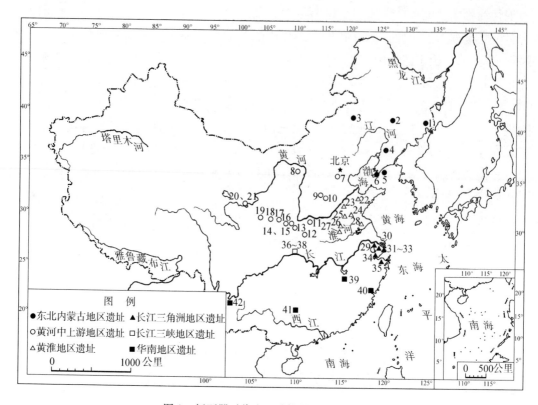

图 1　新石器时代出土动物骨骼遗址分布图

1. 黑龙江密山新开流　2. 吉林农安左家山　3. 内蒙古巴林左旗富河沟门　4. 辽宁本溪马城子　5. 辽宁长海小珠山　6. 辽宁大连郭家村　7. 河北徐水南庄头　8. 内蒙古伊金霍洛朱开沟　9. 河北武安磁山　10. 河南汤阴白营　11. 河南渑池班村　12. 河南淅川下王冈　13. 陕西商县紫荆　14. 陕西临潼白家村　15. 陕西临潼姜寨　16. 陕西西安半坡　17. 陕西扶风案板　18. 陕西宝鸡北首岭　19. 甘肃武山傅家门　20. 甘肃永靖大何庄　21. 甘肃永靖秦魏家　22. 山东潍县鲁家口　23. 山东泰安大汶口　24. 山东泗水尹家城　25. 山东兖州西吴寺　26. 安徽濉溪石山子　27. 安徽蒙城尉迟寺　28. 江苏沭阳万北　29. 江苏常州圩墩　30. 江苏苏州龙南　31. 上海青浦崧泽　32. 上海青浦福泉山　33. 上海闵行马桥　34. 浙江桐乡罗家角　35. 浙江余姚河姆渡　36. 重庆巫山欧家老屋　37. 重庆巫山大溪　38. 重庆巫山魏家梁子　39. 江西万年仙人洞　40. 福建闽侯昙石山　41. 广西桂林甑皮岩　42. 云南元谋大墩子

遗址中出土的家养动物和野生动物在数量上有一定的区别。这里按东北及内蒙古地区、黄河中上游地区、黄淮地区、长江三峡地区、长江三角洲地区和华南地区等分别对各个地区新石器时代遗址出土的动物骨骼进行统计和归纳（图1）。我们在叙述各个地区的遗址时按现在的行政区划由东向西排列。另外，在按照地域区划排列遗址时，考虑到考古学文化的因素，对有些遗址作了适当的调整。

东北及内蒙古地区

黑龙江密山新开流遗址

新开流遗址发现了大量的鱼类及鹿等野生动物骨骼。研究者运用可鉴定标本数量的方法对该遗址中出土的动物骨骼进行统计，从报告内容上分析，当时人过着以捕鱼为主、兼营狩猎的生活[9]。

吉林农安左家山遗址

左家山遗址的文化遗存分为三期。研究者运用可鉴定标本数量的方法对该遗址各期出土的动物骨骼进行统计，第一期猪等家养动物占全部动物总数的12%，鹿科等野生动物占88%。第二期猪等家养动物占5%，鹿等野生动物占95%。第三期猪等家养动物占15%，鹿等野生动物占85%。一至三期家养动物的数量均明显低于野生动物，可见狩猎和捕捞活动一直占据着主要地位[10]。

内蒙古巴林左旗富河沟门遗址

研究者对富河沟门遗址中各层出土的动物骨骼未作具体统计，从报告的内容分析其全部是野生动物，其中鹿占半数以上，未发现可以确定为家畜的动物骨骼[11]。

辽宁本溪马城子遗址

马城子遗址B洞下层为新石器时代文化层，研究者对这一层出土的鱼、鳖、狍等野生动物和家养动物狗的骨骼进行统计，认为渔猎在当时的经济活动中占有主要地位。而在马城子遗址青铜时代的洞穴墓葬里发现随葬动物的下颌，其中以猪下颌的数量最多，其他还有狗和鹿。可见此时家畜饲养活动已占据比较重要的地位[12]。

辽宁长海小珠山遗址

小珠山遗址分为下、中、上三层。研究者对该遗址各层出土的动物骨骼未作具体统计，从报告内容分析下层以鹿为最多；中层有狗、猪、獐、鹿等，以鹿为最多，猪次之；上层有狗、猪、獐、鹿等，以猪为最多[13]。

辽宁大连郭家村遗址

郭家村遗址的文化层包括大汶口文化和龙山文化两层。研究者运用可鉴定标本数

---

[9]　黑龙江省文物考古工作队：《密山县新开流遗址》，《考古学报》1979年第4期，第491~518页。

[10]　陈全家：《农安左家山遗址动物骨骼鉴定及痕迹研究》，见吉林大学考古学系编：《青果集》，第57~71页，北京：知识出版社，1993年。

[11]　徐光冀：《富河文化的发现与研究》，见中国社会科学院考古研究所编著：《新中国的考古发现和研究》，第176~180页，北京：文物出版社，1984年。

[12]　辽宁省文物考古研究所、本溪市博物馆：《马城子》，第21、88、114、147页，北京：文物出版社，1994年。

[13]　辽宁省博物馆、旅顺博物馆、长海县文化馆：《长海县广鹿岛大长山岛贝丘遗址》，《考古学报》1981年第1期，第63~110页。

量的方法对该遗址中各层出土的动物骨骼进行统计，猪、狗等家养动物占据全部动物的 68%，而鹿科等野生动物占 32%[14]。

黄河中上游地区（包括个别位于黄河以北地区的遗址）

河北徐水南庄头遗址

南庄头遗址为新石器时代早期遗址。研究者对该遗址出土的动物骨骼仅做了种属鉴定，未做数量统计，并认为其中的狗和猪为家养动物[15]。但是我们认为属于猪的 4 块骨骼没有测量数据，可以推测年龄的 1 块上颌骨和 1 颗游离齿也没有显示其为家猪的年龄特征。而狗的 2 块骨骼同样没有测量数据，也难以说明问题。考虑到这个遗址的年代相当早，在没有明确证据的前提下，似乎将狗和猪都归入野生动物来对待比较合适。这样，我们认为该遗址出土的全部是野生动物。

内蒙古伊金霍洛朱开沟遗址

朱开沟遗址的文化层包括龙山文化晚期、夏和早商。研究者运用最小个体数的方法对该遗址出土的动物骨骼进行统计，自龙山文化晚期到早商，猪等家畜一直占据绝对多数[16]。

河北武安磁山遗址

磁山遗址属于新石器时代的较早阶段。研究者对该遗址的动物骨骼未做具体的统计，仅认为该遗址出土的野生动物骨骼的数量占全部动物的半数以上，猪骨数量远不如仰韶文化遗址或者龙山文化遗址中的猪骨那样占绝对优势[17]。

河南汤阴白营遗址

白营遗址属于河南龙山文化，研究者对该遗址出土的动物骨骼未做具体统计，从报告的内容分析，鹿等野生动物数量较少，猪等家养动物数量较多，可见家畜饲养活动已占主要地位[18]。

河南渑池班村遗址

班村遗址的文化层自下而上分别为裴李岗文化层、仰韶文化庙底沟类型层、庙底沟二期文化层、战国时代层等。研究者运用最小个体数的方法对该遗址出土的动物骨骼进行统计。裴李岗文化层里猪等家养动物占全部动物总数的 59%，鹿等野生动物占

---

[14] 傅仁义：《大连郭家村遗址的动物遗骨》，《考古学报》1984 年第 3 期，第 331～334 页。

[15] 保定地区文物管理所、徐水县文物管理所、北京大学考古系、河北大学历史系：《河北徐水县南庄头遗址试掘简报》，《考古》1992 年第 11 期，第 961～970 页。

[16] 黄蕴平：《内蒙古朱开沟遗址兽骨的鉴定与研究》，《考古学报》1996 年第 4 期，第 515～536 页。

[17] 周本雄：《河北武安磁山遗址的动物骨骸》，《考古学报》1981 年第 3 期，第 339～346 页。

[18] 周本雄：《河南汤阴白营河南龙山文化遗址的动物遗骸》，见《考古》编辑部编辑：《考古学集刊（3）》，第 48～50 页，北京：中国社会科学出版社，1983 年。

41%。仰韶文化庙底沟类型层里猪等家养动物占84%，鹿科等野生动物占16%。庙底沟二期文化层里猪等家养动物占83%，鹿科野生动物占17%。战国时代层里猪等家养动物占80%，鹿等野生动物占20%。家养动物在各层中均占主要地位[19]。

河南淅川下王冈遗址

下王冈遗址的文化层包括仰韶文化层、屈家岭文化层、龙山文化层和西周层4层，研究者对该遗址出土的动物骨骼未作具体统计，从报告的内容分析，猪是数量最多的动物，可见家畜饲养活动已占据主要地位[20]。

陕西商县紫荆遗址

紫荆遗址包括老官台文化、仰韶文化半坡类型、西王村类型、龙山文化、西周文化5个文化层。研究者运用可鉴定标本数的方法统计该遗址出土的动物骨骼。在老官台文化层里，猪等家养动物占全部哺乳动物总数的20%，鹿等野生动物占80%。在半坡类型层里，猪等家养动物占25%，鹿等野生动物占75%。在西王村类型层里，猪等家养动物占40%，鹿等野生动物占60%。在龙山文化层里，猪等家养动物占76%，鹿等野生动物占24%。有一个猪等家养动物的数量逐渐增多，鹿等野生动物不断减少的过程[21]。

陕西临潼白家村遗址

白家村遗址属于新石器时代的较早阶段，距今约7000年。研究者运用可鉴定标本数的方法对该遗址出土的动物骨骼进行统计，猪等家养动物占全部动物总数的60%，野生动物占40%。尽管当时已经以家畜饲养活动为主，但狩猎活动还占相当大的比重[22]。这里要说明的是研究者将水牛归入家养动物，但是没有说明理由，故不能对其可靠性进行讨论，只能按存疑处理。

陕西临潼姜寨遗址

姜寨遗址包括仰韶文化半坡类型层、史家类型层、庙底沟类型层、半坡晚期类型层和客省庄二期文化层等。研究者运用最小个体数的方法统计该遗址各层出土的动物骨骼。半坡类型层里猪等家养动物占全部动物总数的42%，鹿等野生动物占58%。史家类型层里猪等家养动物占31%，鹿等野生动物占69%。庙底沟类型层未

〔19〕　袁靖：《河南渑池班村遗址动物骨骼研究报告》，待刊。

〔20〕　贾兰坡、张振标：《河南淅川下王冈遗址中的动物群》，见河南省文物研究所、长江流域规划办公室考古队河南分队编：《淅川下王冈》，第429～439页，北京：文物出版社，1989年。

〔21〕　王宜涛：《紫荆遗址动物群及其古环境意义》，见周昆叔主编：《环境考古研究（第一辑）》，第96～99页，北京：科学出版社，1991年。

〔22〕　周本雄：《白家村遗址动物遗骸鉴定报告》，见中国社会科学院考古研究所编著：《临潼白家村》，第123～126页，成都：巴蜀书社，1994年。

出土动物骨骼。半坡晚期类型层里猪等家养动物占 18％，鹿等野生动物占 82％。客省庄二期文化层里猪等家养动物占 21％，鹿等野生动物占 79％。该遗址比较特殊，存在一个猪等家养动物的数量逐渐减少，而鹿等野生动物逐渐增多，直至占据绝大多数的过程[23]。

陕西西安半坡遗址

半坡遗址属于仰韶文化。研究者对该遗址出土的动物骨骼未做具体统计，从报告的内容分析猪骨的数量最多，可见家畜饲养活动在当时已占据主要地位[24]。

陕西扶风案板遗址

案板遗址分属于仰韶文化和龙山文化。研究者运用可鉴定标本数的方法统计该遗址的动物骨骼，其中猪等家养动物占全部动物总数的 61％，鹿等野生动物占 39％，可见当时家养动物已占据主要地位[25]。

陕西宝鸡北首岭遗址

北首岭遗址属于仰韶文化。研究者对该遗址出土的动物骨骼未做具体统计，从报告的内容分析，当时饲养家畜以猪为主，猪是肉食的主要来源，狩猎、捕鱼等经济活动居于次要地位[26]。

甘肃武山傅家门遗址

傅家门遗址包括石岭下类型和马家窑类型两个文化层。研究者运用最小个体数的方法统计该遗址出土的动物骨骼。在石岭下类型层里，猪等家养动物占全部动物总数的 80％，鹿等野生动物占 20％。在马家窑类型层里，猪等家养动物占 83％，兔等野生动物占 17％。该遗址的马家窑类型层里未见鹿。家畜饲养活动在当时已经占据主要地位[27]。

甘肃永靖大何庄遗址

大何庄遗址属于齐家文化。研究者运用可鉴定标本数的方法统计该遗址出土的动物骨骼，猪等家养动物占全部动物总数的 98％，鹿等野生动物仅占 2％，家养动物占据绝对多数[28]。

---

[23] 祁国琴：《姜寨新石器时代遗址动物群的分析》，见西安半坡博物馆、陕西省考古研究所编：《姜寨》，第 504～538 页，北京：文物出版社，1988 年。

[24] 李有恒、韩德芬：《陕西西安半坡新石器时代遗址中之兽类骨骼》，《古脊椎动物与古人类》1959 年第 1 卷第 4 期，第 173～185 页。

[25] 傅勇：《陕西扶风案板遗址动物遗存的研究》，《考古与文物》1988 年 5、6 期，第 203～208 页。

[26] 周本雄：《宝鸡北首岭新石器时代遗址中的动物骨骸》，见中国社会科学院考古研究所编著：《宝鸡北首岭》，第 145～153 页，北京：文物出版社，1983 年。

[27] 袁靖：《甘肃武山傅家门遗址出土动物骨骼研究报告》，待刊。

[28] 中国科学院考古研究所甘肃工作队：《甘肃永靖大何庄遗址发掘报告》，《考古学报》1974 年第 2 期，第 56 页。

甘肃永靖秦魏家遗址

秦魏家遗址是齐家文化的墓地。研究者运用可鉴定标本数的方法大致统计该遗址出土的动物骨骼，猪等家养动物占绝对多数[29]。

黄淮地区

山东潍县鲁家口遗址

鲁家口遗址包括大汶口文化层和龙山文化层。研究者运用可鉴定标本数的方法统计该遗址的动物骨骼，猪等家养动物占全部动物总数的 78.7％，鹿等野生动物占21.3％，其中以家养动物为主[30]。

山东泰安大汶口遗址

大汶口遗址属于大汶口文化。研究者运用可鉴定标本数的方法统计该遗址动物骨骼，其中猪等家养动物占全部动物总数的 51％，鹿等野生动物占 49％，以家养动物为主[31]。

山东泗水尹家城遗址

尹家城遗址包括自大汶口文化一直到两汉时期的文化遗存。研究者运用可鉴定标本数的方法统计分属龙山文化、岳石文化及商周汉代这三个时期的动物骨骼。确认在龙山文化层里，猪等家养动物占全部动物总数的 35.2％，鹿等野生动物占64.8％。在岳石文化层里，猪等家养动物占 60.2％，鹿等野生动物占 39.8％。在商周汉代层里，猪等家养动物占 59.4％，鹿等野生动物占 39.8％。呈现出家养动物逐渐增多，野生动物不断减少的过程[32]。但我们在动物鉴定报告中发现，龙山文化的墓葬里出土 110 余副幼猪的下颌，而研究者在统计时仅考虑出自地层堆积和灰坑中的动物骨骼，没有将这些猪的下颌骨统计在内，如果将它们合到龙山文化的动物骨骼中一并考虑，则当时的动物比例应为猪等家养动物占 58％，鹿等野生动物占 42％。以家养动物为主。

山东兖州西吴寺遗址

西吴寺遗址包括龙山文化层和周代层。研究者运用最小个体数的方法统计该遗址的动物骨骼。龙山文化层中，猪等家养动物占全部动物总数的 53％，鹿等野生动物占 47％。

---

〔29〕 中国科学院考古研究所甘肃工作队：《甘肃永靖秦魏家齐家文化墓地》，《考古学报》1975 年第2 期，第 88 页。

〔30〕 周本雄：《山东潍县鲁家口遗址动物遗骸》，《考古学报》1985 年第 3 期，第 349～350 页。

〔31〕 李有恒：《大汶口墓群的兽骨及其他动物骨骼》，见山东省文物管理处、济南市博物馆编：《大汶口》，第 156～158 页，北京：文物出版社，1974 年。

〔32〕 卢浩泉、周才武：《山东泗水县尹家城遗址出土动、植物标本鉴定报告》，见山东大学历史系考古专业教研室：《泗水尹家城》，第 350～352 页，北京：文物出版社，1990 年。

周代层中猪等家养动物占 60%，鹿等野生动物占 40%。其中以家养动物为主[33]。

安徽濉溪石山子遗址

石山子遗址属于新石器时代的较早阶段。研究者运用可鉴定标本数的方法统计该遗址出土的动物骨骼，猪等家养动物占全部动物总数的 35%，鹿等野生动物占 65%，以野生动物为主[34]。

安徽蒙城尉迟寺遗址

尉迟寺遗址包括大汶口文化层和龙山文化层。研究者运用最小个体数的方法统计该遗址出土的动物骨骼。大汶口文化层中，猪等家养动物占全部动物总数的 57%，鹿等野生动物占 43%。龙山文化层中，猪等家养动物占全部动物总数的 55%，鹿等野生动物占 45%。两个文化层均以家养动物为主[35]。

江苏沭阳万北遗址

万北遗址包括万北一期到唐宋时期的文化堆积，动物骨骼主要出自万北一期和万北二期。研究者运用统计最小个体数的方法统计这些动物骨骼。万北一期猪等家养动物占全部动物总数的 88%，鹿等野生动物占 12%。万北二期猪等家养动物占全部动物总数的 67%，鹿等野生动物占 33%。以家养动物为主[36]。

长江三角洲地区

江苏常州圩墩遗址

圩墩遗址的动物骨骼均属于马家浜文化。研究者运用可鉴定标本数的方法统计该遗址的动物骨骼，猪等家养动物占全部动物总数的 15%，鹿等野生动物占 85%，以野生动物为主[37]。

江苏苏州龙南遗址

龙南遗址属于崧泽文化晚期到良渚文化早期。研究者运用可鉴定标本数的方法统

[33] 卢浩泉：《西吴寺遗址兽骨鉴定报告》，见国家文物局考古领队培训班：《兖州西吴寺》，第 248～249 页，北京：文物出版社，1990 年。

[34] 安徽省文物考古研究所：《安徽省濉溪县石山子遗址动物骨骼鉴定与研究》，《考古》1992 年第 3 期，第 253～262 页。

[35] 袁靖、陈亮：《尉迟寺遗址动物骨骼研究报告》，见中国社会科学院考古研究所编著：《蒙城尉迟寺》，第 424～441 页，北京：科学出版社，2001 年。

[36] 李民昌：《江苏沭阳万北新石器时代遗址动物骨骼鉴定报告》，《东南文化》1991 年第 3、4 期，第 183～189 页。

[37] a. 黄文几：《圩墩新石器时代遗址出土动物遗骨的鉴定》，《考古》1978 年第 4 期，第 241～243 页。

　　b. 黄象洪：《常州圩墩新石器时代遗址第四次（1985 年）发掘出土的动物遗骸研究》，见上海市自然博物馆编：《考察与研究》，第 20～30 页，上海：上海科学技术文献出版社，1990 年。

计该遗址的动物骨骼，猪等家养动物占全部动物总数的 70%，鹿等野生动物占 30%，以家养动物为主[38]。

上海青浦崧泽遗址

崧泽遗址属于崧泽文化。研究者运用可鉴定标本数的方法统计该遗址出土的动物骨骼，猪等家养动物占全部动物数量的 26%，鹿等野生动物占 74%，以野生动物为主[39]。

上海青浦福泉山遗址

研究者对该遗址出土的动物骨骼未做统计，从报告的内容分析，福泉山遗址崧泽文化层出土的动物骨骼中，猪等家养动物的数量较少，主要是鹿等野生动物[40]。

上海闵行马桥遗址

马桥遗址包括良渚文化层和马桥文化层。研究者运用最小个体数的方法统计该遗址出土的动物骨骼。良渚文化层里，猪等家养动物占全部动物总数的 62%，鹿等野生动物占 38%，以家养动物为主。马桥文化层里，猪等家养动物占 20.7%，鹿等野生动物占 79.3%，以野生动物为主[41]。

浙江桐乡罗家角遗址

罗家角遗址属于马家浜文化。研究者对该遗址的动物骨骼未做具体统计，从报告的内容分析，动物骨骼中以鹿为最多，猪次之，以野生动物为主[42]。

浙江余姚河姆渡遗址

河姆渡遗址属于河姆渡文化。研究者对该遗址的动物骨骼进行了大概统计，认为鹿等野生动物的比例相当大，数倍于猪的数量，以野生动物为主[43]。

长江三峡地区

重庆巫山欧家老屋遗址

欧家老屋遗址属于大溪文化。研究者运用最小个体数的方法统计该遗址的动物骨骼，

〔38〕　吴建民：《龙南新石器时代遗址出土动物遗骸的初步鉴定》，《东南文化》1991 年第 3、4 期，第 179～182 页。

〔39〕　黄象洪、曹克清：《崧泽遗址中的人类和动物遗骸》，见上海市文物保管委员会：《崧泽》，第 108～114 页，北京：文物出版社，1987 年。

〔40〕　上海市文物管理委员会：《青浦福泉山遗址崧泽文化遗存》，《考古学报》1990 年第 3 期，第 307～337 页。

〔41〕　袁靖、宋建：《上海市马桥遗址出土动物骨骼的初步研究》，《考古学报》1997 年第 2 期，第 225～231 页。

〔42〕　张明华：《罗家角遗址的动物群》，见浙江省文物考古所编著：《浙江省文物考古所学刊》，第 43～53 页，北京：文物出版社，1981 年。

〔43〕　魏丰、吴维棠、张明华、韩德芬：《浙江余姚河姆渡新石器时代遗址动物群》，北京：海洋出版社，1989 年。

猪等家养动物占全部动物总数的 17%，鹿等野生动物占 83%，以野生动物为主[44]。

重庆巫山大溪遗址

大溪遗址属于大溪文化。研究者运用最小个体数的方法统计该遗址动物骨骼，猪等家养动物占全部动物总数的 22%，鹿等野生动物占 78%，以野生动物为主[45]。

重庆巫山魏家梁子遗址

魏家梁子遗址属于魏家梁子文化。研究者运用最小个体数的方法统计该遗址的动物骨骼，猪等家养动物占全部动物总数的 18%，鹿等野生动物占 82%，以野生动物为主[46]。

华南地区（因遗址数量太少，暂将仙人洞遗址归入这个地区）

江西万年仙人洞遗址

仙人洞遗址为洞穴遗址，属于新石器时代早期。研究者运用可鉴定标本数的方法统计该遗址出土的动物骨骼，基本上均为野生动物，当时的人类以渔猎活动为主[47]。

福建闽侯昙石山遗址

昙石山遗址为贝丘遗址，属于昙石山文化。研究者运用可鉴定标本数的方法统计该遗址出土的动物骨骼，猪等家养动物占全部动物总数的 61%，鹿等野生动物占 39%，以家养动物为主[48]。

广西桂林甑皮岩遗址

甑皮岩遗址为洞穴遗址，属于甑皮岩文化。研究者运用可鉴定标本数的方法统计该遗址出土的动物骨骼，鹿等野生动物在全部动物中至少占据 77% 以上，而猪等家养动物最多占 23%，以野生动物为主[49]。后来对该遗址的再次发掘与研究认为上述结论有误，暂按存疑处理。

云南元谋大墩子遗址

大墩子遗址属于新石器时代。研究者对该遗址出土的各类动物骨骼未做具体统计，从报

---

〔44〕 袁靖：《巫山县欧家老屋、大溪、魏家梁子、双堰塘遗址出土的动物骨骼研究报告》，待刊。

〔45〕 袁靖：《巫山县欧家老屋、大溪、魏家梁子、双堰塘遗址出土的动物骨骼研究报告》，待刊。

〔46〕 袁靖：《巫山县欧家老屋、大溪、魏家梁子、双堰塘遗址出土的动物骨骼研究报告》，待刊。

〔47〕 李有恒：《江西万年大源仙人洞洞穴遗址出土动物骨骼清单》，《考古学报》1963 年第 1 期，第 14～15 页。

〔48〕 祁国琴：《福建闽侯昙石山新石器时代遗址中出土的兽骨》，《古脊椎动物与古人类》1977 年第 15 卷第 4 期，第 301～306 页。

〔49〕 李有恒、韩德芬：《广西桂林甑皮岩遗址动物群》，《古脊椎动物与古人类》1978 年第 16 卷第 4 期，第 244～254 页。

告的内容分析，家养动物的骨骼占可鉴定标本数量的 70% 左右，以家养动物为主[50]。

以上系统地归纳了各个地区新石器时代遗址中出土的家养动物和野生动物的状况，我们将各个遗址及各个文化层中出土的各种动物及数量排列成表并注明绝对年代，以便对照（附表）。

新石器时代居民获取肉食资源方式的特征、类型及发展模式

尽管对考古遗址中出土的动物骨骼进行定性定量分析的工作做得不多，与各个地区发掘过的新石器时代的全部考古遗址相比，上述这些进行过动物考古学研究的遗址仅占其中一小部分，我们还不能按照考古学研究中已经做到的、在年代学上分段较细的顺序进行动物考古学的讨论。但是如果把年代尺度适当放宽，依据现有的全部资料，我们还是可以看到在新石器时代以各个地区为单位的遗址中出土的家养动物和野生动物的比例并不一致，还是能够归纳出当时各个地区获取肉食资源方式的特征。以下分别叙述。

各地区获取肉食资源方式的特征
东北及内蒙古地区
这个地区的人类在距今 6000 年前获取肉食资源的方式主要有两种，一是完全通过渔猎活动；一是以渔猎活动为主，家畜饲养活动为辅。到距今 5000 年前又出现一种以家畜饲养活动为主，渔猎活动为辅的获取肉食资源的方式。到距今 4000 年前，再也没有发现完全以渔猎活动获取肉食资源的遗址，而以渔猎活动为主、家畜饲养活动为辅，或以家畜饲养活动为主、渔猎活动为辅这两种方式仍继续分别存在于不同的遗址中。

黄河中上游地区
这个地区的人类在距今 10000 年前完全通过狩猎和捕捞活动获取肉食资源。到距今 8000～7000 年前已经出现了两种新的获取肉食资源的方式，一种是以狩猎活动为主、家畜饲养活动为辅，一种是以家畜饲养活动为主、而以狩猎活动为辅，但家养动物的比例还不太高。从距今 6000 多年以来，在全部获取肉食资源的活动中，家畜饲养活动所占的比例越来越大，直至占绝对多数。这是当时黄河中上游地区获取肉食资源的主要方式。当然，在这个过程中也不排除存在个别特殊的现象，如姜寨遗址的特点就与其他遗址完全不同，一直到距今 4000 年前左右，这里仍以狩猎活动为主。我们注

---

[50] 张兴永：《元谋大墩子新石器时代遗址出土的动物遗骨》，《云南文物》1985 年第 17 期，第 29～34 页。

意到，与姜寨遗址相隔仅 20 多公里、在一定时间段里文化面貌也大致接近的半坡遗址，其获取肉食资源的途径主要依靠家养动物。这与该地区距今 6000 年以来获取肉食资源的主要方式是一致的。姜寨遗址的特殊性可能与其所处的特定自然环境有关。

黄淮地区

这个地区的人类在距今 7000 多年前主要通过渔猎活动获取肉食资源，家畜饲养活动占次要地位。到距今 6000 年前才开始变为主要通过家畜饲养活动来获取肉食资源，并且在其后的整个新石器时代里一直保持着这样的方式。但这里必须强调的是，在这个地区家畜饲养活动中，其获取肉食资源的全部活动所占的比例最终也没有像黄河中上游地区那样达到绝对多数。

长江三角洲地区

这个地区的人类在距今 7000 多年到距今 5000 年以前基本上保持着以渔猎活动为主、家畜饲养活动为辅的获取肉食资源的方式，但距今 5000 年以来，一段时间内获取肉食资源的方式却转变为以家畜饲养活动为主、渔猎活动为辅。

长江三峡地区

这个地区目前能够掌握的、经过动物考古学家整理的资料最少，按照对现有资料的认识，它们的共同特点是在距今 6000～4000 年前家养动物的比例始终不高，而野生动物却占大多数。即便到了商周时期，家养动物的比例虽然较以前明显增加，但仍未超过半数[51]。我们还注意到，在野生动物中，鱼的比例始终较高，这个地区人们的生存活动保持着一种规律，即在获取肉食资源时注重捕鱼和狩猎，而对家养动物并不重视。由于资料太少，且起始和结束的时间跨度不大，在本文中我们仅列举资料作为参考，而不展开讨论。

华南地区

这个地区的人类在距今 10000 年前完全通过渔猎活动获取肉食资源。在距今 4000 年以前，获取肉食资源的方式转为以家畜饲养活动为主，渔猎活动为辅。

获取肉食资源方式的类型及发展模式

家养动物出自驯养，野生动物来自渔猎。上述各个地区考古遗址中出土的这两类动物的不同比例实际上反映出当时人们获取肉食资源方式的不同。我们在这里对上述各个地区遗址中出现的获取肉食资源的不同方式进行探讨。

我们认为，当定居生活基本形成以后，狩猎和捕捞活动往往就在居住地周围进行。这样，居住地周围有什么动物，当时的人就可能狩猎或捕捞到什么动物。虽然其狩猎

---

[51] 袁靖：《巫山县欧家老屋、大溪、魏家梁子、双堰塘遗址出土的动物骨骼研究报告》，待刊。

或捕捞的行为属于人的一种有意识的生存活动，但其狩猎或捕捞的对象及完全通过狩猎或捕捞活动获取肉食资源的方式应该说是当时人的一种完全依赖于居住地周围自然环境中存在的野生动物的表现，故我们将这种获取肉食资源的方式命名为依赖型，定义为当时人们的肉食来源完全依赖于捕获居住地周围自然环境中存在的野生动物。除主要通过在居住地附近进行狩猎或捕捞行为获取野生动物之外，人们还在居住地内饲养一定种类和数量的家畜，这是另一种获取肉食资源的方式。某种家养动物的出现是当时人们对某种野生动物进行驯化的结果，这个驯化的过程可能是相当漫长的。尽管到目前为止，世界各国的学者对这一驯化过程如何进展尚没有明确的认识，但饲养家畜意味着人可以按照自己的意志、用特定的方式左右动物的生长，这是对自己生存活动能力的开发，在这一点上大家的看法是一致的。故我们在这里将这种虽然已经出现家畜饲养，但狩猎或捕捞野生动物仍然占主要地位的获取肉食资源的方式命名为初级开发型，定义为当时人们的肉食来源主要依赖于捕获居住地周围自然环境中存在的野生动物，但同时还饲养一定数量的家畜。反之，当家养动物的比例占多数，狩猎、捕捞动物的比例占少数时，证明当时人获取肉食资源的方式有了很大的改变，即主要是通过有意识地饲养家畜来保证肉食资源的供应，但也不排除还继续捕猎一定种类和数量的野生动物。相比狩猎活动，饲养活动更多地体现出计划性、管理性，其在所有获取肉食资源的方式中占有重要地位，是人生存活动的能力进一步提高的表现。我们将这种以饲养家畜为主获取肉食资源的方式命名为开发型，定义为当时人们的肉食主要来自家畜饲养，但在一定程度上还依赖于捕获居住地周围自然环境中存在的野生动物。

按上述的定义，我们将各个地区的遗址中反映出来的当时人获取肉食资源的行为分别归入这三个类型，将距今 10000～4000 年前这一时期以 1000 年为单位分为七段，将各个地区的各种类型排列在一起（表 1），这样，我们可以清楚地看到这三个类型按时间早晚在各个地区的分布状况。这里需要说明一点，尽管从表 1 看，东北及内蒙古地区在距今 4000 年前仍然存在初级开发型，但这只有左家山遗址三期文化层一处，而属于开发型的

表 1　中国新石器时代居民获取肉食资源类型一览表

类型／时间／地区	10000 年前	9000 年前	8000 年前	7000 年前	6000 年前	5000 年前	4000 年前
东北及内蒙古地区					□ ○	□ ○ ◎	○ ◎
黄河中上游地区	□		○	○	○ ◎	○ ◎	○ ◎
黄淮地区			○		◎	◎	○
长江三角洲地区				○	○	○	○
长江三峡地区						○	○
华南地区	□						◎

说明：□表示依赖型、○表示初级开发型、◎表示开发型。

有小珠山遗址上层和郭家村遗址两处。同样，尽管黄河中上游地区距今 4000 年前仍然存在初级开发型，但仅有姜寨客省庄二期文化层一处，而属于开发型的则有白营遗址等九处，可见这两个地区在距今 4000 年前属于初级开发型的遗址在数量或比例上均占少数或极少数，而开发型占主要或绝对主要的地位。因此，除长江三峡地区资料较少而不作讨论外，其他几个地区在距今 4000 年前可以认为都是以开发型为主或完全属于开发型了。

在这里我们将上述分布于各个地区的三个类型排列成一个发展模式（图 2）。有关模式的科学定义一般包括三点，第一点为区分探讨的范围；第二点为确认各种要

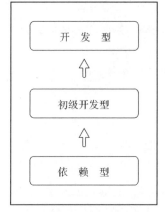

图 2　中国新石器时代居民获取
肉食资源的发展模式

素在整体中的性质；第三点为时间的概念[52]。我们探讨的范围是中国新石器时代获取肉食资源的方式，而依赖型、初级开发型、开发型在中国新石器时代人类获取肉食资源的过程中都具有同等重要的地位，这三种类型自下而上排列，同时包括时间上的变迁。我们认为这个发展模式基本上概括了各地区的古代人类在距今 10000～4000 年前获取肉食资源的几种类型，显示出中国新石器时代人类获取肉食资源的大致发展过程。

新石器时代居民获取肉食资源方式的被动发展

我们认为，从宏观上说，人类走过了由流动到定居，由采集到农耕，由狩猎到饲养这样的发展过程。但在不同的地方这种发展过程并非千篇一律，各个地方在发展过程中也不是完全同步。抽象地说，在新石器时代，一种生存行为的稳定来自古代人类和自然环境的和谐相处，而一种生存行为的形成或变化则往往与自然环境的变化、本土文化的发展或外来文化的影响相关联。在本文中，我们尝试以这一观点为指导，解释依赖型、初级开发型及开发型的形成和变化。

我们发现属于依赖型的遗址在时间或空间上均有一定的特点。首先是以绝对年代为标准来衡量，有些遗址的年代相当早，如南庄头遗址和仙人洞遗址均早于距今 10000 年左右，属于新石器时代的最早阶段。当时仙人洞遗址已经出现少量的水稻，但从陶器的器型和制作技法上看，还相当原始[53]，南庄头遗址还未发现农作物的证据，其陶器的特征则与仙人洞遗址的相似。可以说，这两个遗址属于从旧石器时代发展过来的时间不长，

〔52〕　E. P. オダム 三島次郎訳 1991『基礎生態学』東京　培風館 9 頁
〔53〕　严文明：《我国稻作起源研究的新进展》，《考古》1997 年第 9 期，第 71～76 页。

正处于农耕、制陶、家畜等中国新石器时代里有典型特征的生存活动方式刚刚建立或正在建立的阶段。南庄头遗址和仙人洞遗址的资料显示家畜的出现要晚于制陶，但我们尚不能对其原因作出解释。另外，仙人洞遗址的资料显示家畜的形成要晚于农耕，我们认为其原因是家养动物需要饲料。根据对骨骼进行食性分析的研究证明，新石器时代家猪的骨骼里有 C_4 的成分，这是由于它们曾摄取过谷物[54]。而当时的人首先要保证自己的食物来源，然后才能顾及动物。农耕是一种比较稳定的获取食物的手段，这就有可能形成农耕在先，家畜在后的发展过程。其次，根据目前的考古调查和发掘工作，属于新石器时代早期的遗址数量相当少。我们推测当时遗址周围的自然环境里存在的野生动物种类和数量均较多，相对于广阔的地域范围，人口数量极其有限，他们只要通过狩猎和捕捞就能够获得足够的肉食资源，而不需要开发饲养家畜这种新的生存活动。其三，从遗址分布的地理位置上看，在绝对年代上并非很早、但却属于依赖型的那些遗址往往位于我们所知的新石器时代农耕起源或农耕发展较为稳定的地域范围之外。对这些遗址所处的地域可以使用边远、偏僻这样的定义。如果我们不是机械地套用绝对年代这个标准，仅就相对年代而言，这类遗址在所处地区的新石器时代文化序列中还是相当早的。同样，当地在年代上与这类遗址相同的遗址数量相当少或者到目前为止还没有发现。依照这些特定地区的文化发展脉络，我们发现这类遗址在文化发展轨迹中所处的位置实际上与南庄头、仙人洞遗址一样。根据以上三点，我们认为，在特定的时间段或区域里，饲养活动尚未形成或还无需形成是依赖型得以存在的主要原因。

在属于初级开发型的遗址里我们发现家养动物，这证明当时的人们已经掌握了饲养家畜的方法。一般认为，饲养活动的形成是由于原来的渔猎活动不能满足由人口增长而带来的对肉食量的更大需求。因此，人们开始有意识地饲养家畜，将其作为肉食来源。而随着饲养活动的形成，当时的人根据需要，不但可以不断地运用这种方法饲养家畜，并且还可以进一步扩大这种方法。如果这一认识得以成立，那么从本质上看，开发型的出现也出于同样的目的，即原有规模的包括狩猎活动和饲养活动在内的获取肉食资源的方式不能满足由人口增长带来的对肉食量的更大需求。因为通过狩猎方法所能获取的肉食资源在初级开发型出现以前就已经达到了极限，为了满足由人口的增长而形成的对肉食量的更大需求，只能进行更大范围的饲养活动。在黄河中上游地区、黄淮地区整个新石器时代获取肉食资源的方式中，这样的发展过程表现得十分明显。我们认为，当时环境因素的制约及人类最直接的对肉食的需要是初级开发型和开发型得以出现的根本原因。

这里需要强调的是，在探讨中国新石器时代居民获取肉食资源的方式时，除人的

---

[54]　蔡莲珍、仇士华：《碳十三测定和古代食谱研究》，《考古》1984 年第 10 期，第 949～955 页。

行为特征以外，自然环境的因素也是必须考虑的一个重要方面，理由有二。

其一是虽然黄淮地区和黄河中上游地区一样在距今约 6000 年前开始以开发型为主，但是这一地区家养动物在全部动物中所占的比例最终也不如黄河中上游地区的家养动物那样在全部动物中占绝大多数。另外，在长江三角洲地区由初级开发型发展到开发型的过程也出现得相当晚，这种状况和考古学文化的发展并不同步，包括黄淮地区、长江三角洲地区在内的新石器时代的考古遗址数量基本上都是从早到晚逐渐增多，显示出一个人口数量逐渐增加的过程。同时，从文化面貌看，也有一个生存活动能力逐步提高的趋势。因此我们认为，很难从考古学文化的角度解释黄淮地区和长江三角洲地区新石器时代中家养动物和野生动物之间比例比较特殊的原因，而应该更多地探讨当时的自然环境。从地学研究的结果看，整个中国的地形分为四级阶梯状地势面。第一、二级地势面包括自西北向东南的海拔高于 500 米的山脉、高原和盆地。第三级地势面包括内蒙古大兴安岭至湖南西部雪峰山一线，向东直到海岸，是一片海拔 500米以下的丘陵和平原地带，其地域范围自北向南主要是东北平原、华北平原和长江中下游平原。第四级地势面是中国近海大陆架和岛缘陆架。这四级地势面在全新世开始以前已经基本形成[55]。我们发现属于初级开发型或即便属于开发型、其中家养动物所占的比例也明显低于黄河中上游地区的黄淮地区和长江三角洲地区的遗址，基本上都位于第三级地势面。这个地势面的主要特征为海拔较低，一面以海岸为界。孢粉分析证明，在新石器时代第三地势面有着相当范围的水域，河谷和湖沼比较发育，岸边地带芦苇茂密，不少遗址处在温暖湿润、水草茂盛的沼泽湿地环境。而长江三角洲地区还更多地受到全新世海面变化的影响[56]，我们从图 1 可以看到，长江三角洲地区不但海拔低，而且这个地区的遗址群距离海岸也最近，其居住地周围的沼泽湿地环境更为典型。另外，这些地区的考古遗址中出土了数量较多的獐、麋鹿等适宜在沼泽地带生存的动物骨骼和大量鱼类骨骼，鱼类、獐和麋鹿这些动物所需的生存环境与依据地貌、孢粉推测的当时第三地势面的生态环境是比较一致的。因此，我们认为当时的居住地周围存在种类丰富、数量可观的野生动物。设想当时长江三角洲地区的人如果主要通过狩猎和捕捞就可以获取足够的肉食资源，那么他们就不会放弃狩猎和捕捞野生动物

[55] 方如康：《中国的地形》，第 3～6 页，北京：商务印书馆，1995 年。

[56] a. 唐领余、沈才明、于革、韩辉友：《中国东南部全新世植被史及植被带的迁移》，见施雅风总主编：《中国气候与海面变化及其趋势和影响①中国历史气候变化》，第 59～107 页，济南：山东科学技术出版社，1996 年。

b. 唐领余、沈才明、于革、韩辉友、肖家仪：《长江中下游及其以南地区 10000 年来气候变化序列探讨》，见施雅风总主编：《中国气候与海面变化及其趋势和影响①中国历史气候变化》，第 108～158 页，济南：山东科学技术出版社，1996 年。

的方式，而去强化饲养家畜的活动。同样，在黄淮地区即便已经转变为主要依靠饲养活动获取肉食资源，但是如果居住地周围仍有一定数量的野生动物可以捕获，即狩猎和捕捞野生动物可以作为保证肉食来源的比较重要的辅助手段，那么这种以家养动物为主，但仍以狩猎、捕捞相当数量野生动物为辅的方式就可能长期稳定地存在。这里值得一提的还有姜寨遗址，姜寨遗址包括仰韶文化半坡类型、史家类型、半坡晚期类型和客省庄二期文化，这个遗址出土的鹿一直很多。其动物群显示出与黄河中上游地区其他新石器时代遗址完全不同的特点。到目前为止，有关姜寨遗址的环境考古学研究尚未进行，还没有对该地区当时的自然状况作过系统的探讨。但遗址中出土的动物种类和数量已经从一个侧面说明了当时遗址周围存在着比较丰富的自然资源。这反映出如果有条件通过狩猎野生动物获取肉食资源，当时人还是愿意使用这种方式。我们应该看到，狩猎和捕捞野生动物是一种只需付出短时间的劳作就有收获的方式，而家畜化却是一种需要长时间持续付出努力的行为。新石器时代遗址中出土的家猪年龄比较一致，2 岁以下的占绝大多数，如果平均以 1 岁来计算，这些动物从出生到死亡需要 12 个月的时间，这就意味着需要对这些动物进行长达一年时间的管理。相比之下，当时人明显地表现出愿意在自然环境条件允许的范围内，以最少的劳作去获得肉食资源。国外学者提出一个最佳觅食模式的理论，认为动物的觅食对象集中在那些平均食物收获量与平均食物处理时间比值最大的种类上，即只要花最少的力气或时间就能获得最高回报的那些食物[57]。我们在认识中国新石器时代居民获取肉食资源方式时可以参考这一理论。

其二是黄河中上游地区绝大多数新石器时代遗址中出现的家养动物百分比逐渐递增和野生动物百分比不断减少的现象，是古代人类与定居、农耕并存的饲养活动的逐步稳定和发展的证明，即越来越依靠家养动物来获取肉食资源是古代人类生存活动能力逐步提高的表现。但同时还应该注意一点，狩猎动物的减少可能与周围的自然环境所能提供的野生动物的种类和数量的减少有关。毫无疑问，狩猎活动具有偶然性和危险性。就偶然性而言，如果居住地周围的野生动物数量相当多，则古代人类捕获它们的概率就比较高，可以将这些动物作为比较稳定的肉食来源，如我们在长江三角洲和黄淮地区属于新石器时代较晚阶段的遗址里仍能看到的那样，野生动物占相当大的比例。就危险性而言，新石器时代遗址里出土的野生动物绝大多数都非猛兽，对捕获者的危险系数也就相当低，几乎不会影响到人身安全。在分析黄河中上游地区狩猎行为减少的原因时，我们可以把当时遗址周围野生动物的种类和数量均比较少，因而不易开展狩猎活动作为考虑的因素之一。我们以班村遗址为例进行探讨。班村遗址裴李岗文化层里出土的鹿仍占全部动物总数的 40％左右，而到仰韶文化庙底沟类型层里出土

---

〔57〕　陈淳：《最佳觅食模式与农业起源研究》，《农业考古》1994 年第 3 期，第 31～38 页。

的鹿数量极少，占全部动物总数的 10% 以下。班村遗址所在地区的地貌特征给我们提供了如何认识这个变化过程一个有益的启示。该遗址位于黄河南岸的台地上，这个台地的东西两端均有山脉延伸至黄河边，东西两端的间距约 5 公里，从黄河岸边再向南 4 公里左右即为山脉环绕，因此这个台地的面积仅为 20 余平方公里。设想如果当时居住在这里的人们开展狩猎活动，他们很容易将此台地内的野生动物捕获殆尽。由于一面临河、三面环山这种地形的限制，不适宜梅花鹿等鹿科动物的进入，这样，野生动物的来源就很难得到补充。这种地理环境对野生动物出入的制约，直接影响到当时人的肉食来源，因而成为当时人必须强化饲养活动，以弥补依靠狩猎活动而不能满足的肉食来源[58]。根据以上的解释我们可以看到，自然环境中野生动物资源的缺乏也直接影响到当时人类获取肉食资源的方式。

综上所述，把当时的自然环境因素、动物骨骼资料和考古学文化的特征等综合起来考虑，可以明显地看出当时的人类总是尽可能地通过狩猎或捕捞的方式获取野生动物，即尽可能地依赖居住地周围的自然环境所能提供的动物资源。而通过家养动物获取肉食资源这类开发自己另一种生存活动能力的行为似乎是不得已而为之的。因此，我们认为，在前面提出的中国新石器时代居民获取肉食资源的模式背后蕴藏着一种规律，即当时的居民从完全进行狩猎或捕捞野生动物，依赖于自然环境提供的动物资源，到开始饲养活动，开发某些野生动物资源，再到主要进行饲养活动，通过家养动物获取肉食的一系列生存活动行为的变化，总是在人类对肉食量需求的增长及居住地周围地区所能提供的动物资源的减少这种自然环境的制约下被动地形成和发展的。我们将古代人类这一获取肉食资源由依赖型到初级开发型、再到开发型的发展过程总结为被动发展论。

结　语

在确定科学的研究方法、提出家养动物和野生动物的定义及种类的前提下，本文比较全面地收集了目前所知的我国各个地区新石器时代的 54 个遗址或文化层中出土的动物骨骼资料，并将它们按家养动物和野生动物分别进行了统计和分析。从中归纳出依赖型、初级开发型、开发型等中国新石器时代居民获取肉食资源方式的三种类型，并总结了三种类型各自的内涵及形成背景，在此基础上建立起发展模式。我们认为，中国新石器时代居民获取肉食资源的生存活动能力是逐步提高的，在认识这个发展过程时，既要考虑到文化传统因素，也要考虑到自然环境对人类活动的影响。我国各个地区新石器时代遗址中表现出来的不同的获取肉食资源方式，正是当时各地的人们在

〔58〕　袁靖：《河南渑池班村遗址动物骨骼研究报告》，待刊。

文化传统的基础上适应不同的自然环境、因地制宜、逐步建立和完善独特的生存活动方式的反映。从根本上看，这些不同的生存活动方式都是在自然环境的制约下被动地建立起来的。因此，在探讨中国各地区新石器时代居民获取肉食资源的方式后，我们提出被动发展论的观点。

（原载于《考古学报》1999 年第 1 期，第 1～22 页）

附表　中国新石器时代各遗址出土动物骨骼一览表

地区	遗址名称	文化类型及分期	年代（距今）	动物种类	备注
东北及内蒙古地区	新开流	新开流文化	7500～6500 年	野生：贝类。青鱼，鲤鱼，鲇鱼，鳖；鸟类；狼 4，赤狐 1，犬科 5，棕熊 2，狗獾 9，野猪 9，马鹿 9，狍 5，鹿 9	★□〔9〕
	左家山	一期		野生：蚌类。鲇鱼 2；鳖 3；野鸡 14；鼢鼠 2，灰狐 8，獾 2，水獭 3，虎 4，野猪 18，獐 5，梅花鹿 15，狍 40，牛 2 家养：狗 2，猪 18	★○〔10〕
		二期		野生：蚌类。鳖 1；野鸡 2；灰狐 7，草原野猫 1，虎 2，野猪 2，麝 1，獐 3，梅花鹿 5，马鹿 1，狍 31，牛 5 家养：狗 1，猪 3	★○〔10〕
		三期		野生：贝类。鲤鱼 3，鲇鱼 3；鳖 8；野鸡 47，鸭 1；鼢鼠 3，灰狐 24，北极狐 1，沙狐 1，狼 4，貉 2，豺 1，黑貂 2，獾 7，草原野猫 5，野猪 56，獐 16，梅花鹿 28，马鹿 15，狍 63，牛 8 家养：狗 3，猪 53	★○〔10〕
	富河沟门		5460～5060 年	野生：鹿科	□〔11〕
	马城子B洞	下层		野生：鱼类；鳖 2；狍 4 家养：狗 1	★○〔12〕
	小珠山	下层		野生：鹿	□〔13〕
		中层	6730～5660 年	野生：獐，鹿 家养：狗，猪 全部动物中鹿科数量最多	○〔13〕
		上层	4980～4250 年	野生：獐，鹿 家养：狗，猪 全部动物中猪的数量最多	◎〔13〕
	郭家村	大汶口文化至龙山文化	5626±125～4430±140 年	野生：贝类。鱼类；黑鼠 1，狼 1，貉 1，熊 1，獾 7，豹 2，野猪 1，麝 3，獐 10，鹿 1，梅花鹿 70，马鹿 1，狍 1 家养：狗 10，猪 200	★◎〔14〕

说明：1. 有★又有数字者，为使用"可鉴定标本数"的方法确认的动物数量；无★而有数字者，为使用"最小个体数"的方法确认的动物数量；无★又无数字者，为原报告未提及。

　　2. □表示依赖型，○表示初级开发型，◎表示开发型。

续附表

地区	遗址名称	文化类型及分期	年代（距今）	动物种类	备注
黄河中上游地区	南庄头		10500～9700 年	野生：中华圆田螺，扁卷螺，萝卜螺，珠蚌。鳖；鸡，鹤；狼，狗，野猪，麝，梅花鹿，马鹿，麋鹿，狍	□〔15〕
	朱开沟	龙山文化晚期	4990～4740 年	家养：狗 1，猪 8，牛 4，羊 5	◎〔16〕
	磁山	磁山文化	7355±100～7235±105 年	野生：丽蚌。草鱼；鳖；豆雁；猕猴，蒙古兔，东北鼢鼠，狗獾，花面狸，金钱豹，野猪，獐，赤鹿，梅花鹿，马鹿，麋鹿，狍，短角牛 家养：鸡；狗，猪 全部动物中野生动物占半数以上，以鹿科最多	○〔17〕
	白营	龙山文化	4550～3840 年	野生：贝类。草鱼；鳖；虎，野猪，獐，马鹿，麋鹿 家养：鸡；狗，猫，猪，牛，山羊 野生动物数量不多，以鹿科为主。家养动物数量多，以猪为主	◎〔18〕
	班村	裴李岗文化		野生：鱼类；猴 1，兔 1，梅花鹿 5，小型鹿 6 家养：鸡 1；狗 2，猪 19	◎〔19〕
		仰韶文化庙底沟类型		野生：鱼类；梅花鹿 2，小型鹿 1 家养：鸡 2；狗 1，猪 27	◎〔19〕
		庙底沟二期文化		野生：鱼类；梅花鹿 1，小型鹿 2 家养：狗 5，猪 31	◎〔19〕
	下王冈	仰韶文化		野生：龟，鳖；孔雀；猕猴，豪猪，貉，黑熊，大熊猫，狗獾，猪獾，水獭，豹猫，虎，亚洲象，苏门犀，野猪，麝，麂，水鹿，梅花鹿 家养：狗，猪，水牛 全部动物中猪的数量最多	◎〔20〕
		屈家岭文化		野生：狗獾，梅花鹿，狍 家养：狗，猪 全部动物中猪的数量最多	◎〔20〕
		龙山文化		野生：龟；黑熊，虎，水鹿，梅花鹿，狍 家养：狗，猪 全部动物中猪的数量最多	◎〔20〕
	紫荆	老官台文化		野生：贝类。獐 5，梅花鹿 18 家养：狗 2，猪 4	★〔21〕
		仰韶文化半坡类型		野生：贝类。蛙 77；鳖 53，蛇 2；鸟类 1；苏门犀 1，獐 20，梅花鹿 44 家养：狗 9，猪 11，黄牛 2	★○〔21〕
		仰韶文化西王村类型		野生：贝类。獐 16，梅花鹿 57 家养：狗 7，猪 38，黄牛 4	★○〔21〕
		龙山文化	4850～4240 年	野生：鼢鼠 11，野猫 1，獐 3，梅花鹿 4 家养：狗 1，猪 48，黄牛 12	★◎〔21〕

地区	遗址名称	文化类型及分期	年代（距今）	动物种类	备注
黄河中上游地区	白家村	白家文化	8000～7000 年	野生：竹鼠 10，貉 12，獐 108，马鹿 111，黄羊 36 家养：鸡 10；狗 8，猪 251，水牛 166	★ ◎ 〔22〕
	姜寨	一期	6100～5600 年	野生：鲤鱼 2，草鱼 2；鹈鹕 1，雉 1，鸡 1，鹤 1；刺猬 1，麝鼹 1，猕猴 1，兔 1，中华鼢鼠 4，中华竹鼠 2，貉 5，豺 1，黑熊 2，狗獾 4，猪獾 2，猫 1，虎 1，麝 3，獐 21，梅花鹿 48，鹿 19，黄羊 2 家养：狗 2，猪 85，黄牛 3	○ 〔23〕
		二期	5500～5000 年	野生：兔 1，中华竹鼠 2，貉 1，獐 4，梅花鹿 7，鹿 7 家养：猪 8，黄牛 2	○ 〔23〕
		四期		野生：兔 2，中华竹鼠 2，貉 4，狗獾 1，猪獾 1，猫 1，獐 16，梅花鹿 19，鹿 5，黄羊 1 家养：狗 2，猪 12	○ 〔23〕
		五期		野生：貉 3，狗獾 1，獐 1，梅花鹿 11，鹿 6，黄羊 1 家养：狗 1，猪 4，黄牛 1	○ 〔23〕
	半坡	仰韶文化	6880～5940 年	野生：鱼类；鸟类；野兔，短尾兔，竹鼠，狸，獐，梅花鹿，羚羊 家养：狗，猪，牛，羊 全部动物中猪的数量最多	◎ 〔24〕
	案板	仰韶文化至龙山文化	5300～4800 年	野生：贝类。龟 1；中华鼢鼠 1，竹鼠 1，豪猪 1，貉 2，野猪 4，獐 10，梅花鹿 10，羊 3 家养：鸡 2；狗 2，猪 42，牛 5	★ ◎ 〔25〕
	北首岭	仰韶文化	7100±154～5745±110 年	野生：螺，蚌。鱼；鳖；猕猴，中华鼢鼠，中华竹鼠，狐，貉，棕熊，狗獾，野猪，麝，马鹿，狍 家养：鸡；狗，猪，短角牛 全部动物中猪的数量最多	◎ 〔26〕
	傅家门	马家窑文化石岭下类型	5770 年	野生：鹰 1，雉 1；兔 1，竹鼠 1，梅花鹿 1 家养：狗 2，猪 12，黄牛 2，绵羊 5	◎ 〔27〕
		马家窑文化马家窑类型		野生：雉 1；兔 1，鼠 1，竹鼠 1 家养：狗 2，猪 11，黄牛 2，绵羊 4	◎ 〔27〕
	大何庄	齐家文化	3690±95～3660±95 年	野生：狍 1，鹿 4 家养：狗 2，猪 194，牛 6，羊 56	★ ◎ 〔28〕
	秦魏家	齐家文化		野生：鼬 家养：狗，猪 430，牛 38，羊 50	★ ◎ 〔29〕
黄淮地区	鲁家口	龙山文化	4290±145～3985±115 年	野生：鹿科等 家养：鸡；猫，猪，牛 全部动物中野生动物占 21%，家养动物占 79%	★ ◎ 〔30〕
	大汶口	大汶口文化	6100～5700 年	野生：鳄 7，鸟 1，狸 3，獐 4，梅花鹿 3，麋鹿 2 家养：鸡 1；猪 19	★ ◎ 〔31〕

续附表

地区	遗址名称	文化类型及分期	年代（距今）	动物种类	备注
黄淮地区	尹家城	龙山文化	4473～4222 年	野生：鸟类 1；狐 1，虎 1，鹿 125 家养：鸡 1；狗 5，猪 168，牛 1，羊 1	★ ◎ 〔32〕
	西吴寺	龙山文化	4165±135～4045±115 年	野生：龟 2，豹猫 1，獐 3，梅花鹿 13，麋鹿 7 家养：鸡 3；狗 6，猪 30，黄牛 1	◎ 〔33〕
	石山子遗址			野生：贝类 46。鱼类 1；獾 2，鹿 353 家养：鸡 1；猪 196，牛 32	★ ○ 〔34〕
	尉迟寺	大汶口文化	4800～4600 年	野生：贝类。鱼类；鳖；鸟类；兔 1，獾 1，虎 1，野猪 3，獐 6，鹿 4，梅花鹿 14，麋鹿 21 家养：鸡 1；狗 7，猪 67，牛 2	◎ 〔35〕
		龙山文化		野生：贝类。鱼类；鳖；鸟类；兔 1，獾 1，虎 1，獐 1，鹿 6，梅花鹿 9，麋鹿 7 家养：鸡 1；狗 3，猪 34，牛 2	◎ 〔35〕
	万北	一期		野生：贝类。鱼类；龟；梅花鹿 6，麋鹿 11 家养：狗 3，猪 127	◎ 〔36〕
		二期		野生：贝类。鱼类；龟；梅花鹿 3，麋鹿 23 家养：狗 1，猪 51	◎ 〔36〕
长江三角洲地区	圩墩	马家浜文化		野生：贝类。鱼类；鳖；鸟类；貉 17，獾 5，小灵猫 3，獐 71，梅花鹿 130，麋鹿 22 家养：狗 15，猪 98，水牛 5	★ ○ 〔37〕
	龙南	崧泽文化晚期至良渚文化早期		野生：贝类。鱼类；鸟类；野猪 11，獐 7，梅花鹿 33，麋鹿 30 家养：狗 22，猪 178，牛 10	★ ◎ 〔38〕
	崧泽	崧泽文化	5895±140 年	野生：獾 1，水獭 2，獐 24，梅花鹿 59，麋鹿 40 家养：狗 3，猪 51	★ ○ 〔39〕
	福泉山	崧泽文化		野生：鱼类；獐，鹿，梅花鹿，麋鹿 家养：狗，猪 在全部动物中鹿科的数量最多	○ 〔40〕
	马桥	良渚文化	5200～4000 年	野生：梅花鹿 3，麋鹿 1，小型鹿 2 家养：狗 1，猪 8，牛 1	◎ 〔41〕
	罗家角	马家浜文化	7250～6800 年	野生：鹿 家养：猪	○ 〔42〕
	河姆渡	河姆渡文化	7000～5000 年	野生：贝类。鱼类；鸟类；猕猴，红面猴，黑鼠，豪猪，穿山甲，貉，黑熊，青鼬，猪獾，水獭，大灵猫，小灵猫，花面狸，虎，亚洲象，犀，獐，赤鹿，小鹿，水鹿，梅花鹿，麋鹿，青羊 家养：狗，猪，水牛 在全部动物中野生动物数量较多	○ 〔43〕

续附表

地区	遗址名称	文化类型及分期	年代（距今）	动物种类	备注
长江三峡地区	欧家老屋	大溪文化		野生：鱼类；中华竹鼠1，麂2，鹿1 家养：猪1 全部动物中鱼类的数量较多	○ 〔44〕
	大溪	大溪文化		野生：鱼类；扬子鳄1；麂1，鹿1 家养：狗1，猪3 全部动物中鱼类的数量极多	○ 〔45〕
	魏家梁子	魏家梁子文化		野生：鱼类；鸟类；麂4，鹿2 家养：猪2 全部动物中鱼类的数量较多	○ 〔46〕
华南地区	仙人洞		10870±240～8825±240年	野生：贝类。龟；鸟类；猕猴2，野兔3，狼1，貉1，鼬1，猪獾1，果子狸1，豹1，野猪4，獐2，麂1，水鹿45，梅花鹿8，羊1	★ □ 〔47〕
	昙石山	昙石山文化	5000～3000年	野生：贝类。鱼类；爬行类；棕熊1，虎1，印度象1，水鹿2，梅花鹿18，牛2 家养：狗9，猪30	★ ◎ 〔48〕
	甑皮岩	甑皮岩文化	12500～7600年	野生：贝类。鱼类；龟，鳖；鸟类；猴2，褐家鼠1，板齿鼠1，中华竹鼠1，豪猪2，狐1，貉1，狗獾1，猪獾2，大灵猫1，小灵猫1，椰子猫1，猫3，豹1，亚洲象1，鹿100以上，秀丽漓江鹿4，水鹿1，梅花鹿100以上，水牛2，苏门羚1 家养：猪67	★ ○ 〔49〕
	大墩子		3210±90年	家养：鸡；狗，猪，黄牛，羊	◎ 〔50〕

论甑皮岩遗址居民获取肉食资源的方式

民以食为天，这是一条亘古不变的真理。现在考古学研究的一个重要方面就是探讨古代居民获取植物性食物和动物性食物的种类及获取方法。相对而言，考古遗址里的贝壳和动物骨骼较植物遗骸更容易保存和发现。根据贝壳和动物骨骼探讨古代居民获取肉食资源的方式是动物考古学研究的热点。本文通过整理甑皮岩遗址中出土的贝壳和动物骨骼，围绕甑皮岩遗址居民获取贝类和脊椎动物的种类、比例及其变化，猪的情况及当时人获取肉食资源的方式阐述自己的认识。

贝类和脊椎动物的种类、比例及其变化

甑皮岩遗址中出土的动物有中国圆田螺、中华圆田螺河亚种、中华圆田螺高旋亚种、桶田螺、方形田螺铜录亚种、削田螺、方形环棱螺、净洁环棱螺、斯氏扁脊螺、放逸短沟蜷、大口伞管螺、细小真管螺、真管螺（未订种）、太平丽管螺、细钻螺、杜氏珠蚌、圆顶珠蚌、圆头楔蚌、甑皮岩楔蚌、近矛形楔蚌、剑状矛蚌、短褶矛蚌、付氏矛蚌、凸圆矛蚌、厚重假齿蚌、弯边假齿蚌、坚固假齿蚌、梯形裂齿蚌、背瘤丽蚌、满氏丽蚌、长方丽蚌、精细丽蚌、卵形丽蚌、佛耳丽蚌、金黄雕刻蚌、射褶蚌、广西射褶蚌、背角无齿蚌、船室无齿蚌、珍珠蚌、膨凸锐棱蚌、美好蓝蚬、斜截蓝蚬、原坚蓝蚬、曲凸蓝蚬、卓丁蓝蚬、横廷蓝蚬等贝类47种，螃蟹1种，鲤科1种，鳖科1种，鳄目1种，草鹭、池鹭、鹭、鹳、鹦科、天鹅、雁、鸭、雕、石鸡、白马鸡、原鸡、雉、鹤、伯劳、鸦、沙鸡、鹦鹉科、似三宝鸟、桂林广西鸟等鸟类20种，猕猴、红面猴、兔、仓鼠、褐家鼠、姬鼠、白腹巨鼠、绒鼠、中华竹鼠、豪猪、貉、豺、熊、狗獾、猪獾、水獭、大灵猫、小灵猫、椰子猫、花面狸、食蟹獴、猫、豹、虎、亚洲象、犀、野猪、獐、麝、赤麂、小鹿、水鹿、梅花鹿、秀丽漓江鹿、大型鹿、水牛、苏门羚等哺乳类37种，共计108种[1]。

---

〔1〕 袁靖、杨梦菲：《水陆生动物遗存的研究》，见中国社会科学院考古研究所、广西壮族自治区文物工作队、桂林甑皮岩遗址博物馆、桂林市文物工作队编：《桂林甑皮岩》，第297～341页，北京：文物出版社，2003年。

甑皮岩遗址可以分为五期，通过对各期动物进行定性定量的分析，可以看出一些有规律的现象[2]。

首先，我们讨论贝类。各种贝类在各期所占的百分比显示出不同时期人们获取各种贝类的比例并不总是一样的。如第一期的中国圆田螺比例最高，占总数的91.68%，可是从第二期开始下降，为84.46%，第三期比例最低，仅为64.15%，而后的第四期有回升趋势，达到84.2%，但是到了第五期又下降为78.77%。而在各期中蚬的比例似乎正好与中国圆田螺相反。其第一期仅占总数的3.6%，第二期开始增加，为10.89%，第三期最多，达到21.95%，第四期减少，为9.47%，第五期又增加为15.59%。圆顶珠蚌在第一、二、四、五期中最多也没有超过7%，但是第三期比例升高，达到13.21%，与蚬在这个时期比例最高的现象相一致，而此时又正好是中国圆田螺比例最低的时期。其他的贝类所占的比例都没有超过1%，这里就不涉及了。

其次我们讨论脊椎动物。在脊椎动物中以哺乳类为最多，它们在各期都占全部脊椎动物的80%以上。但是从各期所占的比例看又有不同。第一期最高，为95.79%，第二期开始下降，为88.99%，第三期最低，为82.05%，第四期稍有回升，为83.99%，第五期又略有增加，达到86.94%。而在脊椎动物中数量位居第二的鱼类在各期中所占的比例与哺乳类有相反的趋势。第一期最低，为2.95%，第二期增多，达到7.29%，第三期最多，为12.56%，第四期开始减少，为9.73%，第五期更加减少，为7.82%。爬行类和鸟类也是第一期的比例最低，以后逐渐增加，其间也略有反复，由于它们在全部脊椎动物中所占的比例始终较低，这里就不展开讨论了。

其三，我们讨论哺乳类。无论是可鉴定标本数还是最小个体数，哺乳类中的鹿科自第一期到第五期都占半数以上，尤其是可鉴定标本数，在各期中都占80%以上。在数量上居第二位的猪的比例则始终很低，最多也没有超过7%。其他动物的数量则更少。

通过仔细观察鹿科内的比例特征，我们可以看到一个与上述的内容接近的现象。如鹿科中的中型鹿所占的比例以第一期为最多，可鉴定标本数为全部动物的67%，最小个体数为全部动物的36%；第二期开始减少，可鉴定标本数为49%，最小个体数为21%；第三期最少，可鉴定标本数为34%，最小个体数为14%；第四期稍有回升，可鉴定标本数为38%，最小个体数为17%；第五期又增加一些，可鉴定标本数为41%，最小个体数为17%。而小型鹿B的数量在各期中大致呈相反的趋势。第一期最少，可鉴定标本数占全部动物总数的15%，最小个体数占全部动物总数的14%；第二期开始

---

〔2〕　袁靖：《摄取动物的种类及方式》，见中国社会科学院考古研究所、广西壮族自治区文物工作队、桂林甑皮岩遗址博物馆、桂林市文物工作队编：《桂林甑皮岩》，第344～346页，北京：文物出版社，2003年。

增加，可鉴定标本数为 33％，最小个体数为 26％；第三期继续增多，可鉴定标本数为 47％，最小个体数为 39％；第四期比第三期更多一点，可鉴定标本数为 49％，最小个体数为 47％；第五期减少，可鉴定标本数为 38％，最小个体数为 23％。大型鹿和小型鹿 A 的数量均不多，这里不再阐述。

由此我们认为，贝类中各期的中国圆田螺和蚬的比例相对应，脊椎动物中各期的哺乳类和鱼类的比例相对应，鹿科中各期的中型鹿科和小型鹿科 B 的比例相对应，从这些对应比例中我们可以看出一个相同的趋势，即以第一期为最多或最少，然后逐渐减少或递增，其间主要以第三期，也包括第四期为转折点，又出现逐步增加或减少的趋势。我们认为，这些相同之处不是一个偶然的巧合，是与当时的自然环境或人们的行为变化相关。在这一串有规律的数字背后，是否蕴藏着一个自然或历史的背景，目前尚无法断言，我们寄希望于以后结合考古学或其他自然科学领域的分析结果，开展进一步研究。

甑皮岩遗址出土的猪

猪可以分为家猪和野猪两种。我们认为，判定家猪和野猪的标准主要有三条，一是形体特征的区分。家猪的头骨、颌骨、牙齿等与野猪相比均较小，因此通过测量，可以明确区分。二是考古学现象的参考。在遗址的灰坑或墓葬中发现完整的猪骨架或猪的颌骨，推测其可能专门用于祭祀或随葬等目的，而这又往往与家猪相关。三是对一些观察结果给予考古学的解释。如首先确定猪的年龄结构，然后探讨其与家养还是狩猎相关。因为家养的猪往往在 1 岁左右即被屠宰，故其年龄结构中以 1 岁左右的占多数或绝大多数。而狩猎获得的野猪则具有各种各样的可能性，其年龄结构往往没有规律，而且年龄往往偏大[3]。在实际工作中我们体会到，这几个标准往往是互相参考使用。

在此，我们从牙齿的尺寸、年龄结构等方面讨论甑皮岩遗址出土的猪是家猪还是野猪。

牙齿尺寸

从甑皮岩遗址出土的猪牙齿的测量结果中我们可以看出，其尺寸偏大。如 2001 年发掘出土的第三期 1 块猪右上颌的第 3 臼齿长度为 40.46 毫米。1973 年发掘出土的猪上颌的第 3 臼齿的标本数为 11 个，长度的最大值为 42.01 毫米，最小值为 33.91 毫米，中间值为 37.75 毫米，平均值为 37.57 毫米，标准偏差为 2.28；宽度的最大值为 29.71 毫米，

---

〔3〕　袁靖：《中国新石器时代家畜起源的问题》，《文物》2001 年第 5 期，第 51～58 页。

最小值为 20.77 毫米，中间值为 22.26 毫米，平均值为 23.22 毫米，标准偏差为 2.55。其下颌第 3 臼齿的标本数为 10 个，长度的最大值为 47.46 毫米，最小值为 36.57 毫米，中间值为 39.97 毫米，平均值为 40.9 毫米，标准偏差为 3.65；宽度的最大值为 20.9 毫米，最小值为 15.94 毫米，中间值为 19.55 毫米，平均值为 19 毫米，标准偏差为 1.63。下颌第 3 臼齿的长度中超过 40 毫米的占半数以上，其余的都在 35 毫米以上。

　　这里列举公开发表的其他新石器时代遗址的资料。河北武安磁山遗址猪上颌第 3 臼齿 2 个标本的长度分别是 35 毫米和 37 毫米，平均值为 36 毫米；宽度分别为 21 毫米和 22 毫米，平均值为 21.5 毫米。下颌第 3 臼齿 3 个标本长度的最大值为 45 毫米，最小值为 39.2 毫米，平均值为 41.4 毫米；宽度的最大值为 20 毫米，最小值为 17.5 毫米，平均值为 18.3 毫米。内蒙古敖汉赵宝沟遗址猪下颌的标本 3 个，第 3 臼齿长度的最大值为 45 毫米，最小值为 41 毫米，平均值为 43.3 毫米。安徽石山子遗址下颌第 3 臼齿的标本 3 个，长度的最大值为 40 毫米，最小值为 36 毫米，平均值为 38.3 毫米；宽度的最大值为 17 毫米，最小值为 16 毫米，平均值为 16.3 毫米。陕西西安半坡遗址只报道了 1 个猪下颌第 3 臼齿的标本，其长度为 35.8 毫米，宽度为 16.3 毫米。陕西宝鸡北首岭遗址猪上颌的标本数为 24 个，第 3 臼齿长度的最大值为 40.5 毫米，最小值为 30.5 毫米，平均值为 35.38 毫米，宽度的最大值为 23.5 毫米，最小值为 18 毫米，平均值为 20.63 毫米，下颌的标本数为 25 个，第 3 臼齿长度的最大值为 44 毫米，最小值为 32 毫米，平均值为 38 毫米；宽度的最大值为 18.5 毫米，最小值为 14 毫米，平均值为 15.87 毫米。江苏圩墩遗址猪下颌的标本数为 11 个，第 3 臼齿长度的最大值为 47.5 毫米，最小值为 36.5 毫米，平均值为 40.7 毫米。陕西临潼姜寨遗址猪上颌的标本数为 14 个，第 3 臼齿的最大值为 39.4 毫米，最小值为 32 毫米，平均值为 35.26 毫米；宽度的最大值为 23.8 毫米，最小值为 18.7 毫米，平均值为 20.68 毫米。下颌的标本数为 19 个，第 3 臼齿的最大值为 41.7 毫米，最小值为 30 毫米，平均值为 36.24 毫米；宽度的最大值为 20.3 毫米，最小值为 15.6 毫米，平均值为 17.45 毫米。内蒙古赤峰朱开沟遗址猪上颌的第 3 臼齿的长度平均值为 31.1 毫米；下颌的第 3 臼齿的长度平均值为 32.8 毫米[4]。

　　从对各个遗址出土的猪上下颌的牙齿尺寸比较上看，上颌第 3 臼齿长度平均值超过 37 毫米、宽度平均值超过 23 毫米的仅为甑皮岩遗址。需要强调的是甑皮岩遗址猪上颌第 3 臼齿的宽度比其他遗址中最大的还要多出 3 毫米，差别明显。下颌第 3 臼齿宽度的平均值为 19 毫米的也仅有甑皮岩遗址，其他遗址的平均值均比他要小。第 3 臼齿长度的平均值超过 40 毫米的有磁山、赵宝沟和甑皮岩遗址。其中赵宝沟遗址的猪的下颌第 3 臼齿长度最大，平均值达 43.3 毫米，其他几个指标的分析结果也表现出明显的

---

〔4〕　袁靖：《中国新石器时代家畜起源的问题》，《文物》2001 年第 5 期，第 51～58 页。

野猪特征，但是研究者最后还是推定它们属于家猪，但没有做出令人信服的说明。我们认为其结论值得商榷。磁山遗址的猪下颌的第 3 臼齿比甑皮岩遗址的要大 0.5 毫米，差别并不明显。但是磁山遗址的多个灰坑中发现放置 1 头或数头完整的猪骨架，骨架上还放置小米。可能与当时的祭祀行为有关。我们认为这是当时存在家猪的证据。另外，虽然磁山遗址中猪下颌第 3 臼齿的长度比甑皮岩遗址的要大 0.5 毫米，但宽度要比甑皮岩遗址的小 0.7 毫米，磁山遗址猪上颌第 3 臼齿的长度比甑皮岩遗址的要小 1.53 毫米，宽度要小 5.06 毫米。另外，磁山遗址还存在半数以上未成年的幼小个体，且猪在全部动物中占有相当大的比例。这些特征都和甑皮岩遗址有明显的区别。以上提到的其他分属新石器时代的几个遗址里猪的上下颌的第 3 臼齿的长度与磁山、赵宝沟、甑皮岩遗址的猪均有明显的不同，且年代越晚，尺寸越小。

依据甑皮岩遗址猪上、下颌第 3 臼齿的长、宽数据特征，我们认为其为野猪的可能性较大。

年龄结构

依据牙齿的萌生和磨损级别，我们推测第一期的 3 块上颌分别为大于 2.5 岁的 2 块和大于 2 岁的 1 块。1973 年发掘出土 32 块猪的上颌，平均年龄为 2.46 岁，2.5 岁以上的占 60% 以上。猪的下颌为 25 块，平均年龄为 2.17 岁，2.5 岁以上的占 42% 左右。这是比较特殊的年龄结构。

我们将其与其他地区考古遗址中出土的猪的年龄结构进行比较。

华南地区新石器时代的昙石山遗址猪的年龄结构中 2.5 岁以上的占 82%[5]。

长江三角洲地区新石器时代的浙江余姚河姆渡遗址里猪的年龄结构中 2 岁以上的明显占多数[6]。浙江桐乡罗家角遗址里猪的年龄结构中 2.5 岁以上的占 57%[7]。江苏苏州龙南遗址里猪的年龄结构中 2.5 岁以上的占大多数[8]。上海崧泽遗址里猪的年龄结构中 2.5 岁以上的占绝大多数[9]。马桥遗址良渚文化层里猪的平均年龄为 2.1 岁，2 岁以

〔5〕 祁国琴：《福建闽侯县昙石山新石器时代遗址中出土的兽骨》，《古脊椎动物与古人类》1977 年第 15 卷第 4 期，第 301～306 页。

〔6〕 魏丰、吴维棠、张明华、韩德芬：《浙江余姚河姆渡新石器时代遗址动物群》，北京：海洋出版社，1989 年。

〔7〕 张明华：《罗家角遗址的动物群》，见浙江省文物考古所编著：《浙江省文物考古所学刊》，第 43～53 页，北京：文物出版社，1981 年。

〔8〕 吴建民：《龙南新石器时代遗址出土动物遗骸的初步鉴定》，《东南文化》1991 年第 3、4 期，第 179～182 页。

〔9〕 黄象洪、曹克清：《崧泽遗址中的人类和动物遗骸》，见上海市文物保管委员会：《崧泽》，第 108～114 页，北京：文物出版社，1987 年。

上的占多数。在马桥文化前期的文化层里，猪的平均年龄为 1.9 岁，2 岁以上的也占多数。到了马桥文化后期的文化层里，平均年龄达到 2.4 岁，2 岁以上的同样占大多数[10]。

　　淮河流域地区新石器时代的安徽石山子遗址里猪的年龄结构中 2.5 岁以上的占绝大多数[11]。安徽蒙城尉迟寺遗址大汶口文化层里猪的年龄结构中 2 岁以上的仅占总数的 15％左右，平均年龄为 1.4 岁左右。龙山文化层里猪的年龄结构中 2 岁以上的占总数的 22％左右，平均年龄为 1.5 岁左右[12]。江苏沭阳万北遗址里猪的年龄结构中 2.5 岁以上和 2.5 岁以下的基本上各占一半[13]。

　　黄河流域地区新石器时代的河北武安磁山遗址中的猪主要是未成年的幼小个体[14]。山西垣曲古城东关遗址里猪的年龄结构中 2 岁以下的占绝大多数[15]。河南舞阳贾湖遗址里猪的年龄结构中 2 岁以上的至少占 50％以上[16]。陕西临潼姜寨遗址里猪的年龄结构中 2 岁以上的占总数的 17％[17]。陕西西安半坡遗址里猪的年龄结构中 2 岁以下的占绝大多数[18]。陕西扶风案板遗址里猪的年龄结构中 2 岁以上和 2 岁以下的基本上各占一半[19]。甘肃武山傅家门遗址里猪的年龄结构中几乎没有 2 岁以上的[20]。青铜时代的河南安阳洹北花园庄遗址里猪的平均年龄在 1.5 岁左右，其年龄结构中 2 岁以上的占 18％[21]。陕西长安沣西遗址中猪的平均年龄在 1.4 岁左右，其年龄结构中

〔10〕　袁靖、宋建：《上海市马桥遗址出土动物骨骼的初步研究》，《考古学报》1997 年第 2 期，第225～231页。

〔11〕　安徽省文物考古研究所：《安徽省濉溪县石山子遗址动物骨骼鉴定与研究》，《考古》1992 年第3 期，第253～262 页。

〔12〕　袁靖、陈亮：《尉迟寺遗址动物骨骼研究报告》，见中国社会科学院考古研究所编著：《蒙城尉迟寺》，第424～441 页，北京：科学出版社，2001 年。

〔13〕　李民昌：《江苏沭阳万北新石器时代遗址动物骨骼鉴定报告》，《东南文化》1991 年第 3、4 期，第183～189 页。

〔14〕　周本雄：《河北武安磁山遗址的动物骨骼》，《考古学报》1981 年第 3 期，第339～346 页。

〔15〕　袁靖：《垣曲古城东关遗址出土动物骨骼研究报告》，见中国历史博物馆考古部、山西省考古研究所、垣曲县博物馆编著：《垣曲古城东关》，第575～588 页，北京：科学出版社，2001 年。

〔16〕　黄万波：《动物群落》，见河南省文物考古研究所编著：《舞阳贾湖》，第785～805 页，北京：科学出版社，1999 年。

〔17〕　祁国琴：《姜寨新石器时代遗址动物群的分析》，见西安半坡博物馆、陕西省考古研究所编：《姜寨》，第504～538 页，北京：文物出版社，1988 年。

〔18〕　李有恒、韩德芬：《陕西西安半坡新石器时代遗址中之兽类骨骼》，《古脊椎动物与古人类》1959 年第 1 卷第 4 期，第173～185 页。

〔19〕　傅勇：《陕西扶风案板遗址动物遗存的研究》，见西北大学文博学院考古专业编著：《扶风案板遗址发掘报告》，第290～294 页，北京：科学出版社，2000 年。

〔20〕　袁靖：《甘肃武山傅家门遗址动物骨骼研究报告》，待刊。

〔21〕　袁靖、唐际根：《河南安阳市洹北花园庄遗址出土动物骨骼研究报告》，《考古》2000 年第 11期，第75～81页。

2 岁以下的占大多数[22]。

东北内蒙古地区新石器时代的吉林农安左家山遗址中老年猪占 15%[23]。内蒙古敖汉距今 7000 年左右的赵宝沟遗址里猪的年龄结构中以 2～3 岁的成年猪为主[24]。内蒙古伊克昭盟龙山晚期到商代的朱开沟遗址中 2 岁以上的猪约占不到三分之一[25]。辽宁彰武青铜时代的平安堡遗址里猪的年龄结构中 2 岁以上的占 44%[26]。辽宁大连的大嘴子遗址里猪的年龄结构中 2 岁以下的占绝大多数[27]。

相比之下，甑皮岩遗址中猪的年龄结构与其所在的华南地区舄石山遗址里猪的年龄结构相似，与安徽石山子、内蒙古敖汉赵宝沟等地区新石器时代早期遗址及长江三角洲地区新石器时代遗址出土的猪的年龄比较接近。即与没有形成家畜化或刚刚开始形成家畜化的猪的年龄结构相似。而与新石器时代中期以来或商周时期的家猪的年龄结构有明显的区别。我们认为，从年龄结构看，甑皮岩遗址的猪很可能属于野猪。

其他

从牙齿的尺寸和年龄结构等现象看，甑皮岩遗址的猪很可能属于野猪。另外，甑皮岩遗址里猪在全部动物中所占的比例极小，其他各种野生动物较多。这种现象与属于农耕社会的新石器时代遗址中出土的动物种类里，猪占据相当的数量，其他动物比例不高的状况差别很大[28]。从考古现象看，我们也没有发现任何可以推测其可能是家猪的参考证据。故我们认为甑皮岩遗址出土的猪属于野猪。

甑皮岩遗址居民获取肉食资源方式的特征

动物种类

甑皮岩遗址出土的动物中有贝类 47 种、甲壳类 1 种、鱼类 1 种、爬行类 2 种、鸟类

〔22〕　袁靖、徐良高：《沣西出土动物骨骼研究报告》，《考古学报》2000 年第 2 期，第 246～256 页。

〔23〕　陈全家：《农安左家山遗址动物骨骼鉴定及痕迹研究》，见吉林大学考古学系编：《青果集》，第 57～71 页，北京：知识出版社，1993 年。

〔24〕　黄蕴平：《动物骨骼概述》，见中国社会科学院考古研究所编著：《敖汉赵宝沟》，第 180～201 页，北京：中国大百科全书出版社，1997 年。

〔25〕　黄蕴平：《内蒙古朱开沟遗址兽骨的鉴定与研究》，《考古学报》1996 年第 4 期，第 515～536 页。

〔26〕　傅仁义：《平安堡遗址兽骨鉴定报告》，《考古学报》1992 年第 4 期，第 474～475 页。

〔27〕　傅仁义：《大嘴子遗址出土动物遗骸研究》，见大连市文物考古研究所编著：《大嘴子》，第 285～290 页，大连：大连市出版社，2000 年。

〔28〕　袁靖：《论中国新石器时代居民获取肉食资源的方式》，《考古学报》1999 年第 1 期，第 1～22 页。

20 种、哺乳类 37 种，共计 108 种，其种类非常丰富。值得注意的一点是哺乳类种类较多，这与我们以往整理的黄河流域、淮河流域和长江流域的不少新石器时代考古遗址出土的哺乳类状况有相当大的区别[29]。相比之下，其与华南地区新石器时代早期包括贝丘遗址在内的洞穴遗址或长江三角洲地区年代较早的遗址有一定的相似之处。

广西柳州白莲洞洞穴遗址出土的动物群由双棱田螺、李氏环棱螺、乌螺、大蜗牛、道氏珠蚌、鲤鱼、青鱼、蛙、陆龟、鸟类、蝙蝠、猕猴、金丝猴、竹鼠、鼠类、狐、貂、花面狸、野猪、赤麂、梅花鹿、秀丽漓江鹿、鹿、水牛、羊等组成[30]。从出土的动物群看，当时获取肉食资源的方式是狩猎和捕捞鱼类。

广西柳州鲤鱼嘴贝丘遗址出土的动物群包括鱼类和爬行类、猕猴、野兔、咬洞竹鼠、黑鼠、无颈鬃豪猪、狐狸、熊、猪獾、猞猁、虎、犀牛、南方猪、麂、水鹿、梅花鹿、牛、羚羊等。当时获取肉食资源的方式以狩猎和捕捞贝类、鱼类为主[31]。

广西桂林庙岩洞穴遗址出土的动物群包括中华圆田螺、桶田螺、方形环棱螺、杜氏珠蚌、甑皮岩楔蚌、近矛形楔蚌、短褶矛蚌、付氏矛蚌、弯边矛蚌、精细丽蚌、卵形丽蚌、斜截蓝蚬、曲凸蓝蚬、野兔、竹鼠、帚尾豪猪、豪猪、貉、黑熊、猪獾、野猫、虎、猪、赤麂、水鹿、梅花鹿、秀丽漓江鹿、水牛、羚羊。从出土的动物群看，当时获取肉食资源的方式以狩猎为主[32]。

广东英德牛栏洞洞穴遗址出土的动物群包括麝鼩、南蝠、大马蹄蝠、猕猴短尾亚种、长臂猿、野兔、布氏田鼠、竹鼠、小巢鼠、姬鼠、黑鼠、针毛鼠、华南豪猪、豪猪、狐狸、貉、中国黑熊、大熊猫洞穴亚种、鼬、猪獾、水獭、大灵猫、化石小灵猫、花面狸、小野猫、金猫、云豹、虎、野猪、獐、赤麂、水鹿、梅花鹿、水牛、野牛、鬣羚。牛栏洞洞穴遗址的研究者认为，当时这里可能存在饲养鹿类[33]。但是，我们对照华南地区同时期其他遗址出土的动物群，当时这里获取肉食资源的方式应该是以狩猎为主。

---

[29]　袁靖：《论中国新石器时代居民获取肉食资源的方式》，《考古学报》1999 年第 1 期，第 1～22 页。

[30]　柳州白莲洞洞穴科学博物馆、北京自然博物馆、广西民族学院历史系：《广西柳州白莲洞石器时代洞穴遗址发掘报告》，见四川大学博物馆、中国古代铜鼓研究学会编：《南方民族考古（第一辑）》，第 143～160 页，成都：四川大学出版社，1987 年。

[31]　刘文、张镇洪：《广西柳州大龙潭鲤鱼嘴石器时代贝丘遗址动物群的研究》，见封开县博物馆、广东省文物考古研究所、广东省博物馆、广东省文物博物馆学会编：《纪念黄岩洞遗址发现三十周年论文集》，第 87～96 页，广州：广东旅游出版社，1991 年。

[32]　张镇洪、谌世龙、刘琦、周军：《桂林庙岩遗址动物群的研究》，见英德市博物馆、中山大学人类学系、广东省博物馆编：《中石器文化及有关问题研讨会论文集》，第 185～195 页，广州：广东人民出版社，1999 年。

[33]　英德市博物馆、中山大学人类学系、广东省文物考古研究所编：《英德史前考古报告》，第 76～95页，广州：广东人民出版社，1999 年。

海南三亚落笔洞洞穴遗址中出土的动物群包括线纹蜒螺、昌螺、笋锥螺、田螺、棒锥螺、望远螺、蟹守螺、水晶凤螺、黑口乳玉螺、土产螺、彩榧螺、亮螺、鹦鹉螺、泥蚶、异毛蚶、胀毛蚶、托氏毛蚶、格粗饰蚶、棕带仙女蚶、团聚牡蛎、海月贝、剑状方蚌、圆顶珠蚌、古氏蛤蜊、鱼类、陆龟、蟒蛇、鹰、鹌鹑、鹧鸪、原鸡、雉鸡、翁科、孔雀雉、绿孔雀、秃鹤、褐林鸮、蓝翡翠、蓝背八色鸫、家燕、红尾歌鸲、鹇、普通树鼩、棕果蝠、大马蹄蝠、马蹄蝠、黑髯鞘尾蝠、翅蝠、鼠耳蝠、菊头蝠、猕猴短尾亚种、黑长臂猿海南亚种、赤腹松鼠、巨松鼠、皮氏毛耳飞鼠、普通鼯鼠、鼯鼠、田鼠、笔尾树鼠、绒鼠、针毛鼠、爱氏巨鼠、板齿鼠、帚尾豪猪、华南豪猪、豺、中国黑熊、青鼬、鼬、鼬獾、猪獾、水獭、化石小灵猫、椰子猫、花面狸、豹、华南虎、亚洲象、貘、野猪、赤鹿、小鹿、毛冠鹿、水鹿、鹿、牛、羚羊。从出土的动物群看，当时获取肉食资源的方式以狩猎和捕捞贝类为主[34]。

江西万年仙人洞洞穴遗址发掘的面积有限，鸟类有雕和鸡。哺乳类有猕猴、野兔、狼、貉、鼬、猪獾、花面狸、豹、野猪、獐、鹿、水鹿、梅花鹿、羊。贝类和龟类未做鉴定。从出土的动物群看，当时获取肉食资源的方式以狩猎为主[35]。

湖南道县玉蟾岩洞穴遗址出土的哺乳类有28种。其中数量最多的是鹿科，有麝、赤鹿、小鹿、水鹿、梅花鹿。其次为野猪、牛、竹鼠、豪猪。食肉类多为小型动物，如貉、熊、青鼬、猪獾、狗獾、水獭、大灵猫、小灵猫、斑灵猫、椰子猫、花面狸、食蟹獴、野猫等。此外，还有猕猴、兔、羊、鼠及食虫目。这个遗址中出土的鸟禽类的骨骼数量之多，令人注目。其个体数量可占全部动物骨骼总数的30%以上。经鉴定有27个种属，其中与水泊环境相关的水栖种类18种，有鹭、天鹅、雁、鸭、鸳鸯、鹤等，占到鸟禽类骨骼的67%。鱼类有鲤鱼、草鱼、青鱼、鳡鱼、鲍科等。龟鳖类有隐颈龟、鳖。螺科在25种以上，其中肯定为人类食用的有中国田螺双涨亚种、桶田螺、方形田螺方形亚种、割田螺、沟田螺等。蚌类有7种，如珍珠蚌、短褶矛蚌、重美带蚌、河北蓝蚬、蓝蚬等。从出土的动物群看，当时获取肉食资源的方式以狩猎和捕捞鱼类为主[36]。

除以上几个年代较早的洞穴遗址外，位于长江三角洲地区的年代较早的浙江余姚河姆渡遗址里出土的动物中贝类有方形环棱螺、无齿蚌2种，甲壳类有锯缘青蟹，鱼类有真鲨、鲟鱼、鲤鱼、鲫鱼、鳙鱼、鲇鱼、黄颡鱼、鲻鱼、灰裸顶鲷、乌鳢等10种，爬行类有中华鳄相似种、海龟、陆龟、黄缘闭壳龟、乌龟、中华鳖等6种，鸟类有鹈鹕、鸬鹚、

〔34〕　郝思德、黄万波：《三亚落笔洞遗址》，第40～110页，海口：南方出版社，1998年。

〔35〕　黄万波、计宏祥：《江西万年仙人洞全新世洞穴堆积》，《古脊椎动物与古人类》1963年第7卷
　　　　第3期，第263～272页。

〔36〕　袁家荣：《湖南道县玉蟾岩1万年以前的稻谷和陶器》，见严文明、安田喜宪主编：《稻作　陶
　　　　器和都市的起源》，第31～41页，北京：文物出版社，2000年。

鹭、雁、鸭、鹰、鹤、鸦等8种，哺乳类有猕猴、红面猴、穿山甲、黑鼠、豪猪、鲸、狗、貉、豺、黑熊、青鼬、黄鼬、猪獾、普通水獭、江獭、大灵猫、小灵猫、花面狸、食蟹獴、豹猫、虎、亚洲象、苏门犀、爪哇犀、野猪、家猪、獐、大角鹿、小鹿相似种、水鹿、梅花鹿、麋鹿、圣水牛、苏门羚等34种。河姆渡遗址的研究者认为，当时这里存在家猪[37]。从出土的动物群看，我们认为当时获取肉食资源的方式以狩猎和捕捞鱼类为主。

可以说，在新石器时代的早期阶段，尤其是洞穴遗址里，当人们是通过狩猎与捕捞来获取肉食资源、家养动物的活动还没有形成时，其获取动物的活动有两个特点，一是动物的种类相当丰富；二是所有动物中数量最多的为鹿科，野猪在全部动物中所占的比例相当低。

获取肉食资源的方式

从甑皮岩遗址里出土的动物群中，我们可以看出，当时的人是通过狩猎野生动物、捕捞鱼类、采集贝类来获取肉食资源。这是史前时代的人获取肉食资源的一种方式，在新石器时代早期有比较典型的意义。

我们曾经撰文讨论新石器时代居民获取肉食资源的方式。概括而言，在华南地区，距今10000年前的居民完全通过渔猎活动获取肉食资源。在距今约4000年的时候，当时人获取肉食资源的方式转变为以家畜饲养活动为主、渔猎活动为辅。

在长江三角洲地区，距今7000多年到距今5000年以前，当地的居民基本上保持着以渔猎活动为主、家畜饲养活动为辅的获取肉食资源的习惯。但是自距今5000年以来，一段时间内获取肉食资源的方式却转变为以家畜饲养活动为主、渔猎活动为辅。从距今4000年左右开始，获取肉食资源的方式又回到以渔猎活动为主、家畜饲养活动为辅。

在黄淮地区，距今7000多年前，当地的居民主要通过渔猎活动获取肉食资源。家畜饲养活动占次要地位。到距今6000年前，开始变为主要通过家畜饲养活动来获取肉食资源，并且在以后的整个新石器时代里一直保持这样的方式。但必须强调的是，在这个地区，在获取肉食资源的全部活动中，家畜饲养活动所占的比例最终也没有像黄河中上游地区那样达到绝对多数。

在黄河中上游地区，距今10000年前，当地的居民完全通过狩猎、捕捞活动获取肉食资源。到距今8000～7000年前，这里已经出现两种新的获取肉食资源的方式，一种是以狩猎活动为主、家畜饲养活动为辅，另一种是以家畜饲养活动为主而狩猎活动为辅，但家养动物的比例还不高。从距今6000多年以来，在获取肉食资源的全部活动

---

〔37〕　魏丰、吴维棠、张明华、韩德芬：《浙江余姚河姆渡新石器时代遗址动物群》，北京：海洋出版社，1989年。

中，家畜饲养活动所占的比例越来越大，直至占绝对多数。这成为当时黄河中上游地区居民获取肉食资源的主要方式。当然，在这个过程中也不排除个别特殊现象的存在，如姜寨遗址的特点就与其他遗址完全不同，一直到距今 4000 年前左右，这里仍以狩猎活动为主。我们注意到，与姜寨遗址仅隔 20 多公里、在一定时间段里文化面貌也大致接近的半坡遗址，获取肉食资源的主要方式是家畜饲养。这与该地区距今 6000 年以来获取肉食资源的方式一致，姜寨遗址的特殊性可能与其所处的特定的自然环境有关。

在东北及内蒙古地区，距今 6000 年前，当地的居民获取肉食资源的主要方式有两种，一种是完全通过渔猎活动，另一种是以渔猎活动为主、家畜饲养活动为辅。到距今 5000 年前，这个地区又出现一种以家畜饲养活动为主、渔猎活动为辅的获取肉食资源的方式。到距今 4000 年前，再也没有发现完全以渔猎活动获取肉食资源的遗址，而以渔猎活动为主、家畜饲养活动为辅，或以家畜饲养活动为主、渔猎活动为辅这两种方式仍分别存在于不同的遗址中。

在探讨新石器时代居民获取肉食资源的方式时，我们曾经提出一个被动发展论的观点。即新石器时代的居民总是尽可能地通过狩猎或捕捞的方式获取动物，依赖于居住地周围自然环境所存在的肉食资源。而通过家养动物获取肉食资源这类开发另一种生存活动能力的行为似乎是在利用狩猎或捕捞动物的方式已经不能保证肉食来源的前提下形成的，是不得已而为之。我们认为，当时的人由完全依赖于自然资源，到开始开发自然资源，再到主要依靠开发自然资源获取肉食的一系列变化，总是在居住地周围自然环境资源的制约下被动地形成和发展的[38]。尽管甑皮岩遗址发现了大量的陶器，但是没有发现任何有关家畜和栽培植物的证据，可见当时的人是充分地利用了居住地周围可以获取的食物资源。这再一次证明，新石器时代的居民依靠家畜活动获取肉食资源的行为是不得已而为之，我们提出的被动发展论的观点是正确的。

结　论

通过对甑皮岩遗址出土的贝类和动物骨骼进行研究，我们认为，当时该遗址周围的动物种类相当丰富。甑皮岩遗址的居民获取肉食资源的方式以猎取野兽和捕捞贝类、鱼类为主，饲养家猪的行为还没有形成。这种获取肉食资源的方式在新石器时代早期具有比较典型的意义。

（原载于邓聪、陈星灿主编：《桃李成蹊集》，第 188～193 页，香港：香港中文大学中国考古艺术研究中心，2004 年）

〔38〕　袁靖：《论中国新石器时代居民获取肉食资源的方式》，《考古学报》1999 年第 1 期，第 1～22 页。

论长江流域新石器时代居民
获取肉食资源的方式

　　动物考古学研究的魅力之一就是随着考古发掘工作的持续开展，会不断发现新的动物骨骼。通过对这些新的资料进行整理和研究，可以补充、深化、完善或纠正原来的认识，一步又一步地推进学科的发展。

　　我们曾经讨论过中国新石器时代家畜的起源和中国新石器时代居民获取肉食资源的方式等问题。我们提出了通过骨骼形态学的测量和观察、依据考古学的文化现象进行推测、把骨骼形态学的测量和观察与文化解释相结合这三种认定家养动物的方法，并依据所掌握的资料，认定中国新石器时代几种家畜起源的时间和地点。我们还对家养动物和野生动物进行了分类，尽可能地应用可鉴定标本数和最小个体数的方法对中国新石器时代各个遗址中出土的全部动物骨骼进行统计，通过对不同地区新石器时代居民获取肉食资源的特征、类型、模式进行探讨，提出了"被动发展论"的观点[1]。但是，由于当时位于长江流域、特别是长江中上游地区的遗址中出土的资料不多，我们对中国新石器时代居民获取肉食资源方式的认识主要来自对黄河流域遗址中出土的动物骨骼的研究。随着长江流域一些遗址考古发掘工作和动物考古学研究取得了新进展，为我们进一步全面认识这个地区古代人类获取肉食资源的行为提供了新的资料。在此基础上，提出新的认识势在必行。

　　本文将介绍长江流域各个遗址中出土的动物骨骼研究结果，然后进行归纳、比较和总结。

各遗址出土的动物骨骼

长江中上游地区
重庆市忠县中坝遗址
中坝遗址的动物考古学研究报告尚未发表。依据现有的研究成果可知中坝遗址自距

---

〔1〕　a. 袁靖：《论中国新石器时代居民获取肉食资源的方式》，《考古学报》1999 年第 1 期，第 1～22 页。
　　　　b. 袁靖：《中国新石器时代家畜起源的问题》，《文物》2001 年第 5 期，第 51～58 页。

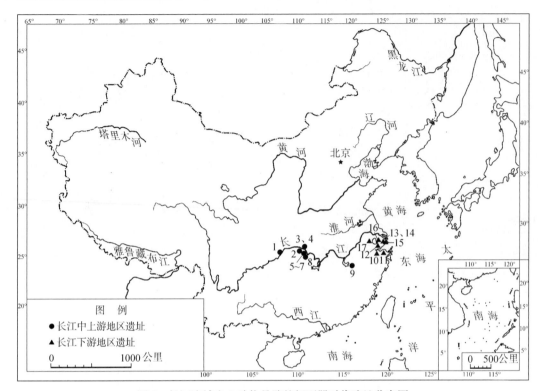

图1　长江流域出土动物骨骼的新石器时代遗址分布图

1. 重庆忠县中坝　2. 湖北巴东楠木园　3. 湖北秭归庙坪　4. 湖北秭归柳林溪　5. 湖北长阳楗杆坪　6. 湖北长阳西寺坪　7. 湖北长阳沙嘴　8. 湖北宜都城背溪　9. 江西万年仙人洞　10. 浙江萧山跨湖桥　11. 浙江桐乡罗家角　12. 浙江余姚河姆渡　13. 上海青浦崧泽　14. 上海青浦福泉山　15. 上海闵行马桥　16. 江苏苏州龙南　17. 江苏常州圩墩

今 5000 年左右的新石器时代开始，在其后的 2000 多年间堆积的动物骨骼中，鉴定出两栖动物 2 种、鱼类 16 种、龟 2 种、鸟类 1 种、哺乳类 27 种。研究者认为，当时可能存在家猪，但是数量很少，这个遗址出土的鱼骨数量比哺乳类骨骼数量多三倍左右[2]。

　　中坝遗址中出土的动物骨骼的特征是鱼骨最多，其次为哺乳类骨骼，家猪在当时

　　　c. Yuan Jing and Rowan Flad. 2002. Pig Domestication in Ancient China, *Antiquity* 76（293）：724-732.

　　　d. 袁靖 2004「中國古代農耕社会における家畜化の発展過程について」『國立歷史民俗博物館研究報告』第 119 集 79－86 頁

〔2〕a. Rowan Kimon Flad. 2004. *Specialized Salt Production and Changing Social Structure at the Prehistoric Site of Zhongba in the Eastern Sichuan Basin*, *China*, A dissertation submitted in partial satisfaction of the requirements for the degree Doctor of Philosophy in Archaeology, University of California, Los Angeles.

　　　b. 付罗文、袁靖：《重庆忠县中坝遗址动物遗存研究》，《考古》2006 年第 1 期，第 79～88 页。

所占比例很低。这个遗址中出土的动物骨骼以野生动物为主。

湖北巴东楠木园遗址

楠木园遗址新石器时代的文化层分为早晚两层，约为距今6000～5000年。依照数量多少排列，其全部动物的可鉴定标本数为早期的鱼类有1966，占全部动物总数的92.20％；哺乳类为148，占7％；爬行类为18，占0.80％。晚期的鱼类为3423，占全部动物总数的91％；哺乳类为279，占7.40％；爬行类为54，占1.40％；鸟类为8，占0.20％。在哺乳类中早期中小型鹿最多，为39，占可鉴定种属的哺乳类总数的48.75％；以下依次为小麂18，占22.50％；麋鹿8，占10％；圣水牛6，占7.50％；狗5，占6.25％；獾2，占2.50％；猴和猪均为1，分别占1.25％。晚期同样是中小型鹿最多，为76，占可鉴定种属的哺乳类总数的32.76％；以下依次为圣水牛54，占23.28％；小麂47，占20.26％；麋鹿23，占9.91％；猪10，占4.31％；象7，占3.02％；豪猪6，占2.59％；狗5，占2.16％；黑熊3，占1.29％；獾1，占0.43％。哺乳类的最小个体数中早期的獾为2，占22.22％；猴、狗、猪、小麂、麋鹿、中小型鹿、圣水牛等均为1，各占哺乳类总数的11.11％。晚期的中小型鹿最多，为4，占哺乳类总数的22.22％；以下依次为小麂和麋鹿均为3，分别占16.67％；圣水牛2，占11.11％；豪猪、狗、黑熊、獾、象、猪均为1，各占5.56％[3]。

楠木园遗址中出土的动物种类和数量早晚两期都大致相同。其特点是鱼类占绝对优势，其可鉴定标本数达到全部动物的90％以上，其次为哺乳类，仅占据7％左右。而在哺乳类中，鹿早期为37.50％，晚期接近60％。这个遗址中出土的动物骨骼以野生动物为主。

湖北秭归庙坪遗址

庙坪遗址的文化堆积比较丰富，有自新石器时代到明代的多个文化层。其中，新石器时代晚期文化层为距今4500～4200年。这个文化层里出土的动物中，鱼类的可鉴定标本数为114，其中草鱼3、青鱼14、种属不明的鱼类骨骼97，共占全部动物总数的91.20％；哺乳类10，占8％；鸟类1，占0.80％。哺乳类中梅花鹿最多，为6，占哺乳类总数的60％；以下依次为猪3，占30％；小型鹿1，占10％。猪、梅花鹿和小型鹿的最小个体数均为1，各占哺乳类总数的33.33％左右[4]。

庙坪遗址中出土动物骨骼的特征是鱼类在动物骨骼中占据绝对多数，其次为哺乳类。哺乳类中鹿占三分之二以上。这个遗址中出土的动物骨骼以野生动物为主。

---

〔3〕　袁靖、杨梦菲、陶洋、罗运兵：《动物研究》，见国务院三峡工程建设委员会办公室、国家文物局编著：《巴东楠木园》，第139～158页，北京：科学出版社，2006年。

〔4〕　袁靖、孟华平：《庙坪遗址出土动物骨骼研究报告》，见湖北省文物事业管理局、湖北省三峡工程移民局编：《秭归庙坪》，第302～307页，北京：科学出版社，2003年。

湖北秭归柳林溪遗址

柳林溪遗址的文化堆积比较丰富，有自新石器时代到明清时期的多个文化层。在距今约 7000～6000 年属于城背溪文化晚期至大溪文化早期的文化层出土的动物骨骼中，哺乳类的可鉴定标本数为 77，占全部动物总数的 68.14%；鱼类 33，占 29.20%，其中草鱼 3，青鱼 30；鸟类 3，占 2.65%，其中秃鹫 1，鸡 2。哺乳类中猪科（有些猪骨不能确定是家猪还是野猪，故放在一起，统称猪科）最多，为 30，占哺乳类总数的 38.96%；以下依次为水鹿 22，占 28.57%；圣水牛 8，占 10.39%；华南巨貘 5，占 6.49%；犀牛 4，占 5.19%；野猪和家猪均为 2，各占 2.60%；华南虎、大角鹿、梅花鹿、羚羊均为 1，各占 1.30%。鱼类和鸟类的最小个体数为青鱼 4，草鱼 1，秃鹫和鸡各 1。哺乳类的最小个体数中水鹿最多，为 5，占全部哺乳类总数的 25%；以下依次为猪科 4，占 20%；野猪、圣水牛均为 2，各占 10%；华南虎、犀牛、华南巨貘、家猪、大角鹿、梅花鹿、羚羊均为 1，分别占 5%[5]。

柳林溪遗址的特征是全部动物骨骼中以哺乳类为主，其次为鱼类，占三分之一左右。从可鉴定标本数看，哺乳类中猪最多，由于有相当多的猪骨不能明确区分家猪和野猪，如果把全部猪骨都加到一起，占哺乳类的 45%，鹿占 30% 左右。而最小个体数中把家猪和可能是家猪、也可能是野猪的数字加到一起，仅占 25%。反过来，鹿占据 35%。这个遗址中出土的动物骨骼似乎也应该以野生动物为主。

湖北长阳桅杆坪遗址

桅杆坪遗址的第③a 层和第③b 层均属于大溪文化，距今约 6400～4700 年。其第③a 层出土动物种属的可鉴定标本数除青鱼 1、鲶鱼 1 这两种鱼类外，其余均为哺乳类，其中圣水牛最多，为 29，占全部哺乳类总数的 16.38%；以下依次为水鹿 26，占 14.69%；猪獾 17，占 9.60%；黑熊和苏门犀均为 15，各占 8.47%；梅花鹿 14，占 7.91%；大熊猫 10，占 5.65%；獐 8，占 4.52%；猕猴、家猪和苏门羚均为 6，占 3.39%；红面猴和豹均为 5，各占 2.82%；中国貘和黑鹿均为 4，各占 2.26%；野猪 3，占 1.69%；豪猪 2，占 1.13%；猎豹和小鹿均为 1，各占 0.56%。最小个体数有青鱼 1 和鲶鱼 1 两种鱼类。哺乳类的最小个体数中猪獾最多，为 6，占全部哺乳类总数的 11.76%；以下依次为大熊猫 5，占 9.80%；猕猴和水鹿均为 4，各占 7.84%；黑熊、苏门犀、獐、黑鹿、圣水牛均为 3，各占 5.88%；红面猴、豪猪、豹、中国貘、家猪、梅花鹿、苏门羚均为 2，各占 3.92%；猎豹、野猪、小鹿均为 1，各占 1.96%。

第③b 层出土动物种属的可鉴定标本数中梅花鹿最多，为 47，占全部哺乳类总数

---

〔5〕 武仙竹：《湖北秭归柳林溪遗址动物群研究报告》，见国务院三峡工程建设委员会办公室、国家文物局编著：《秭归柳林溪》，第 268～292 页，北京：科学出版社，2003 年。

的 14.16％；以下依次为圣水牛 45，占 13.55％；苏门犀 39，占 11.75％；家猪 36，占 10.84％；水鹿 23，占 6.93％；大熊猫 22，占 6.63％；黑熊、獐、黑鹿均为 18，各占 5.42％；小鹿 16，占 4.82％；猕猴 11，占 3.31％；猪獾 9，占 2.71％；红面猴 5，占 1.51％；豪猪、豺、麝、苏门羚均为 4，各占 1.20％；猞猁、中国貘均为 2，占 0.60％；竹鼠、狗、食蟹獴、豹猫、野猪均为 1，各占 0.30％。最小个体数中家猪最多，为 19，占全部哺乳类总数的 19.19％；以下依次为獐 11，占 11.11％；梅花鹿 10，占 10.10％；大熊猫、猪獾均为 6，各占 6.06％；黑熊、苏门犀、圣水牛均为 5，各占 5.05％；猕猴、黑鹿均为 4，各占 4.04％；红面猴、豺、小鹿、水鹿均为 3，各占 3.03％；麝、苏门羚均为 2，各占 2.02％；竹鼠、豪猪、狗、食蟹獴、猞猁、豹猫、中国貘、野猪均为 1，各占 1.01％[6]。

　　桅杆坪遗址第③a 层和③b 层出土的动物种类和数量大致没有区别，其共同特征是野生动物的种类较多，每一种动物的数量都不占明显的优势，鱼类不多，全部动物骨骼以哺乳类为主，鹿占据哺乳类总数的三分之一左右，还有数量很少的家猪。这个遗址中出土的动物骨骼以野生动物为主。

　　湖北长阳西寺坪遗址

　　西寺坪遗址主要属于大溪文化早期，距今约 6000 年。该遗址中出土动物种属的可鉴定标本数除草鱼 1 和青鱼 8 以外，其他均为哺乳类，其中水鹿最多，为 81，占全部哺乳类总数的 50.94％；以下依次为大角鹿 13，占 8.18％；獐 12，占 7.55％；麝 8，占 5.03％；猪獾、苏门犀均为 7，各占 4.40％；家猪 6，占 3.77％；豪猪、水牛均为 5，各占 3.14％；黑熊和野猪均为 4，占 2.52％；豹为 3，占 1.89％；红面猴、食蟹獴均为 2，占 1.26％。最小个体数中水鹿最多，为 6，占全部哺乳类总数的 17.14％；以下依次为猪獾 5，占 14.29％；獐 4，占 11.43％；大角鹿、家猪均为 3，各占 8.57％，红面猴、食蟹獴、野猪、麝、水牛均为 2，各占 5.71％；豪猪、黑熊、豹、苏门犀均为 1，各占 2.86％[7]。

　　西寺坪遗址中出土动物的特征同样是野生动物的种类较多，每一种动物的数量都不占明显的优势，鱼类不多，全部动物骨骼以哺乳类为主，其中鹿占据哺乳类总数的半数左右，还有数量很少的家猪。这个遗址中出土的动物骨骼以野生动物为主。

　　湖北长阳沙嘴遗址

　　沙嘴遗址属于大溪文化早中期，距今 5500 年。该遗址中出土的动物种属的可鉴定标本

〔6〕　陈全家、王善才、张典维：《桅杆坪大溪文化遗址动物遗存研究》，见陈全家、王善才、张典维著：《清江流域古动物遗存研究》，第 49～85 页，北京：科学出版社，2004 年。

〔7〕　陈全家、王善才、张典维：《西寺坪大溪文化遗址动物遗存研究》，见陈全家、王善才、张典维著：《清江流域古动物遗存研究》，第 85～102 页，北京：科学出版社，2004 年。

数除重美带蚌 4、剑状矛蚌 4、草鱼 1 和青鱼 1 以外，其余均为哺乳类，其中野猪最多，为 19，占全部哺乳类总数的 24.05%；以下依次为家猪 14，占 17.72%；水鹿 11，占 13.92%；黑熊、大熊猫、水牛均为 6，各占 7.59%；红面猴、苏门羚均为 4，各占 5.06%；豪猪、狗均为 3，各占 3.80%；獐 2，占 2.53%；苏门犀 1，占 1.27%。最小个体数有草鱼 1 和青鱼 1 两种鱼类，哺乳类中野猪最多，为 6，占全部哺乳类总数的 22.22%；以下依次为家猪、苏门羚均为 4，各占 14.81%；水牛 3，占 11.11%；大熊猫、水鹿均为 2，各占 7.41%；红面猴、豪猪、黑熊、狗、苏门犀、獐均为 1，各占 3.70%[8]。

　　沙嘴遗址中出土的动物特征同样是野生动物的种类较多，每一种动物的数量都不占明显的优势，鱼类不多，全部动物骨骼以哺乳类为主，鹿在哺乳类总数中占 20% 以下，还有数量很少的家猪。这个遗址中出土的动物骨骼以野生动物为主。

湖北宜都城背溪遗址

　　城背溪遗址的年代早于大溪文化，距今约 8500～7500 年。这个遗址中出土的动物种类有贝、鱼、鳖、鹿、牛等，研究者对鱼类和鳖类未做统计，仅用"若干"一词来表示，另外，在小结里也谈到在文化堆积层里有较丰富的蚌壳、鱼骨、鳖甲和鹿骨等[9]。

　　城背溪遗址中出土的动物骨骼中鱼骨和鳖甲数量较多，但是未见猪骨，这是值得注意的现象。这个遗址中出土的动物骨骼全部属于野生动物。

江西万年仙人洞洞穴遗址

　　仙人洞洞穴遗址的年代为距今 10000 年以上，这个遗址的发掘面积有限，鸟类有雕和鸡，哺乳类有猕猴、野兔、狼、貉、鼬、猪獾、花面狸、豹、野猪、獐、麂、水鹿、梅花鹿、羊。此外还有贝类和龟类，对这些动物遗存未做种属鉴定[10]。

　　仙人洞遗址出土的动物骨骼全部属于野生动物。

　　此外，在三峡地区属于大溪文化的朝天嘴[11]、清水滩[12]、龚家大沟[13]、杨家

---

〔8〕 陈全家、王善才、张典维：《沙嘴大溪文化遗址动物遗存研究》，见陈全家、王善才、张典维著：《清江流域古动物遗存研究》，第 102～116 页，北京：科学出版社，2004 年。

〔9〕 李天元：《宜都城背溪遗址南区出土的动物遗骸鉴定表》，见湖北省文物考古研究所编著：《宜都城背溪》，第 291 页，北京：文物出版社，2001 年。

〔10〕 黄万波、计宏祥：《江西万年仙人洞全新世洞穴堆积》，《古脊椎动物与古人类》1963 年第 7 卷第 3 期，第 263～272 页。

〔11〕 国家文物局三峡考古队：《湖北秭归朝天嘴遗址发掘简报》，《文物》1989 年第 2 期，第 41～51 页。

〔12〕 a. 湖北省宜昌地区博物馆、四川大学历史系考古专业：《宜昌县清水滩新石器时代遗址的发掘》，《考古与文物》1983 年第 2 期，第 1～17 页。

　　　 b. 武汉大学历史系考古专业：《清水滩遗址 1984 年发掘简报》，《江汉考古》1988 年第 3 期，第 1～9 页。

〔13〕 湖北省博物馆考古部：《秭归龚家大沟遗址的调查试掘》，《江汉考古》1984 年第 1 期，第 3～20 页。

湾[14]、柳林溪[15]、中堡岛[16]等遗址里均出土过数量较多的鱼骨。1994 年在参观中国社会科学院考古研究所三峡工作队发掘的四川巫山大溪遗址和武汉大学历史系考古专业长江三峡考古队发掘的四川巴东粮管所遗址时，我们发现从探方壁上看，当时的鱼骨堆积有数十厘米厚，中间夹杂的土很少。据两个遗址的发掘者介绍，在发掘时都曾发现大量的鱼骨，可见当时人捕获和食用的鱼类数量极多。

长江下游地区

浙江萧山跨湖桥遗址

跨湖桥遗址的绝对年代为距今 8200～7000 年。这个遗址中出土的动物骨骼的整理结果为第一期爬行类 410，占全部动物可鉴定标本数的 43.62％；哺乳类 369，占39.26％；鸟类 125，占 13.30％；鱼类 25，占 2.66％；甲壳类 11，占 1.17％。第一期可鉴定种属的哺乳类中圣水牛最多，为 90，占全部哺乳类可鉴定标本数的 27.86％；以下依次为猪 88，占 27.24％；梅花鹿 54，占 16.72％；鹿 38，占 11.76％；小型食肉动物 27，占 8.36％；狗 13，占 4.02％；麋鹿 4，占 1.24％；鼬科或猫科 3，占0.93％；小型鹿 2，占 0.62％；鼠、鼬科、猫科、中型食肉动物均为 1，各占 0.31％。从最小个体数看，猪最多，为 7，占全部哺乳类最小个体数的 22.58％；以下依次为梅花鹿 5，占 16.13％；小型食肉动物、圣水牛均为 4，各占 12.90％；狗、鼬科或猫科、麋鹿均为 2，各占 6.45％；鼠、鼬科、猫科、中型食肉动物、小型鹿均为 1，各占3.23％。

第二期哺乳类 617，占全部动物可鉴定标本数的 69.95％；鸟类 124，占 14.06％；爬行类 111，占 12.59％；鱼类 22，占 2.49％；甲壳类 8，占 0.91％。第二期可鉴定种属的哺乳类中圣水牛最多，为 196，占全部哺乳类可鉴定标本数的 39.04％；以下依次为梅花鹿 121，占 24.10％；狗 60，占 11.95％；猪 52，占 10.36％；鹿 36，占7.17％；小型食肉动物 23，占 4.58％；麋鹿 5，占 1.00％；小型鹿 4，占 0.80％；猫科 2，占 0.40％；鼬科或猫科、犀、苏门羚均为 1，各占 0.20％。从最小个体数看，梅花鹿最多，为 10，占全部哺乳类最小个体数的 25.00％；以下依次为圣水牛 8，占20.00％；狗 7，占 17.50％；猪 5，占 12.50％；小型食肉动物 3，占 7.50％；麋鹿 2，占 5.00％；鼬科或猫科、猫科、犀、小型鹿、苏门羚均为 1，各占 2.50％。

---

[14]　宜昌地区博物馆：《宜昌县杨家湾新石器时代遗址》，《江汉考古》1984 年第 4 期，第 27～37 页。

[15]　湖北省博物馆江陵考古工作站：《一九八一年湖北省秭归县柳林溪遗址的发掘》，《考古与文物》1986 年第 6 期，第 1～14 页。

[16]　湖北省宜昌地区博物馆、四川大学历史系：《宜昌中堡岛新石器时代遗址》，《考古学报》1987年第 1 期，第 45～97 页。

第三期哺乳类 1403，占全部动物可鉴定标本数的 70.19%；爬行类 401，占 20.06%；鸟类 154，占 7.70%；鱼类 28，占 1.40%；甲壳类 13，占 0.65%。第三期可鉴定种属的哺乳类中圣水牛最多，为 479，占全部哺乳类可鉴定标本数的 42.17%；以下依次为梅花鹿 233，占 20.51%；鹿 145，占 12.76%；猪 102，占 8.98%；狗 89，占 7.83%；麋鹿 34，占 2.99%；小型食肉动物 26，占 2.29%；小型鹿 10，占 0.88%；貉 6，占 0.53%；大型食肉动物 4，占 0.35%；獾 2，占 0.18%；海豚科、虎、鼬科或猫科、猫科、中型食肉动物、苏门羚均为 1，各占 0.09%。从最小个体数看，梅花鹿最多，为 22，占全部哺乳类最小个体数的 30.14%；以下依次为圣水牛 12，占 16.44%；狗 11，占 15.07%；小型食肉动物、猪均为 6，各占 8.22%；麋鹿 5，占 6.85%；貉 2，占 2.74%；海豚科、獾、鼬科或猫科、虎、猫科、大型食肉动物、中型食肉动物、小型鹿、苏门羚均为 1，各占 1.37%。

跨湖桥遗址的特征是全部动物骨骼中大致以哺乳类为主，鱼类占的比例十分有限。在哺乳类中基本上以鹿的数量为最多，牛也占一定的比例，猪在全部动物中所占的比例由第一期到第三期越来越少。这个遗址中出土的动物骨骼以野生动物为主[17]。

浙江桐乡罗家角遗址

罗家角遗址属于马家浜文化早期，距今 7000 年左右。从动物种类看，贝类有蚌，鱼类有鲤鱼、鲫鱼、青鱼、乌鳢等 4 种，鸟类有雁，爬行类有扬子鳄、鳄鱼未定种、乌龟、中华鳖、鼋等 5 种，哺乳类有鲸、狗、貉、亚洲象、野猪、家猪、梅花鹿、麋鹿、水牛等 9 种[18]。

研究者对罗家角遗址的动物骨骼未作具体统计，从报告的内容分析，动物骨骼以鹿最多，猪次之。这个遗址出土的动物骨骼以野生动物为主。

浙江余姚河姆渡遗址

河姆渡遗址属于河姆渡文化，距今 7000～6000 年。从动物种类看，贝类有方形环棱螺、无齿蚌 2 种，甲壳类有锯缘青蟹，鱼类有真鲨、鲟鱼、鲤鱼、鲫鱼、鳙鱼、鲇鱼、黄颡鱼、鲻鱼、灰裸顶鲷、乌鳢等 10 种，爬行类有中华鳄相似种、海龟、陆龟、黄缘闭壳龟、乌龟、中华鳖等 6 种，鸟类有鹈鹕、鸬鹚、鹭、雁、鸭、鹰、鹤、鸦等 8 种，哺乳类有猕猴、红面猴、穿山甲、黑鼠、豪猪、鲸、狗、貉、獾、黑熊、青鼬、黄鼬、猪獾、普通水獭、江獭、大灵猫、小灵猫、花面狸、食蟹獴、豹猫、虎、亚洲象、苏门犀、爪哇犀、野猪、家猪、獐、大角鹿、小鹿相似种、水鹿、梅花鹿、麋鹿、

〔17〕 袁靖、杨梦菲：《动物研究》，见浙江省文物考古研究所、萧山博物馆编：《跨湖桥》，第 241～270 页，北京：文物出版社，2004 年。

〔18〕 张明华：《罗家角遗址的动物群》，见浙江省文物考古所编著：《浙江省文物考古所学刊》，第 43～53 页，北京：文物出版社，1981 年。

圣水牛、苏门羚等 34 种[19]。

研究者对河姆渡遗址的动物骨骼未做具体统计，仅认为鹿等野生动物的比例相当大，数倍于猪的数量，这个遗址出土的动物骨骼以野生动物为主。

上海青浦崧泽遗址

崧泽遗址属于崧泽文化，距今 5900～5300 年。从动物种类看，鱼类为青鱼 1，爬行类为乌龟 11。哺乳类的可鉴定标本数统计结果以梅花鹿为最多，为 59，占哺乳类总数的 32.78％；以下依次为家猪 51，占 28.33％；麋鹿 40，占 22.22％；獐 24，占 13.33％；狗 3，占 1.67％；水獭 2，占 1.11％；獾 1，占 0.56％[20]。

崧泽遗址出土动物骨骼的特征是鹿占哺乳类的三分之二以上，猪的比例没有超过三分之一，这个遗址出土的动物骨骼以野生动物为主。

上海青浦福泉山遗址

福泉山遗址崧泽文化层里发现有动物骨骼。研究者仅鉴定了动物种属，其中哺乳类有狗、家猪、獐、鹿、梅花鹿和麋鹿等 6 种[21]。

研究者对福泉山遗址出土的动物骨骼未作统计，从报告的内容推测，猪等家养动物的数量较少，主要是鹿等野生动物，这个遗址中出土的动物骨骼以野生动物为主。

上海闵行马桥遗址

马桥遗址包括良渚文化层和马桥文化层。良渚文化层距今 5000～4000 年。在其文化层里出土的贝类有螺、牡蛎、文蛤、青蛤等 4 种，鱼类有软骨鱼、硬骨鱼 2 种，爬行类有鳖 1 种。从哺乳类的可鉴定标本数看，梅花鹿最多，为 45，占哺乳类总数的 64.29％；以下依次为猪 15，占 21.43％；小型鹿 7，占 10.00％；麋鹿 2，占 2.86％；狗 1，占 1.43％。从最小个体数看，猪最多，为 8，占哺乳类总数的 50.00％；以下依次为梅花鹿 4，占 25.00％；小型鹿 2，占 12.50％；狗、麋鹿均为 1，各占 6.25％[22]。

对马桥遗址良渚文化层出土的动物骨骼做了两种统计，其结果出入较大，按照可鉴定标本数中野生动物较多的结果，其与这个地区其他遗址动物骨骼的统计结果较为一致。而最小个体数的结果却显示出良渚文化层里，猪等家养动物在全部动物中所占

〔19〕 魏丰、吴维棠、张明华、韩德芬：《浙江余姚河姆渡新石器时代遗址动物群》，北京：海洋出版社，1989 年。

〔20〕 黄象洪、曹克清：《崧泽遗址中的人类和动物遗骸》，见上海市文物保管委员会：《崧泽》，第 108～114 页，北京：文物出版社，1987 年。

〔21〕 黄象洪：《青浦福泉山遗址出土的兽骨》，见上海市文物管理委员会（黄宣佩主编）：《福泉山》，第 168～169 页，北京：文物出版社，2000 年。

〔22〕 袁靖：《自然遗存（二）——动物》，见上海市文物管理委员会编著：《马桥（1993～1997 年发掘报告）》，第 347～369 页，上海：上海书画出版社，2002 年。

的比例高于二分之一，这是比较反常的现象。考虑到马桥遗址良渚文化层出土的动物骨骼数量相当少，不能保证是否完整地反映了当时的实际情况。又根据以后的马桥文化层里，鹿等野生动物的可鉴定标本数和最小个体数比例又都占明显多数这些事实，我们认为当时马桥遗址良渚文化层的居民在获取肉食资源时，即便真的是以家养动物为主，那也是特定时间的一种特例。2005 年我们又整理了上海广富林遗址中出土的动物骨骼，广富林遗址的主要文化堆积晚于良渚文化，现在整个整理工作尚未结束，但是从现有的结果看，麋鹿等鹿科明显占据多数，家猪的数量不多，依据最终的研究结果，我们将比较全面的认识广富林遗址的动物骨骼种类和数量。

江苏苏州龙南遗址

龙南遗址属于崧泽文化晚期到良渚文化早期，距今 5400～5200 年。出土的动物骨骼包括田螺、螺和蚬等 3 种贝类，没有统计数量；鱼类发现 3 块骨骼，其中包括青鱼的；鸟类发现 8 块骨骼。哺乳类中家猪的可鉴定标本数最多，为 178，占哺乳类可鉴定标本总数的 60.96％；以下依次为梅花鹿 33，占 11.30％；麋鹿 30，占 10.27％；狗 23，占 7.88％；野猪 11，占 3.77％；水牛 10，占 3.42％；獐 7，占 2.40％[23]。

龙南遗址中出土的动物骨骼的特征是猪等家养动物占全部动物总数的三分之二以上，鹿在总数中不到三分之一，龙南遗址出土的动物骨骼以家养动物为主。这个遗址的统计结果比较特殊。

江苏常州圩墩遗址

圩墩遗址的动物骨骼均属于马家浜文化，距今 7000～6000 年。其中贝类有中国圆田螺、螺、杜氏珠蚌、巨首楔蚌、短褶矛蚌、背瘤丽蚌、环带丽蚌、丽蚌、背角无齿蚌、反扭蚌、蚬等 11 种；鱼类有鲤鱼、鲫鱼、草鱼、青鱼、鲻鱼、黄颡鱼等 6 种，鱼骨 200 多块；爬行类有草龟、中华鳖和鼋 3 种，骨骼 100 多块；鸟类有鹭、雁、野鸭、鹰、鸡类、秧鸡、鹬和鸽类等 8 种，骨骼 200 多块。哺乳类的动物骨骼有 376 块，它们的可鉴定标本数中梅花鹿最多，为 130，占哺乳类总数的 34.57％；以下依次为家猪 98，占 26.06％；獐 71，占 18.88％；麋鹿 22，占 5.85％；貉 17，占 4.52％；狗 15，占 3.99％；食蟹獴、水牛均为 7，各占 1.86％；獾 5，占 1.33％；小灵猫 3，占 0.80％；海豹 1，占 0.27％[24]。

圩墩遗址出土的动物骨骼的特征是全部动物骨骼中以哺乳类最多，鹿占据哺乳类的半数以上，这个遗址出土的动物骨骼以野生动物为主。

---

[23] 吴建民：《龙南新石器时代遗址出土动物遗骸的初步鉴定》，《东南文化》1991 年第 3、4 期，第 179～182 页。

[24] 黄象洪：《常州圩墩新石器时代遗址第四次（1985 年）发掘出土的动物遗骸研究》，见上海市自然博物馆编：《考察与研究》，第 20～30 页，上海：上海科学技术文献出版社，1990 年。

讨　论

依据我们区分家养动物的定义和标准，新石器时代长江流域各个遗址中出土的可以确定属于家养的动物是狗和猪。两者最早均出自浙江杭州萧山跨湖桥遗址，距今8200 年[25]。由于狗在长江流域发现的数量有限，而且新石器时代居民饲养狗不仅是为了食肉，因此，这里主要围绕家猪的起源问题进行探讨，然后归纳、总结长江流域新石器时代居民获取肉食资源的特征，将其与黄河流域新石器时代居民获取肉食资源的特征进行比较，并讨论其他问题。

家猪的起源

通过参考国际动物考古学界对家猪的研究结果，依据多年来对多个遗址中出土的猪颌骨进行测量及观察的经验，我们提出包括形体特征、年龄结构、性别特征、数量比例、埋葬或随葬现象等在内的一系列判断家猪的标准。

首先是形体特征。考古遗址中出土的家猪的体形一般比野猪要小。原因有二，一是饲养，人向猪提供食物，猪可以不必像野猪那样用鼻吻部拱地掘食。这样时间长了就引起鼻吻部及头骨长度的缩短。其二，在饲养过程中，猪的活动范围受到限制，一般不需要争夺和对抗，缺乏剧烈运动，这些都促使家猪的形体开始变小。通过对牙齿和骨骼的测量，我们可以对家猪和野猪进行比较明确地区分。以猪上颌第 3 臼齿的平均长度 35 毫米、平均宽度 20 毫米，下颌第 3 臼齿的平均长度 40 毫米、平均宽度 17 毫米为区分标准。考古遗址中出土的家猪第 3 臼齿的平均值一般都小于这些数值，而野猪第 3 臼齿的平均值往往明显大于这些数值。

其次是年龄结构。考古遗址中出土的家猪的年龄结构往往比较年轻。因为，当时养猪主要是为了吃肉。猪长到 1～2 岁后，体形和肉量不会再有明显的增加。如此继续饲养下去所能产生的肉量，不如再从一头小猪养起见效更快。且 1～2 岁的猪肉相对来说比较嫩。因此饲养的猪往往在 1～2 岁即被屠宰，故其年龄结构中以 1～2 岁左右的占多数或绝大多数。而狩猎时杀死的野猪的年龄大小不一，所以，在考古遗址中出土的野猪的年龄结构一般没有规律。

其三是性别特征。考古遗址里出土的家猪性别比例不平衡。母猪或性别特征不明显的猪占明显多数，可以确定为公猪的数量很少。因为饲养是一种人为控制的行为。

---

〔25〕　袁靖、杨梦菲：《动物研究》，见浙江省文物考古研究所、萧山博物馆编：《跨湖桥》，第 241～270 页，北京：文物出版社，2004 年。

母猪长大了，除了提供肉食以外，还可以繁殖小猪，因此母猪受到重视。而公猪则不同，只要保留极少量的公猪就可以承担对全部母猪的交配任务。且公猪长大后性格暴躁，不易管理。因此，除保留个别公猪作为种猪外，大部分公猪在幼年时就被阉割，阉割后的公猪长大后多具有母猪的体形特征。在阉割技术出现以前，大部分公猪可能在幼年时就被宰杀。

其四是数量比例。在考古遗址里出土的哺乳动物骨骼中，家猪的骨骼占相当的比例。因为饲养家猪的首要目的是获取肉食资源，其饲养须达到一定的规模才能满足供给的要求，所以，在出土的动物骨骼中，家猪骨骼往往占较大比例。如果以狩猎为主，考古遗址中出土的野生动物的种类和数量则由其自然分布状况和捕获的难易程度决定。从中国新石器时代早期遗址中出土的动物种类和数量看，鹿科动物的骨骼明显占据首位。

其五是埋葬或随葬现象。考古遗址中的埋葬或随葬现象往往能够证明当时人有意识地处理过家猪。如在遗址的土坑或墓葬中埋葬、随葬完整的猪或猪的头骨、颌骨。这是当时人有目的的行为。在中国新石器时代遗址里，猪是埋葬或随葬的动物中出现数量最多、频率最高的，这在整个新石器时代各个地区的很多遗址里都具有规律性。一般情况下，我们认定这些埋葬或随葬猪的现象出现在家猪起源以后，即埋葬和随葬的猪都与家猪相关[26]。

这里必须强调的是，在使用以上五个标准时，我们应该尽可能地互相参照，判断的依据越多，结论就越科学。

我们在跨湖桥遗址第一、第二、第三期均发现猪颌骨标本上齿列明显扭曲，这是因为下颌的缩短而造成牙齿排列凌乱，可以作为家猪的证据之一。

跨湖桥遗址中出土的猪上颌中第 3 臼齿只有 5 个测量数据，长度中最大值为 37.54 毫米，最小值为 33.3 毫米，平均值为 35.53 毫米；宽度中最大值为 24.07 毫米，最小值为 20.93 毫米，平均值为 22.37 毫米。下颌数据较多，第一期第 3 臼齿有 6 个，最大值为 42.37 毫米，最小值为 32.78 毫米，平均值为 38.58 毫米；宽度中最大值为 20.42 毫米，最小值为 16.39 毫米，平均值为 18.07 毫米。第二期第 3 臼齿有 3 个，最大值为 39.53 毫米，最小值为 34.96 毫米，平均值为 37.79 毫米；宽度中最大值为 17.24 毫米，最小值为 16.4 毫米，平均值为 16.71 毫米。第三期第 3 臼齿有 4 个，最大值为 40.96 毫米，最小值为 36.61 毫米，平均值为 38.1 毫米；宽度中最大值为 17.45 毫米，最小值为 16.92 毫米，平均值为 17.24 毫米。这里要强调的是，属于第一期的第 3 臼齿

〔26〕 袁靖：《摄取动物的种类及方式》，见中国社会科学院考古研究所、广西壮族自治区文物工作队、桂林甑皮岩遗址博物馆、桂林市文物工作队编：《桂林甑皮岩》，第 344～346 页，北京：文物出版社，2003 年。

有 6 个数据，其中有 3 个大于 42 毫米，而第二期的 3 个数据均小于 40 毫米，第三期的 4 个数据除 1 个为 40.96 毫米以外，其余均小于 38 毫米。我们认为，除第一期的 3 个超过 42 毫米的数据可以推测其属于野猪以外，其余包括第一期在内的 10 个数据都属于家猪范围。尤其从尺寸的变化趋势看，家畜化的过程表现得尤为明显。

从跨湖桥遗址里猪的年龄结构统计中，我们可以看出，2.5 岁以上的猪由第一期占总数的 87.5％降低到第二、第三期的 45％左右，其平均年龄也由第一期的 4.6 岁降低到第二期的 3.5 岁，再降低到第三期的 2.9 岁。从第一期到第三期，有一个明显地逐步年轻化过程。这也是我们推测当时存在家猪的依据之一。

跨湖桥遗址里出土的猪颌骨中有些因为破碎，缺乏鉴定性别的部位，有些则因为性别特征不明显，故很难对其雌雄进行鉴定和统计。这里忽略，不作讨论。

但是，其数量统计的结果却有特殊性，如按照可鉴定标本数的统计结果，猪在全部哺乳动物中的比例分别为第一期 27.24％，第二期 10.34％，第三期 8.96％；按照最小个体数的统计结果，猪在全部哺乳动物中的比例分别为第一期 22.58％，第二期 12.2％，第三期 8％。尽管两种统计方法的结果不完全相同，但其大体趋势是一致的，即第一期为 20％以上，第二期为 10％以上，第三期为 10％以下。有一个明显地从早到晚不断减少的过程。

通过以上讨论，我们认为，由于在第一、第二、第三期都发现齿列不整齐的现象，第 3 臼齿的数据又绝大多数都在 40 毫米以下，而且其年龄结构也有一个明显变小的过程。尽管我们不能提供性别特征上的证据，但依据上述的齿列、尺寸、年龄等几点认识，我们可以确认跨湖桥遗址自第一期开始就存在家猪，而且由于第一期就存在齿列扭曲及一定数量的尺寸小于 40 毫米的第 3 臼齿，应该说，这个地区家猪起源的历史还可以向前追溯[27]。不过，从动物数量的数字统计看，与我们过去的认识不一样。过去我们认为，家猪饲养起源以后，其在全部哺乳动物中所占的比例会有一个不断增加的过程，但是，这个遗址的家猪在全部动物中的比例反而越来越少了。我们必须正视这个统计结果，我们应该用这个位于长江流域的遗址的统计结果来纠正自己以往的认识。即主要依据对于中国黄河流域新石器时代遗址中出土动物骨骼的整理结果，认为随着时间的发展，家猪饲养的数量越来越多。现在看来，长江流域新石器时代居民饲养家猪的过程具有自己的特点。

长江流域新石器时代遗址出土动物骨骼的特征

在发掘长江中上游地区的遗址中，除中坝遗址外，其他遗址均未采用过筛子的

---

〔27〕　袁靖、杨梦菲：《动物研究》，见浙江省文物考古研究所、萧山博物馆编：《跨湖桥》，第 241～270 页，北京：文物出版社，2004 年。

方法采集动物标本，这势必对动物骨骼采集的完整性造成影响，特别是鱼骨中有些骨骼的尺寸往往较小，在发掘过程中如果不用过筛子的方法采集，容易遗漏。中坝遗址采用过筛子的方法收集了出土的全部动物骨骼，其研究结果证明鱼骨的数量比哺乳类骨骼的要多三倍左右[28]。而在长江中上游地区其他遗址没有采用过筛子的方法收集动物骨骼，那些遗址中出土的动物骨骼有些是鱼骨占多数，有些是鱼骨占一定比例。对以上各个遗址出土的动物种类和比例进行概括，我们可以看到，长江中上游地区自距今 10000 年开始，遗址中出土的动物骨骼全部是野生种，可以肯定那时获取肉食资源的方式是狩猎和捕鱼捞贝。到距今 7000 年左右开始出现家猪，从那时一直到距今 4000 年左右的新石器时代晚期，各个遗址里出土的动物骨骼中除鱼骨外，野生动物的种类也较多，其中鹿的数量最多。即便考虑到发掘过程中采集动物骨骼有局限，我们还是可以认为，注重捕鱼是这个地区新石器时代居民获取肉食资源的一个显著特征。另外，当时的狩猎活动也比较兴盛，狩猎对象主要以鹿为主。我们特别要强调的是，在这个地区新石器时代居民获取肉食资源的活动中，饲养家猪仅占极其次要的地位。

为了更加全面地说明长江中上游地区新石器时代居民获取肉食资源方式的特征，这里还可以列举一个十分重要的旁证。在属于大溪文化的大溪遗址下层（距今约 5500～5100 年）发现了 69 座墓葬，其中有 7 座墓葬随葬鱼，墓主均为成年人，性别有男有女，随葬的鱼有的放在身上，有的置于脚旁，有的位于双臂之下，有的含于口中。其中 M153 的女性死者的双臂下各放一条鱼，鱼的大小大致与死者的手臂一样长，约为 50 厘米左右，属于大鱼[29]。这种以鱼作随葬品的现象与该地区注重捕鱼的行为具有明显的一致性，这在中国其他地区是十分罕见的。

由于在发掘长江下游地区的遗址时，也均未采用过筛子的方式获取动物骨骼，所以其采集的动物骨骼也有局限性，可能漏掉了包括鱼骨在内的较小的动物骨骼。正因为我们现在采集动物骨骼的方法具有先天的不足，所以形成了统计中的误差。当然，这个问题的解决，只能留待以后的考古发掘中使用过筛子的方法和进一步的动物考古学研究了。尽管如此，在河姆渡、罗家角、圩墩等遗址中都发现了一定数量的鱼骨，这些鱼骨证明捕鱼在当时获取肉食资源的活动中也占有一定的地位，但是其他遗址的情况尚不清楚。在不能确认长江下游地区当时是否存在大量捕鱼活动的前提下，我们

[28]　a. Rowan Kimon Flad. 2004. *Specialized Salt Production and Changing Social Structure at the Prehistoric Site of Zhongba in the Eastern Sichuan Basin*, *China*, A dissertation submitted in partial satisfaction of the requirements for the degree Doctor of Philosophy in Archaeology, University of California, Los Angeles.

　　　　b. 付罗文、袁靖：《重庆忠县中坝遗址动物遗存研究》，《考古》2006 年第 1 期，第 79～88 页。

[29]　四川省博物馆：《巫山大溪遗址第三次发掘》，《考古学报》1981 年第 4 期，第 461～490 页。

至少可以看到这个地区 8200 年前就出现家猪，但是，从距今 8200 年前到距今 5000 年左右，各个遗址里出土家猪的数量始终很少，以鹿科动物为主的野生动物一直占据优势地位。可见在新石器时代的大多数时间里，这个地区一直保持着以渔猎活动为主的获取肉食资源的习惯。

与长江中上游地区相比，我们认为，由于在长江下游地区距今 10000 年的遗址里尚未发现动物骨骼，我们不能把握当时这个地区获取肉食资源的特征。但是，我们可以推测在 10000 年前这个地区应该和长江中上游地区相似，以狩猎和捕鱼捞贝的方式获取肉食资源。在而后数千年的时间里，长江中上游地区和长江下游地区有两点较大的一致性，即主要通过渔猎方式获取肉食资源和饲养家猪的比例很小，但是长江中上游一些地区的新石器时代居民注重捕鱼，而且很可能主要捕捞体型较大的鱼，这在长江下游地区新石器时代居民获取肉食资源的活动中是少见的。而长江下游地区在良渚文化时期是否主要依靠以饲养家猪的方式获取肉食资源，尚有待以后的研究来证实。

和黄河流域的比较

在距今 10000 年左右黄河流域新石器时代的居民完全通过狩猎、捕捞活动获取肉食资源。到距今 8000 年前黄河中上游地区已经出现两种新的获取肉食资源的方式，一是以狩猎活动为主，饲养家猪活动为辅；二是以饲养家猪活动为主，而以狩猎活动为辅，但家猪的比例还不高。从距今 6000 多年以来，在获取肉食资源的活动中，饲养家猪活动所占的比例越来越大，直至占绝对多数。这是当时黄河中上游地区的居民获取肉食资源方式的主流。当然，在这个过程中也不排除个别特殊现象的存在，如姜寨遗址的特点就完全不同，一直到距今 4000 年左右，这里的居民仍以狩猎活动为主。我们注意到，与姜寨遗址相隔仅 20 多公里、在一定时间段里文化面貌也大致相近的半坡遗址，主要依靠饲养家猪获取肉食资源，这与该地区距今 6000 年以来获取肉食资源方式的主流是一致的，姜寨遗址的特殊性可能与其所处的特定自然环境有关。黄河下游地区的居民在距今 7000 多年前主要通过渔猎活动获取肉食资源，饲养家猪活动占次要地位。到距今 6000 年前开始变为主要通过饲养家猪获取肉食资源，并在以后的整个新石器时代里，一直保持这样的习惯。但需要强调的是，在这个地区获取肉食资源的全部活动中，饲养家猪的活动往往占 50%～60%左右，最终也没有像黄河中上游地区那样达到绝对多数[30]。

比较两个流域的新石器时代居民获取肉食资源的活动，我们认为，在相当长的时

---

〔30〕　袁靖：《论中国新石器时代居民获取肉食资源的方式》，《考古学报》1999 年第 1 期，第 1～22 页。

间里，长江流域的新石器时代居民主要通过渔猎活动获取肉食资源，黄河流域的新石器时代居民主要通过饲养家猪的方式获取肉食资源，这两个特征形成鲜明的对照。

赵志军在对多处中国新石器时代遗址出土的植物遗存进行研究的基础上，提出关于中国新石器时代存在北方地区旱作农业、长江流域稻作农业和华南地区块茎类作物农业等三种农业生产方式的观点[31]。显示出新石器时代居民对不同的农业生产方式的选择与不同的自然环境条件密切相关。这对我们是一个有益的启示。

我们认为，在新石器时代，黄河流域和长江流域出现的这种获取肉食资源方式的差异，可能主要还是与当时这两个地区的自然地貌、动物资源及人口分布的密度有关。这是一个有待深入探讨的课题，涉及第四纪地貌、古生物学、考古学等多个学科，在今后的研究中，我们希望能够与其他学科的学者合作，争取在掌握翔实资料的基础上，提出科学的认识。

其他

古代文献中也有关于先秦时期人们生产行为的描述，如《周礼·职方氏》里曾经说过，"职方氏掌天下之图，以掌天下之地……与其财用五谷、六畜之数要，周知其利害。乃辩九州之国，使同贯利。东南曰扬州……其畜易鸟兽，其谷易稻。正南曰荆州……其畜易鸟兽，其谷易稻。河南曰豫州……其畜易六扰，其谷易五种。正东曰青州……其畜易鸡狗，其谷易稻麦。河东曰兖州……其畜易六扰，其谷易四种。正西曰雍州……其畜易牛马，其谷易黍稷。东北曰幽州……其畜易四扰，其谷易三种。河内曰冀州……其畜易牛羊，其谷易黍稷。正北曰并州……其畜易五扰，其谷易五种"[32]。其中提到的六扰是指六畜，即鸡、狗、马、猪、牛、羊，而五种是指五谷，即黍、稷、菽、麦、稻。我们看到，就农作物而言，上述各州都有自己的种类，最多的有五种，最少的仅一种，我们认定当时农业种植存在于各州。而就家畜而言，位于黄河流域乃至更北的各个州都有家畜，多的有六种，最少的也有两种，唯独位于长江流域的扬州和荆州仅有鸟兽，这类有家畜和没有家畜的记载形成鲜明的对照。当然，《周礼·职方氏》的记载是否完全属实尚未定论，但是，至少我们可以推测当时长江流域即便有家畜，其数量可能也相当有限。由此可见，《周礼·职方氏》的记载和我们对中国各个地区新石器时代动物骨骼的研究结果，明显具有相互印证之处。

我们把新石器时代的自然环境因素、动物骨骼资料和考古学文化的特征等诸多因

〔31〕 赵志军：《有关中国农业起源的新资料和新思考》，见中国社会科学院考古研究所编著：《新世纪的中国考古学》，第86～101页，北京：科学出版社，2005年。

〔32〕 阮元校刻：《十三经注疏》，第861～863页，北京：中华书局影印，1980年。

素综合考虑，提出一种认识，即新石器时代的居民总是尽可能地通过狩猎或捕捞的方式获取野生动物，即尽可能地依赖居住地周围自然环境所存在的动物资源。而通过饲养动物获取肉食资源这种开发自己另一种生存活动能力的行为，似乎是在利用狩猎或捕捞动物的方式已经不能保证肉食来源的前提下形成的，是不得已而为之。中国新石器时代的居民有过一系列生存活动的变化，由完全依赖于自然环境提供的动物资源，到开始开发某些野生的动物资源，把它们作为家养动物，再到主要依靠这类家养动物获取肉食。这些变化总是在肉量需求的增长、居住地周围自然环境所能提供动物资源的多少的制约下，被动地形成和发展的。我们把这个过程归纳为"被动发展论"[33]。对长江流域新石器时代居民获取肉食资源的方式进行研究后，我们得出完全不同于黄河流域的认识，可见各个地区新石器时代居民生产力发展的过程不是同一的，这又进一步证明我们提出的"被动发展论"的观点是正确的。

结　论

在确定科学的研究方法的前提下，本文通过对长江流域 17 个遗址中出土的动物骨骼资料进行分析和研究，确认中国长江流域家猪起源的时间在距今 8200 年前，在新石器时代，这个地区获取肉食资源的方式基本上以狩猎和捕鱼为主，在相当长的时间里饲养家猪仅占次要地位，这种获取肉食资源的方式与黄河流域新石器时代居民自距今 8000 年开始就饲养家猪，而后，这种饲养行为逐步成为获取肉食资源方式的主流形成鲜明对照。这种差异与当时各个地区自然环境条件的不同有关，但更主要的原因在于新石器时代居民开发自然资源的行为始终是被动地形成和发展的。

（原载于中国社会科学院考古研究所编著：《新世纪的中国考古学》，第 967～983 页，北京：科学出版社，2005 年）

---

[33]　袁靖：《论中国新石器时代居民获取肉食资源的方式》，《考古学报》1999 年第 1 期，第 1～22 页。

论黄河流域和长江流域史前居民
获取肉食资源方式的差异

在中国历史研究中，有关史前经济形态的探讨一直是一个薄弱环节。在描述理想的农业经济时，古人总是提到"五谷丰登、六畜兴旺"，可见获取肉食资源是当时经济形态的重要内容之一。在研究中我们发现，黄河流域和长江流域史前居民获取肉食资源的方式存在着明显的差异，这里做一个概括性的比较。

在距今 10000 年左右，黄河流域的史前居民完全通过狩猎、捕捞活动获取肉食资源，但是，到距今 8000 年前黄河中上游地区已经出现了两种新的获取肉食资源的方式，一种是以狩猎活动为主，饲养家猪活动为辅；一种是以饲养家猪活动为主，而以狩猎活动为辅，且家猪的比例在获得的所有哺乳动物中占 60％左右。从距今 6000 多年以来，在所有获取肉食资源的活动中，饲养家猪活动所占的比例越来越大，直至达到 80％以上。

在距今 7000 多年前，黄河下游地区的居民主要通过渔猎活动获取肉食资源，饲养家猪的活动占次要地位。到距今 6000 年前，这里的居民开始变为主要通过饲养家猪的活动来获取肉食资源，并且在之后的整个史前时期一直保持这样的习惯。这里必须强调的是，在黄河下游地区，饲养家猪的活动在获取肉食资源的全部活动中所占的比例往往为 50％～60％左右，最终也没有像黄河中上游地区那样达到绝对多数。

我们认为，距今 6000 年以来，黄河中上游地区和黄河下游地区的古代居民都是主要通过饲养家猪的方式获取肉食资源，但是，在长期的发展过程中，黄河中上游地区的古代居民在相当大的程度上依靠饲养家猪获取肉食资源，而相比之下，黄河下游地区的古代居民则依赖程度偏低。

自距今 10000 年开始，长江中上游地区的古代居民获取肉食资源的方式同样是完全依靠狩猎和捕鱼捞贝。到距今 7000 年左右开始出现家猪，从那时开始一直到距今 4000 年左右的史前时期结束之际，多个遗址出土的动物骨骼中都包含着大量鱼骨，注重捕鱼是这个地区史前时期居民获取肉食资源的一个显著特征。这里列举一个十分重要的实例，在距今约 5500～5100 年的大溪遗址中发现墓葬 69 座，其中在一些墓葬里随葬有鱼。比如在 M153 内的女性死者的双臂下各放一条大鱼，鱼长半米左右，几乎与死者的手臂一样长。这种以鱼作为随葬品的现象与这个地区注重捕鱼的行为具有明显的一致性，这一现象在中国其他地区是十分罕见的。在长江中上游地区的考古遗址中出土的动物遗存中，除了鱼骨之外，其他野生动物的种类也很多，其中尤以鹿的数量为最多。可见当时的狩猎活动也比较兴盛，狩猎对象主要以鹿为主。我们特别要强调的是，在这个地区史前时期居民获取肉食资源的活动中饲养家猪仅占极其次要的地位。

在长江下游地区的一些史前时期的遗址里，我们也发现了一定数量的鱼骨，这些鱼骨证明捕鱼在这个地区获取肉食资源的活动中也占有一定地位。自距今 8200 年前，这个地区就开始出现家猪，但是从距今 8200～5000 年左右各个遗址里出土家猪的数量始终很少，在出土的动物骨骼中，以鹿为主的野生动物一直占据优势。但是在距今5000～4000 年的良渚文化时期，在出土的动物骨骼中家猪骨骼突然占多数，显示出家猪饲养在这个时期成为获取肉食资源的主要活动。不过在良渚文化之后的马桥文化的遗址里，我们发现又恢复到原来那种以渔猎为主获取肉食资源的状态。如果把良渚文化时期出现的现象作为特例对待，那么可以认为，长江下游地区在史前时期大致保持着以渔猎活动为主获取肉食资源的习惯。

我们认为，长江中上游地区和长江下游地区的古代居民在主要通过渔猎活动获取肉食资源、饲养家猪的比例很小这两点上，具有较大的一致性。但是，长江中上游一些地区史前居民注重捕捞体型较大的鱼，这在长江下游地区是少见的。而在特定时间段里，长江下游地区的古代居民饲养家猪的比例突然增加，这一现象也值得关注。

我们把黄河流域和长江流域史前时期居民获取肉食资源的方式进行比较，可以确定，在相当长的时间里黄河流域的居民主要通过饲养家猪的方式获取肉食资源，这一特征和长江流域的居民主要通过渔猎活动获取肉食资源的特征形成鲜明的对照。

中国史前时期这两大流域古代居民获取肉食资源方式的明显差异至少一直延续到先秦时期。先秦时期的文献《周礼·职方氏》中把天下分为九州，在讲述各州的物产时提到，"东南曰扬州……其畜易鸟兽，其谷易稻。正南曰荆州……其畜易鸟兽，其谷易稻。河南曰豫州……其畜易六扰，其谷易五种。正东曰青州……其畜易鸡狗，其谷易稻麦。河东曰兖州……其畜易六扰，其谷易四种。正西曰雍州……其畜易牛马，其谷易黍稷。东北曰幽州……其畜易四扰，其谷易三种。河内曰冀州……其畜易牛羊，其谷易黍稷。正北曰并州……其畜易五扰，其谷易五种"。这段文献里提到的"六扰"是指鸡、狗、马、猪、牛、羊等六种家养动物，而"五种"是指黍、稷、菽、麦、稻等五种农作物。我们看到各个州都有与农业活动相关的记载，但是，就获取肉食资源而言，黄河流域以及更北的各个州主要依赖家畜饲养，多的有六种，最少的也有两种。唯独长江流域的扬州和荆州仅有鸟兽。文献中有关各个地区有家畜和没有家畜的记载，在一定程度上也印证了我们对史前时期各个地区考古遗址出土动物骨骼的研究结果的可信度。

获取肉食资源的方式是反映古代经济形态特征的一个重要方面。在黄河流域和长江流域自史前时期开始，包括家畜饲养在内的农业经济就呈现出不同的状况，虽然相距不远，但是流域与流域之间在获取食物资源方式上存在明显差异，形成了中国史前经济发展的独特现象，这在世界上也是独一无二的。

黄河流域和长江流域史前居民获取肉食资源的差异显示出，在相当长的时间里北方经济要强于南方的史实。夏商周三代王朝都建国于黄河流域的中游地区，与这个地区包括家畜饲养业在内的农业经济都很繁荣、发达存在着必然联系。长江流域在长时间内获取肉食资源的方式一直以渔猎为主，其农业经济也是单一的种植稻谷，这种简单的经济形态不需要复杂的管理，这很可能阻碍了这个地区复杂社会的形成。从历史上看，黄河和长江这两大流域在经济上的差异持续了相当长的时间，一直到西晋永嘉之乱以后，才开始出现真正的改变。

（原载于《光明日报》2008 年 9 月 21 日第 7 版）

中国新石器时代用猪祭祀及随葬的研究

考古遗址中出土的动物骨骼都是古代居民食用后废弃或有意识地保留的。所谓有意识地保留，是指古代居民在当时祭祀和随葬的活动中有目的地使用动物，他们或者把动物的某个部分或整个个体和死者一起放在墓坑里，然后掩埋；或者直接挖坑，把整个动物埋在坑里。这样，当我们通过发掘而发现这些动物骨骼时，它们往往保持着当时摆放的原状。

在发掘和研究中，我们发现，使用动物进行祭祀和随葬是中国新石器时代居民的一种习俗，而在这种习俗中，使用频率最高的动物就是猪，基本上遍及各个地区，从时间上看也延续了几千年。本文拟在叙述新石器时代各个地区使用猪进行祭祀和随葬的资料的基础上，展开讨论，认识各个地区利用猪进行祭祀和随葬的地方性特征，及这种活动对商代的影响。

用猪祭祀及随葬的动物考古学资料

这里，首先按东北及内蒙古地区、华北及黄河中上游地区、黄淮下游地区、长江中上游地区、长江下游地区等地理区划，分别归纳各个新石器时代遗址出土的与猪有关的埋葬和随葬现象。在叙述各个地区的遗址中出土的猪骨状况时，按照现行的行政区划由东向西、自北向南排列。另外，考虑到考古学文化的因素，对有些地区的遗址的区域划分作了适当地调整。

东北及内蒙古地区
辽宁大连郭家村遗址

郭家村遗址包括小珠山下层类型和小珠山上层类型。发现 11 座房址，F2 东北角居住面下有一不规则土坑，里面埋葬 1 头猪[1]。

---

[1] 辽宁省博物馆、旅顺博物馆：《大连市郭家村新石器时代遗址》，《考古学报》1984 年第 3 期，第287～329页。

内蒙古敖汉兴隆洼遗址

兴隆洼遗址属于兴隆洼文化。M118 墓主为一成年男性，葬式为仰身直肢，在死者的右侧竖着随葬一雌一雄两头猪，猪身仰卧，从其四肢均呈蜷曲状看，可能是将这两头猪分别捆绑后再埋葬的[2]。

内蒙古敖汉兴隆沟遗址

兴隆沟遗址属于兴隆洼文化。在一座房址的西南侧出土 15 个兽头，摆放成一组，其中 12 个是猪头，3 个是鹿头，多数兽头的前额正中钻有长方形或圆形的孔，其中两个有明显的灼痕[3]。

华北及黄河中上游地区

内蒙古伊金霍洛朱开沟遗址

朱开沟遗址龙山文化晚期的 M2001 死者足端一侧随葬猪下颌 1 副[4]。

河北武安磁山遗址

磁山遗址的 186 个灰坑中，H5 的底部埋葬两头猪，H12、H14、H265 的底部各埋葬 1 头猪。这些动物的骨架上都堆满已经炭化的小米[5]。

河南安阳鲍家堂遗址

鲍家堂遗址属于仰韶文化大司空类型。有 32 个灰坑，其中 H5 埋葬 1 头猪，H25 分四层埋葬 10 头猪。其中一层 1 头，二层 3 头，三层 2 头，二层和三层的猪的头向都不一致，四层 4 头，头向一致，发掘者根据骨架前后肢并拢的现象，判断是捆绑后埋入的，并认为这些灰坑位于陶窑附近，是烧制陶器过程中的一种牺牲[6]。

河南郑州大河村遗址

大河村遗址内属于仰韶文化第四期的 H80 中埋葬有猪 2 头及数量不清的小猪，H197 内埋葬 1 个人 1 头猪，T14K1、T27K1、T28K1、K2、T52K1、K2 分别埋葬 1 头猪，除 1 头四肢被捆绑外，其余皆摆放自然。属于龙山文化的 M91 中，在死者头前

---

〔2〕 中国社会科学院考古研究所内蒙古工作队：《内蒙古敖汉旗兴隆洼聚落遗址 1992 年发掘简报》，《考古》1997 年第 1 期，第 1～26 页。

〔3〕 中国社会科学院考古研究所内蒙古工作队：《兴隆沟遗址发掘获重要成果》，《中国社会科学院古代文明研究中心通讯》2002 年第 3 期，第 64～67 页。

〔4〕 内蒙古自治区文物考古研究所、鄂尔多斯博物馆：《朱开沟》，第 140 页，北京：文物出版社，2000 年。

〔5〕 河北省文物管理处、邯郸市文物保管所：《河北武安磁山遗址》，《考古学报》1981 年第 3 期，第 303～338 页。

〔6〕 中国社会科学院考古研究所安阳工作队：《安阳鲍家堂仰韶文化遗址》，《考古学报》1988 年第 2 期，第 169～188 页。

一侧随葬猪下颌，H132、H268 中分别埋葬 1 头猪[7]。

河南郑州后庄王遗址

后庄王遗址属于仰韶文化，与大河村遗址仰韶文化层的年代相当。在灰坑和灰土层里分别单独埋葬年龄不一的 16 头猪，绝大多数骨架完整，个别没有胫骨。从发表的图上看，有的猪是四肢被捆绑后埋葬的[8]。

河南洛阳王湾遗址

王湾遗址中属于仰韶文化的 H39 埋葬 1 头猪[9]。

河南渑池班村遗址

班村遗址中属于庙底沟二期文化的 H629 埋葬 7 头年龄大小不一的小猪，摆放姿势不清[10]。

河南陕县庙底沟遗址

庙底沟遗址属于仰韶文化庙底沟类型。在 H22 内埋葬 3 只狗 1 头猪，H40 内埋葬 1 头猪[11]。

河南灵宝涧口遗址

涧口遗址属于庙底沟二期文化。有 16 座灰坑，其中 H7 埋葬 1 只狗 1 头猪，猪没有头和四肢，仅剩躯干[12]。

河南临汝煤山遗址

煤山遗址属于河南龙山文化。H40 埋葬 1 头猪[13]。

河南汝州中山寨遗址

中山寨遗址属于仰韶文化秦王寨类型的 16 座窖穴中，H56 分三层埋葬 1 个人 2 只狗 2 头猪，下层和中层均为狗和猪，上层为人。从骨架看，摆放时均不规整[14]。

河南舞阳贾湖遗址

贾湖遗址属于贾湖文化。在 349 座土坑墓中，M113 内成年女性的足端一侧和

---

〔7〕　郑州市文物考古研究所编著：《郑州大河村》，第 311～312、619～654 页，北京：科学出版社，2001 年。

〔8〕　河南省文物研究所：《郑州后庄王遗址的发掘》，《华夏考古》1988 年第 1 期，第 5～22 页。

〔9〕　北京大学考古文博学院：《洛阳王湾》，第 28 页，北京：北京大学出版社，2002 年。

〔10〕　袁靖：《河南渑池班村遗址动物骨骼研究报告》，待刊。

〔11〕　中国科学院考古研究所编著：《庙底沟与三里桥》，第 16 页，北京：科学出版社，1959 年。

〔12〕　河南省文物研究所：《河南灵宝涧口遗址发掘报告》，《华夏考古》1989 年第 4 期，第 10～47 页。

〔13〕　中国社会科学院考古研究所河南二队：《河南临汝煤山遗址发掘报告》，《考古学报》1982 年第 4 期，第 427～476 页。

〔14〕　中国社会科学院考古所河南一队：《河南汝州中山寨遗址》，《考古学报》1991 年第 1 期，第 57～89 页。

M278 内老年男性的腹部分别随葬 1 块猪下颌。H28 里发现成堆的猪肩胛骨和牛骨[15]。

河南淅川下王冈遗址

下王冈遗址中属于仰韶文化一期（早于仰韶文化半坡类型）的 123 座土坑墓中，M705 为合葬墓，墓主为两位成年男性，南侧死者的腹部处随葬有猪上颌、象牙等。属于仰韶文化二期（与仰韶文化半坡类型相当）的 451 座土坑墓中，M173 为二次葬，随葬 1 个猪头。在属于龙山文化的 118 个灰坑中，H144 底部发现 1 头完整的母猪，腹腔内有一窝猪仔，数量不清，母猪的胸骨处发现 1 枚三棱形骨镞[16]。

河南淅川黄楝树遗址

黄楝树遗址属于屈家岭文化。在 38 座墓中，M11 的腰坑里埋葬瓮棺（W21），其下随葬 1 个猪头[17]。

河南邓州八里岗遗址

八里岗遗址相当于仰韶文化半坡—庙底沟类型时期。有 120 座墓，其中有极少数墓随葬较多的猪下颌。在一些墓葬旁边还发现了圆形或椭圆形的土坑，里面叠压摆放着猪头和下颌，少则 10～20 个，多则 40～50 个[18]。

山西襄汾陶寺遗址

陶寺遗址属于陶寺文化。1980 年发掘的 405 座墓中，有 14 座墓随葬猪下颌，多放在头端的壁龛中或墓底，少数放在足端的墓底。各墓随葬猪下颌的数量不等，以猪下颌的一侧或一副猪下颌最常见，M3084 随葬 30 副以上，数量最多。在墓地里死者头部一端或脚部一端均发现一些小坑，坑里埋葬猪下颌，数量为 1～14 副不等。M3015 为大型墓，在墓坑边放置一头被砍掉头的猪。1983～1984 年发掘的龙山文化的 9 间房址中，F321 的南壁下埋葬着 1 头皮毛俱在的猪。发掘者认为，这可能是当时窑洞倒塌所致。2002 年发掘的 M22 随葬 10 头猪，1 副下颌[19]。

山西垣曲古城东关遗址

东关遗址庙底沟二期文化晚期的 69 座灰坑中，H63 发现 1 头猪，肢骨完整。除猪

[15] 河南省文物研究所编著：《舞阳贾湖》，第 656～701 页，北京：科学出版社，1999 年。

[16] 河南省文物研究所、长江流域规划办公室考古队河南分队编：《淅川下王冈》，第 233、342～348、352～389 页，北京：文物出版社，1989 年。

[17] 长江流域规划办公室考古队河南分队：《河南淅川黄楝树遗址发掘报告》，《华夏考古》1990 年第 3 期，第 1～69 页。

[18] 北京大学考古实习队、河南省南阳市文物研究所：《河南邓州八里岗遗址发掘简报》，《文物》1998 年第 9 期，第 31～45 页。

[19] a. 中国社会科学院考古研究所山西工作队、临汾地区文化局：《山西襄汾县陶寺遗址发掘简报》，《考古》1980 年第 1 期，第 18～31 页。

　　 b. 中国社会科学院考古研究所山西工作队、临汾地区文化局：《1978-1980 年山西襄汾陶寺墓地发掘简报》，《考古》1983 年第 1 期，第 30～42 页。

以外，还有 1 具少年男性的骨架和属于 2 个个体的零散的人头骨和肢骨[20]。

山西夏县东下冯遗址

东下冯遗址属于山西龙山文化。在 20 个灰坑中，H231 埋葬 2 只狗 1 头猪 2 只羊，发掘者没有提及猪的状况，仅介绍了羊骨架呈挣扎状，从图上看，猪的四肢伸展，不像被捆绑的样子[21]。

陕西华县元君庙墓地

元君庙遗址中属于仰韶文化半坡类型的 51 座墓中，M425 为成年男女和儿童合葬墓，随葬 1 块猪下颌，M439 为 8 位成年男女合葬墓，随葬 1 块猪右下颌，M442 为成年男性二次葬墓，随葬 1 块猪上颌，出土位置不清[22]。

陕西临潼姜寨遗址

姜寨遗址中属于仰韶文化半坡类型的 298 座土坑墓中，M27 墓主为一男性儿童，随葬 1 块猪下颌，M90 墓主为一成年男性，随葬猪下颌和猪后腿，出土位置不清[23]。

陕西凤翔大辛村遗址

大辛村遗址属于陕西龙山文化。M3 墓主为一成年男性，葬式为仰身直肢，墓坑四周有一圈柱洞，死者足下随葬 10 块猪下颌，成堆摆放[24]。

陕西宝鸡北首岭遗址

北首岭遗址的 451 座墓中，有 30 座墓随葬加工过的猪犬齿，加工方法为先将犬齿劈成两半，然后磨光，猪犬齿数量及摆放位置不清[25]。

陕西西乡何家湾遗址

何家湾遗址中属于仰韶文化半坡类型的 156 座土坑墓里，M24 墓主为一成年女性，

c. 中国社会科学院考古研究所山西工作队、山西省临汾地区文化局：《陶寺遗址 1983-1984 年Ⅲ区居住址发掘的主要收获》，《考古》1986 年第 9 期，第 773～781 页。

d. 中国社会科学院考古研究所山西第二工作队、山西省考古研究所、山西省临汾市文物局：《2002 年山西襄汾陶寺城址发掘》，《中国社会科学院古代文明研究中心通讯》2003 年第 5 期，第 40～49 页。

[20] 中国历史博物馆考古部、山西省考古研究所、垣曲县博物馆编著：《垣曲古城东关》，第 284～286 页，北京：科学出版社，2001 年。

[21] 中国社会科学院考古研究所、中国历史博物馆、山西省文物工作委员会东下冯考古队：《山西夏县东下冯龙山文化遗址》，《考古学报》1983 年第 1 期，第 55～92 页。

[22] 北京大学历史系考古教研室：《元君庙仰韶墓地》，第 86～105 页，北京：文物出版社，1983 年。

[23] 半坡博物馆、陕西省考古研究所、临潼县博物馆：《姜寨》，第 400～411 页，北京：文物出版社，1988 年。

[24] 雍城考古队：《陕西凤翔县大辛村遗址发掘简报》，《考古与文物》1985 年第 1 期，第 1～11 页。

[25] 中国社会科学院考古研究所编著：《宝鸡北首岭》，第 157～182 页，北京：文物出版社，1983 年。

M90 为一成年男性，两墓均随葬猪下颌，还有 11 座墓里随葬加工过的猪牙。报告未提具体的牙齿名称，推测为犬齿[26]。

陕西南郑龙岗寺遗址

龙岗寺遗址中属于仰韶文化半坡类型的 423 座墓中，M4 墓主为一成年男性，随葬 1 个猪下颌。此外还有 88 座墓随葬加工过的猪犬齿和獐牙，总计 131 颗猪犬齿，12 颗獐牙，猪犬齿的加工方法与北首岭遗址的相同。下颌和牙齿摆放位置不清[27]。

甘肃宁县阳坬遗址

阳坬遗址相当于仰韶文化半坡类型晚期。4 座墓中有 2 座随葬猪下颌，分别放在死者左盆骨一侧或左膝盖一侧。墓边有一圆形窖穴，埋葬 3 个成年男性和 2 头猪，其中两位死者为侧身屈肢葬，在他们的足后分别放有 1 头猪，猪的骨架完整[28]。

甘肃天水师赵村遗址

师赵村遗址属于马家窑文化马家窑类型层的 F38 用自然石块排成圆圈，圈内用碎陶片、小石子和黄土羼合在一起平铺、夯实，上面摆放约 90 块石块，还有猪头骨、下颌和肢骨等。发掘者推测其为祭祀遗迹。属于马家窑文化半山—马厂类型层的 M9 墓主葬式为侧身屈肢葬，墓主足端一侧随葬 2 块猪下颌[29]。

甘肃天水西山坪遗址

西山坪遗址属于齐家文化层的 H17 埋葬年龄不一的 5 头猪，此坑位于房址和墓葬附近[30]。

甘肃秦安大地湾遗址

大地湾遗址中属于大地湾一期的 11 座墓中，M15 墓主为一青年男性，在其腹部随葬猪下颌，M208 也随葬猪下颌，但是位置不清[31]。

甘肃永靖大何庄墓地

大何庄遗址属于齐家文化。墓地里 82 座墓中有 10 座随葬猪下颌，总计 126 块，随葬最多的有 36 块，几乎都放在脚上方的墓口填土里，也有个别放在死者的脚边。M34

〔26〕 陕西省考古研究所、陕西省安康水电站库区考古队：《陕南考古报告集》，第 171～178 页，西安：三秦出版社，1994 年。

〔27〕 陕西省考古研究所：《龙岗寺》，第 183～215 页，北京：文物出版社，1990 年。

〔28〕 广阳地区博物馆：《甘肃宁县阳坬遗址试掘简报》，《考古》1983 年第 10 期，第 869～876 页。

〔29〕 中国社会科学院考古研究所编著：《师赵村与西山坪》，第 75～76、324 页，北京：中国大百科全书出版社，1999 年。

〔30〕 中国社会科学院考古研究所编著：《师赵村与西山坪》，第 272 页，北京：中国大百科全书出版社，1999 年。

〔31〕 甘肃省博物馆、秦安县文化馆大地湾发掘小组：《甘肃秦安大地湾新石器时代早期遗存》，《文物》1981 年第 4 期，第 1～8 页。

有30块猪下颌放在接近坑口的填土里，6块放在死者的脚边，发掘者依据现场观察，认为这6块可能原来放在陶豆上，后因填土所压而落下[32]。

甘肃永靖秦魏家墓地

秦魏家遗址齐家文化墓地里的138座墓中有46座成人墓随葬猪下颌，共有439块，最多达68块，少则1块。大部分放在死者脚上方的墓口填土内，少数放在足端的陶器上面，个别放在死者腿边。数量较多的下颌有的成堆放，也有的整齐地并排放置[33]。

甘肃武威皇娘娘台遗址

皇娘娘台遗址属于齐家文化。在62座墓中，有14座发现猪下颌骨，最多的7块，最少的1块，一般放于死者的脚边或脚下方，有1块放在头骨南侧[34]。

青海民和核桃庄遗址

核桃庄遗址属于马家窑文化马家窑类型的M1内随葬1个猪头和1只羊，摆放位置不清[35]。

黄淮下游地区

山东长岛大口遗址

大口遗址发现属于龙山文化的兽坑6个，每个坑内都埋葬1个动物，以猪为主，也有狗，摆放姿势不清，有的兽坑上压石块[36]。

山东蓬莱大仲家遗址

大仲家遗址属于紫荆山一期文化层里发现2头分别埋葬的猪[37]。

山东胶州三里河墓地

三里河墓地属于大汶口文化晚期至山东龙山文化中期。大汶口文化晚期的66座墓中，有20座随葬猪下颌，最多的为37块，最少的1块，共计143块，其中有1块下颌在左右两侧的下颌角处穿孔。一些随葬猪下颌的墓还分别随葬有鱼、龟甲、獐牙或鹿

---

[32] 中国科学院考古研究所甘肃工作队：《甘肃永靖大何庄遗址发掘报告》，《考古学报》1974年第2期，第29～61页。

[33] 中国科学院考古研究所甘肃工作队：《甘肃永靖秦魏家齐家文化墓地》，《考古学报》1975年第2期，第57～96页。

[34] 甘肃省博物馆：《武威皇娘娘台遗址第四次发掘》，《考古学报》1978年第4期，第421～448页。

[35] 青海省考古队：《青海民和核桃庄马家窑类型第一号墓葬》，《文物》1979年第9期，第29～32页。

[36] 中国社会科学院考古研究所山东队：《山东省长岛县砣矶岛大口遗址》，《考古》1985年第12期，第1068～1084页。

[37] 林仙庭、袁靖：《大仲家贝丘遗址试掘报告》，见中国社会科学院考古研究所编著：《胶东半岛贝丘遗址环境考古》，第126～153页，北京：社会科学文献出版社，1999年。

的下颌。还有 1 座墓随葬猪趾骨。在 H227 内埋葬 5 具完整的幼猪骨架，这 5 具猪骨分层摆放，下、中层各 2 头，上层 1 头，头向无规律，四肢伸展，发掘者认为这里是当时的猪圈。山东龙山文化早、中期的 98 座墓葬中，有 19 座随葬猪下颌，最多的 14 块，最少的 1 块，共计 71 块。有 1 座随葬猪下颌的墓同时还随葬 1 块猪肩胛骨。有 2 座墓随葬猪肢骨。一些随葬猪下颌的墓同时还随葬獐牙。H126 内埋葬 1 头成年猪，前后肢并在一起，呈捆绑状。随葬猪的各个部位的摆放位置没有全部报道，从发表的资料看，它们通常被摆放在墓主头端一侧、右手或右足边及足端一侧。另外，猪骨的随葬数量与死者的性别、年龄及墓葬所属时期没有对应关系[38]。

山东诸城呈子遗址

呈子遗址中属于龙山文化的 87 座墓里，有 9 座墓随葬猪下颌，共计 38 块，最多的随葬 13 块，最少的随葬 1 块。这些下颌有的放在墓主头端或脚端的二层台上的陶器里，也有的放在腿侧的二层台上，还有的直接放在死者膝盖一侧。有的墓内，除猪下颌以外，还随葬獐牙[39]。

山东潍坊前埠下遗址

前埠下遗址中属于大汶口文化中期的 33 座墓里，有 2 座随葬猪下颌，其中 M12 在死者的左脚外侧放置 8 块猪下颌[40]。

山东临朐西朱封墓地

在西朱封遗址中属于龙山文化中期的 1 座大型墓中，发现 2 块猪下颌骨和獐牙，放在木椁上面的填土里[41]。

山东泰安大汶口遗址

大汶口遗址的 138 座墓葬中，有 43 座墓随葬完整的猪头，共 96 个，其中一座墓里随葬的猪头最多，达 14 个，另有 21 座墓随葬 1 个，除随葬猪头外，有相当数量的墓里还同时随葬獐牙。另外，一些随葬猪头的墓里还分别随葬龟甲和猪下颌、肢骨、趾骨。有 7 座墓随葬猪门齿，有些还同时随葬獐牙。2 座墓随葬猪肢骨和獐牙。1 座墓随葬半只猪。1 座墓随葬小猪下颌和獐牙。从摆放位置看，分属不同部位的猪骨有的放在死者头部一侧，有的放

---

〔38〕 中国社会科学院考古研究所编著：《胶县三里河》，第 159～184 页，北京：文物出版社，1988年。

〔39〕 昌潍地区文物管理组、诸城县博物馆：《山东诸城呈子遗址发掘报告》，《考古学报》1980 年第 3 期，第 329～385 页。

〔40〕 山东省文物考古研究所、寒亭区文物管理所：《山东潍坊前埠下遗址发掘报告》，见山东省文物考古研究所编著：《山东省高速公路考古报告集（1997）》，第 1～102 页，北京：科学出版社，2000 年。

〔41〕 山东省文物考古研究所、临朐县文物保管所：《临朐县西朱封龙山文化重椁墓的清理》，见张学海主编：《海岱考古（第一辑）》，第 219～224 页，济南：山东大学出版社，1989 年。

在葬具外，沿死者身体的一侧排列，多数情况下是放在死者的足端一侧，猪的趾骨就放在鼎里。用来随葬的猪的部位与死者的年龄、性别及墓葬时期的早晚没有对应关系[42]。

山东泗水尹家城遗址

尹家城遗址中属于大汶口文化中期的 M145 为成年男女合葬墓，男性死者左手握猪犬齿，右手握獐牙。尹家城遗址中属于龙山文化的 65 座墓里，有 7 座埋葬成年男性的大、中型墓随葬猪下颌，共计 118 块，最多的随葬 32 块，最少的 4 块，猪下颌放在死者头端、脚端的二层台上或棺椁之间[43]。

山东曲阜西夏侯遗址

西夏侯遗址属于大汶口文化中晚期。第一次发掘的 11 座墓里，M3 随葬猪牙和肩胛骨，M4、M6、M8 各随葬 1 个猪头，其中 M6 放在死者足端二层台上的陶豆里。3 个猪头均为雄性，但犬齿不如野猪那么粗壮。另外都随葬獐牙。在第二次发掘的 21 座墓中，M15 在陶豆盘上放猪下颌，还有 2 座墓各随葬 1 个猪头，1 座墓随葬猪肩胛骨。H15 内埋葬 1 头猪，从图上看为捆绑后埋葬。另外，在文化层中分别埋葬 3 头猪，似乎也是捆绑后埋葬的[44]。

山东兖州王因遗址

王因遗址属于大汶口文化。在 F3 以西 3 米处发现一土坑，坑内埋 1 只狗，坑外边还有猪骨一堆。发掘者认为，这可能与 F3 的奠基有关。在 899 座墓葬里，有 38 座墓分别随葬猪的各个部位，其中随葬猪下颌的 9 座，随葬猪门齿的 3 座，随葬猪犬齿的 7 座，随葬猪臼齿的 7 座，随葬猪门齿和犬齿或犬齿和臼齿的各 1 座，随葬猪臼齿和趾骨的 1 座，随葬猪肢骨的 5 座，随葬猪趾骨的 4 座。具体骨骼和牙齿的数字及摆放位置不清，随葬的猪的部位与死者的性别、年龄没有对应关系[45]。

山东汶上东贾柏遗址

东贾柏遗址属于北辛文化。房址数量不清，在 F12 埋 3 头猪。发掘者认为可能与祭祀有关[46]。

---

[42] 山东省文物管理处、济南市博物馆编：《大汶口》，第 136～155 页，北京：文物出版社，1974 年。

[43] 山东大学历史系考古专业教研室：《泗水尹家城》，第 316～322 页，北京：文物出版社，1990 年。

[44] a. 中国科学院考古研究所山东队：《山东曲阜西夏侯遗址第一次发掘报告》，《考古学报》1964 年第 2 期，第 57～106 页。

　　 b. 中国社会科学院考古所山东队：《西夏侯遗址第二次发掘报告》，《考古学报》1986 年第 3 期，第 307～338 页。

[45] 中国社会科学院考古研究所编著：《山东王因》，第 75、337～387 页，北京：科学出版社，2000 年。

[46] 中国社会科学院考古研究所山东工作队：《山东汶上县东贾柏村新石器时代遗址发掘简报》，《考古》1993 年第 6 期，第 481～487 页。

山东邹县野店遗址

野店遗址中属于大汶口文化的 89 座墓葬里，有 5 座随葬猪的下颌，共 25 个，最多的 1 座墓内随葬 18 个。另外，还发现 1 座墓随葬 1 头完整的猪。1 座墓随葬猪肢骨和趾骨。此外，还发现一些墓葬随葬獐牙。猪下颌有些放在头部一侧，肢骨和趾骨放在鼎和豆里。在 K1 和 K2 内各发现 1 头整猪，K1 的猪的身下垫缸片，身上用缸片覆盖[47]。

山东滕县岗上村遗址

岗上村遗址中属于山东龙山文化的 8 座墓里，有 2 座随葬猪下颌和趾骨，1 座随葬猪下颌，1 座随葬猪脊椎和趾骨。从图上看，猪下颌放在死者足端，猪趾骨放在鼎或豆里[48]。

山东枣庄建新遗址

建新遗址属于大汶口文化中期，M60 的木棺外随葬 1 个猪头、獐牙等，放在死者足端一侧。F27 居住址内发现一土坑，内有 1 头猪，仰身向上，似被捆绑埋葬，发掘者认为，这可能与奠基有关[49]。

江苏新沂花厅墓地

花厅墓地中属于大汶口文化中期至晚期。M60 墓主为一成年男性，殉葬中年男女各一人，还有三个儿童，一只狗和一头猪。有些墓葬中随葬猪头、下颌或蹄子，多的 10 余个，少的 2 个，M18 放在死者股骨上和腿侧，M20 的二层台上放一头猪，仅有头和躯干，不见四肢。墓地内发现一个猪坑，坑中有两背相向的 2 头猪，足后还有 2 个猪头，皆为老年公猪。发掘者认为，这与祭祀有关[50]。

江苏邳县刘林遗址

刘林遗址中属于大汶口文化早期的一条灰沟底部集中堆放着 20 个猪下颌[51]。

江苏邳县大墩子遗址

大墩子遗址中属于大汶口文化早期的 159 座墓里，有 1 座墓随葬 1 个猪头，6 座墓

[47] 山东省博物馆、山东省文物考古研究所：《邹县野店》，第 169～179 页，北京：文物出版社，1985 年。

[48] 山东省博物馆：《山东滕县岗上村新石器时代墓葬试掘报告》，《考古》1963 年第 7 期，第 351～361 页。

[49] 山东省文物考古研究所、枣庄市文化局编：《枣庄建新》，第 18～21、63 页，北京：科学出版社，1996 年。

[50] a. 南京博物院：《1989 年江苏新沂花厅遗址的发掘》，见徐湖平主编：《东方文明之光》，第 80～119 页，海口：海南国际新闻出版中心，1996 年。

 b. 南京博物院：《1987 年江苏新沂花厅遗址的发掘》，《文物》1990 年第 2 期，第 1～26 页。

[51] 南京博物院：《江苏邳县刘林新石器时代遗址第二次发掘》，《考古学报》1965 年第 2 期，第 9～47 页。

随葬猪下颌，最多为2个，其他为1个，12座墓随葬加工过的猪犬齿，个别墓同时还随葬獐牙。属于大汶口文化中期的141座墓中，M218随葬完整的猪，放在女性死者的右腿侧，头向与人相反，猪的年龄为7～8个月。此外有2座墓分别随葬1个或3个猪头，8座墓随葬猪下颌，最多为3个，其他为1个，21座墓随葬加工过的猪犬齿。个别墓同时随葬獐牙、獐牙钩形器或水牛角。上述各期随葬的猪下颌有的放在陶鼎或陶豆里，有的放在死者的头部或手边，与死者的性别没有对应关系[52]。

江苏高邮龙虬庄遗址

龙虬庄遗址属于龙虬庄文化。402座墓中M351为成年男性双人合葬墓，1人胸前放置猪下颌[53]。

安徽蒙城尉迟寺遗址

尉迟寺遗址中属于大汶口文化晚期的217座墓葬里，有4座墓随葬猪下颌、肢骨和趾骨等，3座墓随葬猪下颌，2座墓随葬猪骨及其他动物骨骼。发现6个土坑呈弧状分布于遗址的北部、东北部、东部和东南部。每个土坑内有1具猪骨架，四肢弯曲，呈捆绑状[54]。

长江中上游地区

河南淮滨沙冢遗址

沙冢遗址中属于屈家岭文化的M1埋葬一老年女性，脚端的墓坑边随葬10块猪下颌，另外，在随葬的圈足盘里发现猪趾骨[55]。

湖北黄梅陆墩遗址

陆墩遗址中属于薛家岗文化的21座墓里，有4座随葬猪下颌，其中2座各随葬2副，1座随葬1副半，还有1座墓随葬1副。有2座墓是将猪下颌放在死者脚端靠近墓坑边的地方，还有2座是放在墓坑的填土里[56]。

湖北武穴鼓山遗址

鼓山遗址中属于薛家岗文化的244座墓里，有7座随葬猪下颌，其中M69随葬10

[52] a. 南京博物院：《江苏邳县四户镇大墩子遗址探掘报告》，《考古学报》1964年第2期，第9～56页。

　　 b. 南京博物院：《江苏邳县大墩子遗址第二次发掘》，见《考古》编辑部编辑：《考古学集刊(1)》，第27～81页，北京：中国社会科学出版社，1981年。

[53] 龙虬庄遗址考古队编著：《龙虬庄》，第120页，北京：科学出版社，1999年。

[54] 袁靖、陈亮：《尉迟寺遗址动物骨骼研究报告》，见中国社会科学院考古研究所编著：《蒙城尉迟寺》，第424～441页，北京：科学出版社，2001年。

[55] 信阳地区文管会、淮滨县文化馆：《河南淮滨发现新石器时代墓葬》，《考古》1981年第1期，第1～4页。

[56] 中国社会科学院考古研究所湖北工作队：《湖北黄梅陆墩新石器时代墓葬》，《考古》1991年第6期，第481～496页。

块以上，放在足端。M145 随葬 2 块，其他墓随葬下颌的数量不清[57]。

湖北黄冈螺蛳山遗址

螺蛳山遗址中属于大溪文化晚期至屈家岭文化早期的 10 座墓里，有 5 座随葬猪下颌，共计 16 块，最多的随葬 4 块，最少的 2 块，放在死者的腿侧或足端。M8 除猪下颌外，还有鱼骨、鳖背板和猪跟骨[58]。

湖北武汉洪山放鹰台遗址

放鹰台遗址中属于大溪文化晚期至屈家岭文化的 33 座墓葬里，M30 随葬的猪下颌达 10 块以上，摆放位置不清[59]。

湖北天门肖家屋脊遗址

肖家屋脊遗址中属于石家河文化的 557 座灰坑里，H554 埋葬 1 头猪，四肢弯曲，不像捆绑过。在 77 座瓮棺葬中，W6 随葬 1 颗猪牙[60]。

湖北随州西花园遗址

西花园遗址属于屈家岭文化的文化层里埋葬 1 猪，身体蜷曲[61]。

湖北枣阳雕龙碑遗址

雕龙碑遗址中相当于下王冈仰韶文化二期的 1 个坑内埋葬 1 头猪，肢骨似呈捆绑状。属于屈家岭文化的 M1 埋一成年男性，在左肩的填土中随葬 2 副猪下颌。M2 的死者为屈肢葬，在其左侧放置 3 块猪下颌[62]。

湖北均县乱石滩遗址

乱石滩遗址属于石家河文化。在 4 座墓中，有 2 座发现 3～4 块猪下颌，放在死者足端[63]。

湖北郧县青龙泉遗址

青龙泉遗址中属于青龙泉三期的 26 座土坑墓里，有 4 座随葬猪下颌，除 M8 中数

〔57〕 湖北省京九铁路考古队、湖北省文物考古研究所编著：《武穴鼓山》，第 98 页，北京：科学出版社，2001 年。

〔58〕 湖北省黄冈地区博物馆：《湖北黄冈螺蛳山遗址墓葬》，《考古学报》1987 年第 3 期，第 339～358 页。

〔59〕 武汉市博物馆：《洪山放鹰台遗址 97 年度发掘报告》，《江汉考古》1998 年第 3 期，第 1～33 页。

〔60〕 湖北省荆州博物馆、湖北省文物考古研究所、北京大学考古学系石家河考古队：《肖家屋脊》，.20、296 页，北京：文物出版社，1999 年。

〔61〕 武汉大学历史系考古教研室编：《西花园与庙台子》，第 13 页，武汉：武汉大学出版社，1993 年。

〔62〕 中国社会科学院考古研究所湖北队：《湖北枣阳市雕龙碑新石器时代遗址试掘简报》，《考古》1992 年第 7 期，第 589～606 页。

〔63〕 长办文物考古队直属工作队：《一九五八至一九六一年湖北郧县和均县发掘简报》，《考古》1961 年第 10 期，第 519～530 页。

量不清外，最多为 15 块，其他墓内均为 10 块以上，分别放在头部右侧、身体的左侧或足端一侧[64]。

湖北房县七里河遗址

七里河遗址中属于石家河文化的 30 座墓里，有 2 座墓各随葬 2 块猪下颌。M1 内的猪下颌放于头部一侧，M2 里的 1 块放于头部右侧，1 块放在足端[65]。

四川巫山大溪遗址

大溪遗址属于大溪文化。在 133 座墓中，M122 是一位男性双手各握 1 颗猪牙，M138 埋葬一成年男性，在其头右侧和腹部各放 1 颗猪牙、胸部放 4 颗猪牙。M161 埋葬一成年男性，在其右肩上方随葬猪牙。报告里没有具体介绍牙齿的类别，推测是犬齿[66]。

长江下游地区

江苏南京北阴阳营遗址

北阴阳营遗址中属于北阴阳营二期的 271 座墓里，M131 的死者腿部随葬猪和梅花鹿下颌各 1 块及加工过的 4 颗猪犬齿。另有 2 座墓随葬 2 块猪下颌，下颌放在头部右侧或左下肢外侧。5 座墓随葬 1 块猪下颌，下颌摆放位置不固定[67]。

江苏高淳薛城遗址

薛城遗址中属于北阴阳营二期的 115 座墓里，有 23 座墓随葬猪下颌或犬齿，下颌和犬齿的数量不清。绝大多数的摆放位置也不清楚，其中，有 2 座墓分别将犬齿放在死者的胸部或腹部[68]。

江苏常州圩墩遗址

圩墩遗址中属于马家浜文化的 25 座墓里，M7 随葬 1 副猪下颌，M11 死者的右肩部随葬猪下颌，另外还随葬狗头骨。1978 年发掘的同属于马家浜文化的 30 座墓中，M29 随葬猪右下颌 1 块[69]。

---

[64]　中国社会科学院考古研究所编著：《青龙泉与大寺》，第 40 页，北京：科学出版社，1991 年。

[65]　湖北省博物馆、武大考古专业、房县文化馆：《房县七里河遗址发掘的主要收获》，《江汉考古》1984 年第 3 期，第 1～11 页。

[66]　四川省博物馆：《巫山大溪遗址第三次发掘》，《考古学报》1981 年第 4 期，第 461～490 页。

[67]　南京博物院：《北阴阳营》，第 24～27 页，北京：文物出版社，1993 年。

[68]　南京市文物局、南京市博物馆、高淳县文管所：《江苏高淳县薛城新石器时代遗址发掘简报》，《考古》2000 年第 5 期，第 1～20 页。

[69]　a. 常州市博物馆：《江苏常州圩墩村新石器时代遗址的调查和试掘》，《考古》1974 年第 2 期，第 109～115 页。

　　　b. 常州市博物馆：《常州圩墩新石器时代遗址第三次发掘简报》，《史前研究》1984 年第 2 期，第 69～81 页。

江苏苏州龙南遗址

龙南遗址中良渚文化层的 6 座灰坑里，H8、H16、H17 各埋葬 1 头猪，葬式不清[70]。

江苏吴县草鞋山遗址

草鞋山遗址中属于崧泽文化的 89 座墓里，M96 埋葬一成年男性，随葬 2 块猪下颌，1 块鹿上颌骨，放在死者足端[71]。

江苏吴江广福村遗址

广福村遗址中属于马家浜文化向崧泽文化过渡阶段的 20 座墓里，M14 埋葬一俯身直肢葬式的成年男性，在死者骨盆下随葬 2 颗猪犬齿[72]。

江苏铜山丘湾遗址

丘湾遗址中属于龙山文化的 H13 埋葬 1 头猪，骨架完整[73]。

上海青浦崧泽遗址

崧泽遗址中属于崧泽文化的 100 座墓里，M14 埋葬一中年男性，在其头右上侧随葬猪下颌[74]。

上海松江广富林遗址

广富林遗址中属于良渚文化中期的 M1 南 2 米处埋葬 1 头猪，骨架保存完整[75]。

浙江嘉兴雀幕桥遗址

雀幕桥遗址中属于良渚文化的 M4 随葬 1 块猪下颌，M7 随葬猪肩胛骨[76]。

浙江平湖庄桥坟遗址

庄桥坟遗址属于良渚文化。发现 1 个埋葬猪的坑[77]。

---

[70] 苏州博物馆、吴江县文物管理委员会：《江苏吴江龙南新石器时代村落遗址第一、二次发掘简报》，《文物》1990 年第 7 期，第 1～27 页。

[71] 南京博物院：《江苏吴县草鞋山遗址》，《文物资料丛刊（3）》，第 1～24 页，北京：文物出版社，1980 年。

[72] 苏州博物馆、吴江市文物陈列室：《江苏吴江广福村遗址发掘简报》，《文物》2001 年第 3 期，第 41～51 页。

[73] 南京博物院：《江苏铜山丘湾古遗址的发掘》，《考古》1973 年第 2 期，第 71～79 页。

[74] 上海市文物保管委员会：《崧泽》，第 98～105 页，北京：文物出版社，1987 年。

[75] 上海市文物保管委员会：《上海市松江县广富林新石器时代遗址试探》，《考古》1962 年第 9 期，第 465～469 页。

[76] 浙江省文物考古研究所：《浙江北部地区良渚文化墓葬的发掘（1978-1986）》，见浙江省文物考古研究所编：《浙江省文物考古研究所学刊》，第 85～103 页，北京：科学出版社，1993 年。

[77] 徐新民、楼航、程杰、杨根文、高祥慧：《浙江平湖庄桥坟发现良渚文化最大墓地》，《中国文物报》2004 年 10 月 29 日第 1～2 版。

讨　论

各地区用猪祭祀及随葬的特征

我们把在房址里摆放猪头及完整的猪、在土坑里摆放完整的猪等考古现象都看作与当时的祭祀行为有关，而认为在墓葬里发现的猪骨是当时的随葬行为所致。在中国新石器时代的各个地区都发现了利用猪进行祭祀或随葬的现象，但是各个地区的状况区别较大。以下按照各个地区进行归纳。

东北及内蒙古地区

人与猪合葬　在兴隆洼遗址的居室葬里有完整的1个人和2头猪合葬现象，这类实例在中国新石器时代发现极少。

埋葬整猪　在包含小珠山下层类型和小珠山上层类型的郭家村遗址中，我们发现土坑里埋葬1头猪。

随葬猪头　在兴隆洼文化兴隆沟遗址的房址里，规矩地摆放了15个兽头，其中主要是猪头。

华北及黄河中上游地区

埋葬整猪　磁山文化磁山遗址的多个土坑里埋葬了1头或2头猪。仰韶文化的庙底沟、鲍家堂、后庄王、大河村、下王冈、阳坬遗址中，我们均发现土坑里埋葬着1头或多头猪，最多者达10头，分层摆放。其中鲍家堂、后庄王遗址的猪都似捆绑后埋入。下王冈遗址的猪是射杀后埋葬的。庙底沟、涧口遗址中一些土坑内狗和猪埋葬在一起，庙底沟遗址的狗比猪多。中山寨遗址是1个人2只狗2头猪合葬。阳坬遗址是3个人和1头猪合葬。在班村遗址属于庙底沟二期文化的土坑里，埋葬着年龄不一的7头猪。在龙山文化的东下冯遗址的土坑里，埋葬1只狗1头猪2只羊，煤山遗址的土坑里埋葬1头猪。在西山坪遗址属于齐家文化的土坑里，埋葬5头猪。

随葬猪头　下王冈遗址中属于仰韶文化庙底沟类型的墓葬和核桃庄遗址中属于马家窑文化马家窑类型的墓葬里随葬猪头。仰韶文化庙底沟类型的八里岗遗址中墓葬边的土坑里埋葬猪头和下颌。

随葬猪下颌　贾湖文化的贾湖遗址、大地湾一期文化的大地湾遗址、仰韶文化半坡类型的姜寨、下王冈遗址、仰韶文化庙底沟类型的八里岗遗址、仰韶文化半坡类型晚期的阳坬遗址、仰韶文化的龙岗寺、元君庙遗址、马家窑文化的师赵村遗址、龙山文化的大辛村、陶寺、朱开沟遗址、齐家文化的大何庄、秦魏家、皇娘娘台遗址的墓葬里都随葬猪下颌。龙山文化陶寺遗址中墓葬边的土坑里埋葬猪下颌。

随葬猪牙　仰韶文化的北首岭、龙岗寺遗址在墓葬里随葬猪牙。

黄淮下游地区

人与猪合葬　大汶口文化的大墩子遗址的墓葬里发现 1 个人 1 头猪合葬。

埋葬整猪　北辛文化的东贾柏遗址的房址里摆放着 3 头完整的猪。紫荆山一期文化的大仲家遗址的土坑里埋葬完整的猪。大汶口文化中期的建新遗址的房址里摆放着完整的猪。大汶口文化的尉迟寺、野店、三里河、花厅遗址的土坑里摆放着完整的猪。

随葬猪头及肢骨　大汶口文化早期的大汶口遗址的墓葬里随葬猪头、肢骨或趾骨。大汶口文化的尉迟寺遗址的墓葬里随葬猪下颌、破碎的肢骨和趾骨。

随葬猪头　大汶口文化早期的大汶口、大墩子遗址，大汶口文化中期的大汶口、建新、大墩子遗址，大汶口文化晚期的大汶口遗址，大汶口文化的西夏侯遗址中，都有在墓葬里随葬猪头的现象。

随葬猪下颌　在灰沟里摆放猪下颌的有大汶口文化早期的刘林遗址。大汶口文化早期的大汶口、王因、野店、大墩子、龙虬庄遗址，大汶口文化中期的大汶口、野店、前埠下、西朱封、大墩子遗址，大汶口文化晚期的三里河墓地，大汶口文化的尉迟寺、西夏侯遗址，山东龙山文化的尹家城、三里河、呈子遗址内的墓葬里随葬猪下颌。

随葬猪牙　在墓葬里随葬猪牙的有大汶口文化早期的王因、大墩子遗址，大汶口文化中期的大汶口、尹家城、大墩子遗址，大汶口文化晚期的大汶口遗址。

长江中上游地区

埋葬整猪　屈家岭文化的西花园遗址中摆放完整的猪。石家河文化前期的肖家屋脊遗址的土坑里摆放完整的猪。

随葬猪下颌　大溪文化的雕龙碑遗址、屈家岭文化的放鹰台遗址、薛家岗文化的陆墩、鼓山、螺蛳山遗址、石家河文化的青龙泉、乱石滩、七里河、沙冢、黄楝树遗址内的墓葬里随葬猪下颌。

随葬猪牙　大溪文化的大溪遗址内的墓葬里随葬猪牙。

长江下游地区

埋葬整猪　广富林遗址中属于良渚文化中期的土坑里摆放有完整的猪。良渚文化龙南遗址的土坑里摆放着完整的猪。

随葬猪下颌　马家浜文化晚期的圩墩遗址、崧泽文化的崧泽、草鞋山遗址、北阴阳营文化二期的北阴阳营、薛城遗址、良渚文化中期的雀幕桥遗址中的墓葬里随葬猪下颌。

随葬猪牙　马家浜文化晚期的圩墩遗址、崧泽文化前期的广福村遗址、北阴阳营文化二期的薛城遗址中的墓葬里随葬猪牙。

从以上各个地区利用猪进行祭祀或随葬的现象看，中国新石器时代的最早阶段往往是随葬包括猪在内的多种动物的下颌，然后发展到绝大多数为猪。利用猪进行祭祀和随葬的习俗最早开始于距今 9000 年左右的贾湖遗址，该遗址在地域上被归入华北及黄河中上游地区。而后，在各个地区都发现这种现象。猪是中国新石器时代被用来进行祭祀活动的数量最多的动物，也是在墓葬中随葬最多的动物。

　　华北及黄河中上游地区存在从埋葬整猪、猪头或下颌到随葬猪头、猪下颌或猪牙等各类祭祀和随葬的习俗，其时期也从新石器时代早期的贾湖文化开始一直延续到这个地区新石器时代年代最晚的齐家文化。黄淮下游地区利用猪进行祭祀和随葬的实例数量也较多，特别是大汶口文化使用猪头随葬的现象之多，在各个地区中首屈一指。另外，这里还较多地使用猪牙进行随葬，这和这个地区较多地使用獐牙随葬相一致。但是，这个地区到新石器时代晚期整个习俗有所衰退。长江中上游地区和长江下游地区使用猪进行祭祀和随葬的现象都不如前面叙述的两个地区多，且仅有埋葬整猪、随葬猪下颌和猪牙三类，数量也有限。除东北及内蒙古地区以外，在墓葬中随葬猪下颌是当时最为流行的习俗。东北及内蒙古地区利用猪进行祭祀和随葬的习俗很特殊。值得深思的是，以上各个地区利用猪进行祭祀和随葬的状况与这些地区饲养家猪的发展过程基本吻合。这表现在华北及黄河中上游地区饲养家猪最为兴盛，故利用家猪进行祭祀和随葬的活动也最多；也表现在黄淮下游地区存在一定数量的鹿科动物，因此当地有使用獐牙随葬的习惯，相应使用猪牙随葬也十分盛行。这些充分说明精神文明是由物质文明决定的。

随葬或埋葬猪的意义

　　关于新石器时代在墓葬里随葬猪或单独埋葬猪与原始宗教有何关联，至今仍无定论。这里罗列一些比较有代表性的观点。如王仁湘认为，墓葬中随葬的猪下颌可能是死者生前在祭祀活动中使用过的猪骨，在墓葬中随葬猪下颌是为了保护死者的灵魂[78]。春成秀尔同意这个观点，他收集了东亚地区随葬猪下颌的资料和民俗学资料，认为猪是一种可以击退恶魔的特别有威力的动物，特别是具有锐利的、呈钩状的犬齿的下颌和头骨是威力的源泉[79]。王吉怀认为，在墓葬中随葬猪骨和单独埋葬猪有多重含义，开始阶段是显示其与个人所拥有的财产相关，后来则和动物崇拜联系在一起，是沟通人与神的一种特殊方式[80]。冈村秀典认为，在广大地区分布的随葬猪下颌的习俗与各地都把养猪作为主要家畜饲养活动有关。到距今 6000 年左右为止，在墓葬中随

---

〔78〕　王仁湘：《新石器时代葬猪的宗教意义》，《文物》1981 年第 2 期，第 79～85 页。

〔79〕　春成秀尔 1993「ブタの下顎骨懸架　彌生時代におけるの習俗」『國立歷史民俗博物館研究報告』第 50 集 71－131 頁

〔80〕　王吉怀：《试析史前遗存中的家畜埋葬》，《华夏考古》1996 年第 1 期，第 24～31 页。

葬动物的目的是为了守护死者，具有巫术的作用。到距今 5000 年前，上层人物的墓里主要利用家猪随葬，这是与社会出现阶层化、表示财产和权力相关联。他把表示避邪与显示财产和权力这样两种含义按照时间先后排列在一起[81]。

祭祀与随葬猪的习俗对商代的影响

中国新石器时代使用猪进行祭祀和随葬的习俗对后来的商代也有影响，最典型的实例是发现于距今 3600~3400 年前的河南偃师商城遗址。

偃师商城为商代早期都城，在偃师商城祭祀区内发现数量最多的牺牲是猪，分布密度很大，总共数百头。埋猪时有的挖有浅坑，有的则无坑，只是在猪的身体上覆盖黄土。这些猪往往分布于沟中。将整头猪埋葬是最常见的方式，其他方式有猪头部被砍去，有肢体被剖为两半，有单独用猪头，也有用猪肢体的一部分等。在使用整头猪时，有不少猪可能是先杀死后埋葬的，因为其身体的形状是有意摆放的，有侧身、俯身和仰身三种，以侧身居多。但是有的猪四蹄并拢，头部上扬，吻部朝上，呈挣扎状，显然是捆绑起来活埋的。多数坑中是一头猪，也有的是同一坑中埋两头、三头或四头猪。在一坑中埋葬多头猪时，一般用个头较小的猪。以上这一类是单独埋猪，另一类是多种动物牺牲共存，常见的组合有猪、牛和羊。这些牺牲皆被肢解，埋葬地点多在沟或坑的中部，且常常有陶器共存。个别地点的出土情况表明，这些被肢解的牺牲可能原本放置在漆案之上。出土数量最多的一个地点集中有 10 个猪头、1 个牛头及部分陶器。除猪、牛和羊之外，还发现有比较完整的鹿的后半部肢体。偃师商城遗址分为三期，从猪的形体大小看，第一期祭祀所用猪的个体绝大多数很小，多属于幼小的猪，个头略大的猪往往被肢解；第二、三期时祭祀所用猪的个体大都比较大，除使用完整的猪以外，也使用被肢解的猪[82]。

我们认为，在属于商代早期的商城遗址的祭祀区里发现大量用猪进行祭祀的证据，这可以看作是自新石器时代以来祭祀行为的延续。但是自商代中期以后，这种现象发现得较少，出现较多的是使用马、牛和羊进行祭祀[83]。

结 语

猪在中国整个新石器时代的祭祀和随葬活动中发挥了重要的作用，其使用过程大

〔81〕 岡村秀典 2002「中国古代における墓の動物供犠」『東方学報』74 期 1－182 頁

〔82〕 中国社会科学院考古研究所：《河南偃师商城商代早期王室祭祀遗址》，《考古》2002 年第 7 期，第 6~8 页。

〔83〕 袁靖：《从动物考古学研究看商代的祭祀》，《中国文物报》2002 年 8 月 16 日第 7 版。

致与各个地区饲养家猪开始的时间及饲养数量的多寡相关联[84]。在中国整个新石器时代里，还没有一种动物像猪一样，既是人们肉食资源的主要来源，又是宗教活动中的一种重要物品。饲养家猪获取肉食及在祭祀和随葬中使用猪的行为对商代也产生了深远的影响。

（原载于北京大学考古文博学院、中国国家博物馆编：《俞伟超先生纪念文集·学术卷》，第 175～192 页，北京：文物出版社，2009 年）

---

〔84〕　a. 袁靖：《论中国新石器时代居民获取肉食资源的方式》，《考古学报》1999 年第 1 期，第 1～22 页。

b. 袁靖：《中国新石器时代家畜起源的问题》，《文物》2001 年第 5 期，第 51～58 页。

c. Yuan Jing and Rowan Flad. 2002. Pig Domestication in Ancient China，*Antiquity* 76 (293)：724-732.

d. 袁靖 2004「中国古代農耕社会における家畜化の発展過程について」『国立歴史民俗博物館研究報告』第 119 集 79－86 頁

e. 袁靖：《动物考古学研究的新发现与新进展》，《考古》2004 年第 7 期，第 54～59 页。

动物考古学研究所见商代祭祀用牲之变化

"国之大事，在祀与戎"的记载说明了先秦时期祭祀和战争对于一个国家的重要性。迄今为止，对先秦时期祭祀活动的理解，主要依据《左传》等传世文献和商代甲骨卜辞中的记载。除此之外，我们还需要通过考古发掘得到的遗迹和遗物来进行探讨。多年来发现的遗迹和遗物证明，考古发掘和研究极大地弥补了历史研究的不足。

对发掘出土的动物骨骼进行分析和研究是考古发掘与研究中的一个重要组成部分。因为动物作为当时在祭祀活动中使用的重要物品，往往在沟通人与自然神及祖先的交流中发挥了特殊的作用。而它们最终又以骨骼的形式保存至今，为我们认识当时的祭祀制度和行为提供了宝贵的资料。甲骨文中所记录的牺牲以驯养动物为主。商代各时期的动物考古学资料显示，商代的动物祭祀，不仅是商代宇宙观的一个重要方面，还通过强调使用动物的礼制意义，为巩固王权服务。这些祭祀用的动物是由贵族掌管的。

河南省的偃师商城、郑州商城、郑州小双桥和安阳殷墟等遗址分属商代早期到晚期，这些遗址中出土了大量的动物骨骼，笔者承担了其中几个遗址出土的动物骨骼的整理和研究工作。通过整理和研究，我们发现有相当数量的动物骨骼都与当时的祭祀活动相关，并在一定程度上反映出商代王室动物祭祀的变化状况，即无论所用动物的种类，还是祭祀活动的多样性，都随时间而变化。结合卜辞中对祭祀类型的讨论，可以说，虽然动物考古学的资料或许还不能完全阐释卜辞中有关利用动物进行祭祀的意义，但这些动物骨骼资料确实证明了文献中所反映的商代祭祀的丰富性和活跃性。

鉴于我们整理的动物骨骼研究报告尚未正式发表，不能在此文中引用。因此，我们首先汇总中国社会科学院考古研究所商城队、安阳队、河南第二工作队、河南省文物考古研究所、郑州工作站和石璋如等公开发表的有关河南偃师商城、郑州商城、小双桥和安阳殷墟等4个商代遗址中出土的动物骨骼资料，然后结合古代文献，阐述自己的认识。

动物考古学的证据

河南省偃师商城遗址

偃师商城遗址是商代早期的都城遗址。具体可以分为三期。第一期的碳十四年代为公元前 1600 年至公元前 1500 年。第二期为公元前 1500 年至公元前 1400 年。第三期为公元前 1400 年至公元前 1365 年[1]。

通过对偃师商城中宫城遗址的发掘，在 5 号宫殿基址的庭院内发现 8 个长方形土坑，土坑紧靠 5 号基址，排列整齐，皆埋 1 只狗，姿势为蜷曲或侧卧，狗头向南。另外，还有一些零散分布的祭祀坑，如有的利用水井做祭祀坑，每间隔一定深度埋一只狗；有的单独埋牛头作为牺牲等等[2]。

自第一期到第三期，商代王族使用的主要祭祀区位于宫城的北部。这个祭祀区东西长达 200 米。从祭祀动物种类看，大体可以分为单独埋猪作为牺牲和多种动物牺牲共存两类。

单独埋猪的有的挖浅坑，有的则无坑，只是在猪的身体上覆盖黄土。这些埋猪的遗存往往分布于祭祀区朝南的那一侧。其中埋葬整猪数量最多，其他有的砍掉猪头部，有的将猪的肢体剖为两半，有的单独用猪头，也有的用猪肢体的某一部分。在使用整头猪时，多数情况可能是先将其杀死，然后埋葬，因为猪的身体形状是有意摆放的，有侧身、俯身和仰身三种，以侧身埋葬的猪居多。除有意摆放的猪以外，还有虽然四蹄并拢，但是头部扬起，吻部朝上，呈现出挣扎状态的猪，显然是被捆绑起来活埋的。多数坑中埋一头猪，也有的同一坑中埋两头、三头或四头猪（图 1）。在一个坑中埋葬多头猪时，猪的个体一般较小。猪是整个祭祀区中数量最多的牺牲，分布密度很大，仅 1999～2001 年度发掘出土的祭祀用猪的总数就接近 300 头。

在多种动物牺牲共存的堆积中，常见的组合是猪、牛和羊。这些动物均无完整个体，皆被肢解，分成头、前肢或后肢等部位。埋葬地点多在祭祀区中部，且常常有陶器共存。个别地点的出土情况表明，这些被肢解的动物可能原本被放置在木制的漆案或漆盘之上。

在各期中猪的形体大小有一定区别。第一期猪的个体绝大多数很小，多属于幼小的猪。个头略大的猪往往被肢解。第二、三期猪的个体多数都比较大，除使用完整的

---

[1] 夏商周断代工程专家组编著：《夏商周断代工程 1996－2000 年阶段成果报告》，第 65～68 页，北京：世界图书出版公司，2000 年。

[2] 中国社会科学院考古研究所河南第二工作队：《河南偃师尸乡沟商城第五号宫殿基址发掘简报》，《考古》1988 年第 2 期，第 128～140 页。

图1　河南偃师商城 H524 出土猪骨

猪以外，也使用肢解了的猪。

通过对祭祀规模和用牲情况的分析判断，我们不难看出，从第二期开始，祭祀规模明显扩大，祭祀活动由第一期时相对集中于祭祀区的西部和中部，进一步扩大到东部[3]。

偃师商城的祭祀活动中利用的动物以猪为主，还有狗、牛和羊。除猪多数单独埋入且大部分较为完整外，狗通常也是单独完整地埋入的，但是数量不多，而牛和羊则全部被肢解，与被肢解的猪埋在一起。

河南省郑州商城遗址

郑州商城遗址的碳十四年代为公元前 1580 年至公元前 1210 年[4]。

在郑州商城城内和城外属于公元前 1460 年至公元前 1384 年这个时间段的建筑基址和铸铜遗址里，发现了一些祭祀坑，有的埋人、猪和牛，有的埋人、狗和猪，有的埋人和猪，有的埋人和狗，还有的单独埋狗、猪或牛。比如 H111 这个坑里埋有成年人 2 个，儿童 6 个，狗 1 只和狗头 1 个，成年猪 5 头，幼年猪 3 头（图2）。在郑州商城遗

〔3〕　中国社会科学院考古研究所：《河南偃师商城商代早期王室祭祀遗址》，《考古》2002 年第 7 期，第 6～8 页。

〔4〕　夏商周断代工程专家组编著：《夏商周断代工程 1996－2000 年阶段成果报告》，第 63、64 页，北京：世界图书出版公司，2000 年。

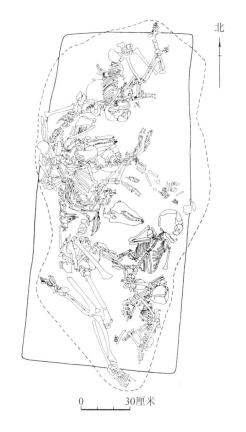

址宫殿区东北约 50 米处发现排列成行的长方形或椭圆形土坑各 4 个（C8M15、C8M18、C8M20、C8M21、C8M23～25、C8M30）。坑内埋狗，最多的埋有 23 只，最少的埋有 2 只，共有 92 只。考古学家发现有的狗骨架的腿部好像被捆绑，并有挣扎的样子，证明其是被活着埋入的。但是由于相当数量的狗骨保存状况不好，因此不能肯定全部的狗是否都是活着埋入的。在铸铜遗址附近的 H307 这个坑里发现 2 头猪，其中 1 头的前后肢呈交叉状，当时可能是捆绑后埋入的。在城外发现 3 个不规则的椭圆形坑，坑内分别埋有 1 头完整的牛，坑的大小与牛体大小相当，牛体正好勉强放入坑内[5]。

郑州商城遗址用于祭祀的动物主要是狗，数量很多，其次也有相当比例的猪，还有牛。

图 2　河南郑州商城 H111 出土人骨和动物骨

河南省郑州小双桥遗址

小双桥遗址的碳十四年代为公元前 1435 年至公元前 1410 年[6]，其年代晚于偃师商城，早于安阳殷墟。发现有写在陶缸等陶器上的朱书文字，这是目前发现的最早的商代书写文字。这是一处重要的商代遗址。同我们讨论的其他商代遗址一样，动物祭祀现象也是小双桥遗址考古发现的一个重要方面。

小双桥遗址除发现人牲祭祀坑以外，还发现了一些动物祭祀坑。这些祭祀坑可分为狗坑、牛头牛角坑和以牛为主的多种动物坑等 3 种。牛是遗址中最常见的动物。

以牛为主的多种动物坑共发现 2 个，属于大型坑，平面呈不规则形。坑中有大量的牛头或牛角，还有鹤、狗、象、猪、鹿等动物骨骼和蚌壳等。陶器以缸的残片为主，

〔5〕　河南省文物考古研究所编著：《郑州商城》，第 483～518 页，北京：文物出版社，2001 年。

〔6〕　夏商周断代工程专家组编著：《夏商周断代工程 1996－2000 年阶段成果报告》，第 68～70 页，北京：世界图书出版公司，2000 年。

图 3　河南郑州小双桥遗址 H24 出土牛头骨

另外还有青铜装饰品、绿松石片、玉片、原始瓷器等。值得注意的是在这里还发现了一座铜炼炉及大量铜渣等。

　　使用牛头或牛角的祭祀坑数量最多，坑口形状分为圆形、椭圆形和不规则形等几种。牛头有的是保留顶骨及两个完整的牛角，从枕骨处横劈，经过眼眶到前颌骨；有的则是数具牛头或带一部分头骨的牛角没有规则地摆放在一起（图 3）；有的仅有 1 只或几只带一部分头骨的牛角；有的坑内牛头或牛角与陶器残片等同出。这些牛均为黄牛，数量最多的 H100 中牛头的个数超过 70 个。

　　发现 1 个埋狗的祭祀坑，平面呈椭圆形，内有 1 具幼年狗的骨架，狗骨的旁边还有一件残破的石圭[7]。

　　小双桥遗址中与祭祀有关的动物以黄牛为主。

河南省安阳殷墟遗址

　　殷墟遗址属于商代晚期。碳十四年代为公元前 1300 年至公元前 1046 年[8]。20 世纪 30 年代，在殷墟小屯乙组和丙组等建筑基址发现很多人牲祭祀坑和动物祭祀坑。

　　在乙组建筑基址下发现了奠基用祭祀坑，共 13 个。有 4 个坑埋人；9 个坑埋狗，最多的 5 只，最少的 1 只，共 15 只。另外还发现了放置础石的祭祀坑，共 18 个，除 2 个埋人外，其余都埋狗、牛或羊。有 9 个坑是把狗和羊埋在一起，最多的为 20 只狗、

[7]　a. 河南省文物考古研究所、郑州大学文博学院考古系、南开大学历史系博物馆学专业：《1995 年郑州小双桥遗址的发掘》，《华夏考古》1996 年第 3 期，第 1～56 页。

　　　b. 宋国定：《郑州小双桥遗址出土陶器上的朱书》，《文物》2003 年第 5 期，第 35～44 页。

[8]　夏商周断代工程专家组编著：《夏商周断代工程 1996－2000 年阶段成果报告》，第 50～55 页，北京：世界图书出版公司，2000 年。

31 只羊，最少的是 1 只狗、2 只羊或 2 只狗、1 只羊。有 1 个坑埋了 30 头牛和 3 只羊。有 6 个坑是单独埋狗、牛或羊 1 种动物，其中 2 个坑埋狗，分别是 18 只和 3 只；3 个坑埋牛，最多的 5 头，最少的 2 头；1 个坑埋 17 只羊。全部动物共计 98 只狗、40 头牛和 107 只羊。除上述之外，还发现了安门时用的祭祀坑，共 30 个，主要埋人，有 3 个坑里埋了 4 只狗。

在乙组建筑基址外，按照中、南、北三组分别整齐地排列着 127 个祭祀坑。主要为人坑，有 10 个坑里同时还埋动物。其中车马坑 5 座，2 座埋 4 匹马，3 座埋 2 匹马。狗坑 2 个，分别埋 4 只狗和 1 只狗。另外还有 9 只羊合葬的坑、3 只狗和 3 只羊合葬的坑、2 只狗和 1 匹马合葬的坑各 1 个。共计狗 10 只，马 14 匹，羊 12 只。

在丙组建筑基址外，发现 34 个祭祀坑，25 个人坑，9 个动物坑。其中狗和羊合葬的坑 5 个，最多的为狗 40 只，羊 42 只，最少的为狗和羊各 4 只。还有单独埋狗的坑 2 个，分别为 19 只和 1 只。单独埋羊的坑 2 个，分别为 3 只和 1 只。共计狗 74 只，羊 62 只。

在丙组建筑基址外，还发现埋有柴灰和动物骨骼的祭祀坑 15 个。烧过的牛角、牛骨、羊头、羊骨大多单独埋入，只有 1 个坑把烧过的狗和羊的骨骼埋在一起[9]。

20 世纪 30 年代，在西北冈王陵区发掘马坑 20 座，每坑中马的数量少者 1 匹，多者 37 匹，而以一坑 2 匹为多。另外，还有两座象坑，一坑为小象、一坑为大象，象背后埋 1 人，俯身。1978 年春，在同一地区用探铲发现上百个方坑，成行地排在一起。在已发掘的 40 座中，有 30 座是马坑。每坑埋马最少 1 匹，最多 8 匹，而以 1 坑 2 匹马和 1 坑 6 匹马为多，其中有 3 个坑为每坑 1 个人 2 匹马（图 4）。仅通过发掘出土的马就有 117 匹。另外，还有一座是幼象与猪同埋的坑[10]。

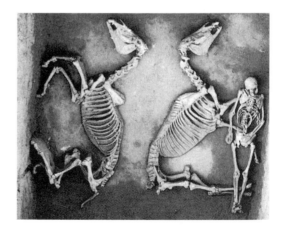

图 4　河南安阳殷墟 M41 出土人骨和马骨

2003 年，中国社会科学院考古研究所在殷墟又进行了一次较大规模的发

〔9〕　石璋如著：《小屯：第一本 遗址的发现与发掘：乙编 建筑遗存》，第 273～316 页，南港：历史语言研究所，1959 年。

〔10〕　中国社会科学院考古研究所编著：《殷墟的发现与研究》，第 112～121 页，北京：科学出版社，1994 年。

掘，在孝民屯铸铜遗址里发现了将近100块牛下颌，这些牛骨出土时都集中在一起。这些牛骨表明，在殷墟不仅有成群的马用于祭祀，也有使用大量的牛下颌进行祭祀的行为。

上述埋葬动物的祭祀坑分布都比较集中，尤其是马坑，排列最为整齐。埋有鱼、龟、鸟、猴、狗、猪、鹿等各种动物遗存的祭祀坑与埋有人牲的祭祀坑错落分布。

殷墟用于祭祀的动物种类较多，但是从数量看，最多的几种依次为狗、马、牛和羊。

讨　论

我们认为，从上述四个不同时期的商代遗址里出土的与祭祀相关的主要动物种类都不一样。偃师商城尽管也发现了牛和羊，但是以猪为主。郑州商城以狗最多，还有相当数量的猪，有时也用牛。郑州小双桥是牛最多，而安阳殷墟又主要是马和牛。

这些区别反映出商代礼制活动的变化状况，主要体现在祭祀动物的种类方面。在商代使用动物进行祭祀已经形成一种制度。在这一制度中，祭祀用动物的组合有一套复杂的形式，并不断演变。

动物祭祀的起源
在祭祀时使用狗和猪是早有先例的。比如，在中国各个地区距今10000～4000年的新石器时代遗址里，发现过不少使用整猪进行祭祀、或者使用猪头随葬的实例。在祭祀活动中，猪是使用最多的动物[11]。除猪以外，也发现不少用狗随葬的实例。但是，我们必须强调的是，这些实例主要集中在中国黄河下游和淮河下游地区新石器时代距今6000～4000年的大汶口－龙山文化[12]。我们认为，在属于商代早期的偃师商城遗址的祭祀区里发现的大量用猪祭祀的证据，在郑州商城发现一定数量的猪，在商代各期的遗址里发现用狗祭祀的实例，这些都可以看作是一种中国新石器时代以来祭祀行为的延续。

通过研究，我们证实在距今4500年左右的中国中原地区新石器时代晚期出现了

---

[11]　a. 王吉怀：《试析史前遗存中的家畜埋葬》，《华夏考古》1996年第1期，第24～31页。

　　　b. 岡村秀典 2002「中国古代における墓の動物供犠」『東方学報』74 期 1－182 頁

[12]　高广仁：《中国史前时代的龟灵与犬牲》，见高广仁著：《海岱区先秦考古论集》，第291～303页，北京：科学出版社，2000年。

家养的牛和羊，这两种动物到夏商周时期数量开始增多[13]。在河南省柘城县山台寺龙山文化的遗址里发现在1个坑里埋了9头牛[14]，但是这类用牛祭祀的实例在中原地区发现极少。同样，用羊祭祀的实例在这个地区龙山文化的遗址里也发现极少。在偃师商城遗址我们发现在一定数量的祭祀坑里把猪、牛和羊肢解后埋在一起的现象。此时，用牛和羊进行祭祀已经成为习惯，但是数量还不多。在郑州商城遗址也发现了使用完整的牛进行祭祀的现象。应该说，真正大量的使用牛进行祭祀的实例发现于小双桥遗址，而大量使用羊进行祭祀的实例发现于殷墟。由此可见，大量使用牛和羊进行祭祀的习惯与商代遗址中出土的牛和羊的骨骼数量逐渐增多紧密相关。

迄今为止，我们尚没有在早于殷墟的遗址里发现过家马存在的证据[15]。因此殷墟的祭祀坑里大量出土家马的现象应该引起我们足够的重视。尤其是这种不出则已，一出则是数量巨大的现象，与牛和羊这些家养动物从新石器时代晚期的遗址里开始出现、到夏商周时期的遗址里数量逐渐增多的发展过程形成鲜明的对比。由此也证明，我们提出的黄河中下游地区的家马并非起源于当地，而是通过文化交流的方式传入的观点是可信的[16]。商代祭祀中使用的马并非本地所产，也不像家牛那样是被逐渐驯化的。家马在商代被引入中国后，很快被贵族所接受。马作为一种奔跑迅速、可以驾车的动物，在当时可能具有相当特殊的地位。故商王死后要随葬车和马，在王陵区里也有大量的马坑进行祭祀活动。可见在黄河流域，马从开始被利用起，就扮演着十分重要的社会角色。

动物祭祀的组合

从各个遗址中出土的祭祀用的动物中我们看到，各种动物主要是单独埋葬的。但是也有狗和猪合葬，猪和牛合葬，狗和羊合葬，狗和马合葬，猪、牛和羊合葬等形式。单独祭祀和组合祭祀都与那些谈到祭祀活动的商代卜辞有关。

甲骨文里多次提到单独利用狗、猪、牛、羊等动物进行各种祭祀，但有时也提到使用狗和羊、牛和羊、猪和羊及更多种动物组合进行祭祀。其中值得一提的是甲

---

〔13〕 袁靖：《中国新石器时代家畜起源的问题》，《文物》2001年第5期，第51～58页。

〔14〕 张长寿、张光直：《河南商丘地区殷商文明调查发掘初步报告》，《考古》1997年第4期，第24～31页。

〔15〕 Yuan Jing and Rowan K. Flad. 2006. Research on Early Horse Domestication in China, in Marjan Mashkour（ed.），*Eauids in Time and Space*：124-131. Oxford：Oxbow Books.

〔16〕 Yuan Jing and Rowan K. Flad. 2006. Research on Early Horse Domestication in China, in Marjan Mashkour（ed.），*Eauids in Time and Space*：124-131. Oxford：Oxbow Books.

骨文里还把祭祀用的动物概括为"太牢"和"少牢"两种。历代学者们经过研究，提出了各种关于"太牢"和"少牢"的解释。其中郑玄认为，"太牢"是指猪、牛、羊这三种动物的组合，"少牢"是指单一的猪或羊[17]。而姚孝遂认为，甲骨文里的"牢"是指专门供祭祀用的特殊圈养的动物，经过特殊圈养的牛羊，其大者谓之"太牢"，其小者谓之"少牢"[18]。冯时同意姚孝遂的说法，但是又补充说明，"太牢"和"少牢"的动物种类不仅仅限于牛和羊，还应该包括马、猪等其他动物。我们把以上各家的说法与上述 4 个遗址内出土的、与祭祀有关的动物遗存进行比较，发现河南偃师商城里出土的动物遗存最能提供直接证据。但是，偃师商城出土的动物既有与"太牢"和"少牢"可以互相印证之处，又不完全吻合。如可以把偃师商城祭祀区里出土的猪、牛、羊的组合理解为"太牢"，但是按照这种说法就不能解释为什么单独埋葬猪，却没有同时放上羊，即不见"少牢"。而如果把偃师商城祭祀区里出土的年龄大、体形相应也大的猪理解为是经过特殊圈养的"太牢"，而幼年的小猪是经过特殊圈养的"少牢"，那么我们又无法解释同样一个祭祀区里出土的猪、牛、羊的组合代表了什么意思。偃师商城和发现甲骨的殷墟的年代相差几百年，祭祀活动和用词可能有了明显变化。动物考古学证据清楚地表明，这一时期的动物祭祀并非一成不变。如何把商代各个遗址出土的与祭祀相关的动物种类与古代文献中记载的内容结合起来进行研究，仍然是我们今后的课题。

动物祭祀的目的

甲骨文里有多处关于使用人或动物祭祀自然神和祖先的记载。概括起来说，用人祭祀的对象是河、男性或女性的祖先，用羊祭祀的对象是河、男性祖先，用狗祭祀的对象是风、祖先，用狗和羊一起祭祀的对象是风，用猪和羊一起祭祀的对象是云，用牛和羊一起祭祀的对象是男性祖先，用狗、牛和羊一起祭祀的对象是东方，用狗、猪、牛和羊一起祭祀的对象也是东方（表 1）[19]。

在探讨上述四处属于不同时期的商代遗址中出土的与祭祀相关的动物种类的差异时，我们认为有必要考虑这些祭祀的目的。毫无疑问，甲骨文的记载会给我们提供有益的启示。除甲骨文以外，我们还要参考祭祀遗迹的位置。偃师商城和小双桥用于祭祀的动物明确无误地出土于宫城内的祭祀区，但是，我们目前无法确认当时祭祀的目的是向自然神祷告还是祭奠祖先，或者两者兼而有之。郑州商城和安阳殷墟小屯发现

---

〔17〕　阮元校刻：《十三经注疏》，第 1196、2218 页，北京：中华书局影印，1980 年。

〔18〕　姚孝遂：《牢牢考辨》，《古文字研究》，第 9 期，第 25～36 页，1984 年。

〔19〕　石璋如著：《小屯：第一本 遗址的发现与发掘：乙编 建筑遗存》，第 273～316 页，南港：历史语言研究所，1959 年。

表1　甲骨文所见用人、动物祭祀自然神和祖先情况一览表

祭祀对象 祭祀用品	风	云	河	东方	男性祖先	女性祖先	祖先
人			√		√	√	
羊			√		√		
狗	√						√
狗、羊	√						
猪、羊		√					
牛、羊					√		
狗、牛、羊				√			
狗、猪、牛、羊				√			

的动物有的埋在建筑物之下，有的埋在建筑物附近。埋在建筑物之下的动物肯定与修建建筑时的奠基、置础、安门等一系列仪式有关，即祭祀的目的是为了保证建筑顺利建成。而埋在建筑物附近的动物则可能是后来进行祭祀的遗存，因为小屯丙组建筑基址被推测为是与祭祀有关的"室"与"坛"[20]，这个地方的性质在本质上与偃师商城和小双桥的祭祀区可能是一致的。与偃师商城祭祀区一样，我们目前还无法确认其祭祀的具体目的。在郑州商城和殷墟孝民屯铸铜遗址内或附近发现的祭祀坑应该说是与当时铸造铜器时的祭祀有关。在安阳殷墟西北岗王陵区埋葬的那些马则很可能与商王祭祀自己的祖先有关。

　　因为到目前为止，我们还无法明确解释这些遗址中出现的与祭祀相关的动物种类有差异的原因，因此也就无法明确叙述使用各种动物进行祭祀的目的，我们对此是否可以做这样的归纳：（1）商王在举行目的不同的祭祀活动中必须使用相异的动物。（2）随着时间的推移，商王对使用何种动物进行祭祀的观念发生变化，因而使用了不同的动物。

　　依据迄今为止的发现，概括起来说，商代在祭祀活动中大量使用了动物。最早使用的主要是猪，也使用狗、牛和羊。而后逐步发展演变为主要使用狗、马、牛和羊。尤其是商代晚期，马被引入中国并被驯养，马作为一种新的具有力量的动物，在商代晚期的祭祀活动中发挥了特殊的作用。

　　商代早期祭祀用牲以猪为主，证明其与新石器时代的祭祀活动存在一定联系。而后随着时间的推移，用于祭祀的动物种类增多，规模也在变大，这些变化有助于区分

―――――――――――

〔20〕　石璋如著：《小屯：第一本 遗址的发现与发掘：乙编 建筑遗存》，第273～316页，南港：历史语言研究所，1959年。

献祭者的身份。用大量牛或牛与其他动物的组合作牺牲，比用猪作牺牲，更能具体地反映出等级制度。车马坑与大规模的人牲，是商代晚期王权和祖先崇拜的最高的表现形式。通过动物祭祀，我们可以了解商代统治特征的明显变化。

本文在写作过程中，得到中国社会科学院考古研究所杜金鹏研究员、冯时研究员、王学荣研究员的指教，在此表示感谢。

（本文为 2005 年发表于美国的 *Journal of Anthropological Archaeology* 24（3）的中文译稿，作者为袁靖和傅罗文，主要由袁靖撰写）

山东滕州前掌大墓地随葬动物前肢的研究

山东滕州前掌大墓地是山东地区商末周初时的一个重要遗址，迄今为止发现的遗迹以墓葬为主。我们通过整理墓葬中出土的动物骨骼，发现在一些墓葬中有随葬动物前肢的现象，这种现象在商周时期具有一定的代表性。这里主要围绕随葬动物前肢的问题进行探讨，图1为出土动物前肢骨骼的商周时期遗址分布图。

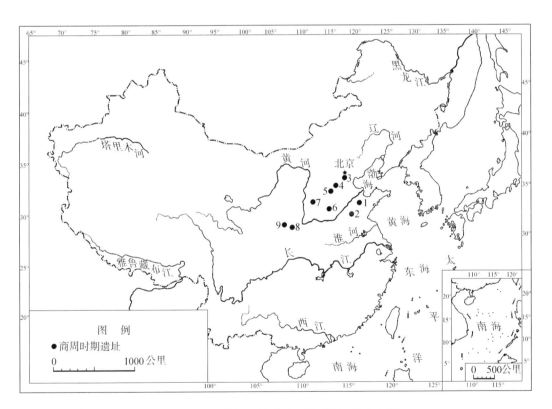

图1　出土动物前肢骨骼的商周时期遗址分布图

1. 山东青州苏埠屯遗址　2. 山东滕州前掌大墓地　3. 北京琉璃河西周墓地　4. 河北定州北庄子墓地

5. 河北藁城台西墓地　6. 河南安阳殷墟遗址　7. 山西灵石旌介村墓地　8. 陕西长安沣西客省庄遗址、陕西长安张家坡遗址、陕西长安花园村周代墓葬　9. 陕西扶风云塘西周墓葬

前掌大墓地随葬动物前肢的现象

在前掌大遗址的墓葬里发现随葬动物的墓葬有 46 座，其中 11 座存在随葬动物前肢的现象。比如，属于商代晚期的大型墓 M214 内发现牛的左侧肱骨、尺骨、桡骨、掌骨、趾骨，羊的左侧桡骨和掌骨。另外，还有 4 座小型墓也有同样的现象，如 M36 发现猪的左侧肩胛骨、肱骨、尺骨和桡骨。M44 发现猪的左侧肩胛骨、肱骨、尺骨、桡骨、掌骨。M49 发现羊的左侧肩胛骨、肱骨、尺骨、桡骨、掌骨。M127 发现猪的右侧肩胛骨、肱骨、尺骨、桡骨和掌骨。属于西周早期的 3 座中型墓和 3 座小型墓里也有这样的现象。如中型墓 M21 发现猪的右侧肩胛骨、肱骨、尺骨、桡骨和趾骨，羊的右侧肩胛骨、肱骨、尺骨和桡骨。M38 发现猪的左侧肩胛骨、肱骨、尺骨、桡骨，牛的左侧肩胛骨、肱骨、尺骨、桡骨，羊的左侧肩胛骨、肱骨、尺骨、桡骨、掌骨和趾骨。M109 发现牛的右侧肩胛骨、肱骨、尺骨、桡骨、腕骨、掌骨、趾骨，羊的右侧桡骨、掌骨和趾骨。小型墓如 M4 发现牛的右侧桡骨、腕骨。M106 发现猪的左侧肩胛骨、肱骨、尺骨、桡骨。M130 发现猪的左侧肩胛骨、肱骨、尺骨、桡骨，羊的左侧尺骨、掌骨、趾骨。上述的动物肢骨中，有些没有包括趾骨，这可能是因为趾骨体积较小，混在土中不易察觉，加之发掘时又没有过筛子，容易造成采集上的遗漏。对照前掌大墓地的一些墓葬中发现过趾骨及后面提到的其他地区的实例，应该说，这种不见趾骨的现象不是当年随葬时有意所为[1]。

概括以上的整理结果，我们认为有五点值得注意。第一，当时是把动物的一条左前肢或右前肢完整地放入墓里的，随葬的动物部位仅限于前肢。第二，除西周早期的一座小型墓以外，其他小型墓往往仅随葬一种动物的前肢，且以猪的为主，中型以上的墓可以随葬猪和羊，牛和羊，猪、牛和羊的前肢。第三，如果是在同一座墓里随葬两种以上动物前肢的话，它们必须同侧，即同为左或同为右。第四，同时随葬多种动物的前肢时，同一种动物的前肢仅随葬一条。第五，随葬动物前肢的墓葬在全部墓葬中属于少数。

其他墓地随葬动物前肢的现象

多年来，经过发掘的商周时期的墓葬不在少数。认识古代各个地区的墓葬中随葬

〔1〕 袁靖、杨梦菲：《前掌大遗址出土动物骨骼研究报告》，见中国社会科学院考古研究所编著：《滕州前掌大墓地》，第 728～810 页，北京：文物出版社，2005 年。

动物前肢的现象，对于我们探讨商周时期的葬俗是十分重要的。

商代

迄今为止，把动物的一条腿或数条腿作为随葬品放置在墓葬中的最早实例出自商代早期向晚期过渡阶段的河北藁城台西墓地。如在 M102 东侧的二层台上发现完整的猪腿骨四条，水牛角一对和羊肩胛骨一副。在此墓东 15 厘米的地方发现长方形的土坑，里面放置完整的牛的肢骨 120 块，幼年的羊和猪的肢骨 116 块。另外，在有的墓里还发现羊肩胛骨和腿骨[2]。因为肩胛骨和腿骨共出，我们可以判断此墓随葬的是羊的前腿。但是，因为报告没有说明其他腿骨是前腿还是后腿，又没有线图或图版可以帮助我们认识骨骼的部位，所以我们不清楚藁城台西墓地的全部肢骨是否都为前肢。以下列举的其他实例，有些也没有注明是前肢还是后肢，故我们不能做出明确的判断。

到商代晚期，在河南安阳殷墟的不少墓地里都发现使用猪、牛、羊的前肢随葬的现象。如在武官村北、西北冈王陵区 M1002 的北墓道口之内，有 3 条兽腿摆放成 1 列，似为猪、牛、羊腿各一[3]。在 M1550 的墓坑北部，正对北墓道口处，在草席上放一条牛前腿，一条羊前腿，牛腿压在羊腿之上[4]。M259 在人骨架脚端的二层台上放一条牛腿，摆成蜷曲状[5]。从图上看似有肩胛骨，可能是前腿。其次，在 1953 年发掘的安阳大司空村的 166 座商代墓葬，其中完整的墓葬有 122 座，有 14 座墓在人骨架头前或两侧的二层台上放有牛腿或羊（猪）腿，放牛腿的多，放羊腿的少，也有兼放牛腿和羊腿的。从 M28 的图版看，有肩胛骨，是前腿[6]。1962 年发掘的安阳大司空村的 50 余座商代墓葬，其中 53 号墓人骨架头端的二层台上放牛腿和羊腿，数量不清。从线图看，有肩胛骨，是前腿[7]。其三，1958～1961 年在大司空村、白家坟西、小屯西地发现 14 座墓随葬牛头、牛腿和羊腿等。如大司空村和白家坟西各发现一条羊腿，小屯西地发现 GM214 有一条牛腿、一个羊头、二条羊腿，GM233

〔2〕 河北省文物研究所编：《藁城台西商代遗址》，第 111 页，北京：文物出版社，1985 年。

〔3〕 梁思永、高去寻编著：《侯家庄 第三本 1002 号大墓》，第 19～20 页，台北：历史语言研究所，1965 年。

〔4〕 梁思永、高去寻编著：《侯家庄 第八本 1550 号大墓》，第 18 页，台北：历史语言研究所，1976 年。

〔5〕 中国社会科学院考古研究所安阳队：《殷墟 259、260 号墓发掘报告》，《考古学报》1987 年第 1 期，第 99～117 页。

〔6〕 马得志、周永珍、张云鹏：《一九五三年安阳大司空村发掘报告》，《考古学报》1955 年第 9 册，第 25～90 页。

〔7〕 中国科学院考古研究所安阳发掘队：《1962 年安阳大司空村发掘简报》，《考古》1964 年第 8 期，第 380～384 页。

有一个牛头、三条牛腿、六个羊头、二条羊腿。羊腿骨多数发现于陶器内，少数单独放在二层台上，GM233 的一个牛头和六个羊头放在墓主人头端二层台上，三条牛腿放在墓主人头端的填土中，羊腿则放在漆盘内[8]。从线图看，羊腿有肩胛骨，是前腿。其四，1969～1977 年在殷墟西区发掘的 939 座商代墓葬中，个别墓随葬猪腿、牛腿和羊腿。如 M429 人骨架头端二层台上放羊腿。从 M220 的照片上看，人骨架头端的二层台上放牛的前腿[9]。殷墟西区 1713 号墓的椁顶板南端，人骨架的头前方放牛腿和羊腿各 1 条。从线图看，有肩胛骨，是前腿[10]。其五，1982～1992 年在郭家庄西南发现商墓 191 座，有 18 座在二层台上放置牛腿骨，有的仅为腿骨，有的连着肩胛骨，位置大多在头端二层台上，少数在足端二层台上，也有放在墓葬中部或椁室内的[11]。其六，1987 年在梅园庄南地发现 111 座墓葬，其中有 4 座墓在墓主人头端二层台上放置牛腿或羊腿，其中有 1 座墓牛、羊腿兼有[12]。在殷墟随葬动物前肢的墓葬中，以单独随葬羊前肢的墓葬数量最多，其次是单独随葬牛前肢的墓葬，随葬猪前肢的墓葬数量最少。

在河北定州北庄子墓地，较大型的墓中随葬有牛腿和羊腿，如 M5 的北侧二层台上随葬一条牛腿。M80 人骨架头端的二层台上随葬有一条羊腿，报告上写是羊后腿[13]。但是我们从线图看，明显有肩胛骨，所以应为羊前腿。

山西灵石旌介村墓地的 2 号墓，人骨架头端的二层台正中随葬一条牛腿骨[14]。前后腿不详。

山东青州苏埠屯遗址 M7 的木椁顶上发现两条牛腿骨[15]，从图上看，有肩胛

〔8〕　中国社会科学院考古研究所编著：《殷墟发掘报告（1958－1961）》，第 213 页，北京：文物出版社，1987 年。

〔9〕　中国社会科学院考古研究所安阳工作队：《1969－1977 年殷墟西区墓葬发掘报告》，《考古学报》1979 年第 1 期，第 27～146 页。

〔10〕　中国社会科学院考古研究所安阳工作队：《安阳殷墟西区一七一三号墓的发掘》，《考古》1986 年第 8 期，第 703～712 页。

〔11〕　中国社会科学院考古研究所编著：《安阳殷墟郭家庄商代墓葬》，第 8～9 页，北京：中国大百科全书出版社，1998 年。

〔12〕　中国社会科学院考古研究所安阳工作队：《1987 年秋安阳梅园庄南地殷墓的发掘》，《考古》1991 年第 2 期，第 125～142 页。

〔13〕　河北省文物研究所、保定地区文物管理所：《定州北庄子商墓发掘简报》，《文物春秋》增刊，第 230～240 页，1992 年。

〔14〕　山西省考古研究所、灵石县文化局：《山西灵石旌介村商墓》，《文物》1986 年第 11 期，第 1～18 页。

〔15〕　山东省文物考古研究所、青州市博物馆：《青州市苏埠屯商代墓地发掘报告》，见张学海主编：《海岱考古（第一辑）》，第 254～273 页，济南：山东大学出版社，1989 年。

骨，肯定是前腿。

西周

到了西周时期，这种现象继续存在。如陕西长安沣西客省庄、张家坡遗址，不少墓葬的二层台上放置猪、牛、羊的腿骨。1955～1957 年发掘的 182 座墓中，有 8 座放猪、牛、羊的腿，除两座墓随葬两条外，其余都是一条。这些腿大都放在墓主人头端的二层台上，有三座墓腿压在墓主人的颈部、上肢或下肢，这大概是因为原来放在椁盖上，后来塌陷所致。从线图和照片看，都有肩胛骨，可以断定是前肢。另外，从 M162 的照片看，当时随葬的是牛腿和羊腿各一条[16]。在 1967 年发掘的 124 座墓葬中，M54 在墓主头端二层台上有一条牛腿骨和一条羊腿骨。M87 在墓主的头端二层台中部有一条牛腿骨。从线图上看都有肩胛骨，故断定为前腿[17]。1984～1985 年在发掘张家坡村东 44 座西周墓葬时，考古学家发现在 M6 的墓主头侧二层台上放羊腿骨。因为线图上画出肩胛骨，因此可以认定是羊的前腿[18]。1987 年和 1991 年在张家坡发掘墓葬 23 座，其中 M1 在墓主左侧的二层台上放多条动物腿骨。M19 在墓主头端二层台中部放动物腿骨一条。从线图看，动物骨骼中均有肩胛骨，故可认定是前肢[19]。1983～1986 年发掘张家坡西周墓地时，在 M347 的墓主人肩部有两条完整的兽腿骨，应是放在椁盖上的祭品而塌入棺内的[20]。

在陕西长安花园村报道的 6 座周代墓葬中，M15 和 M17 中人骨架头端的二层台上均发现动物肢骨，其中 M17 内的数量比较多，但这是我们仅从线图上看到，报告中没有具体描述[21]。

在陕西扶风云塘的 19 座西周墓葬中，有在左右两侧的二层台上或棺椁之上放置猪、牛、羊肉等现象，如 M20 的棺椁之上发现 45 块猪、牛、羊的肩胛骨和肢骨。因为有肩胛骨，故判断其为前腿。另外，从 M13 的平面图看，在二层台和椁板顶上也有三条以上带肩胛骨的动物腿骨，这些也是前腿[22]。

〔16〕　中国科学院考古研究所编著：《沣西发掘报告》，第 116～117 页，北京：文物出版社，1963 年。

〔17〕　中国社会科学院考古研究所沣西发掘队：《1967 年长安张家坡西周墓葬的发掘》，《考古学报》1980 年第 4 期，第 457～502 页。

〔18〕　中国社会科学院考古研究所沣镐工作队：《1984－85 年沣西西周遗址、墓葬发掘报告》，《考古》1987 年第 1 期，第 15～32 页。

〔19〕　中国社会科学院考古研究所沣西队：《1987、1991 年陕西长安张家坡的发掘》，《考古》1994 年第 10 期，第 895～909 页。

〔20〕　中国社会科学院考古研究所编著：《张家坡西周墓地》，第 62 页，北京：中国大百科全书出版社，1999 年。

〔21〕　陕西省文物管理委员会：《西周镐京附近部分墓葬发掘简报》，《文物》1986 年第 1 期，第 1～31 页。

〔22〕　陕西周原考古队：《扶风云塘西周墓》，《文物》1980 年第 4 期，第 39～55 页。

在北京琉璃河西周墓地也发现在墓葬中分别随葬猪、牛、羊腿的现象，其中以牛为最多。如在 M17、M22、M53、M54 中墓主人骨架头端的二层台上发现牛的腿骨，在 M19 和 M6 中墓主人骨架头端的二层台上分别放置猪腿骨和羊腿骨。从线图看，牛的骨骼中有肩胛骨，应为前腿[23]。

比 较 研 究

把前掌大墓地出土的动物前肢的状况与上述商代和西周时期的遗址进行比较，可以看到这样一些共同点，在这些遗址的一些墓葬中都有随葬动物腿的现象，多数还可以确认是前腿；随葬动物腿的墓葬在全部墓葬中都占少数。但是相比之下，前掌大墓地还有一些自己的特点，第一，从现有的发现状况看，前掌大墓地的墓葬中随葬的动物前肢以猪为最多，这与其他遗址的墓葬的情况恰恰相反，其他遗址里很少发现猪的前肢。第二，前掌大墓地里，无论是随葬一种动物的前肢还是随葬猪、牛、羊等几种动物的前肢，必定是一种动物只放一条，这也和其他遗址里有时把同种动物的多条前肢放在一起不同。第三，前掌大遗址的动物前肢都进行了属于左侧还是右侧的鉴定，在同一座墓里如果随葬两种以上动物前肢的话，必定为同侧。其他遗址因为没有对动物骨骼的左右侧进行鉴定，所以无法进行比较。

曹建敦博士认为，商周时期牲体使用皆有礼制规定，牲体的各个部分之间有尊卑之别。他引用《礼记·祭统》"凡为俎者，以骨为主，骨有贵贱。殷人贵髀，周人贵肩，凡前贵于后"这段话为证，认为周礼中规定牲体的左右胖用其一，并以右胖为贵。而髀因为较近于窍，贱，故一般不升于鼎[24]。

北京大学韩巍的硕士学位论文就是专门讨论西周墓葬的殉人与殉牲，他发现在陕西长安沣西遗址中殉葬牲腿的习俗存在于整个西周时期，在早中期较为多见，从墓葬等级看，这种习俗主要流行于中小贵族及上层平民中。另外，北京琉璃河墓地的中型墓多数殉葬牛腿，而小型墓则往往殉葬猪腿或羊腿，说明不同等级的墓葬在殉牲种类上也有差别。他认为，因为西周时期诸侯一级的大墓中没有发现随葬牲腿的现象，说明这种习俗可能不是周人所固有的。周初有大批原先居住在殷商王畿内的"殷遗民"被迁移至洛邑、沣镐、周原等地及一些封国都邑中，他们在不同程度上保持了自己的传统习俗，这就是西周时期殉人和殉牲的主要来源[25]。

〔23〕　北京市文物研究所：《琉璃河西周燕国墓地（1973—1977）》，第 10～72 页，北京：文物出版社，1995 年。

〔24〕　曹建敦：《略谈考古发现与商周时期的牲体礼》，《中国文物报》2005 年 4 月 15 日第 7 版。

〔25〕　韩巍：《西周墓葬的殉人与殉牲》，北京大学考古文博学院硕士学位论文，2004 年。

　　这些认识对于我们解释商周时期墓葬中都使用动物前肢随葬的现象是有所启发的。但是这里必须强调，在前掌大墓地属于商代的墓葬里，凡是随葬的动物腿都是前腿。在我们收集到的多个地区商代墓葬的资料里，凡是随葬动物腿的墓葬，只要配有线图或照片，我们就可以确定那些都是动物前腿。这就证明商人如果在墓葬中随葬动物腿的话，放的必定是前腿。由此可见，《礼记·祭统》所言"殷人贵髀，周人贵肩"的说法未必可靠。

　　综上所述，努力做好动物考古学研究，并把文献资料、考古学研究和动物考古学研究有机地结合在一起，这是我们把商周时期殉牲制度研究进一步推向深入的基础。

　　本文的插图由中国社会科学院研究生院博士生吕鹏绘制，在此表示衷心的感谢。

（原载于中国社会科学院考古研究所编：《二十一世纪的中国考古学》，第 903～908 页，北京：文物出版社，2006 年。作者为袁靖、梁中合、杨梦菲，主要由袁靖撰写）

安徽滁州何郢遗址出土动物遗骸研究

何郢遗址位于安徽省滁州市区东北约 6 公里，现存面积近 5000 平方米，平面近圆形，中部略高，周边较平坦，属于本地区较为常见的台地型聚落遗址。2002 年秋安徽省文物考古研究所对该遗址进行了发掘。根据出土陶器的排比分析和测年结果，可将该遗址分为商末周初、西周中期和西周晚期三个时期。何郢遗址出土的器物多为陶、石器，在当时可能属于一般的村落。发掘者根据出土遗物的器类构成及其特征变化，认为这个遗址所反映的考古学文化面貌与周边地区同时期文化有较大差别，代表了分布在安徽省东部及江苏省邻近地区的一个新的考古学文化类型，暂称之为"何郢类型"。

我们在该遗址发现了数量较多的动物遗骸，分别出自文化层和祭祀区，祭祀区内出土的动物均形体完整。全部动物种属有楔蚌、鱼、扬子鳄、龟、鸟、兔、虎、马、家猪、梅花鹿、麋鹿、小型鹿、黄牛等，计 13 种。我们通过动物考古学研究，发现了一些十分重要的现象，以下分别进行阐述和讨论。

何郢遗址出土动物遗骸的特征

数量统计

我们依据对何郢遗址出土动物骨骼的形体观察和数据测量，借鉴以往的研究结果，可以把这个遗址出土的各种动物区分为家养动物和野生动物两类。其中家养动物包括狗、马、猪和黄牛，野生动物主要是兔、虎、梅花鹿、麋鹿和小型鹿。

从数量统计看，自商末周初到西周晚期都是以家养动物占多数，而且家养动物呈上升趋势，其可鉴定标本数从商末周初的占全部哺乳动物的 68.48%，下降到西周中期的 80.19%，再上升到西周晚期的 87.25%。

从具体的可鉴定标本数来看，家养动物中猪最多，在商末周初占全部哺乳动物的 43.48%，到西周中期和晚期增加到 61% 左右。黄牛在商末周初占 19.57%，到西周中期下降为 14.60%，到西周晚期仅占 2.79%。狗在商末周初为 5.43%，到西周中期下降到 2.72%，到西周晚期又增加到 22.71%，在全部动物中数量仅次于猪。马的数量相当少，仅发现于西周中期。野生动物中梅花鹿的数量最多，在商末周初占 29.35%，到西周中期下降到 13.12%，西周晚期再降到 10.56%。其他的麋鹿和小型鹿的数量均比较零星。

从最小个体数看，猪的数量在商末周初为总数的 47.06%，到西周中期略有下降，为 40.54%，到西周晚期又稍有回升，为 43.33%。黄牛在商末周初为 11.76%，到西周中期上升到 13.51%，到西周晚期又下降到 6.67%。狗自商末周初的 17.65%，下降到西周中期的 8.11%，到西周晚期又上升至 13.33%。野生动物中主要是梅花鹿，由商末周初的 17.65%，上升到西周中期的 24.32%，再上升至西周晚期的 26.67%。

以上动物的可鉴定标本数和最小个体数的统计结果之间出现一定差异，其主要原因在于，可鉴定标本数统计的是各种动物的每一块可鉴定的骨骼，而何郢遗址在西周中期和晚期发现的一批动物坑里，出土的狗或猪大多是比较完整的骨架。因此可鉴定的狗或猪的骨骼数量就比较多。而作为最小个体数统计，骨骼数量再多，如果是出自同一个个体，也只能算一个。因此我们认为，在何郢遗址动物数量的统计中，最小个体数的统计结果比较客观。

从总体上看，何郢遗址的家养动物始终以家猪为主，其数量在各个时期变化不大，而狗和牛的数量都有一些起伏。野生动物主要是鹿，其中又以梅花鹿为主，麋鹿和小型鹿为辅，发现兔和虎是极个别的现象。

动物坑

在此次何郢遗址发掘范围的东北部、东南部及西南部分别发现 3 组动物坑，共计 22 个。其中东北部 12 个，东南部和西南部各 5 个。

动物坑内的动物主要是猪，其次为狗，不见其他种类。在东北部，动物坑与墓葬错落分布，墓内的人骨经鉴定均为儿童。发掘人员认为，这些动物坑和墓葬可能都是当时居民进行祭祀活动的证据。

动物坑里的狗和猪均摆成蜷曲状，没有任何挣扎的痕迹，它们很可能是被人杀死后，专门放到坑里摆成这种姿势的。

通过对全部动物坑内的猪颌骨进行年龄鉴定，并结合全部肢骨的关节部位均未愈合的状况，可以推测这些猪的年龄均不超过 1 岁，有的甚至更加年轻，属于幼年猪。全部动物坑中发现的猪共有 14 头，其中 7 头猪没有发现头骨，在这些猪的头部放一块石头象征猪头。这些无头的猪在分布上没有什么规律。

相比之下，狗的情况比较特殊。总共发现的 4 只狗中，1 条年龄不到 1 岁，另 1 条 1 岁以上，还有两条已经成年，其中有 1 只成年狗的骨骼呈现明显的病变状态。

由此可见，当时何郢遗址的居民在利用动物进行祭祀时，主要使用的是猪，另外也使用狗。用于祭祀的猪的年龄均很小，基本没有超过 1 岁。而对于狗的年龄则没有定规。祭祀时用一块石头代替猪头的做法可能是当时的特殊习俗。

同时期其他遗址的特征

在商周时期的不少遗址中，都发现过利用动物进行祭祀的证据，这里择要介绍如下。

河南偃师商城遗址

偃师商城遗址的年代为公元前 1600 年至公元前 1365 年。偃师商城宫城内 5 号宫殿基址的庭院中发现 8 个长方形土坑，土坑紧靠 5 号基址，排列整齐，皆埋一条狗，姿势为蜷曲或侧卧，狗头向南。另外还有一些零散分布的祭祀坑，例如有的利用水井做祭祀坑，每间隔一定深度埋一条狗；有的单独埋牛头作为牺牲[1]。

第一期到第三期，商代王族使用的主要祭祀区位于宫城的北部，该祭祀区东西长达 200 米。从祭祀动物的种类看，可以分为单独埋猪作为牺牲和多种动物牺牲共存两大类。

单独埋猪的有的挖浅坑，有的则无坑，只是在猪的身体上覆盖黄土。其中整猪埋葬数量最多，其他有的砍掉猪头部，有的将猪的肢体剖为两半，有的单独用猪头，也有的使用猪肢体的某一部分。在使用整猪时，多数情况可能是先将其杀死，然后埋葬。因为猪的身体形状是有意摆放的，有侧身、俯身和仰身三种，以侧身埋葬的猪居多。除有意摆放的猪以外，还有虽然四蹄并拢，但是头部扬起，吻部朝上，呈现出挣扎状态的猪，显然是被捆绑起来活埋的。多数坑中埋一头猪，也有的同一坑中埋两头、三头或四头猪。在一个坑中埋葬多头猪时，猪的个体一般较小。猪是整个祭祀区中数量最多的牺牲，分布密度很大，仅 1999～2001 年度发掘出土的祭祀用猪的总数就接近 300 头。

在多种动物牺牲共存的堆积中，常见的组合是猪、牛和羊。这些动物均无完整个体，皆被肢解，分成头、前肢或后肢等部位。埋葬地点多在祭祀区中部，而且常常有陶器共存。个别地点的出土情况表明，这些被肢解的动物可能原本被放置在木制的漆案或漆盘之上[2]。

---

[1] 中国社会科学院考古研究所河南第二工作队：《河南偃师尸乡沟商城第五号宫殿基址发掘简报》，《考古》1988 年第 2 期，第 128～140 页。

[2] 中国社会科学院考古研究所：《河南偃师商城商代早期王室祭祀遗址》，《考古》2002 年第 7 期，第 6～8 页。

偃师商城的祭祀活动利用的动物以猪为主，其他还有狗、牛和羊。除猪大多单独埋入，且多数较为完整外，狗通常也是单独完整地埋入的，但是数量不多。而牛和羊则全部被肢解，与被肢解的猪埋在一起。其中，狗发现于宫殿基址的庭院内，而猪主要发现于宫殿内专门的祭祀区里。

河南郑州商城遗址

在郑州商城城内和城外属于公元前 1460 年至公元前 1384 年这个时间段的建筑基址和铸铜遗址里，发现了一些祭祀坑，有的埋人、猪和牛，有的埋人、狗和猪，有的埋人和猪，有的埋人和狗，还有的单独埋狗、猪或牛。例如，在郑州商城遗址宫殿区东北约 50 米处，发现排列成行的长方形或椭圆形土坑各 4 个。坑内埋狗，最多的埋有 23 条，最少的埋有 2 条，共有 92 条。考古学家发现，有的狗骨架的腿部好像被捆绑，并有挣扎的样子，证明它是被活着埋入的。但是由于相当数量的狗骨保存状况不好，因此不能肯定全部的狗是否都是活着埋入的。在 H111 里，埋有成年人 2 个，儿童 6 个，成年猪 5 头，幼年猪 3 头，狗 1 只和狗头骨 1 个。在铸铜遗址附近的一个坑里发现 2 头猪，其中 1 头的前后肢呈交叉状，可能是捆绑后埋入的。另外，在城外发现 3 个不规则的椭圆形坑，坑内分别埋有 1 头完整的牛，坑的大小与牛体大小相当，牛体正好勉强放入坑内[3]。

郑州商城遗址用于祭祀的动物主要是狗，数量很多，其次也有相当比例的猪，还有牛。其中狗主要发现于宫殿区内，在铸铜遗址里发现狗和猪，另外在城外发现牛。

河南郑州小双桥遗址

小双桥遗址的年代为公元前 1435 年至公元前 1410 年。这个遗址除发现人牲祭祀坑外，还发现了一些动物祭祀坑。这些祭祀坑可分为 3 种，即以牛为主的多种动物坑、牛头牛角坑和狗坑。

以牛为主的多种动物坑共发现两个，属于大型坑，平面呈不规则形。坑中有大量的牛头或牛角，还有鹤、象牙、狗、猪、鹿等动物骨骼和蚌壳等。

埋入牛头或牛角的祭祀坑数量最多，坑口形状分为圆形、椭圆形和不规则形等几种。牛头有的是保留顶骨及两个完整的牛角，从枕骨处水平横劈，经过眼眶到前颌骨；有的则是数具牛头或带一部分头骨的牛角，没有规则地摆放在一起；有的仅有 1 只或几只带一部分头骨的牛角；在有的坑内，牛头或牛角与陶器残片等同出。这些牛均为黄牛，H100 中牛头的个体数最多，超过 70 个。

---

〔3〕 河南省文物考古研究所编著：《郑州商城》，第 483～518 页，北京：文物出版社，2001 年。

发现 1 个埋狗的祭祀坑，平面呈椭圆形，内有 1 具幼年狗的骨架[4]。

小双桥遗址中与祭祀有关的动物以黄牛为主。这些牛均发现于宫城外专门的祭祀区。

河南安阳殷墟遗址

殷墟遗址的年代为公元前 1300 年至公元前 1046 年。20 世纪 30 年代，在殷墟小屯乙组和丙组等建筑基址，发现很多人牲祭祀坑和动物祭祀坑。

在乙组建筑基址下，发现了奠基用祭祀坑，共 13 个。有 4 个坑埋人，9 个坑埋狗，最多的 5 只，最少的 1 只，总共 15 只。另外还发现了放置础石的祭祀坑，共 18 个，除 2 个埋人外，其余都埋狗、牛或羊。有 9 个坑把狗和羊埋在一起，最多的为 20 只狗，31 只羊，最少的是 1 只狗，2 只羊或 2 条狗、1 只羊。有 1 个坑埋 2 种动物，分别是 30 头牛和 3 只羊。有 6 个坑是单独埋 1 种动物，为狗、牛或羊；其中 3 个坑埋牛，最多的 5 头，最少的 2 头；2 个坑埋狗，分别是 18 只和 3 只；1 个坑埋 17 只羊。全部动物共计 98 只狗、40 头牛和 107 只羊。另外，为了安门所设的祭祀坑共 30 个，主要埋人，但有 3 个坑里共埋了 4 条狗。

在乙组建筑基址外，按照中、南、北三组分别整齐地排列着 127 个祭祀坑。主要为人坑，有 8 个坑里同时还埋动物。其中车马坑 5 座，两座埋 4 匹马，三座埋 2 匹马。狗坑 2 个，分别埋 4 只狗和 1 只狗。此外，还有 9 只羊合葬的坑、3 只狗和 3 只羊合葬的坑、2 只狗和 1 匹马合葬的坑各 1 个。共计狗 10 只、马 14 匹、羊 12 只。

在丙组建筑基址外，发现 34 个祭祀坑，除 25 个人坑外，有 9 个动物坑。其中，狗和羊合葬坑 3 个，最多的为狗 40 只，羊 42 只，最少的为狗和羊各 4 只。还有单独埋羊的坑 2 个，分别为 3 只羊和 1 只羊；单独埋狗的坑 2 个，分别为 19 只狗和 1 只狗。共计狗 74 只，羊 62 只。

在丙组建筑基址外，还发现埋有柴灰和动物骨骼的祭祀坑 15 个。烧过的牛角、牛骨、羊头、羊骨大多单独埋入，只有 1 个坑把烧过的狗和羊的骨骼埋在一起[5]。

20 世纪 30 年代，在西北冈王陵区发掘马坑 20 座，每坑中马的数量少者 1 匹，多者 37 匹，而以一坑中 2 匹为多。另外，还发掘象坑两座，一座埋有一头小象，一座埋有一头大象，象背后埋 1 人，俯身。1978 年春，在同一地区用探铲发现上百个方坑，成行地排在一起。考古工作者发掘了其中 40 座，其中 30 座是马坑，每坑埋马最少 1 匹，最多 8 匹，而以一坑 2 匹马和一坑 6 匹马者居多，其中有 3 个坑为每坑 1 个人 2 匹

---

〔4〕 河南省文物考古研究所、郑州大学文博学院考古系、南开大学历史系博物馆学专业：《1995 年郑州小双桥遗址的发掘》，《华夏考古》1996 年第 3 期，第 1～56 页。

〔5〕 石璋如著：《小屯：第一本 遗址的发现与发掘：乙编 建筑遗存》，第 273～316 页，南港：历史语言研究所，1959 年。

马。仅通过发掘出土的马就有 117 匹。另外还有一座埋有一头幼象与一头猪的坑。

上述埋葬动物的祭祀坑的分布都比较集中，尤其是马坑，排列最为整齐。埋有其他各种动物遗存的祭祀坑与埋有人牲的祭祀坑错落分布[6]。

2003 年，中国社会科学院考古研究所在殷墟又进行了一次较大规模的发掘，在孝民屯铸铜遗址里，发现近百块牛的下颌[7]。

殷墟用于祭祀的动物种类较多，但是从数量看，最多的几种依次为狗、马、牛和羊。其中在建筑基址内发现最多的是狗和羊，其次为牛和马，在王陵区发现的主要是马，在铸铜遗址发现有牛。

山东滕州前掌大墓地

前掌大墓地的年代为公元前 1320 年至公元前 920 年左右。这个遗址发现了 7 座殉兽坑，大多位于墓地的祭祀遗迹附近。其中 SK1 位于祭祀遗迹北侧，坑中放置一头牛，前、后肢蜷曲，紧靠腹部，似是捆绑后埋入。MK2 位于祭祀遗迹北侧，坑中放置 2 匹马，马头相对，上下叠压，前肢均蜷曲，后肢均伸展。MK3 位于祭祀遗迹门道出口的南部，坑中放置一匹马，前、后肢均伸展，摆放较整齐，可能是杀死后放入的。MK4 位于祭祀遗迹东南侧，坑中放置一匹马，从现有痕迹看，前、后肢摆放与 MK3 相同，可能也是杀死后放入的。SK5 未采集出土动物骨骼，从发掘记录看，坑内有很多马的碎骨，发掘人员认为，马是被肢解后放入的。MK6 位于祭祀遗迹的北侧，坑中放置一匹马，前、后肢均伸展，摆放较整齐，可能是杀死后放入的。SK7 坑内有一只狗，从发掘记录看，狗头朝北，四肢朝西。

除动物坑外，还发现车马坑 5 座，均为一车两马。马的前后肢均摆放成伸展状，当时应该是将马杀死后有意摆放的[8]。

前掌大遗址用于祭祀的动物主要是马，其次是牛和狗。这些动物均位于祭祀遗迹周围。

江苏徐州丘湾遗址

丘湾遗址属于商代晚期。遗址内发现了祭祀遗迹。在祭祀遗迹的中心有意放置了 4 块形状不规则的天然石块，它们的下部埋在土中，南、北、西各 1 块，中心 1 块。在石块

〔6〕 中国社会科学院考古研究所编著：《殷墟的发现与研究》，第 57~69、112~121 页，北京：科学出版社，1994 年。

〔7〕 中国社会科学院考古研究所王学荣研究员告知。

〔8〕 中国社会科学院考古研究所编著：《滕州前掌大墓地》，第 136~138 页，北京：文物出版社，2005 年。

周围分布着人和狗的骨架，其中完整的人骨架 20 具、人头骨 2 个、完整的狗骨 12 具。这些人骨和狗骨的头都朝向大石块。人骨和狗骨的分布疏密不一致，埋藏的深度也不同，有的还有叠压关系。这些人骨和狗骨都没有固定的墓圹，没有葬具和随葬品。人骨都是俯身屈膝，有一半以上是双手反绑在身后，表明他们当时是被处死的。狗骨一般是侧身，混杂在人骨之间。

在这处祭祀遗迹东北约 20 米处的商代文化层内，还发现牛骨架 1 具，发掘者认为，这也与商代祭祀有关。

据史书记载，铜山古代属于大彭氏国，彭祖氏在商代曾做过侯伯，与商政权有密切的关系，在商末被商所灭[9]。

丘湾遗址用于祭祀的主要是人，还有狗，均围绕祭祀中心分布。

比 较 研 究

上述用于祭祀的动物资料均出自都城、方国或侯伯级别的遗址中，在一定程度上反映了商周时期统治阶层在祭祀活动中的一些特征。

从总体上看，商代统治者在祭祀时使用狗、猪、牛、羊等动物是一种历史的延续。其在祭祀中使用动物的习俗，可以追溯到新石器时代及二里头文化时期。

中国新石器时代在与祭祀和随葬有关的活动中，使用最多的动物是猪。比如，在中国各个地区新石器时代的遗址里，发现过不少使用整头猪进行祭祀、或者使用猪头及猪下颌随葬的实例。除猪以外，也发现不少用狗祭祀或随葬的实例。但是，用狗的习俗流行于中国黄河下游和淮河流域地区，例如新石器时代的贾湖文化、大汶口文化和龙山文化[10]。使用牛和羊进行与祭祀相关的活动的实例发现很少。在中原地区，仅在河南柘城山台寺龙山文化的遗址里，发现在 1 个坑里埋了 9 头牛[11]。在属于龙山文化的山西夏县东下冯遗址、河南汤阴白营遗址内，都发现了埋羊的坑，有的羊骨架呈

---

〔9〕　南京博物院：《江苏铜山丘湾古遗址的发掘》，《考古》1973 年第 2 期，第 71～79 页。

〔10〕　a.　王仁湘：《新石器时代葬猪的宗教意义》，《文物》1981 年第 2 期，第 79～85 页。

　　　b.　王吉怀：《试析史前遗存中的家畜埋葬》，《华夏考古》1996 年第 1 期，第 24～31 页。

　　　c.　高广仁：《中国史前时代的龟灵与犬牲》，见高广仁著：《海岱区先秦考古论集》，第 291～303 页，北京：科学出版社，2000 年。

　　　d.　冈村秀典 2002「中国古代における墓の動物供犠」『東方学報』74 期 1－182 頁

　　　e.　Yuan Jing and Rowan Flad. 2005. New Zooarchaeological Evidence for Changes in Shang Dynasty Animal Sacrifice, *Journal of Anthropological Archaeology* 24（3）：252-270.

〔11〕　张长寿、张光直：《河南商丘地区殷商文明调查发掘初步报告》，《考古》1997 年第 4 期，第 24～31 页。

挣扎状，有的羊骨架前后腿都有捆绑的痕迹[12]。

到了属于二里头文化的河南郑州洛达庙遗址，在几个兽坑内分别埋葬有多头完整的牛和羊，研究者认为，这些都与祭祀活动有关[13]。

商代在祭祀活动中大量使用动物，最早使用的主要是猪，另外也使用狗、牛和羊。在主要使用猪这一点上，与新石器时代主要使用猪进行祭祀活动的特征一脉相承。到商代晚期逐步发展演变为主要使用马、狗、牛和羊。尤其是到了商代晚期马开始被驯养，马作为一种新的具有力量的动物，在商代晚期的祭祀活动中发挥了特殊的作用[14]。这种现象一直延续到西周及其以后。

在偃师商城、郑州商城、小双桥遗址、殷墟遗址、前掌大墓地这些属于都城或侯伯级别的遗址中出土的与祭祀相关的不同动物种类表明，在宫殿区等基址内发现的动物，包括狗、马、猪、牛和羊等多种，而王陵区和墓地往往以马为主，铸铜遗址用猪和牛。而丘湾遗址所在的地区虽然在当时属于侯伯一级，但是因为发掘面积有限，祭祀遗迹在整个遗址中的位置尚不清楚，目前还不能深入讨论。不过无论如何，使用动物种类的不同可能与祭祀目的的不同有着某种内在的联系。

我们要强调的是，商代早期祭祀用牲以猪为主，证明它与新石器时代的祭祀活动存在一定联系。随着年代的推进，祭祀用的动物种类开始增多，数量也在增加。这些变化可能是为了区分献祭者的身份。似乎以大量牛、羊或牛与其他动物的组合作牺牲，比用猪作牺牲能够更加具体地反映出等级制度。另外，车马坑与大规模的人牲是商代晚期王权和祖先崇拜的最高表现形式。可见，祭祀用动物的多样化，也与社会复杂化的进程密切相关，通过动物祭祀，我们可以了解商代统治阶层特征的变化。

我们注意到一个十分重要的现象，在何郢遗址，各期出土的动物骨骼中都发现牛骨，牛骨的可鉴定标本数和最小个体数在商末周初和西周中期这两个阶段，都占哺乳动物总数的10%以上。到西周晚期，虽然牛的数量明显下降，但是仍然有所发现。可是在何郢遗址的全部动物坑里，却没有发现一个埋牛的实例。这可能意味着当时老百姓在日常生活中是可以吃牛肉的，但是在正式祭祀的场合，却不能像王和贵族那样大量使用牛。由此我们也想到马。我们在何郢遗址里发现有马骨，尽管数量很少，但当

[12] a. 中国社会科学院考古研究所、中国历史博物馆、山西省文物工作委员会东下冯考古队：《山西夏县东下冯龙山文化遗址》，《考古学报》1983年第1期，第64页。

　　 b. 安阳地区文物管理委员会：《河南汤阴白营龙山文化遗址》，《考古》1980年第3期，第195页。

[13] 河南省文物研究所：《郑州洛达庙遗址发掘报告》，《华夏考古》1989年第4期，第65~67页。

[14] Yuan Jing and Rowan K. Flad. 2006. Research on Early Horse Domestication in China, in Marjan Mashkour（ed.），*Eauids in Time and Space*：124-131. Oxford：Oxbow Books.

时那里有马是不容置疑的。不过在何郢遗址中，我们也没有发现使用马进行祭祀的实例。还要指出的是羊，在何郢遗址内的废弃堆积和祭祀遗迹里，都没有发现羊骨，说明当时这里可能还没有饲养羊。

我们在何郢遗址中发现多例埋葬狗和猪的现象，但是未见埋葬马、牛或羊的实例，这与前面叙述的商周时期的几个都城、方国或侯伯级别的遗址中使用动物进行祭祀的情况有所不同。何郢遗址属于乡村一级，在乡村一级的机构里，尽管不能排除少量使用牛进行祭祀的可能性，但可能主要还是使用狗和猪一类的动物进行祭祀，继续沿袭新石器时代以来的祭祀习惯。

上述的认识对研究何郢遗址出土的动物遗骸具有重要意义。多年来，在研究商周时期的历史时，我们一直都是围绕着都城或方国级别的遗址进行探讨，对于一般民众物质生活和精神生活的认识相当欠缺。通过这次研究，我们可以看到当时乡村一级组织利用动物进行祭祀的实例，以及一般老百姓的肉食来源，这在一定程度上反映了当时一般民众的祭祀及生活状况，为研究商周时期各个阶层的祭祀制度和肉食结构提供了实证资料。

（原载于《文物》2008 年第 5 期，第 81～86 页。作者为袁靖、宫希成，主要由袁靖撰写）

公元前 2500 年至公元前 1500 年中原地区动物考古学研究

从古代遗址中发掘出土的动物遗骸是当时人无意识废弃或有意识摆放的，与当时人的饮食、生产、祭祀、战争等各种行为直接相关，是我们认识古代居民活动的重要资料。

迄今为止，有关中原地区龙山文化和二里头文化的动物考古学研究成果非常少，仅在《中国考古学·夏商卷》里对二里头时期的家畜饲养和渔猎活动进行过极其简单的叙述，还有少量的论文谈及过这一问题[1]。而《中国考古学·夏商卷》里对二里头遗址出土动物种属的叙述还是不够准确的。鉴于此，为研究公元前 2500 年至公元前 1500 年中原地区家养动物发展状况及其与文明演进的关系，我们对位于中原地区的属于龙山时代的河南新密新砦遗址、登封王城岗遗址、山西襄汾陶寺遗址，属于二里头文化的河南偃师二里头遗址出土的动物遗骸进行了动物考古学研究，探讨这个地区公元前 2500 年至公元前 1500 年这个时间段里古代人类获取各种动物的状况、家畜饲养的特点和变化规律，推动有关这个地区文明演进时期经济形态的研究。以下按照研究方法、各遗址中出土动物骨骼概况、家畜饲养的特点和变化规律及结论等分别论述。

研 究 方 法

考古研究人员在发掘河南新密新砦遗址、登封王城岗遗址、山西襄汾陶寺遗址和河南偃师二里头遗址时，严格按照出土单位收集了全部动物遗骸，并对这些动物遗骸进行清洗，在骨骼上注明了出土单位。在整理时，我们对这些动物遗骸进行了种属鉴定，确定其所属的部位（包括左右），统计它们的数量，对动物的颌骨、牙齿进行测量，观察遗骸表面有无人工痕迹等等。在此基础上确定各类动物的可鉴定标本数（其

---

[1] a. 杜金鹏：《家畜饲养与渔猎》，见中国社会科学院考古研究所编著（杨锡璋、高炜主编）：《中国考古学·夏商卷》，第 108～109 页，北京：中国社会科学出版社，2003 年。

　　b. 李维明：《二里头文化动物资源的利用》，《中原文物》2004 年第 2 期，第 40～45 页。

确定原则和方法包括两点。首先，使用能够鉴定到种或属的动物遗骸。其次，对分别属于各个种或属的全部动物骨骼进行统计）和最小个体数（其确定原则和方法包括两点。首先，使用能够鉴定到种或属的动物骨骼。其次，统计一个种或属各个部位的骨骼，有左右的要分清左右，哪种骨骼的数量最多，这个数字就是这个种或属的最小个体数。但是，肋骨、脊椎骨和趾骨等一般不作为最小个体数的统计对象），并结合考古现象进行各种分析。

在鉴定时，我们利用了中国社会科学院考古研究所科技考古中心动物标本室的现生动物标本，并参考了一些中外文的动物骨骼图谱[2]。

由于本课题的研究重点是探讨当时家养动物的种类、数量、发展变化、作用及其意义。因此，我们专门制定了认定考古遗址中出土的动物骨骼是否属于家畜的方法。

我们认为，认定各种动物骨骼是否属于家畜的方法主要有五种。第一种方法是从骨骼形态学的角度进行判断。依据哺乳动物在饲养过程中形体由大变小的规律，我们对同一种动物在野生和家养状态下的尺寸有了一定的认识。通过测量、观察和比较各种动物的骨骼、牙齿的尺寸大小，形态特征等等，由此来判定其属于家养动物还是野生动物。第二种方法是统计数量比例。当古代人类开始饲养家畜的时候，其目的可能主要是为了食肉，也有可能与祭祀相关。但是不管出于什么目的，他们都需要饲养一定数量的动物，才能够达到目的。因此，我们可以依据某种动物的数量多少及在一个特定的时间段里是否存在逐步增多的过程来进行判断。第三种方法是统计年龄结构。古代人类在饲养动物的过程中，往往依据动物的生长规律及自己的需要决定屠宰的时间，这样往往会对被屠宰的家养动物的年龄结构产生影响，由此形成的年龄结构与通过狩猎获取的动物的年龄往往没有规律的特征形成鲜明的对比。因此，我们对动物年龄结构的认识，也可以为确认其是否为家畜提供佐证。第四种方法是根据考古学的文化现象进行推测。依据某些种类的动物骨骼以相当完整的形式或者以某种特定部位的形式出土于墓葬、灰坑或特殊的遗迹中，认定这可能是当时人的一种有意识地处理动物的行为，从而推测这些被有意埋葬的动物属于家畜。第五种方法是确认突然出现的新的动物种类。如果一个地区在全新世以前没有发现某种动物的野生祖先，那么这种动物的突然出现，很可能与人为的文化交流或传播过程有关，这些人为交流和传播来

〔2〕 a. В. 格罗莫娃著，刘后贻等译：《哺乳动物大型管状骨检索表》，北京：科学出版社，1960 年。

b. 中国科学院古脊椎动物与古人类研究所《中国脊椎动物化石手册》编写组编：《中国脊椎动物化石手册》，北京：科学出版社，1979 年。

c. 伊丽莎白·施密德著，李天元译：《动物骨骼图谱》，北京：中国地质大学出版社，1992 年。

d. Simon Hillson. 1992. *Mammal Bones and Teeth*. London：Institute of Archaeology University College London.

的动物一般都是家养的。

　　毫无疑问，在判断考古遗址中出土的动物骨骼是否属于家畜时，上述的五种方法都十分重要，同时，它们之间又必须互相印证。而具体到判定某种动物是否为家畜时，则可以根据这种动物的特征，建立最为优先的判断标准。比如，我们在探讨当地最早独立起源的家畜时，如果有条件首先从考古学文化现象的角度进行判断，统计其数量和年龄结构，然后再对骨骼、牙齿进行测量及观察，对全部资料进行动物考古学的思考，这样则更具说服力。因为，在家畜的起源阶段，我们往往很难通过动物的形体特征进行区别。即在野生动物刚刚转变为家养动物时，其形体特征是不会马上发生变化的，需要有一个转变的过程。但是，如果我们去判断某些已经饲养了相当长时间的家畜时，对动物骨骼进行测量和观察的方法则是极其有效的，因为长期的驯养已经使动物的形体发生了明显的变化。而我们在认识某种通过文化交流和传播出现的家畜时，依照突然出现的新的动物种类这个标准进行判别，则可能更加直截了当。总而言之，因地制宜，具体情况具体分析，应该是我们判定各种动物遗骸是否为家养动物的基础。

各遗址出土动物遗骸概况

　　这里首先统一列出这几个遗址出土的动物种属，然后按照时代先后分别叙述各个遗址出土的动物遗骸概况。

动物种属

软体动物门　Mollusca

　腹足纲　Gastropoda

　　中腹足目　Mesogastropoda

　　　田螺科　Viviparidae

　　　　中国圆田螺　*Cipangopaludina chinensis*（Gray）

　瓣鳃纲　Lamellibranchia

　　真瓣鳃目　Eulamellibranchia

　　　蚌科　Unionidae

　　　　圆顶珠蚌　*Unio douglasiae*（Gray）

　　　　中国尖脊蚌　*Acuticosta chinensis*（Lea）

　　　　鱼尾楔蚌　*Cuneopsis pisciculus*（Heude）

　　　　圆头楔蚌　*Cuneopsis heudei*（Heude）

　　　　三角帆蚌　*Hyriopsis cumingii*（Lea）

剑状矛蚌 *Lanceolaria gladiola*（Heude）

薄壳丽蚌 *Lamprotula leleci*（Heude）

背瘤丽蚌 *Lamprotula leai*（Gray）

洞穴丽蚌 *Lamprotula caveata*（Heude）

多瘤丽蚌 *Lamprotula polysticta*（Heude）

佛耳丽蚌 *Lamprotula mansuyi*（Dautzenberg et Fischer）

拟丽蚌 *Lamprotula spuria*（Heude）

丽蚌 *Lamprotula* sp.

无齿蚌 *Anodonta* sp.

蚬科 Corbiculidae

蚬 *Corbicula* sp.

帘蛤科 Veneridae

文蛤 *Meretrix meretrix*（Linnaeus）

脊索动物门 Chordata

鱼纲 Pisces

鲤形目 Cypriniformes

鲤科 Cyprinidae

鲤 *Cyprinus carpio* Linnaeus

爬行纲 Reptilia

鳄目 Crocodilia

龟鳖目 Chelonia

龟科 Testudinidae

鳖科 Trionychidae

鸟纲 Aves

雁形目 Anseriformes

鸭科 Anatidae

雁 *Anser* sp.

隼形目 Falconiformes

鹰科 Accipitridae

雕亚科 Aquilinae

鸡形目 Galliformes

雉科 Phasianidae

鸡 *Gallus* sp.

雉　*Phasianus colchicus* Linnaeus

鸥形目　Lariformes

哺乳纲　Mammalia

兔形目　Lagomorpha

兔科　Leporidae

兔　*Lepus* sp.

啮齿目　Rodentia

仓鼠科　Cricetidae

竹鼠科　Rhizomyidae

竹鼠　*Rhizomys* sp.

豪猪科　Hystricidae

豪猪　*Hystrix hodgsoni* Gray

食肉目　Carnivora

犬科　Canidae

狗　*Canis familiaris* Linnaeus

貉　*Nyctereutes procyonoides*（Gray）

熊科　Ursidae

黑熊　*Selenarctos thibetanus* G. Cuvier

鼬科　Mustelidae

黄鼬　*Mustela sibirica* Pallas

狗獾　*Meles meles* Linnaeus

猫科　Felidae

豹　*Panthera pardus* Linnaeus

虎　*Panthera tigris* Linnaeus

奇蹄目　Perissodactyla

犀科　Rhinocerotidae

犀　*Rhinoceros* sp.

偶蹄目　Artiodactyla

猪科　Suidae

野猪　*Sus scrofa* Linnaeus

家猪　*Sus scrofa domesticus* Brisson

鹿科　Cervidae

獐　*Hydropotes inermis* Swinhoe

梅花鹿　*Cervus nippon* Temminck

麋鹿　*Elaphurus davidianus* Milne-Edwards

狍　*Capreolus capreolus* Linnaeus

牛科　Bovidae

黄牛　*Bos* sp.

绵羊　*Ovis* sp.

以上的动物有贝类 17 种，鱼类 2 种，爬行类 3 种，鸟类 5 种，哺乳类 20 种，共计 47 种。

山西襄汾陶寺遗址

陶寺遗址的文化堆积可以分为陶寺文化早、中、晚三期。出土的动物有圆顶珠蚌、贝类（种属不明）、鸟、兔、狗、熊、鼬科动物、中型食肉动物、小型食肉动物、猪、梅花鹿、大型鹿、小型鹿、黄牛、绵羊等 15 种。

从出土的动物遗骸的数量看，无脊椎动物数量极少，鸟类的比例也不大，绝大多数为哺乳类，若再考虑到肉量比例，当时人的肉食来源明显以哺乳类为主。

测量结果及比较研究表明，狗、猪、黄牛和绵羊等属于家养动物，其他是野生动物。陶寺遗址早、中、晚各期的哺乳动物都以家养动物为主（图 1、图 2，表 1）。从它们的数量看，家猪的数量始终最多，狗、黄牛和绵羊的数量大致都有一个从少到多的过程（图 3、图 4，表 2）[3]。

河南登封王城岗遗址

王城岗遗址的文化堆积可以分为河南龙山文化、二里头文化、二里冈时期、殷墟时期、春秋时期、汉代、唐代、宋元明清时期等 8 个阶段。各个阶段出土的动物种属包括中国圆田螺、圆顶珠蚌、丽蚌、蚬、鱼、鸟、兔、鼠、豪猪、啮齿类动物（种属不明）、狗、熊、小型食肉动物、猪、梅花鹿、黄牛、绵羊等 17 种。这里主要阐述河南龙山文化和二里头文化的研究结果。

从出土的动物遗骸的数量看，无脊椎动物占有一定的比例，其中中华圆田螺较多。哺乳动物的数量多于无脊椎动物，若再考虑到肉量比例，当时人的肉食来源明显以哺乳动物为主。

测量结果及比较研究表明，狗、猪、黄牛和绵羊等属于家养动物，其他都是野生动物。自河南龙山文化晚期到二里头文化，王城岗遗址的哺乳动物以家养动物为主（图 1、

---

〔3〕 陶洋、杨梦菲、袁靖：《山西襄汾陶寺遗址出土动物遗骸研究报告》，待刊。

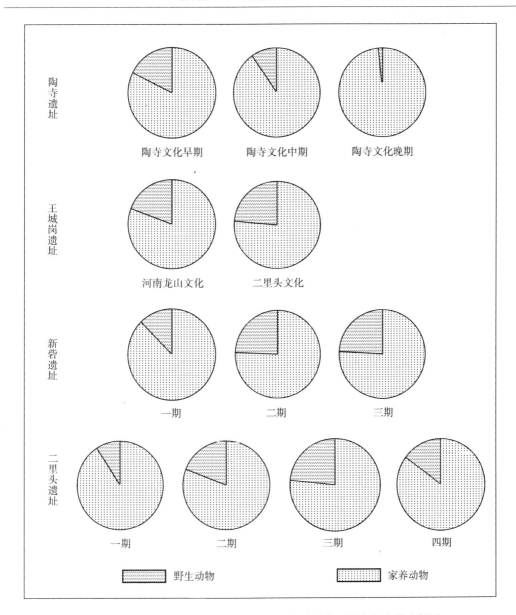

图 1　陶寺、王城岗、新砦、二里头遗址出土动物可鉴定标本数比例图

图 2，表 1）。从它们的数量看，自河南龙山文化晚期到二里头时期，家猪数量最多，绵羊的数量有一个明显增加的过程，狗和黄牛大致保持平衡（图 3、图 4，表 2）[4]。

〔4〕　吕鹏、杨梦菲、袁靖：《动物遗骸的鉴定和研究》，见北京大学考古文博学院、河南省文物考古研究所编著：《登封王城岗考古发掘与研究》，第 574～602 页，郑州：大象出版社，2007年。

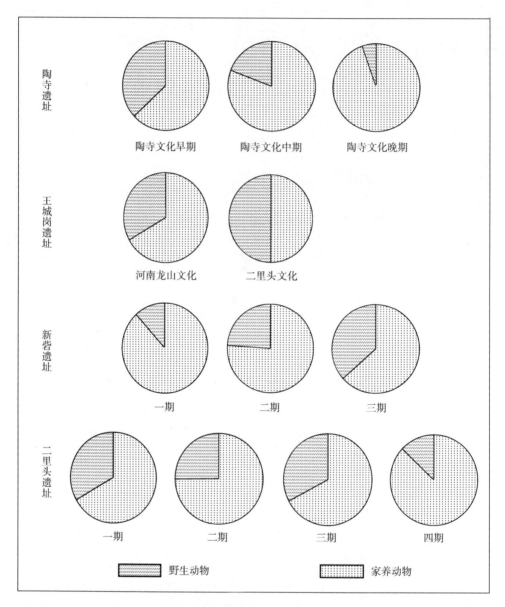

图 2　陶寺、王城岗、新砦、二里头遗址出土动物最小个体数比例图

图例：野生动物　家养动物

河南新密新砦遗址

新砦遗址的文化堆积可以分为一期、二期、三期。出土有中国圆田螺、圆顶珠蚌、中国尖脊蚌、圆头楔蚌、三角帆蚌、矛蚌、薄壳丽蚌、背瘤丽蚌、多瘤丽蚌、佛耳丽蚌、丽蚌、鲤科、龟、鳖、雉、兔、竹鼠、豪猪、狗、黑熊、狗獾、猪、獐、梅花鹿、麋鹿、黄牛、绵羊（新砦遗址的研究报告中提到因为不能确定出土的羊骨是绵羊还是

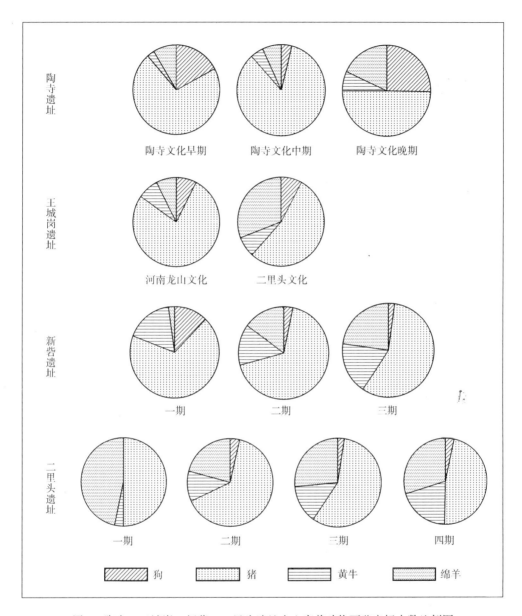

图 3　陶寺、王城岗、新砦、二里头遗址出土家养动物可鉴定标本数比例图

山羊，故写成绵羊/山羊。我们对陶寺、王城岗、二里头遗址的研究结果证明，这几个遗址的羊骨都属于绵羊，没有发现山羊，所以这里暂时把新砦遗址出土的羊骨也作为绵羊）等 27 种。

从出土的动物遗骸的数量看，无脊椎动物占有一定比例，还有一些鸟类，哺乳类的数量最多。若再考虑到肉量比例，当时人的肉食来源明显以哺乳动物为主。

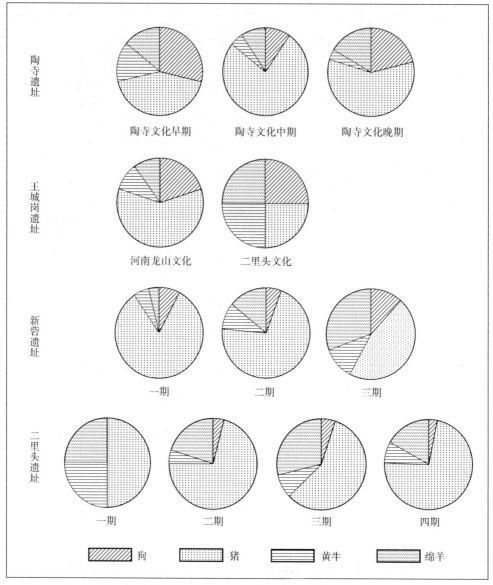

图 4　陶寺、王城岗、新砦、二里头遗址出土家养动物最小个体数比例图

　　测量结果及比较研究表明，狗、猪、黄牛和绵羊等属于家养动物，其他是野生动物。自一期到三期，新砦遗址的哺乳动物以家养动物为主（图 1、图 2，表 1）。从它们的数量看，家猪的数量始终最多，绵羊的数量从早到晚有一个明显增多的过程，黄牛的数量大致保持平衡，而狗的数量出现减少的趋势（图 3、图 4，表 2）[5]。

---

〔5〕 黄蕴平：《动物遗骸研究》，见北京大学震旦古代文明研究中心、郑州市文物考古研究院编著：《新密新砦》，第 466～483 页，北京：文物出版社，2008 年。

表 1　陶寺、王城岗、新砦、二里头遗址出土动物百分比统计表

遗址名称	文化分期	可鉴定标本数		最小个体数	
		野生动物	家养动物	野生动物	家养动物
陶寺	陶寺文化早期	17.65%	82.35%	37.06%	62.94%
	陶寺文化中期	9.56%	90.44%	19.25%	80.75%
	陶寺文化晚期	1.56%	98.44%	5.33%	94.67%
王城岗	河南龙山文化	19.30%	80.70%	33.33%	66.67%
	二里头文化	23.54%	76.46%	50.00%	50.00%
新砦	一期	12.42%	87.58%	11.67%	88.33%
	二期	24.33%	75.67%	23.95%	76.05%
	三期	24.11%	75.89%	36.58%	63.42%
二里头	一期	9.10%	90.90%	33.33%	66.67%
	二期	19.10%	80.90%	25.17%	74.83%
	三期	23.40%	76.60%	32.77%	67.23%
	四期	14.75%	85.25%	12.96%	87.04%

表 2　陶寺、王城岗、新砦、二里头遗址出土家养动物百分比统计表

遗址名称	文化分期	可鉴定标本数				最小个体数			
		狗	猪	黄牛	绵羊	狗	猪	黄牛	绵羊
陶寺	陶寺文化早期	17.14%	71.43%	2.86%	8.57%	28.57%	42.86%	14.29%	14.29%
	陶寺文化中期	3.75%	84.70%	4.47%	7.08%	9.52%	76.19%	4.76%	9.52%
	陶寺文化晚期	25.34%	49.56%	7.15%	17.95%	21.24%	58.55%	3.63%	16.58%
王城岗	河南龙山文化	7.61%	77.17%	7.61%	7.61%	20.00%	60.00%	10.00%	10.00%
	二里头文化	7.69%	53.85%	7.69%	30.77%	25.00%	25.00%	25.00%	25.00%
新砦	一期	12.34%	68.50%	17.06%	2.10%	7.55%	83.02%	5.66%	3.77%
	二期	3.40%	67.36%	14.30%	14.94%	5.51%	70.87%	9.45%	14.17%
	三期	2.23%	57.32%	17.62%	22.83%	11.54%	46.15%	11.54%	30.77%
二里头	一期	——	50.00%	3.33%	46.67%	——	50.00%	25.00%	25.00%
	二期	3.53%	64.62%	11.04%	20.81%	3.85%	71.15%	4.81%	20.19%
	三期	2.52%	57.32%	13.89%	26.26%	5.08%	57.63%	8.47%	28.81%
	四期	3.31%	46.92%	19.94%	29.83%	3.11%	72.32%	7.61%	16.96%

河南偃师二里头遗址

二里头遗址的文化堆积可以分为七个阶段，即二里头一期、二里头二期、二里头三期、二里头四期、二里冈下层、二里冈上层和汉代层。出土的动物种类包括中国圆田螺、圆顶珠蚌、鱼尾楔蚌、三角帆蚌、剑状矛蚌、洞穴丽蚌、多瘤丽蚌、拟丽蚌、丽蚌、无齿蚌、蚌（种属未定）、文蛤、鲤鱼、鳄、龟、鳖、雁、雕亚科、鸥形目、鸡、雉、兔、鼠、豪猪、狗、貉、黑熊、黄鼬、虎、猫科动物、大型食肉动物、小型食肉动物、犀、野猪、家猪、獐、梅花鹿、麋鹿、狍、小型鹿、黄牛、绵羊等，共计

42 种。这里主要阐述二里头一期至四期的研究结果。

从二里头遗址中出土的动物数量看，主要以脊椎动物为主。脊椎动物中哺乳动物占绝大多数。若再考虑到肉量比例，当时人的肉食来源明显以哺乳动物为主。

测量结果及比较研究表明，狗、猪、黄牛和绵羊等属于家养动物，其他是野生动物。二里头遗址一到四期的哺乳动物都以家畜为主（图1、图2，表1）。从它们的数量看，二里头遗址一到四期的家养动物都以家猪为主，黄牛和绵羊从早到晚都有一个大致增多的过程，而狗的数量则大致保持平衡（图3、图4，表2）[6]。

家畜饲养研究

结合本课题的研究内容，我们此次动物考古学研究的着眼点是通过鉴定、统计上述这几个遗址中出土的动物种类和数量比例，探讨这一时间段内家畜饲养的特点和变化规律。

按照我们的认识，当一个社会以渔猎方式获取肉食资源时，其生存行为属于简单的经济形态。家畜饲养的出现，是人类能够按照自己的意志控制动物的一种表现，人类获取肉食的方式开始复杂化。而后，饲养的动物种类越多，其复杂化的程度就越高。而包括家畜饲养在内的经济形态的复杂化，必然与上层建筑的复杂化密切相关。以下主要围绕家畜饲养研究等进行探讨。

我们认为，在上述陶寺、王城岗、新砦、二里头等遗址中普遍发现的狗、猪、黄牛和绵羊均属于家养动物，以下分别论述。

狗

迄今为止的研究表明，最早的家狗出自公元前 7000 年左右的河南舞阳贾湖遗址。证据是有 11 条狗被分别埋葬在贾湖遗址的墓地和居址。我们对自贾湖遗址以来的新石器时代遗址中出土的狗及它们的颌骨、牙齿进行了测量，并对测量数据进行了全面的归纳[7]。从测量数据看，比贾湖遗址晚将近 5000 年的陶寺、王城岗、新砦、二里头等遗址中出土的狗都属于家狗。

猪

迄今为止的研究表明，最早的家猪分别出自公元前 6200 年至公元前 6000 年的内

---

〔6〕　杨杰：《二里头遗址出土动物遗骸研究》，见中国社会科学院考古研究所编：《中国早期青铜文化》，第 470～539 页，北京：科学出版社，2008 年。

〔7〕　袁靖：《中国新石器时代家畜起源的问题》，《文物》2001 年第 5 期，第 51～58 页。

蒙古赤峰兴隆洼遗址、河北武安磁山遗址和浙江萧山跨湖桥遗址。证据包括把猪单独埋葬或和人埋葬在一起，猪的齿列出现扭曲的现象，下颌第 3 臼齿的尺寸小于 40 毫米等。我们对公元前 6200 年以来的多个新石器时代遗址中出土的猪骨进行过研究，结果表明它们均属于家猪[8]。从测量数据、数量比例等多个方面看，比兴隆洼、磁山、跨湖桥等遗址晚 4000 年左右的陶寺、王城岗、新砦、二里头等遗址中出土的猪都属于家猪。

黄牛

我们汇总了中国新石器时代多个遗址的动物骨骼的研究报告中有关黄牛骨骼的资料，以下按照新石器时代中期（公元前 7500 年至公元前 5000 年）、新石器时代晚期（公元前 5000 年至公元前 3000 年）、新石器时代末期（公元前 3000 年至公元前 2000 年）等不同时期列表说明（表 3）。这里要解释的是，如果原报告中没有明确指出其出土的牛骨是黄牛还是水牛的话，我们都将其作为牛科动物收入。

从表 3 中我们可以看到，在中国北方地区黄牛骨骼从公元前 7500 年左右的新石器时代中期开始出现，并且一直延续下来。其中一个显著的特点是，早在公元前 3000 年以前的多处新石器时代遗址里，四分之一左右的遗址中出土的牛骨数量超过哺乳动物骨骼总数的 5%，除此之外，其他遗址中出土的牛骨数量都相当少，即牛骨出现的比例很不一致，且没有什么规律可循。尽管在公元前 7500 年至公元前 5000 年这个时间段里的内蒙古白音长汗遗址兴隆洼文化层和公元前 5000 年至公元前 3000 年这个时间段里的内蒙古庙子沟遗址海生不浪文化层出土的牛骨的数量比例都占到 15% 以上，但是研究者认为这些黄牛是野生的。另外，虽然有些研究者将早于公元前 3000 年的一些考古遗址中出土的牛骨定为家养动物，但是由于缺乏包括测量数据在内的各个方面的具体描述，所以其结论值得商榷。因此，我们认为按照迄今为止我们掌握的资料及判定方法，还是暂且将其归入野生动物为好。

依据迄今为止的资料，我们认为黄牛作为家养动物出现的时间至少在公元前 2500 年左右。有以下几条证据：首先，在公元前 2500 年至公元前 2100 年左右河南柘城山台寺遗址中发现有 9 头黄牛集中埋葬在一起，且摆放得比较规整[9]。在属于龙山文化的河南淮阳平粮台遗址中也发现了单独埋牛的现象[10]。这些有意识的埋葬现象使我们

---

[8]　a.　袁靖：《中国古代的家猪起源》，见西北大学考古学系、西北大学文化遗产与考古学研究中心编：《西部考古（第一辑）》，第 43～49 页，西安：三秦出版社，2006 年。

　　　b.　袁靖：《中国新石器时代家畜起源的问题》，《文物》2001 年第 5 期，第 51～58 页。

[9]　张长寿、张光直：《河南商丘地区殷商文明调查发掘初步报告》，《考古》1997 年第 4 期，第 24～31 页。

[10]　河南省文物研究所、周口地区文化局文物科：《河南淮阳平粮台龙山文化城址试掘简报》，《文物》1983 年第 3 期，第 21～36 页。

表 3　新石器时代遗址出土黄牛骨骼统计表

时代	遗址名称	文化类型	野生 可鉴定标本 数量	野生 可鉴定标本 %	野生 最小个体 数量	野生 最小个体 %	家养 可鉴定标本 数量	家养 可鉴定标本 %	家养 最小个体 数量	家养 最小个体 %	牛亚科 可鉴定标本 数量	牛亚科 可鉴定标本 %	牛亚科 最小个体 数量	牛亚科 最小个体 %	备注
新石器时代中期（公元前 7500 年至公元前 5000 年）	内蒙古赤峰白音长汗	兴隆洼文化	24	3.62	5										[1]
	河北武安磁山														[2]
	河南舞阳贾湖	贾湖文化	4												[3]
	吉林农安左家山 一期		2	1.67											[4]
	二期		5	8.06											[4]
	三期		8	2.69											[4]
	辽宁大连北吴屯							√							[5]
	内蒙古散赤峰汉赵宝沟										2	0.38	1	2.00	[6]
	内蒙古赤峰白音长汗	红山文化	3	0.45	1										[1]
新石器时代晚期（公元前 5000 年至公元前 3000 年）	内蒙古蔡右旗前旗庙子沟	海生不浪文化庙子沟类型	42	18.26	2	7.69									[7]
	内蒙古蔡右旗前旗大坝沟	海生不浪文化庙子沟类型	22	10.14	2	7.41		√							[7]
	山东兖州王因	大汶口文化						√							[8]
	山东兖州六里井	大汶口文化			2	4.76									[9]
	山西垣曲古城东关	仰韶文化东关四期	1	0.76	1	16.67									[10]
	陕西西安半坡	仰韶文化						√			3				[11]
	陕西宝鸡北首岭	仰韶文化													[12]
	陕西临潼姜寨	仰韶文化半坡类型	72	3.27	3	1.44									[13]
	陕西南郑龙岗寺	仰韶文化史家类型	12	3.51	2	6.25									[13]
			37												[14]

续表 3

时代	遗址名称	文化类型	野生				家养				牛亚科				备注
			可鉴定标本		最小个体		可鉴定标本		最小个体		可鉴定标本		最小个体		
			数量	%	数量	%	数量	%	数量	%	数量	%	数量	%	
新石器时代晚期（公元前 5000 年至公元前 3000 年）	陕西商县紫荆	仰韶文化半坡类型	2	2.30											[15]
		仰韶文化西王村类型	4	3.28											[15]
	甘肃天水师赵村	马家窑类型							√						[16]
	甘肃天水西山坪	马家窑类型							√						[16]
	内蒙古伊金霍洛木开沟	大口一期文化					46	40.35	4	22.00					[17]
	山东兖州西吴寺	山东龙山文化							1	1.50					[18]
	山东泗水尹家城	山东龙山文化					1	0.32							[19]
	山东茌平尚庄	山东龙山文化											√		[20]
	山东潍县鲁家口	山东龙山文化					30	9.52							[21]
新石器时代末期（公元前 3000 年至公元前 2000 年）	山西垣曲古城东关	庙底沟二期文化晚期					3	0.83	2	9.10					[10]
		龙山文化晚期					2	0.39	1	5.88					[10]
	河南汤阴白营	后岗二期文化							√						[22]
	陕西扶风案板	案板三期文化					5	6.25							[23]
	陕西商县紫荆	陕西龙山文化					12	15.00							[15]
	甘肃天水师赵村	齐家文化							√						[16]
	甘肃天水西山坪	齐家文化							√						[16]
	甘肃永靖大何庄	齐家文化					6	2.26							[24]
	甘肃永靖秦魏家	齐家文化					38	7.34							[25]

〔1〕汤卓炜、郭治中、素秀芬：《白音长汗遗址出土的动物遗存》，见内蒙古自治区文物考古研究所编著：《白音长汗》，第 546～575 页，北京：科学出版社，2004 年。

〔2〕周本雄：《河北武安磁山遗址的动物骨骸》，《考古学报》1981 年第 3 期，第 339～346 页。

〔3〕计宏祥、侯连海、叶祥奎、黄万波、张居中、郭书元：《动物群落》，见河南省文物考古研究所编著：《舞阳贾湖》，第 785～805 页，北京：科学出版社，1999 年。

〔4〕陈全家：《农安左家山遗址动物骨骼鉴定及痕迹研究》，见吉林大学考古学系编：《青果集》，第 57～71 页，北京：知识出版社，1993 年。

〔5〕傅仁义：《大连市北吴屯遗址出土兽骨的鉴定》，《考古学报》1994 年第 3 期，第 377～379 页。

[6] 黄蕴平：《动物骨骼概述》，见中国社会科学院考古研究所编著：《敖汉赵宝沟》，第180～201页，北京：中国大百科全书出版社，1997年。

[7] 黄蕴平：《庙子沟与大坝沟遗址动物遗骸鉴定报告》，见内蒙古文物考古研究所所魏坚主编：《庙子沟与大坝沟》，第599～611页，北京：中国大百科全书出版社，2003年。

[8] 周本雄：《山东兖州王因新石器时代遗址出土的动物遗骸》，见中国社会科学院考古研究所编著：《山东王因》，第414～416页，北京：科学出版社，2000年。

[9] 范雪春：《六里井遗址动物遗骸鉴定》，见国家文物局考古领队培训班编著：《兖州六里井》，第214～216页，北京：科学出版社，1999年。

[10] 袁靖：《垣曲古城东关遗址出土动物骨骼研究报告》，见中国历史博物馆考古部、山西省考古研究所、垣曲县博物馆编著：《垣曲古城东关》，第575～588页，北京：科学出版社，2001年。

[11] 李有恒、韩德芬：《陕西西安半坡新石器时代遗址中之兽类骨骼》，《古脊椎动物与古人类》1959年第1卷第4期，第173～185页。

[12] 周本雄：《宝鸡北首岭新石器时代遗址中的动物骨骸》，见中国社会科学院考古研究所编著：《宝鸡北首岭》，第145～153页，北京：文物出版社，1983年。

[13] 祁国琴：《姜寨新石器时代遗址动物群的分析》，见西安半坡博物馆、陕西省考古研究所编：《姜寨》，第504～538页，北京：文物出版社，1988年。

[14] 吴家炎、钮博、张敏富：《动、植物遗骸》，见陕西省考古研究所：《龙岗寺》，第40～42页，北京：文物出版社，1990年。

[15] 王宜涛：《紫荆遗址动物群及其古环境意义》，见周昆叔主编：《环境考古研究》（第一辑），第96～99页，北京：科学出版社，1991年。

[16] 周本雄：《师赵村与西山坪遗址的动物遗存》，见中国社会科学院考古研究所编著：《师赵村与西山坪》，第335～339页，北京：中国大百科全书出版社，1999年。

[17] 黄蕴平：《内蒙古朱开沟遗址兽骨的鉴定与研究》，《考古学报》1996年第4期，第515～536页。

[18] 卢浩泉：《西吴寺遗址兽骨鉴定报告》，《兖州西吴寺》，第248～249页，北京：文物出版社，1990年。

[19] 卢浩泉、周才武：《山东泗水县尹家城遗址出土动、植物标本鉴定报告》，见山东大学历史系考古专业教研室：《泗水尹家城》，第350～352页，北京：文物出版社，1990年。

[20] 山东省文物考古研究所：《茌平尚庄新石器时代遗址》，《考古学报》1985年第4期，第465～505页。

[21] 中国社会科学院考古研究所山东工作队、山东省潍坊地区艺术馆：《潍县鲁家口新石器时代遗址》，《考古学报》1985年第3期，第313～351页。

[22] 周本雄：《河南汤阴白营河南龙山文化遗址的动物遗骸》，见《考古》编辑部编辑：《考古学集刊》（3），北京：中国社会科学出版社，1983年。

[23] 傅勇：《陕西扶风案板遗址动物遗存的研究》，《考古与文物》1988年第5、6期，第203～208页。

[24] 中国科学院考古研究所甘肃工作队：《甘肃永靖大何庄遗址发掘报告》，《考古学报》1974年第2期，第29～61页。

[25] 中国科学院考古研究所甘肃工作队：《甘肃永靖秦魏家齐家文化墓地》，《考古学报》1975年第2期，第57～96页。

表 4　新石器时代遗址出土绵羊骨骼统计表

时代	遗址名称	文化类型	绵羊				羊亚科				备注
			可鉴定标本		最小个体		可鉴定标本		最小个体		
			数量	%	数量	%	数量	%	数量	%	
新石器时代晚期（公元前 5000 年至公元前 3000 年）	甘肃天水师赵村	马家窑文化石岭下类型		√							[1]
	青海民和核桃庄	马家窑文化马家窑类型			√						[2]
新石器时代末期（公元前 3000 至公元前 2000 年）	内蒙古伊金霍洛朱开沟	大口一期文化	33	28.95	5	27.00					[3]
	山东章丘城子崖	山东龙山文化									[4]
	山东泗水尹家城	山东龙山文化							√		[5]
	山西垣曲古城东关	龙山文化晚期	3		1	5.00	1	0.32			[6]
	河南汤阴白营	后冈二期文化									[7]
	陕西临潼康家	陕西龙山文化	11	3.11	7	5.74	26	7.34	10	8.20	[8]
	甘肃天水师赵村	齐家文化							√		[1]
	甘肃永靖大何庄	齐家文化					56	21.10			[9]
	甘肃永靖秦魏家	齐家文化						9.70			[10]

[1] 周本雄：《师赵村与西山坪遗址的动物遗存》，见中国社会科学院考古研究所编著：《师赵村与西山坪》，第 335~339 页，北京：中国大百科全书出版社，1999 年。

[2] 青海省考古队：《青海民和核桃庄马家窑类型第一号墓葬》，《文物》1979 年第 9 期，第 29~32 页。

[3] 黄蕴平：《内蒙古朱开沟遗址兽骨的鉴定与研究》，《考古学报》1996 年第 4 期，第 515~536 页。

[4] 梁思永：《墓葬与人类、兽类、鸟类之遗骨及介壳之遗存》，见傅斯年、李济、董作宾、梁思永、吴金鼎、郭宝钧、刘屿霞著：《城子崖》，第 90~91 页，南京：国立中央研究院历史语言研究所，1934 年。

[5] 卢浩泉、周才武：《山东泗水尹家城遗址出土动、植物标本鉴定报告》，见山东大学历史系考古专业教研室：《泗水尹家城》，第 350~352 页，北京：文物出版社，1990 年。

[6] 袁靖：《垣曲古城东关遗址出土动物骨骼研究报告》，见中国历史博物馆考古部，山西省考古研究所，垣曲县博物馆编著：《垣曲古城东关》，第 575~588 页，北京：科学出版社，2001 年。

[7] 周本雄：《河南汤阴白营河南龙山文化遗址的动物遗骸》，见《河南汤阴白营》，北京：科学出版社，2001 年。

[8] 刘莉、秦小丽：《陕西临潼康家龙山文化遗址 1990 年发掘动物遗存》，见《考古与文物》2001 年第 1 期，第 3~24 页。

[9] 中国科学院考古研究所甘肃工作队：《甘肃永靖大何庄遗址发掘报告》，《考古学报》1974 年第 2 期，第 29~61 页。

[10] 中国科学院考古研究所甘肃工作队：《甘肃永靖秦魏家齐家文化墓地》，《考古学报》1975 年第 2 期，第 57~96 页。

推测当时已经存在家养的黄牛了。其次，从包括陶寺、王城岗、新砦和二里头遗址在内的这个时间段里，多个遗址出土的其数量和其在全部哺乳动物中所占的比例都达到了相当程度，且从各个遗址出土的黄牛数量从早到晚大致都有一个逐渐增多的过程。这也证明黄牛在当时逐渐成为一种比较常见的动物。其三，这个时间段里陶寺、王城岗和二里头等遗址中出土的黄牛骨骼的尺寸大小比较一致，且与后来商周时期出土的可以证明肯定是家养黄牛的牛骨数据十分接近。

绵羊

我们汇总了中国新石器时代多个遗址里动物骨骼研究报告中有关绵羊骨骼的资料，这些资料的数量不多，以下按照新石器时代晚期（公元前5000年至公元前3000年）、新石器时代末期（公元前3000年至公元前2000年）等不同时期列表说明（表4）。这里要解释的是，如果原报告中没有明确指出其出土的羊骨是绵羊还是山羊的话，我们都将其作为羊收入。

从表4中我们可以看到，绵羊骨骼仅仅在公元前5000年至公元前3000年新石器时代晚期中国西北地区的极个别的遗址里才有发现。有的研究者将陕西西安半坡遗址和宝鸡北首岭遗址中出土的绵羊骨骼定为家养动物，但是由于缺乏包括测量数据在内的各个方面的具体描述，而且，半坡遗址同时还包括历史时期的文化堆积，研究者在整理时没有按照不同时期进行分类，故我们认为暂时还是不开展讨论为好。

依据迄今为止的资料，我们认为绵羊作为家养动物起源的时间大概在公元前3600年至公元前3000年以前，地点大致是在甘肃和青海一带。比如，在属于马家窑文化石岭下类型的甘肃天水师赵村遗址的M5随葬的绵羊下颌，属于马家窑文化马家窑类型的青海民和核桃庄墓葬里发现的随葬的绵羊骨架[11]。但由于各种原因，研究人员在当时没有对这些绵羊骨骼进行研究，我们现在仅能依据考古学的现象推测它们属于家畜。

在我们此次研究中所关注的中原地区，绵羊出现的时间大致在公元前2500年至公元前2000年左右。我们的证据可以概括为以下几条：首先，中原地区出土绵羊骨骼的遗址数量以公元前2500年为一个明显的分水岭。在公元前2500年前几乎没有发现出土绵羊骨骼的遗址，而到了公元前2500年以后，出土绵羊骨骼的遗址变得相当普遍。其次，在属于龙山时期的河南汤阴白营遗址和山西夏县东下冯遗址中都发

---

[11] a. 中国社会科学院考古研究所编著：《师赵村与西山坪》，第53页，北京：中国大百科全书出版社，1999年。

    b. 青海省考古队：《青海民和核桃庄马家窑类型第一号墓葬》，《文物》1979年第9期，第29~32页。

现了被捆绑后埋葬的绵羊骨架，这是当时人一种有意识的行为[12]。其三，公元前
2500 年以来，包括陶寺、王城岗、新砦和二里头遗址在内的各个遗址中出土绵羊骨
骼的数量从早到晚有一个明显增多的过程，证明绵羊在当时已经成为一种比较常见
的动物。其四，这个时间段里王城岗、陶寺和二里头等遗址出土的绵羊肢骨的尺寸
大小比较一致，且与后来商周时期出土的可以明确肯定是家养绵羊的骨骼数据十分
接近。

家养动物的种类和比例变化

通过对陶寺、王城岗、新砦、二里头等遗址中出土的动物骨骼的统计分析，我们
发现了一些很重要的现象。这四个遗址中出土的哺乳动物数量均占全部动物遗骸总数
的大多数，从肉量比例考虑，其占的比例更大。这里主要围绕哺乳动物进行讨论。

陶寺遗址陶寺文化早期出土的家养动物的可鉴定标本数占全部哺乳动物可鉴定标
本数总数的 82.35%，中期的占 90.44%，晚期的占 98.44%。王城岗遗址河南龙山文
化层的占 80.70%，二里头文化层的占 76.46%。新砦遗址一期的占 87.58%，二期的
占 75.67%，三期的占 75.89%。二里头遗址一期的占 90.90%，二期的占 80.90%，三
期的占 76.60%，四期的占 85.25%（图 1）。

陶寺遗址陶寺文化早期出土的家养动物的最小个体数占全部哺乳动物最小个体数
总数的 62.94%，中期的占 80.75%，晚期的占 94.67%。王城岗遗址河南龙山文化层
的占 66.67%，二里头文化层的占 50.00%。新砦遗址一期的占 88.33%，二期的占
76.05%，三期的占 63.42%。二里头遗址一期的占 66.67%，二期的占 74.83%，三期
的占 67.23%，四期的占 87.04%（图 2）。

从以上可鉴定标本数和最小个体数的统计看，各个遗址中家养动物的数量基本上
都占大多数或绝大多数。可见当时人获取的肉食来源中以家养动物为主。

从各种家养动物的数量看，陶寺遗址陶寺文化早期猪的可鉴定标本数占家养动物
可鉴定标本数总数的 71.43%，狗占 17.14%，绵羊占 8.57%，黄牛占 2.86%；中期猪
占 84.70%，绵羊占 7.08%，黄牛占 4.47%，狗占 3.75%；晚期猪占 49.56%，狗占
25.34%，绵羊占 17.95%，黄牛占 7.15%。王城岗遗址河南龙山文化层里猪占
77.17%，狗、黄牛和绵羊各占 7.61%；二里头文化层猪占 53.85%，绵羊占 30.77%，
狗和黄牛各占 7.69%。新砦遗址一期猪占 68.50%，黄牛占 17.06%，狗占 12.34%，

〔12〕 a. 安阳地区文物管理委员会：《河南汤阴白营龙山文化遗址》，《考古》1980 年第 3 期，第
193～202 页。

b. 中国社会科学院考古研究所、中国历史博物馆、山西省文物工作委员会东下冯考古队：
《山西夏县东下冯龙山文化遗址》，《考古学报》1983 年第 1 期，第 55～92 页。

绵羊占 2.10％；二期猪占 67.36％，绵羊占 14.94％，黄牛占 14.30％，狗占 3.40％；三期猪占 57.32％，绵羊占 22.83％，黄牛占 17.62％，狗占 2.23％。二里头遗址一期猪占 50.00％，绵羊占 46.67％，黄牛占 3.33％；二期猪占 64.62％，绵羊占 20.81％，黄牛占 11.04％，狗占 3.53％；三期猪占 57.32％，绵羊占 26.26％，黄牛占 13.89％，狗占 2.52％；四期猪占 46.92％，绵羊占 29.83％，黄牛占 19.94％，狗占 3.31％（图 3）。

陶寺遗址陶寺文化早期猪的最小个体数占家养动物最小个体数总数的 42.86％，狗占 28.57％，黄牛和绵羊各占 14.29％；中期猪占 76.19％，狗和绵羊各占 9.52％，黄牛占 4.76％；晚期猪占 58.55％，狗占 21.24％，绵羊占 16.58％，黄牛占 3.63％。王城岗遗址河南龙山文化层里猪占 60.00％，狗占 20.00％，黄牛和绵羊各占 10.00％；二里头文化层狗、猪、黄牛和绵羊各占 25.00％。新砦遗址一期猪占 83.02％，狗占 7.55％，黄牛占 5.66％，绵羊占 3.77％；二期猪占 70.87％，绵羊占 14.17％，黄牛占 9.45％，狗占 5.51％；三期猪占 46.15％，绵羊占 30.77％，狗和黄牛各占 11.54％。二里头遗址一期猪占 50.00％，黄牛和绵羊各占 25.00％；二期猪占 71.15％，绵羊占 20.19％，黄牛占 4.81％，狗占 3.85％；三期猪占 57.63％，绵羊占 28.81％，黄牛占 8.47％，狗占 5.08％；四期猪占 72.32％，绵羊占 16.96％，黄牛占 7.61％，狗占 3.11％（图 4）。

从以上的可鉴定标本数和最小个体数看，各个遗址中都是以家猪为主，狗、黄牛、绵羊的数量大致都有一个从少到多或大体保持平衡的过程，没有出现明显的起伏。在上述家养动物中，反映数量上升过程最典型的是绵羊，其可鉴定标本数在陶寺遗址由陶寺文化早期的 8.57％，经陶寺文化中期的 7.08％，上升到陶寺文化晚期的 17.95％。在王城岗遗址由河南龙山文化层的 7.61％上升到二里头文化层的 30.77％；在新砦遗址由一期的 2.10％，到二期的 14.94％，再发展到三期的 22.83％；在二里头遗址（由于一期的标本数太少，统计可能有偏差，故此处不列出一期的数据），由二期的 20.81％上升到三期的 26.26％，再上升到四期的 29.83％。其最小个体数在陶寺遗址由陶寺文化早期的 14.29％，经陶寺文化中期的 9.52％，上升到陶寺文化晚期的 16.58％。在王城岗遗址由河南龙山文化层的 10.00％上升到二里头文化层的 25.00％；在新砦遗址由一期的 3.77％，到二期的 14.17％，再发展到三期的 30.77％；在二里头遗址（鉴于前述的理由，这里不列出一期的数据），由二期的 20.19％上升到三期的 28.81％，再到四期的 16.96％。二里头遗址最小个体数的数据从三期到四期有一些下降。这个下降可能是统计上的偶然性，因为它与可鉴定标本数的数量发展走势不同，同时，也没有影响到绵羊在之后的商周时期数量保持增长的趋势。

家养黄牛和绵羊起源的动因

除了研究黄牛和绵羊在中原地区作为家畜的起源时间和一定时间段里数量上的变化以外，我们还要探讨这两种动物起源的动因问题。因为有黄牛骨骼出土的遗址的年代，最早可以追溯到公元前 7500 年至公元前 5000 年这个时间段，发现黄牛骨骼的遗址在中国整个新石器时代的遗址中都具有一定的数量。尽管我们此次的研究表明，其作为家畜起源的时间似乎和绵羊同步。但是，因为对中原地区公元前 2500 年以前的牛骨没有经过系统地研究，我们现在只能提出最晚在公元前 2500 年以来，中原地区已经存在家养黄牛的观点[13]。由于多种可能性的存在，我们还不能对其来源做出比较明确的判断，即家养黄牛究竟是出自中原地区的独立驯养，还是来自其他地域的文化交流。目前尚不能对其起源的动因做出肯定的答复。

由于绵羊在中原地区公元前 2500 年以前的遗址里出土的实例极少，而且那些为数极少的遗址里出土的骨骼是否真的属于当时的绵羊尚有待进一步考证。依据迄今为止掌握的资料，我们认为，由于在公元前 3000 年以前甘青地区的遗址里已经发现家养绵羊，因此，绵羊骨骼突然出现在公元前 2500 年的中原地区绝不是一个偶然的现象，很可能与文化的传播有关，也就是说绵羊很可能是在公元前 2500 年左右从其他地域引进到中原地区的。当然，这只是一种推测，科学的结论有待今后动物考古学的进一步研究。

这里要强调的是关于绵羊起源的探讨还可以参考线粒体 DNA 的研究结果。我们课题组的成员从二里头遗址出土的绵羊骨骼中成功地提取了线粒体 DNA[14]。这是一个新的研究起点，为进一步探讨绵羊的谱系奠定了基础。尽管依据现有的 9 例线粒体 DNA 的分析结果，还不能对其做出明确的判断，但是，随着今后对考古遗址中出土绵羊的线粒体 DNA 分析资料的积累，我们必定能够对中国古代绵羊的来源问题给出明确的结论。

依据目前的认识，我们把中原地区家养黄牛和绵羊出现的时间推定在公元前 2500 年至公元前 2000 年这个时间段里。可是，中国饲养家犬的历史可以追溯到公元前 7000 年左右，饲养家猪的起源时间也可以追溯到公元前 6200 年左右，所以这里我们要考虑的问题是为何在之后数千年里，一直没有开发饲养黄牛和绵羊的方法，直到公元前 2500 年左右才开始饲养黄牛和绵羊。这就牵涉到饲养黄牛和绵羊这两种动物的动因问题，究竟是为了扩大获取肉食来源的范围，还是有别的什么原因？这是一个值得我们

---

〔13〕　吕鹏：《试论中国家养黄牛的起源》，中国社会科学院研究生院硕士学位论文，2007 年。

〔14〕　蔡大伟、韩璐、周慧、朱泓：《陶寺和二里头遗址古绵羊线粒体 DNA 序列多态性分析》，见中国社会科学院考古研究所考古科技中心编：《科技考古（第二辑）》，第 35～40 页，北京：科学出版社，2007 年。

进一步认真探讨的问题。考虑到家养黄牛和绵羊在宗教活动中也扮演着重要角色，于是关于当时的人们为何驯养这两种动物的探讨就更加耐人寻味。

当然，依据现有少数几个遗址的动物骨骼资料及几例 DNA 的研究结果，我们还不能就黄牛和绵羊驯化为家养动物的起因问题展开深入的讨论，这里仅仅提出一个值得深思的问题，期待引起大家的关注。

黄牛和绵羊成为家畜的意义

我们认为家养黄牛和绵羊这两个新种类的出现在当时及后来的社会发展过程中，都产生了非同一般的影响和作用。主要可以归纳为以下两点。

第一，这两种家养动物的出现不仅仅是单纯的增加了家养动物种类。因为黄牛和绵羊的饲养方法与家猪不同，因此，当时还应该建立特定的饲养方法，这些新的家养动物和饲养技术的出现，推动了这个地区家畜饲养业的整体发展，同时也进一步促进了整个经济形态的复杂化。

第二，黄牛和绵羊的出现除了可以丰富当时人的肉食来源的种类外，在宗教方面也有不可或缺的价值。虽然在上述的陶寺、王城岗、新砦和二里头遗址中没有发现它们与宗教行为相关的明显证据，但是在同属于公元前 2500 年至公元前 2000 年的龙山文化的河南柘城山台寺遗址里，发现了 9 头牛整齐地摆放在一起埋葬的现象。在淮阳平粮台遗址也发现了埋葬牛的现象。在汤阴白营遗址和山西夏县东下冯遗址内都发现了捆绑后埋葬的绵羊骨架。这些很可能都是与宗教活动相关而留下的遗迹。

我们发现，在中国各个地区新石器时代的遗址里，均出土过不少使用整猪、猪头或猪的某些特定部位进行祭祀、随葬的实例。可以说，在中国新石器时代涉及使用动物的祭祀活动中，使用最多的是猪。除猪以外，我们也发现过不少用狗随葬的实例，这些实例主要集中在黄河下游和淮河流域地区新石器时代的贾湖文化、大汶口文化和龙山文化之中[15]。在属于龙山文化的遗址里目前极少发现用牛和羊进行祭祀的实例，关于这一点我们在上文中已经专门阐述。在属于二里头文化的河南郑州洛达庙遗址，我们发现在几个兽坑内分别埋葬了多头完整的牛和羊，研究者认为这些都与祭祀相关[16]。而进入商代以后，在公元前 1600 年至公元前 1365 年的偃师商城遗址内，我们

---

[15]　a. 王仁湘：《新石器时代葬猪的宗教意义》，《文物》1981 年第 2 期，第 79～85 页。

　　　b. 王吉怀：《试析史前遗存中的家畜埋葬》，《华夏考古》1996 年第 1 期，第 24～31 页。

　　　c. 高广仁：《中国史前时代的龟灵与犬牲》，见高广仁著：《海岱区先秦考古论集》，第 291～303 页，北京：科学出版社，2000 年。

　　　d. 岡村秀典 2002「中国古代における墓の動物供犠」『東方学報』74 期 1－182 頁

[16]　河南省文物研究所：《郑州洛达庙遗址发掘报告》，《华夏考古》1989 年第 4 期，第 48～77 页。

发现用于祭祀的主要动物仍然是家猪，但是也有一些把猪、牛和羊肢解后埋在一起进行祭祀的实例。在公元前 1580 年至公元前 1210 年的郑州商城遗址也发现了使用完整的牛进行祭祀的现象，用牛和羊一起进行祭祀的实例也时有发现。但是真正大量使用牛进行祭祀的实例是公元前 1435 年至公元前 1410 年的小双桥遗址，而大量使用羊进行祭祀的实例是公元前 1300 年至公元前 1046 年的殷墟[17]。由此可见，大量使用牛和羊进行祭祀的习俗起始于公元前 1450 年左右的商代中期以后。

在商代的甲骨文中曾多次提到"太牢"和"少牢"这两种祭祀形式，"太牢"是王一级的祭祀，"少牢"是卿大夫一级的祭祀。而这两种祭祀活动中使用的主要动物都是牛和羊。《左传》有"国之大事，在祀与戎"的记载，可见祭祀与战争一样，对一个国家来说是十分重要的。

就目前所知，牛和羊这两种动物在商周时期祭祀活动的等级制度中扮演着重要的角色，而它们在中原地区最早发现的时间恰好在公元前 2500 年至公元前 1500 年，而且其一出现就与祭祀活动相关，可见牛和羊这两种动物对于商周时期祭祀活动中等级制度的形成，也起到了重要的作用。

结 论

通过以上的讨论，我们看到公元前 2500 年至公元前 1500 年这个时间段里中原地区的居民在获取肉食来源方面，明显地继承了这个地区以前仰韶文化的传统，遗址中出土的动物以家猪为主。此外，我们还发现了黄牛和绵羊这两种新的家养动物，这两种动物和这个地区后来商周时期出现数量较多的黄牛和绵羊在时间上具有承续关系。可以说，中原地区公元前 2500 年至公元前 1500 年的家畜饲养似乎发挥着承前启后的作用。关于黄牛成为家畜的动因我们尚不清楚，有待进一步探讨，但是根据中原地区已有的线索，我们认为，至少绵羊成为家畜的动因可能是文化传播和交流的作用。黄牛和绵羊成为家畜以后，不但丰富了当时人的肉食来源，而且在宗教祭祀方面也开始发挥重要的作用，直至后来成为区分等级身份的重要标志。

总而言之，这次通过对公元前 2500 年至公元前 1500 年位于中原地区的陶寺、王城岗、新砦、二里头等遗址中出土的动物遗存进行的动物考古学研究，我们取得了不少收获。首先，填补了以往对这几个遗址中有关古代人类与动物之间相互关系的认识上的空白。其次，为我们认识当时家养动物的发展状况及其与文明演进的关系提供了

---

〔17〕 Yuan Jing and Rowan Flad. 2005. New Zooarchaeological Evidence for Changes in Shang Dynasty Animal Sacrifice, *Journal of Anthropological Archaeology* 24 (3)：252-270.

新的证据和启示。其三，在达到课题预定目标的基础上，我们还为今后在更大的时空范围内探讨这一问题制定了较好的研究思路和研究方法。而在更大的时空范围内开展研究，必定可以为我们深入探讨家养动物在经济及社会形态中发挥的作用这一问题，提供更多的启发和证据。

中国社会科学院考古研究所许宏研究员、何努研究员、赵春青博士和河南省文物考古研究所方燕明研究员分别提供了二里头、陶寺、新砦和王城岗遗址出土的动物遗存资料，并介绍了它们出土的考古背景。中国社会科学院研究生院博士生吕鹏为本文绘制插图。我们在此表示衷心地感谢。

（原载于中国社会科学院考古研究所考古科技中心编：《科技考古（第二辑）》，第12～34页，北京：科学出版社，2007年。作者为袁靖、黄蕴平、杨梦菲、杨杰、吕鹏、陶洋，主要由袁靖撰写）

《清江流域古动物遗存研究》序一

2004 年春节前，我接到湖北省文物考古研究所王善才先生的来信，提出由我帮助审定《清江流域古动物遗存研究》一书，并写序。读罢来信，诚惶诚恐。我利用春节长假，把原稿认认真真通读了一遍。

由陈全家、王善才、张典维三位先生共著的《清江流域古动物遗存研究》，主要是由吉林大学边疆考古研究中心的陈全家先生完成。全家兄学习动物考古在我之先，曾经得到中国科学院古脊椎动物与古人类研究所多位专家学者的真传，不少方面的水平都比我高。我当年是学习考古出身，后来虽然有幸踏进动物考古学研究之门，但迄今为止，碰到遗址中出土的包括贝类、鱼类、爬行类、鸟类和哺乳类等在内的各种各样的动物骨骼，仍然会有力不从心之感。常常要拿着不认识的贝壳或动物骨骼，奔波于中国科学院古脊椎动物与古人类研究所、动物研究所和北京大学考古文博学院等地，求教于各个领域的专家，或者直接到动物标本库房里去仔细对照现生标本，再做判断。自己的本领不过如此，现在仅凭文字、线图和照片，就来审定这本书稿，当然是力所不能及的。我虽然不敢枉自充大，但是也不敢辜负王善才先生的厚爱。思之再三，斗胆向王善才先生提出，审定书稿一事，务必另请高明，我只能在此对这本大作谈一点自己的认识，尽力而为。

自 20 世纪 30 年代动物考古研究传入中国，70 余年过去，相关的研究报告出过不少，有的详细、有的简单，但是真正成为专著的，仅有两本。一本是德日进、杨钟健先生的《安阳殷墟之哺乳动物群》，出版于 20 世纪 30 年代。另一本是魏丰、吴维棠、张明华、韩德芬先生写的《浙江余姚河姆渡新石器时代遗址动物群》，出版于 20 世纪 80 年代末。两本书都是图文并茂，堪称中国动物考古学研究的经典之作。可是，我们这样一个历史悠久的泱泱大国，几十年来仅仅发表过两本有关动物考古的专著，实在让我们这些从事动物考古学研究的人员感到汗颜。当然，这种局面的形成有其客观原因，而且做学问绝不能急功近利，粗制滥造，必须按部就班，精益求精。但是不管从哪个角度说，迄今为止，我们的研究成果和各个遗址出土的丰富的动物骨骼资料相比，是极不相称的。今天，陈全家和王善才、张典维三位先生经过近十年的努力，终于写成《清江流域古动物遗存研究》一书，对我们动物考古学界来说，实在是一件可喜可贺的事情。

通览《清江流域古动物遗存研究》这本大作，虽然涉及地域范围不广，仅仅限于长阳地区。但是时间跨度自旧石器时代一直到商周时期，动物种类涉及贝类、鱼类、爬行类、鸟类和哺乳类等多个纲类。研究方法除了鉴定种属以外，还包括部位测量、数量统计等等。这对于我们认识这个地区古代人类与动物之间的相互关系，实在是一本具有宝贵价值的著作。尤其是我们多年来在长江中游地区的动物考古学研究甚为薄弱，发表的研究报告屈指可数。现在此书的出版，无疑将大大推动这个地区的研究工作。

动物考古学研究的主要目的包括：确认古代人类所利用的动物种类，探讨特定空间和时间范围内的气候环境状况，及研究古代人类与动物之间的各种关系。其中尤其是关于古代人类与动物之间的各种关系，涉及的内容相当广泛，古代人类获取动物作为肉食资源的状况，家畜起源的时间和地点，历史时期不同等级的人的肉食种类和比例，自新石器时代到历史时期利用动物进行祭祀和随葬的特征，在战争和劳役中利用的动物种类，利用多种动物骨骼制作各种骨器等等。而且，各个地区的遗址中出土的动物骨骼还因为空间的差别而具有不同的特征。如果我们能够从全国范围内、在几千年的时间跨度上把握古代人类与动物之间的各种关系，这对于研究中国古代历史必定可以起到十分积极的作用。当然，这还是一个需要我们奋斗许多年的宏伟目标。今天，《清江流域古动物遗存研究》的出版，正是向这一目标迈出了坚实的一步，我们向作者表示深深的敬意。

（原载于陈全家、王善才、张典维：《清江流域古动物遗存研究》，xv-xvi 页，北京：科学出版社，2004 年）

《考古遗址出土动物骨骼测量指南》中译本序

几年前，听到河南省文物考古研究所的马萧林博士说起他计划和侯彦峰先生一起翻译由哈佛大学皮堡德博物馆出版的安格拉·冯登德里施（Angela von den Driesch）著的《考古遗址出土动物骨骼测量指南》，当时就觉得这是一件很了不起的事情。前些天，马萧林博士来电话，告诉我这本书已经翻译完成，正在安排出版事宜，他希望我能够写一个序。我一听就感到这是一个很大的负担，因为这本指南是安格拉·冯登德里施博士依据慕尼黑大学 20 多年来骨骼考古的测量技术、方法和经验编写而成的，中国有一句话叫做"十年磨一剑"，这本历经 20 多年的实践写就的指南，其分量不可谓不重，而且这本指南出版以后，就成为全世界动物考古学研究人员的工具书。20 世纪90 年代，我在日本读博士时，这本指南就是我的教材之一，到现在 10 多年过去了，这本书依旧是我必备的常用指南。所以刚刚听到要给这样一本权威的书籍作序，真是有诚惶诚恐之感。但是放下电话以后仔细想想，现在这本指南要在中国出版，我的任务是给这本指南的中文版作序。作为一个学习、使用这本指南多年的从事中国动物考古学研究的人员，在这本书的中文版出版之际，有责任、也有义务说一番自己的感受。

从 20 世纪初以来，中国国内的学者翻译过不少由国外学者撰写的与考古学有关的专著，其中，除涉及历史、理论、方法和专题等严格意义上的考古学研究专著外，在涉及考古学分支学科的专著中，与动物考古学研究相关的专著数量算是比较多的了。如 1960 年出版的 B. 格罗莫娃（B. ГРМОВА）著、刘后贻等翻译的《哺乳动物大型管状骨检索表》、1992 年出版的伊丽萨白·施密德（Elizabeth Schmid）著、李天元翻译的《动物骨骼图谱》，加上现在马萧林博士和侯彦峰先生一起翻译的《考古遗址出土动物骨骼测量指南》这三本书，它们从一个侧面显示出动物考古学这门学科在考古学研究中的重要性、实用性及普遍性。

安格拉·冯登德里施博士在 1976 年出版这本指南时提到，曾经考虑过用多种语言出版，但是因为经费的制约，未能如愿。不管当时考虑的多种语言中是否包括中文，但这一构想毕竟没有成为现实。这些年来，我们在整理考古遗址中出土的动物骨骼时，各种测量都是按照这本指南的要求进行的。但是在撰写动物骨骼研究报告时，由于很难用中文表达这本指南上有关头骨及其他骨骼的测量点的专业术语，不得不在报告里附上这本指南里显示的某个骨骼的图，标上线条和数字来显示测量的部位，使之与数据相对应。今天，在马萧林博士和侯彦峰先生的努力下，这本指南终于用中文出版了。这本指南的出版，为我们从事动物考古学研究的人员在全国范围内运用统一的方法和标准开展研究，以及用正确的词汇进行表达提供了可靠的保证。这是中国动物考古学界值得庆贺的一件大事。

在动物考古学研究中，对各种动物骨骼的测量部位的标准化是一件非常重要的事情。因为每一种动物的形体基本是相同的，对同一种动物的测量部位的标准化，可以为我们用一个同样的标准去科学地确定它们的大小和异同。而认识出自同一时期或不同时期、同一地区或不同地区的某种动物的骨骼尺寸上的异同，是我们从形态学的角度对某种动物进行研究的基础。通过这样的探讨，我们可以了解不同时空范围内的自然环境、动物及人类行为的特征，把握人类与动物之间相互关系的发展进程和地区特征，深化考古学的综合研究。概括起来说，研究方法的标准化既能保证研究结果的科学性，也能保证研究资料的共享，而这个共享，可以超越一个自然区域的动物考古学研究、一个行政区划的动物考古学研究、一个国家的动物考古学研究，乃至涉及整个世界的动物考古学研究。

就像中国考古学的起步受到西方的影响一样，中国动物考古学的开创也是向西方学习的产物。西方的动物考古学研究已经走过了上百年的发展历程。相比之下，我们的动物考古学研究刚刚跨过起步的阶段。中国现在从事动物考古学研究的人员已经超过 10 人，其中近半数都有出国留学的背景。我们能够取得现有的成果，除了自身的努力外，在很大程度上是得益于多年来的中外交流和合作研究。在这样的过程中，我们开阔了视野，学习了方法，增长了才干，取得了成果。吸取别人的长处，和国外的同类研究接轨，应该是我们在今后的研究中必须继续认真贯彻的既定方针。

中国作为世界四大文明古国之一，悠久的历史为我们积累了极为丰富的动物考古学研究资料，其中蕴含着古代东方文化的诸多特点，是世界动物考古学研究中不可缺少的一个重要方面。但是，由于语言的障碍，国外学者对中国动物考古学研究涉猎极少，因而不能认识古代东方人类与动物之间各种关系的发展进程，无法开展东西方相关课题的比较研究，对于世界范围内的动物考古学研究而言，这无疑是一个很大的缺陷。

我们必须加强建设中国动物考古学研究队伍的力度，调整、完善国内动物考古学研究团队的整体实力，在全国范围内实现理论国际化、方法标准化、资料信息化。这本中文版测量指南的出版，为我们在方法的标准化方面奠定了很好的基础。她的深远意义将会随着今后中国动物考古学研究的深入发展及进一步参与世界范围内的动物考古学研究活动而逐步体现出来。

正如理查德·梅多（Richard Meadow）博士在这本测量指南第一次出版的序言中

所说，这本书的直接适用范围限定在欧洲和近东地区。如何科学地使用这本指南整理中国考古遗址中出土的动物骨骼，尚有待中国动物考古学的研究人员在今后的使用过程中去认真探索。就像这本指南中提到的那样，"如果有帮助，使用它；如果有问题，修改它"。我们要在今后的动物考古学研究中有效地利用这本指南，推进中国的动物考古学研究，和各个国家的同行们一起，为世界动物考古学研究的发展做出自己应有的贡献。

（原载于安格拉·冯登德里施著，马萧林、侯彦峰译：《考古遗址出土动物骨骼测量指南》，vii-x 页，北京：科学出版社，2007 年）

第二编

环 境 考 古

本编由三组文章组成。

《从贝丘遗址看绳纹人与环境的相互关系》是对日本绳纹时代贝丘遗址人地关系的研究。《胶东半岛贝丘遗址环境考古学研究的几点思考》和《胶东半岛贝丘遗址的环境考古学研究》阐述了对胶东半岛的贝丘遗址进行人地关系研究的方法和收获。

《中国大陆沿海地区史前人地关系研究》和《从中日两国贝丘遗址看古代人类与自然环境的相互关系》将中国胶东半岛、珠江三角洲及日本霞湖地区的研究结果相互比较，认识它们之间的共性和个性。

《继往开来，开拓环境考古的新局面》从全国环境考古学研究的大局出发，提出了一些前瞻性的看法。

从贝丘遗址看绳纹人与环境的相互关系

从 20 世纪 70 年代末开始，日本学者在绳纹时代的考古研究中开辟了一个新的领域，即通过分析贝丘遗址及其周围的自然环境来认识绳纹时代的环境变化及绳纹人与环境的关系。这是考古学家、地理学家与生物学家共同研究的结果。本文先简单介绍这些研究的主要理论及代表性成果，然后阐述笔者关于这方面的研究。

日本绳纹时代人地关系研究简介

考古学家加藤晋平从宏观的角度出发，认为人和自然的相互关系是从人在地球上出现时就开始的。在人的主体行为是获取食物的经济活动发展的同时，人与自然环境之间的交往也在增多。人的行为表现在改变自然环境的同时，再一次去适应改变后的自然环境，而且不断地反复经历这样的过程。他把自然环境的要素分成三大类：被人利用的食物；被人利用的住宅、工具、衣物等；虽然不被人利用，但对人的生活产生影响的物质[1]。

地理学家井关弘太郎认为，全新世的海进时间为距今 9000～6000 年之间，这与绳纹时代早期至前期的时间几乎相同，因此这次海进多被称为绳纹海进。由绳纹海进形成的里亚式海湾的沿岸地区分布着数量众多的绳纹时代的贝丘遗址。通过在沿海地区选点做抽样调查，发现高出现在海平面 4 米左右的地层里有有机质淤泥层或自然堆积的贝壳层，其绝对年代为距今 6000 年左右。因此，可以断言绳纹海进时的最高水位至少高出现在海平面 4 米以上，时间大致为距今 6000 年左右[2]。

考古学家小野田正树根据贝丘遗址存在于海岸线附近的规律，对关东地区绳纹时代各个时期的贝丘遗址的地理分布位置进行分析，即通过确认各个时期的贝丘遗址距现在海岸线的距离来推测海岸线的变化。根据他的研究结果，从绳纹时代早期后段

〔1〕 加藤晋平 1982「総論」加藤晋平・小林達雄・藤本強編集『縄文文化の研究（第 1 巻）』東京 雄山閣出版株式会社 4 頁
〔2〕 井関弘太郎 1992『沖積平野』東京　東京大学出版会 第 6 版 59－69 頁

表 1　日本海湾及沿岸地质环境、贝类群落分布一览表

水域	沿岸水			海湾水						
地理位置	湾外侧			湾口部	波食台	湾中央部			湾内部	河口
底质	岩礁	沙泥质	沙质	沙砾质	岩礁	沙质	淤泥	泥质	沙泥质	沙泥质
潮间带						海湾沙底群落⑥			沙滩群落⑨	感潮地域群落⑪
	外海岩礁性群落①				海湾岩礁性群落④					
上部浅海带			沿岸沙底群落②					海湾泥底群落⑦	海藻生长地群落⑩	
				沙砾底群落⑤						
							海湾停止地域群落⑧			
		沿岸沙泥底群落③								

说明：①~⑪为贝类群落拉丁文名称

① *Battilus cornutus/ Chlorostoma argyrostoma lisohkei/ Omphalius pfeifferi/ Monoplex partheopeum/*　② *Glyoymeris (Veletuceta) albolineata/ Meretrix lamarckii/ Comphina melanaegis/ Cyclosunetta menstrualis/*　③ *Pecten (Notovola) albicans/Callista chinensis/Paphia euglypta/Tonna luteostoma/ Fusinus perplexus/Hemi fusus ternatanus/*　④ *Serpulorbis (Cladopoda) imbricatus/ Chama reflex/ Crassostrea gigas/*　⑤ *Crassostrea nipponica/Ostrea denselamellosa/Saxidomus purpuratus/*　⑥ *Meretrix lusoria/ Phacosoma japonica/ Mactra veneriformis/ Tapes philippinarum/Scapharca subcrenata/*　⑦ *Dosinella penicillata/Paphia undulate/Scapharca broughtonii/Fulvia mutica/*　⑧ *Theora fragilis/ Raeta rostralis/*　⑨ *Crassostrea gigas/Tegillarca granosa/Cyolina sinensis/*　⑩ *Cantharidus japonicus/*　⑪ *Corbicula japonica/ Assiminea lutea japonica/*

（距今大约 9000 年）开始，随着海平面的缓慢上升，海水逐渐进入冲积平原的内陆地区，到前期前段（距今大约 6000 年）海进达到最高峰时，海岸线向内陆的纵深地区推进，最远达到距现今海岸线 65 公里左右。自前期前段以后，海进结束，海平面渐渐下降，深入到内陆地区的海岸线逐渐后退[3]。

---

〔3〕　小野田正樹 1982「海進・海退」加藤晋平・小林達雄・藤本強編集『繩文文化の研究（第1卷）』東京　雄山閣出版株式会社 144－147 頁

　　生物学家松岛义章认为，通过对自然堆积的贝类进行生物学和碳十四的分析，可以解决当时的古环境、古地理及年代等问题。因为贝类对环境的变化特别敏感，海贝的出土状况和种类组合直接反映出它们当时所处海湾的地理位置和底质、水温、盐度等，相同的贝类组合往往处于地域上比较接近的区域。基于这点，松岛把埋藏堆积在临海冲积低地的海成冲积层里的贝类组合分为 11 个群落（表 1）。距今 10000 年前开始的地球温暖化引起海面上升，给海洋生物以很大的影响，通过对这 11 种生活于浅海地域的贝类群落中比较有代表性的 7 种进行调查，可以看出生活于泥沙质环境中的沙滩群落出现得比较早，大致出现在距今 9000 年前，到距今大约 4000～3000 年前，渐渐变少。相反，在沙质环境中生活的群落出现得比较晚，且直到现在还生存着。大致看来，距今约 7000 年至 2500 年前是全部贝类都存在的时期（表 2）[4]。

　　各学科的学者们除了各自进行单独研究外，还联合起来对某个贝丘遗址进行了综合发掘和研究。如对日本宫城县的里浜贝丘遗址（绳纹时代前期～晚期）的研究就是一个相当典型的实例。通过对这个遗址进行综合发掘和研究，搞清了绳纹时代里浜贝丘遗址周围分布的植物主要是落叶阔叶林带；自绳纹时代前期开始，遗址周围的环境

表 2　日本绳纹时代海湾及沿岸主要贝类群落的变迁

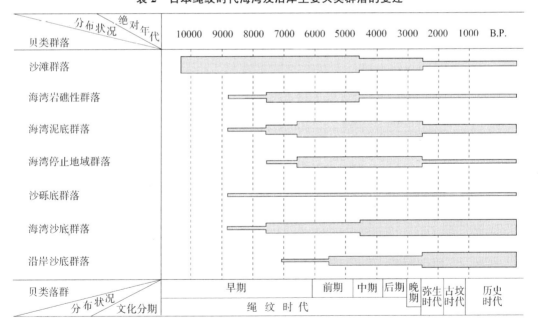

〔4〕　松島義章 1989「貝からみた古環境の変遷」第 3 回大学と科学公開シンポジュウム組織委員会編『新しい研究法は考古学になにをもたらしたか』東京　クバブロ 10－31 頁

开始逐步发生变化，贝类由海湾岩礁性群落逐渐向海湾沙底群落转变，鱼类也由生息于岩礁底的种类逐渐变为生息于沙底环境的种类；各时期遗址的位置有一个从高处向低处移动的趋势；绳纹人采集贝类主要集中在春季和夏季[5]。

　　除以上这些有代表性的研究外，还发表了相当数量的关于微环境、具体的贝丘遗址及出土的动物遗体的研究论文和报告。学者们从不同角度分析当时的环境变化及人与环境的关系，为进一步以一个地区乃至全国为单位，深入、综合地探讨绳纹人与环境的相互关系打下了良好的基础。

日本霞湖地区贝丘遗址研究

　　笔者在日本所做的研究就是尝试以一个时代（绳纹时代）为时间框架、以一个地区（霞湖地区，面积约 1440 平方公里左右）为空间范围，探讨绳纹人和环境的关系，即研究绳纹人在漫长的生存、发展过程中是如何适应环境，又是如何在适应环境的同时影响环境。之所以选定绳纹时代，是因为贝丘遗址主要集中出现在这个时代。同时，这个时代发生过绳纹海进，是环境变化典型的时代。之所以选定霞湖地区，是因为霞湖由于海进和海退，经历了由湖变成海湾，后来海湾面积又大范围缩小，属于环境变化典型的地区。另外，还因为我在这个地区发掘过两处贝丘遗址（绳纹时代早期的狭间贝丘遗址和绳纹时代中、后期的於下贝丘遗址），做了科学的采样分析。

绳纹人适应环境生存发展的证据

　　霞湖是日本第二大湖（图 1），湖边分布着近 300 处贝丘遗址。在确定了全部贝丘遗址所属的时期和所处的地理位置后，我发现当绳纹时代早期海进时，海水由东向西进入霞湖，使霞湖及湖边的一部分地区成为海湾，海产资源随海水进入这个海湾。绳纹人适应了这样的环境变化，在海边建立居住地，开始捕鱼捞贝，把鱼类和贝类作为主要的食物来源。这样，废弃的鱼骨、贝壳就形成了堆积层。当绳纹人放弃这种居住地后，这些地方就变成了贝丘遗址。这些贝丘遗址均分布在距现在的湖岸线较远的沟壑地区（当时的里亚式海湾沿岸地带）。随着时间的推移，出现贝丘遗址地理位置变动的趋向，即在绳纹时代前期后段海进停止、海水开始缓慢退却以后，绳纹人又随着海水的后退，不断变动自己的居住地。到绳纹时代晚期（距今 3000～2300 年），贝丘遗址大多集中在霞湖的东南侧。可以说，在绳纹时代前期后段以后，贝丘遗址的分布有

---

〔5〕　東北歴史資料館（小井川和夫・岡村道雄・笠原信男編集）1986・1987『里浜貝塚Ⅴ・Ⅵ』多
　　　賀　東北歴史資料館

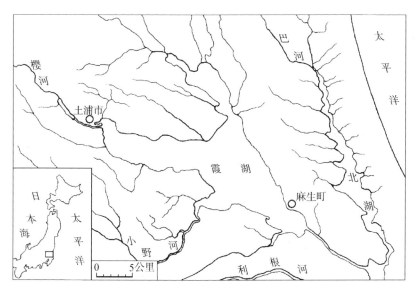

图1　日本霞湖地区地形图

一个先逐渐向现在霞湖的西北岸边移动，后又向霞湖的东南侧、即靠海的一侧移动的趋势。

从各个时期的贝丘遗址的数量多少、规模大小和堆积厚度来看，到前期为止，遗址的数量少，范围较小，贝壳堆积也薄，一般仅几十厘米左右。而中、后期的遗址数量最多，规模最大，堆积也厚，达到1～2米。虽然晚期的遗址数量比中、后期要少，堆积也薄一点，但还是具有一定的规模。

从各个时期贝丘遗址的堆积内涵来看，到前期为止，贝类主要是生存于泥沙质环境中的沙滩群落，鱼类都是海鱼，几乎没有发现兽骨。中、后期堆积的贝类主要是生存于沙质环境中的海湾沙底群落，鱼类中有淡水鱼，兽骨发现较多。晚期的堆积内涵与中、后期大致相同，但有的晚期遗址的堆积内涵可以分为2层，下层（即时间较早的那层）是贝壳层，里面夹杂有鱼骨和兽骨，上层则是仅夹杂有陶片和石器的泥土层（日本的土壤为酸性，故绳纹时代的动物骨骼在贝壳层中尚可保存，而在土壤中则往往无法存留）。

综合起来看，贝丘遗址的位置随着海水的进与退而分布，按照时间的早晚有明显的分布规律。贝丘遗址的数量由少到多，堆积由薄变厚，规模由小到大，这些都是绳纹人在适应环境的基础上逐渐发展的反映，而晚期贝丘遗址数量的减少，则因绳纹人最后又受制于长时间海退而引起的海湾面积大规模缩小。各个时期的贝丘遗址中出土的贝壳种类明显地与当时遗址周围存在的贝壳种类一致，在绳纹时代早期和前期前段的遗址周围是因海进而形成的泥沙质环境，出土的贝类主要是沙滩群落；

从前期后段开始，特别是中期以后，各处都是因海退而形成的沙质环境，出土的贝壳普遍都属于海湾沙底群落。可以说，环境的特征制约着绳纹人的采贝行为。我们从以上各个时期的贝丘遗址的分布位置、数量、规模、贝壳种类等方面看，绳纹人是在适应海进、海退这种环境的变化过程中生存和发展的。

绳纹人对环境的影响

在发掘位于霞湖东侧的於下贝丘遗址（属于绳纹时代中、后期）时，我做了取样调查，即在探方里划定一个2米×2米的范围，以各个文化层为单位收集从最上面的文化层一直到生土表面的全部堆积物（内含有土壤、贝壳、动物骨骼、陶器、石器、骨器等），进行水洗筛选，然后对筛选出来的动物骨骼做定性定量分析。我在全部贝壳中选出5种主要贝类，对它们的尺寸大小进行统计。我发现属于绳纹时代后期的文蛤、毛蚶、中华青蛤这三种贝类分别比中期的小5毫米，可以说进入后期以来，这些主要贝类都有一个小型化的趋势。这些处于同一地点的贝类从中期到后期出现的小型化现象，可能反映出自中期以来，随着人口的增加，对贝类的捕获量也相应增加，连尚处于生长阶段的贝类也被捕获了。这种捕获行为影响到贝类的自然成长，是一种人为的捕获压力干扰贝类的自然生长过程的表现。

另外，对属于不同时期、不同地点的贝丘遗址中出土的主要贝类的尺寸进行统计后，也发现有一个随着时间的推移，贝壳尺寸由大变小的过程。这是我们认识当时的绳纹人在长期捕捞贝类的过程中，对贝类形成捕获压力的佐证。

生物学家小池裕子等通过对绳纹时代早期和晚期的梅花鹿的年龄结构进行比较，发现早期的梅花鹿里，年龄大的鹿明显地多于晚期的。另外，从平均年龄看，早期的为6.5岁左右，晚期的为5岁左右，两者相差1.5岁。早、晚期的梅花鹿的平均年龄分别相当于现在生活在自然动物保护区及狩猎区的梅花鹿的平均年龄。由此，他们提出绳纹时代存在一种狩猎压[6]。小池裕子等还研究过绳纹时代的野猪的年龄结构，发现随着时间的推移，野猪的平均年龄也有一个年轻化的过程[7]。我把於下贝丘遗址中出土的梅花鹿的年龄结构与绳纹时代早、晚期的梅花鹿的年龄结构进行比较，发现其大致处于早、晚两期之间的阶段；而於下贝丘遗址中出土的野猪的年龄结构与小池裕子等研究的晚期的野猪的年龄结构接近。因此，从一个时代来看，由于人的需求的增加，

---

〔6〕 Koike, H. & Ohtaishi, N. 1985. Prehistoric Hunting Pressure Estimated by the Age Composition of Excavated Sika Deer (*Cervus nippon*) Using the Annual Layer of Cement, *Journal of Archaeological Science* 12：443-556.

〔7〕 小池裕子・林良博 1984「遺跡出土ニホンイノシシの齢査定について」古文化財編集委員会編『古文化財の自然科学的研究』京都 同朋舍 519－524頁

会逐渐对野猪和梅花鹿形成狩猎压。

在於下贝丘遗址中出土的哺乳动物里，中期时小型动物所占的比例（除狗以外）仅有 22%，后期时仅有 29%，这种小型动物所占比例较小的现象在整个绳纹时代普遍存在。这种比例结构的形成很可能与人为的因素有关。我们知道，在自然界的动物中，小型动物所占的比例是最大的，如果绳纹人在狩猎时碰到什么就打什么，可能遗址中发现的小型动物的比例就会相当大，但实际情况是中型动物所占的比例总是达到 50% 以上，这可能与绳纹人在狩猎时的倾向性、目的性有关，即他们狩猎的主要目标是野猪、梅花鹿等中型动物。这样有选择地狩猎对自然界的生态平衡可能有一定的影响。

以上这些随着时间的推移，动物的尺寸和年龄变小的变化及狩猎时种类上的侧重等现象都可以部分地归因于人为因素的影响。

结论

根据以上各个时期的环境变化及绳纹人对环境的适应和影响的具体内容，我将霞湖地区的绳纹人与环境的关系分为三期。第一期是开始期（绳纹时代早期至前期前段）。这个时期是海进时期，绳纹人在接触到海水的同时开始利用海产资源。因为是初次接触这样的环境，在进行新的生存活动时，他们还不能充分地利用海产资源，所以贝丘遗址的规模很小，堆积也薄，贝类、鱼类的种类不多，哺乳类的种类更少。他们的定居生活可能尚不稳定，带有游动性，即按季节及获取的食物资源的不同来变换自己的居住地。第二期是发展期（绳纹时代前期后段至后期）。这个时期是海平面由相对稳定至开始缓慢后退的时期。绳纹人已经比较适应临海的环境，定居性增强了，生存活动的水平也提高了。其表现是贝丘遗址的数量增多，规模变大，堆积增厚。与绳纹人捕获的贝类、鱼类及哺乳类的种类、数量增多的同时，贝壳的尺寸变小，野猪、梅花鹿的年龄年轻化，这些都是人为的压力干扰了动物的自然生长的结果。第三期是变革期（绳纹时代晚期）。这个时期是随着长时间的海退，海湾面积大大缩小，环境产生较大变化的时期。随着可利用的海产资源大幅度减少，贝丘遗址的数量骤减，但绳纹时代的遗址仍存在。值得注意的是有的晚期遗址下层是贝壳堆积，上层则变为没有贝壳的文化层，这反映出当时居住在这里的绳纹人随着环境的变化改变了自己的生存活动方式。绳纹时代以后的弥生时代以水稻耕作为主，而水稻耕作在这一地区得以推广，与环境的变化有一定的关系。这种绳纹人与环境的从早到晚的关系可以用一个模式来表现（图 2）。

总的说来，绳纹人采用的这种狩猎、捕鱼、捞贝、采集的经济形态决定他们必须适应环境才能生存，即绳纹人是在不断地适应环境变化的过程中发展起来的。在发展的同时，他们也对环境形成一定的影响。随着时间的推移，绳纹人的主动性越来越明显，绳纹时代的结束和弥生时代的开始，是环境的变化与绳纹人的发展共同作用的结果。

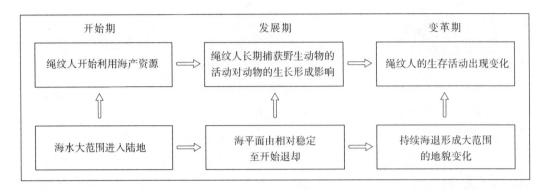

图 2　霞湖地区的绳纹人与环境关系的模式

展　望

　　综上所述，随着科学研究的进步，各学科之间的联系会越来越紧密，正是这种新的开拓为我们更加全面、科学地认识古代人类与环境之间的相互关系创造了有利的条件。中国境内有数量众多的贝丘遗址，它们为我们认识当时人与环境的相互关系提供了丰富的资料，但是，我们至今还没有在这一领域里深入开展研究。所以我们应该学习国外先进的理论和方法，充分借助自然科学的方法和手段，站在人的角度上对全部资料进行综合分析和研究，这样，必定能得到十分有意义的结果。起步虽然晚，但相信我们在这一领域的研究前景一定是光辉灿烂的。

　　本文在写作及再版前的修改过程中，得到日本国学院大学加藤晋平教授的宝贵指教，中国社会科学院研究生院博士生吕鹏为本文绘制插图，在此表示衷心的感谢。

（原载于《考古》1995 年第 8 期，第 713～718 页）

胶东半岛贝丘遗址环境考古学
研究的几点思考

中国社会科学院考古研究所胶东半岛贝丘遗址研究课题组自 1994～1997 年在胶东半岛进行了环境考古学研究[1]。我们的研究目的是通过环境考古学的调查与发掘，用考古学、地学和生物学的资料阐述这个地区的自然环境演变是如何制约古代人类生存的，而古代人类又是如何在适应环境的基础上生存和发展、同时对环境给予影响的，并提出这个地区古代人类与自然环境相互关系的模式。研究的范围涉及环境状况、考古编年、人类生存活动等。本文试图系统地阐述我们选择胶东半岛作为对象进行环境考古学研究的原因，指导我们研究的理论基础及野外、室内工作的操作方法等。

课题设立的背景

我们选择胶东半岛的贝丘遗址进行研究有以下五方面的考虑。

地域范围

胶东半岛是我国第一大半岛，其北、东、南三面分别为渤海和黄海，而西面的胶莱河又把胶东半岛与内陆地区隔开，这样的地形特征使胶东半岛形成相对封闭的地理单元。这样，我们在进行研究时设定的胶东半岛这个地理区划基本上是依照自然地势的分布，而少有人为的界定。且这个地理区划所包含的面积大小适中，它既能避免在某些地区依照自然地势设定区域而造成的面积过大，难以在一定时间内科学地做好工

---

[1] a. 袁靖、焦天龙：《胶东半岛的贝丘遗址和环境考古学》，《中国文物报》1995 年 3 月 12 日第 3 版。

    b. 胶东半岛贝丘遗址研究小组：《胶东半岛北岸贝丘遗址环境考古学研究》，《中国文物报》1996 年 3 月 10 日第 3 版。

    c. 胶东半岛贝丘遗址研究课题组：《胶东半岛南岸贝丘遗址的环境考古学的研究》，《中国文物报》1997 年 3 月 30 日第 3 版。

作并合理地把握全局，也可以摆脱那种不考虑自然地貌，人为设定一个研究区域的范围，而无法对此作出科学、合理的解释。

环境变迁

按照环境考古学的理论，如果环境变化的时间跨度不一致，那么其变化的规模、影响也不相同[2]。自全新世以来，特别是在距今 6000 年前达到鼎盛的全球范围的海进及而后的海退，都使胶东半岛的自然地貌发生过较大的变化。可以说，这个地区的环境变化是相当典型的，在这个地区进行研究时，我们能够比较清楚地把握自然环境变化的规律性特征。

考古调查

由于胶东半岛的地域范围不大，这就决定了这个地区的遗址数量被限定在一定的范围内，文化内涵相对比较单纯。几十年来，山东省的文物考古机构、中国社会科学院考古研究所山东队、北京大学考古系（现改名为考古文博学院）等单位在这里做过大量的考古调查和发掘工作，为确立这个地区新石器时代的陶器编年奠定了很好的基础。我们在这个地区做研究，比较容易搞清其史前文化形成、发展、变化的脉络，建立统一的标尺，同时在文化命名及分期等问题上也可以尽量避免仁者见仁、智者见智的争论。

地学研究

与考古工作者一样，多年来，地质学家、地理学家、生物学家在胶东半岛也投入了大量的人力和时间，做过许多研究自然环境的工作，内容涉及古代的气候、地貌、土壤、水文、动物、植物等诸多方面，到现在为止，已经积累了相当丰富的科研资料。我们在胶东半岛贝丘遗址的环境考古学研究中可以借鉴这些资料，帮助我们节约人力、财力和时间。

贝丘遗址

贝丘遗址是古代人类居住后所留下的一种遗址，特征是其中包含了大量古代人类食用后抛弃的贝壳[3]。贝类是对生存环境十分敏感的动物，我们依据发现的各种贝类可以比较具体地推测当时的环境特征。同时，贝壳不易损坏，通过测量、观察，也可

---

〔2〕　袁靖：《环境考古学研究》，《中国文物报》1997 年 12 月 7 日第 3 版。

〔3〕　袁靖：《关于中国大陆沿海地区贝丘遗址研究的几个问题》，《考古》1995 年第 12 期，第 1100～1109 页。

以发现当时人的行为留下的痕迹。在日本留学时我完成的博士论文就是以日本霞湖地区绳纹时代的贝丘遗址为研究对象，探讨特定的时间、地域内古代人类与自然环境的相互关系，提出一种人与环境相互关系的模式[4]。我在日本的研究，从思路、方法到对象都可以为我们在胶东半岛开展的研究提供借鉴和指导。

以上提到的五个方面，从不同角度为我们顺利完成胶东半岛贝丘遗址的环境考古学研究课题奠定了良好的基础。

研究的理论基础

环境考古学是将考古学、地学、动物学、植物学的研究结合到一起，通过分析古代文化内涵与自然环境因素，认识古代人类和自然环境之间相互关系的学科。它属于考古学的分支学科。因此，作为考古学的理论基础的历史唯物论、进化论、传播论等[5]对环境考古学同样有指导意义。除此之外，环境考古学自身特有的理论基础还有以下几个方面：

在一定地域内的动植物及非生物的环境要素共同构成生态系统，它们相互影响、相互制约（其中以气候的作用较为突出）。从宏观角度讲，生态系统可以分为特殊和一般两个类型。特殊生态系统指冻土带、苔原地带等地区，那里的动植物群几乎没有变化。一般生态系统指拥有森林、草原、湖泊、河流等各种生活环境的地区，那里的动植物群种类繁多。另外，森林和草原、水中和陆上这两种大的环境之间的过渡地带，是生态系统最多样化、具有最理想的动植物资源的地区。

各种自然环境变化的时间跨度并不一致，长时期的气候变化、森林种类的大范围变迁等许多环境变化可能是极其缓慢的，往往经过几代人也未必能够意识到这种变化的影响。而全新世以来的海平面变化、各种自然灾害等环境变化却是很快的，在比较短的时间内就能对人类产生很大的影响。

人类与自然环境的相互关系是从人类诞生以来就存在的，是一个连续不断的历史过程。人是会使用工具的动物，又是具有理性的动物，这一特征决定了人类与环境的关系不仅限于单纯地被动响应。人除了适应环境以外，还能够利用环境、影响环境甚至能动地改造环境，这个过程不断反复。这种复杂的相互作用是我们认识古代人类与自然环境相互关系的前提。

贯彻"以今证古"的原则。"以今证古"最早出自英国地质学家莱伊尔（C. Lyell）

---

〔4〕　袁靖：《从贝丘遗址看绳纹人与环境的相互关系》，《考古》1995 年第 8 期，第 713～718 页。
〔5〕　陈雍：《关于中国考古学的思考》，《文物季刊》1997 年第 2 期，第 74～82 页。

的"均变说"。他认为地球的变化是古今一致的，地球过去的变化只能通过现今的侵蚀、沉积、火山爆发等物理和化学作用来认识，现在是认识过去的钥匙。"以今证古"的原则为地学研究提供了科学的依据。同样，在动物学、植物学的研究上也是如此，我们的认识只能建立在对现生物种的定性及对它们所处的生态环境的研究之上。

在理论的指导下，我们的研究工作就能避免盲目性、提高科学性，减少探索性、加强规律性。

操 作 方 法

本课题的宗旨是将人的文化行为的发展过程置于自然环境变化的过程中进行研究，因此在田野调查、试掘和整理中要把考古学和环境考古学的双重程序及规则有机地结合在一起。为此，我们制定以下的操作方法。

布设探方

通过钻探，在需要发掘的每一个遗址中选择贝壳堆积最厚的地方，布一个2米×2米或4米×4米的探方，以磁北方向为准。

预留关键柱

在探方内发掘到文化层时，选择贝壳遗存保存最好的位置留出一个50厘米×50厘米的关键柱，以考古地层学和柱状取样法两种方法对探方进行发掘。先发掘探方内关键柱以外的部分，按考古程序操作，注意分层及遗迹现象，待清理完成后，再清理关键柱。对这个柱状体按5厘米一层自上而下进行划分，然后按层连续取样，直到生土。所取的样品都要注明层位。这里需要强调的是在欧美、日本，柱状取样法已经成为在发掘贝丘遗址时必须采用的一种方法。各层的样品都要放入网眼分别为5毫米、2.5毫米、1毫米的三种筛子进行水洗筛选，全面提取这个柱状体内的全部遗物。然后在室内将各层的遗物按人工遗物、贝壳、鱼骨、哺乳动物骨骼等进行具体分类，确定动物的种属，统计它们各自的数量，测量各种贝类、鱼骨、哺乳动物骨骼的尺寸，进行综合分析。再将结果归入各文化层进行比较研究。这样做，既可以在人力、财力等各种条件许可的范围内全面提取资料，避免遗漏，又可以按统一的堆积体积对各文化层的资料进行定性定量的分析、比较，确保科学性。

国外的考古学家在发掘贝丘遗址时通过使用柱状取样法，取得了一些新的认识。比如：（1）确认贝丘遗址中被古代人类利用的贝类何为主要，何为次要，它们的数量各是多少，各占多少比例，这样，既能全面认识到古代人类利用的贝壳的种类及数量，还可依据这些对水温、盐度、底质等生存环境十分敏感的贝类来推测当时遗址附近的环境面貌。（2）在一些贝丘遗址中，各文化层里的主要贝类不同，通过认识堆积中主要贝类种类、数量自下而上的变化，可以推测当时环境的变迁。（3）由于在筛选出来的贝壳中发现了一些尺寸仅为 2 毫米左右的陆产贝，而这些陆产贝生息的场所分别为草原、森林边缘及森林等，这样就可以依据各类陆产贝的生态特征及数量对当时遗址周围的植被环境作出估计。（4）发现在一些堆积较厚的贝丘遗址中，某些贝壳的尺寸自下而上有缩小的趋势，故提出当时存在捕捞压的说法，即由于古代人类长期在同一地区捕捞贝类，且随着人口的增长，捕捞的数量不断增加，因而破坏了贝类的自然生长规律。（5）发现了过去在发掘时肉眼看不到的大量直径为 1～2 毫米左右的小鱼的脊椎骨，从而纠正了过去仅仅根据较大的鱼骨，推测古代人类所食用的鱼的种类的错误。可见随着柱状取样法在贝丘遗址发掘中的应用，考古学家对古代的环境面貌及变迁、古代人类的生存活动及其对环境的影响等都有新的认识[6]。

采集标本

对探方内所有的文化遗物及动物骨骼（贝壳除外）等均按地层或遗迹单位采集，对灰坑内的土进行筛选取样。采集关键柱内所有层位的标本，进行水洗筛选，收集各层的文化遗物和环境遗物（贝壳、动物骨骼等），选择保存较好的文化层剖面或遗迹取土样，供植物考古学家分析利用。

多处采样钻探

以遗址中的任意一点为中心，建立两条南北与东西垂直相交的直线，在每条直线上划定 3～5 个 1 平方米的采样方，采集方内地表的文化遗物与环境遗物。随后，在每个采样方的边上钻一个探眼，绘出探眼的剖面图，并描述各文化层的土质、土色及内涵。此项工作旨在尽可能全面地了解各贝丘遗址的内涵。各个采样方的地表暴露物均在一定程度上反映了遗址某一部分的上层堆积特征，各个采样方的样品及钻探结果的统计，应当比较全面地反映出遗址的堆积特征和上部文化层的内涵。将此采集、钻探的结果和探方的现象相综合，可以获得点面结合的研究成果。

绘制相关线图

（1）绘制遗址地形及方位图，将探方、采样方的位置标于图上。（2）绘制探方

---

[6]　银洲遗址联合考古队：《柱状取样法在贝丘遗址发掘中的应用》，《中国文物报》1995 年 6 月 25 日第 3 版。

四壁图及与关键柱采样层的对应关系图。（3）绘制探方内遗迹平、剖面及文化层表面遗物的分布图。

拍摄照片

（1）工作过程系列照，包括地表采集、钻探、布方、发掘、关键柱采样、水洗筛选等。（2）探方平面及各文化层表面遗物照。（3）探方四壁及关键柱剖面照。

记录

（1）遗址地貌。（2）探方及采样小方的相对位置及地表遗物。（3）钻探孔各层的包含物、土质、土色。（4）探方内各层的土质、土色、包含物、各层的贝壳种类、厚度、深度。（5）关键柱各小层的土质、土色。（6）探方发掘总记录。（7）地表采集及钻探总记录。

室内整理

（1）碳十四样品测定。（2）调查及发掘中采集的人工遗物的清洗、拼对、绘图、照相、做卡片。（3）调查及发掘记录（文字、图纸、照片）的整理、归纳。（4）清洗调查及发掘中采集的动物遗存（贝类、鱼类、爬行类、鸟类、哺乳类），并分别确定它们的种属、部位，进行测量和统计。（5）土样的分析。

成果形式

在上述工作的基础上进行综合研究，编写报告。

以上这些方法的运用，为我们在有限的财力及时间内圆满完成设立课题时提出的研究目标提供了保证。

余 论

环境考古学研究在我国已有十余年的历史了，在考古工作者和自然科学工作者的共同努力下，我们取得了不少收获，开阔了研究的视野，拓宽了研究的领域，建立了研究的方向，填补了研究的空白[7]。不过，与国际前沿的环境考古学研究相比，我们在理论和实践上都还存在着一定的差距，诸如对环境考古学研究的目标、理论和方法缺乏系统地探讨，一定区域、时间范围内的综合研究实例不多等等。胶东半岛贝丘遗

---

〔7〕 周昆叔主编：《环境考古研究（第一辑）》，北京：科学出版社，1991 年。

址环境考古学研究就是尝试着以一个地区为空间范围，以一个时间段为框架，以环境变迁和人的行为为研究内容，探讨古代人类和自然环境之间的相互关系，在这些具体研究的基础上，对环境考古学研究的目标、理论和方法进行系统地总结。我们希望通过自己的努力，在明确的研究目标、系统的研究理论的指引下，运用科学的方法、分析大量的资料，最后能够提出一种具体的古代人类与自然环境之间相互关系的模式，为推动我国环境考古学研究贡献自己的力量。

（原载于《东南文化》1998 年第 2 期，第 36～39 页）

胶东半岛贝丘遗址的环境考古学研究

19 世纪末中国开始发掘与研究贝丘遗址。1897 年，日本学者鸟居龙藏来到中国台湾，对园山遗址进行调查，由此揭开了中国史前贝丘遗址研究的序幕[1]。迄今为止，在中国的辽宁、山东、福建、广东、广西、云南、台湾等地都发现了贝丘遗址，根据发表的调查与发掘报告统计，数量达 210 余处。到 20 世纪 90 年代，对贝丘遗址的调查、发掘与研究主要都是根据出土的人工遗迹、遗物确定考古学文化特征和年代，基本没有涉及当时的自然环境状况及人类的生存行为等课题，与当今世界上的前沿研究差距甚大[2]。基于这样的现实，我们于 1994～1997 年对中国山东胶东半岛的贝丘遗址进行了调查、试掘和研究，目的是探讨当时胶东半岛的自然环境是如何制约人类生存的，而当地的人类又是如何在适应环境生存、发展的前提下，对环境产生影响的[3]。以下分别阐述我们的研究对象、方法和结果。

材料与方法

根据我们现在掌握的资料，胶东半岛的贝丘遗址共有 20 处。这些遗址都是 20 世纪 70 年代至 80 年代由中国科学院考古研究所山东队、北京大学历史系考古教研室和烟台市文管会合作进行文物普查时发现的。其中，胶东半岛南岸自西向东分别是即墨的丁戈庄、东演堤、南仟、北仟遗址，莱阳的泉水头遗址，海阳的桃林、蜊岔埠遗址，乳山的翁家埠、桃村王家遗址，荣成的河口、河西乔家遗址等 11 处。胶东半岛北岸自西向东分别是蓬莱的南王绪、大仲家遗址，福山的邱家庄遗址，烟台的白石村遗址，牟平的蛤堆顶、蛎碴堆遗址，威海的义和遗址，荣成的东初、北兰格遗址等 9 处（图 1）。

我们对这 20 处贝丘遗址全部进行了调查，并对其中的翁家埠、大仲家、邱家庄、

[1] 鳥居竜蔵 1911「臺灣臺北円山貝塚」『人類学雑誌』第 27 卷第 1 期

[2] 袁靖：《关于中国大陆沿海地区贝丘遗址研究的几个问题》，《考古》1995 年第 12 期，第 1100～1109 页。

[3] 袁靖：《胶东半岛贝丘遗址环境考古学研究的几点思考》，《东南文化》1998 年第 2 期，第 36～39 页。

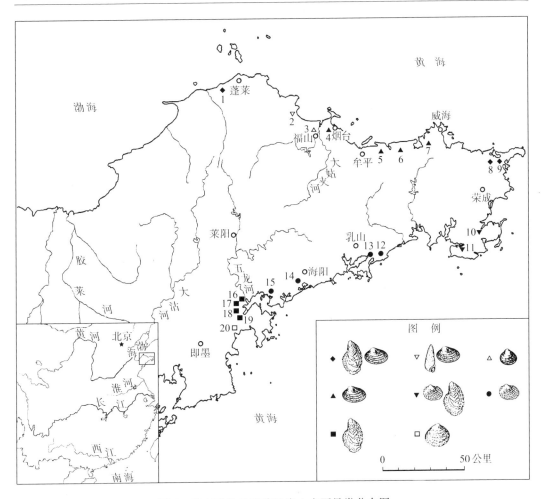

图 1　胶东半岛贝丘遗址出土主要贝类分布图

1. 蓬莱南王绪　2. 蓬莱大仲家　3. 福山邱家庄　4. 烟台白石村　5. 牟平蛤堆顶　6. 牟平蛎碴堺　7. 威海义和
8. 荣成东初　9. 荣成北兰格　10. 荣成河西乔家　11. 荣成河口　12. 乳山桃村王家　13. 乳山翁家埠　14. 海阳
蝲岔埠　15. 海阳桃林　16. 莱阳泉水头　17. 即墨北仟　18. 即墨南仟　19. 即墨东演堤　20. 即墨丁戈庄

蛤堆顶等 4 处遗址进行了试掘和关键柱取样。

　　我们的调查方法主要是绘制遗址的地形图、分布图。在遗址的东、南、西、北及中部各钻一个探孔，并对钻探情况进行绘图、记录，打探孔的工具为洛阳铲，铲的直径为 8 厘米。在各个探孔附近设置 1 平方米的采样方，采集方内地表上的贝类等全部遗物。采集遗址内地表上的各种文化遗物。地表采集与打探孔获取的资料不同，地表采集主要是针对人工遗物和贝类等，用于认识遗址所属的考古学文化、相对年代及对贝类做定性和定量分析，打探孔主要是认识堆积情况、各个深度的土质、土色和包含物。如有剖面，则要进行清理，并做好绘图、记录和采样工作。

　　应用这些方法，可以帮助我们认识遗址所在地的地貌状况、遗址的分布范围、遗址内的布局及遗物的分布和堆积状况、判定遗址的相对年代和文化特征，还可以对遗址里以贝类为主的动物进行定性和定量分析，在一定程度上认识当时被人利用的贝类等动物的种类和比例，并且可以分析当时的植物孢粉、硅酸体种类和数量及其所反映的问题。另外，还能了解遗址的保存状况。

　　上述调查方法在试掘遗址时同样适用。此外，试掘方法还包括布一个 2 米×2 米的探方，按照考古发掘程序发掘，在探方内设置一个 50 厘米×50 厘米的关键柱（图 2）。由于我们发掘的是贝丘遗址，贝壳是我们的主要研究对象之一，因此，我们在选定保存条件较好的遗址后，先对遗址采取多处打探孔的方法，再选择贝壳堆积最厚的地方进行发掘。我们在布方时用罗盘按照正南正北定位，划定 2 米×2 米的范围，使用手铲进行发掘。在探方内如果没有发现灰坑、房址等特殊的文化现象，一般按照水平向下发掘，每次挖掘的深度为 5 厘米左右。分层的标准是以土质、土色或土层中包含贝壳数量的不同为依据，自第①层开始由上而下编地层号。发掘时按地层采集所有出土的石器、骨角器、陶片和动物骨骼，对石器、骨角器、彩陶片和动物的下颌等都要测量三维坐标，其他的则归入同一地层。在发掘时选定堆积最厚的地方保留一个 50 厘米×50 厘米的关键柱，待其他地方的发掘结束以后，采集关键柱的样品。采集的方法是以 5 厘米为层对每一层进行全部采集。选择 5 厘米为一个单位，主要是考虑到贝壳的长和宽大致都没有超过 4 厘米，这样在采集时基本上不会损坏贝壳。另外，一个地层内一般会包含一定数量的 5 厘米的层，按 5 厘米取样，这对于以后探讨一个地层内自下而上的贝壳种类变化、尺寸变化都是有帮助的。设定关键柱的层

图 2　乳山翁家埠贝丘遗址 T1 的关键柱

位，原则上是尽可能地与地层相对应，即地层如果是倾斜的话，关键柱的层位也跟着倾斜。由于这次发掘的几个遗址的探方内与关键柱相连的地层没有明显地倾斜，故关键柱的层位基本上保持水平。在发掘的每个遗址中都遇到了上、下文化层集中在关键柱内某一层或两层的现象，这些层内提取的样品不需进行尺寸大小对比的统计。从理论上说，在上下两层相交的地方可以发现较多的微小贝类，这些微小贝类的生态对于探讨遗址周围的植被环境等很有帮助。采集后的样品用网眼规格为 2 毫米的筛子进行水洗筛选，提取里面包含的全部贝壳、各种动物骨骼和人工遗物。按照地层采集土样，进行孢粉分析。

应用这些方法，不但可以获得与调查时同样的效果，还可以帮助我们对遗址中的特定地点进行具体的解剖，以较高的分辨率认识当时的自然环境，一个时期或几个时期文化的相对年代及人工遗物特征，人们的肉食种类、数量、比例，植物孢粉和硅酸体的种类、数量，上述各种遗物在各堆积层中的共性与个性，当时人的某些行为等等。

全新世的自然环境

依据现有的研究，我们认识到全新世以来的气候变暖，造成冰川融化。而大量水流入海洋，又使海平面上升，海水开始侵入陆地。胶东半岛三面靠海，距今 6000 年左右海侵达到鼎盛期时，当时的海平面高出现在的海平面 4 米左右，其进入陆地的范围因具体的地形而异。胶东半岛西北岸海拔较低，地势平坦，海侵时海岸线深入陆地约35 公里；而在胶东半岛其他海岸地区为大理岩和花岗岩的基岩地带，地形起伏明显，海侵时海水不可能超过海拔 5 米以上的等高线，故进入陆地的范围有限。在地形为沟壑河谷的区域，海水进入陆地最深处可达 10 公里以上，而一般基岩海岸则为 2 公里左右。到大约距今 4500 年前海水开始后退，而到距今 3000 年以来，海平面在现代海平面的高度上下小幅度波动[4]。

---

〔4〕 a. 赵希涛：《中国东部 20000 年来的海平面变化》，《海洋学报》1979 年第 1 卷第 2 期，第
　　　269～281页。
　　 b. 李善为：《从海湾沉积物特征看胶州湾的形成演变》，《海洋学报》1983 年第 5 卷第 3 期，第
　　　328～339 页。
　　 c. 韩有松、孟广兰：《青岛沿海地区 20000 年以来的古地理环境演变》，《海洋与湖沼》1986 年
　　　第 17 卷第 3 期，第 196～206 页。
　　 d. 徐家声：《山东半岛北部全新世后期沙坝－潟湖发育与岸线演变形式》，《黄渤海海洋》1989
　　　年第 7 卷第 4 期，第 25～31 页。
　　 e. 邱维理、郑良美、杨志荣、赵济：《海岸线迁移与海平面变化》，见赵济等著：《胶东半岛沿
　　　海全新世环境演变》，第 52～86 页，北京：海洋出版社，1992 年。

从海岸类型看，胶东半岛南岸多为沙坝－潟湖型和港湾型海岸，有的海湾甚至被两侧的小半岛或海岬所夹，湾顶分叉向内地深入，形成狭长的溺谷，底质为泥沙混杂。胶东半岛北岸的地质基础主要是大理岩和花岗岩的基岩，那里又处于迎风面，故多形成宽阔的沙质海岸。而有的部位为开口较大的海湾、湾口有海岬或小半岛保护，物质来源匮乏，经常受到波浪的冲击，继续保持着基岩海岸的特征[5]。由此可见南北两岸的地质、地貌条件差别较大。

从孢粉分析看，胶东半岛南北两岸的气候、植被有一定的相似之处。如在距今5000年以前气候温暖湿润，有一些现在生存在长江、淮河及其以南地区、喜欢暖湿的南方树种，例如南岸发现水蕨属，北岸发现漆树、榉树。距今5000年以来，南北两岸的植被均发生了明显的变化，首先是南岸和北岸都出现了以针叶树为主的针阔叶混交林，随后草本及灌木花粉增加，主要是以旱生盐生的蒿属、藜科为主，这标志着当时的气候出现了明显的变化，趋向温和略干。除以上的相同点外，两岸的气候、植被也有一些差异，比如，南岸的气温略高于北岸，其植被也具有更多的属于现在淮河以南地区的特点[6]。

综上所述，胶东半岛的海侵、海退的变化与气候、植被的变迁在时间上相差不远，证明当时这里曾经出现过一个全方位的环境变化。另外，胶东半岛南北两岸的地质结构、地貌形状又各具特征。我们可以明显地看到，这种自然环境背景为当时人类的活动提供了新的舞台，同时也对当时人类的活动造成了一定程度的制约和影响。下文将要叙述的人类活动也进一步证明了这一点。

胶东半岛史前时期的文化序列

整个山东地区的史前文化在统一为山东龙山文化之前存在两大分支系统。一支是这几年我们一直在做调查研究的、以胶东半岛为其主要分布范围的白石村一期（距今6000～5700年）、邱家庄一期（距今5700～5275年）和紫荆山一期文化（距今5275～4860年）。另一支则是以泰山周围一带为其主要分布区域的后李文化（距今8500～7500年）、北辛文化（距今7500～6100年）与大汶口文化（距今6100～4600年）。

---

〔5〕 邱维理、郑良美、杨志荣、赵济：《海岸线迁移与海平面变化》，见赵济等著：《胶东半岛沿海全新世环境演变》，第52～86页，北京：海洋出版社，1992年。

〔6〕 a. 王永吉、李善为：《青岛胶州湾地区20000年以来的古植被与古气候》，《植物学报》1983年第25卷第4期，第385～392页。

　　 b. 李强、曹艳英、邱维理：《植被演替》，见赵济等著：《胶东半岛沿海全新世环境演变》，第87～101页，北京：海洋出版社，1992年。

白石村一期和邱家庄一期文化与后李文化、北辛文化在年代上相差较大，从陶器的特征上观察，这两大分支文化在发展上没有太多的联系，它们保持着各自的文化传统和发展轨迹。但其所处的文化阶段却有相同之处，即均为所在地区年代较早或最早的文化。后来，胶东半岛自紫荆山一期文化开始就较为明显地受到了大汶口文化的影响。最后，胶东半岛的新石器时代文化逐渐融入山东龙山文化的体系[7]。也就是说，依照山东地区陶器发展的谱系，我们可以确认胶东半岛新石器时代的文化发展特征是由独立发展到逐渐接受山东腹地文化的影响、最后融入发祥于山东腹地的文化之中。

我们在这里要强调的是，这个主要依据陶器特征而总结出来的胶东半岛地区的文化发展规律，对于我们认识这个地区贝丘遗址形成、发展和消亡的过程起到了积极的作用。

人类对全新世环境变化的适应及对其产生影响的过程

我们对胶东半岛贝丘遗址的环境考古学研究，主要关注点是当时的人类如何适应全新世以来当地自然环境的变化，并在此环境下生存，及他们在生存、发展过程中如何影响自然环境。

居住地的选择

通过野外调查，我们发现胶东半岛的全部贝丘遗址在地貌上有一个基本的模式，即遗址的三面往往是丘陵或山脉环绕，另外一面则是低洼地。低洼地有的直接或稍有曲折地通向现在的海岸，有的则顺河谷沟壑蜿蜒延伸至现在的海岸。当年海侵时，海水比现在的海平面高出 4 米以上，全面进入陆地。在基岩海岸处，海水的范围海平面高度可能达到陆地上海拔 5 米以上的等高线附近，而在河谷沟壑处海水则顺自然地势逆流而上。当时的海岸与各个贝丘遗址间的距离均在 3 公里以内，可见当时人在海边建立居住地，其获取海产资源的活动范围普遍都在距离遗址 3 公里之内[8]。这说明当

[7] a. 韩榕：《胶东原始文化初探》，见山东省《齐鲁考古丛刊》编辑部编：《山东史前文化论文集》，第 96～119 页，济南：齐鲁书社，1986 年。

　　b. 栾丰实：《东夷考古》，第 44～202 页，济南：山东大学出版社，1996 年。

　　c. 严文明：《胶东原始文化初论》，见山东省《齐鲁考古丛刊》编辑部编：《山东史前文化论文集》，第 63～95 页，济南：齐鲁书社，1986 年。

　　d. 严文明：《胶东考古记》，《文物》1998 年第 3 期，第 37～42 页。

[8] 中国社会科学院考古研究所编著：《胶东半岛贝丘遗址环境考古》，第 192～193 页，北京：社会科学文献出版社，1999 年。

时人在居住地的选择上，充分考虑到要适应海侵形成的自然地貌变化特点和获取海产资源的便利程度。

获取的肉食资源

胶东半岛贝丘遗址的居民获取的肉食资源的种类相当丰富，这里首先列出全部动物种属，然后分类讨论。

动物种属

软体动物门　Mollusca

　腹足纲　Gastropoda

　　中腹足目　Mesogastropoda

　　　汇螺科　Potamodidae

　　　　多形滩栖螺　*Batillaria multiformis*（Lischke）

　　狭舌目　Stenoglossa

　　　骨螺科　Muricidae

　　　　脉红螺　*Rapana venosa*（Valenciennes）

　瓣鳃纲　Lamellibranchia

　　列齿目　Taxodonta

　　　蚶科　Arcidae

　　　　泥蚶　*Tegillarca granosa*（Linnaeus）

　　　　毛蚶　*Scapharca subcrenata*（Lischke）

　　异柱目　Anisomyaria

　　　牡蛎科　Ostreidae

　　　　牡蛎　*Ostrea* sp.

　　真瓣鳃目　Eulamellibranchia

　　　蚬科　Corbiculidae

　　　　蚬　*Corbicula* sp.

　　　帘蛤科　Veneridae

　　　　日本镜蛤　*Dosinia japonica*（Reeve）

　　　　文蛤　*Meretrix meretrix*（Linnaeus）

　　　　杂色蛤仔　*Venerupis variegata*（Sowerby）

　　　　青蛤　*Cyclina sinensis*（Gmelin）

　节肢动物门　Arthropoda

　　甲壳纲　Crustacea

十足目　Decapoda

脊索动物门　Chordata

　鱼纲　Pisces

　　鲈形目　Perciformes

　　　鮨科　Serranidae

　　　　鲈鱼　*Lateolabrax japonicus*（Cuvieret Valciennns）

　　　鲷科　Sparidae

　　　　黑鲷　*Acanthopagrus* Schlegeli（Bleeker）

　　　　真鲷　*Pagrus major*（Temminck et Schlegel）

　　鲀形目　Tetraodontifoumes

　　　鲀科　Tetraodontidae

　　　　红鳍东方鲀　*Fugu rubripes*（Temminck et Schlegel）

　爬行纲　Reptilia

　　龟鳖目　Chelonia

　　　鳖科　Trionychidae

　鸟纲　Aves

　　鸡形目　Galliformes

　　　雉科　Phasianidae

　　　　雉　*Phasianus colchicus* Linnaeus

　　鸽形目　Columbiformes

　　　鸠鸽科　Columbidae

　　　　野鸽　*Columba livia* Gmelin

　哺乳纲　Mammalia

　　兔形目　Lagomorpha

　　　兔科　Leporidae

　　食肉目　Garnivora

　　　犬科　Camidae

　　　　狗　*Canis familiaris* Linnaeus

　　　　貉　*Nyctereutes procyonoides*（Gray）

　　　鼬科　Mustelidae

　　　　狗獾　*Meles meles* Linnaeus

　　　　猪獾　*Arctonyx collaris* Guvier

　　偶蹄目　Artiodactyla

猪科　Suidae

　　家猪　*Sus scrofa domesticus* Brisson

鹿科　Cervidae

　　梅花鹿　*Cervus nippon* Temminck

获取的贝类和鱼类

　　我们通过对胶东半岛贝丘遗址的关键柱和采样小方中获取的所有标本进行定性和定量分析，依照每个遗址中主要贝壳的种属，把 20 个贝丘遗址大致分为 8 组（图 1），即以牡蛎为主（北仟、南仟、东演堤、泉水头），以泥蚶、牡蛎为主（河西乔家、河口遗址），以牡蛎、杂色蛤仔为主（南王绪、北兰格遗址），以多形滩栖螺、杂色蛤仔为主（大仲家遗址），以蚬为主（邱家庄遗址），以杂色蛤仔为主（白石村、蛤堆顶、蛎碴堌、义和遗址），以泥蚶为主（翁家埠、蜊岔埠、桃林、桃村王家遗址），以文蛤为主（丁戈庄遗址）等[9]，我们可以明显地看出，各组在地域位置上是有区别的，且表现出一定的分布规律，如南岸的贝丘遗址中不见杂色蛤仔，北岸的贝丘遗址中不见泥蚶等。究其原因，贝类的生态特征是问题的关键。我们知道，不同的贝类对其生存环境都有特定的要求，且反应十分敏感，一旦环境发生变化，贝的种类就会跟着变化。比如，泥蚶适宜生存于气温较高、底质为泥沙混杂的环境里，这正好与海侵时海水进入陆地，特别是在南岸顺河谷进入陆地、形成溺谷的地理环境相符；另外，南岸的气温也高于北岸；牡蛎对温度的要求没有泥蚶那么明显，但其需要泥沙混杂的底质，我们在发现它们的遗址周围都能找到这样的环境；蚬是生存于河水与海水相交处的一种贝类，它所在的烟台市福山区邱家庄遗址正好位于大姑夹河的入海口；而沙质海岸的环境一般适宜多形滩栖螺、文蛤、杂色蛤仔等生存。这些贝类各自的生态特征决定其必须生存于胶东半岛南北岸不同的自然环境里。而贝丘遗址中出土的不同种类的贝壳，正是当时人们仅能获取居住地附近特定生态环境所能提供的特定贝类资源作为食物的表现。微地貌的不同，导致居住在不同区域的人所获取的贝类资源的不同。

　　除占绝对优势地位的贝类、甲壳类动物外，遗址中还发现了许多鱼类遗存，这些鱼类遗存也为研究人类获取资源的模式提供了重要信息。比如，鱼类中的鲈鱼、黑鲷及真鲷等，它们主要是在春季到海边产卵，其余多数时间里往往生息于海洋深处。当时人捕获它们的时间，可能也是根据鱼类的这种生态特征，即主要集中在春季[10]。这种捕鱼模式与获取贝类模式相一致。根据日本学者对蛤仔等贝类的切片分析，证明贝

〔9〕　中国社会科学院考古研究所编著：《胶东半岛贝丘遗址环境考古》，第 193～194 页，北京：社会科学文献出版社，1999 年。

〔10〕　中国社会科学院考古研究所编著：《胶东半岛贝丘遗址环境考古》，第 196 页，北京：社会科学文献出版社，1999 年。

类的死亡时间主要集中在春季，这是蛤仔等贝类产卵的季节，也是其最肥美的时候[11]。这也显示当时人们对动物资源的开发已建立起季节性策略，采集贝类可能有计划地集中在一年中的某一时期，那时贝类的营养最丰富。

这里必须提到的是在邱家庄、大仲家、蛤堆顶等贝丘遗址中出土了相当数量的红鳍东方鲀的颌骨。红鳍东方鲀的肝脏、卵巢和皮肤含剧毒，必须去除内脏、鱼液，冲洗干净，方可食用。这种鱼骨的大量存在，说明当时人已经懂得如何将这种鱼去毒后食用[12]。

获取的哺乳类

除了贝类、鱼类和两种鸟类遗存外，在贝丘遗址中还采集到一些哺乳类的骨骼，包括兔、狗、貉、狗獾、猪獾、猪、梅花鹿等。

我们推测当时的猪可能已被驯养[13]，因为在大仲家贝丘遗址里发现两头被埋葬的完整的小猪。另外，根据翁家埠、大仲家、蛤堆顶等贝丘遗址中出土的猪下颌所显示的年龄结构，2岁以下的个体占绝大多数。判断猪的年龄的标准是第1臼齿萌齐为0.5岁，第2臼齿萌齐为1.5岁，第3臼齿萌齐为2.5岁。如果第3臼齿已经萌齐的话，再依据牙齿表面的磨损状况判断其年龄。胶东半岛贝丘遗址出土的猪骨以颌骨为最多，我们依据上、下颌骨的数量，统计其最小个体数并确定年龄结构。翁家埠遗址中邱家庄一期的猪右上颌数量最多，为5块，其中0.5岁的1块，1.5岁的3块，2.5岁以上的1块。大仲家遗址中邱家庄一期的猪仅见1块右上颌，其中第3后臼齿正在萌出中，年龄为2岁左右。大仲家遗址中紫荆山一期的猪的左下颌数量最多，为9块，其中0.5岁不到的2块，0.5岁的3块，1岁的1块，1.5岁的1块，2岁的2块。蛤堆顶遗址中邱家庄一期的猪左下颌为2块，均为1.5岁，另外还发现1块0.5岁以下的幼年猪的右上颌。以上18块颌骨中仅1块为2.5岁以上，其他均为2岁以下。这种年轻的年龄结构也是我们判断当时的猪可能已经被驯养的依据之一。

胶东半岛贝丘遗址中获取的狗骨仅有大仲家遗址出土的一块右下颌骨碎块。由于家狗在其他年代较早的新石器时代遗址里已经出现[14]，我们推测胶东半岛贝丘遗址中发现的狗很可能属于家畜，当然，这一假设还需要以后更深入的研究来验证。

我们认为，当时在贝丘遗址生活的人，其获取肉食资源的生存活动应包括捞贝、

---

[11] Koike，H.．1986．Jomon Shell Mounds and Growth-line Analysis of Molluscan Shells，in Richard J．Pearson，Gina Lee Barnes，Karl L．Hutterer（ed.），*Windows on the Japanese Past*：*Studies in Archaeology and Prehistory*：267-278．Ann Arbor，MI：Center for Japanese studies，The University of Michigan．

[12] 中国社会科学院考古研究所编著：《胶东半岛贝丘遗址环境考古》，第196页，北京：社会科学文献出版社，1999年。

[13] 中国社会科学院考古研究所编著：《胶东半岛贝丘遗址环境考古》，第153页，北京：社会科学文献出版社，1999年。

[14] 袁靖：《中国新石器时代家畜起源的问题》，《文物》2001年第5期，第51～58页。

捕鱼、狩猎和家畜饲养等几种。我们在贝丘遗址中发现存在栎属、榛属、胡桃属等可食植物的花粉，故推测当时人获取食物资源的方式还包括采集植物。按常理推断，当时人的食谱中不可能缺少植物性食物[15]。因此我们认为，当时人虽然在海边建立居住地，但其获取的食物种类并不仅限于海产资源，居住地周围的陆生动物及森林里的多种植物都是他们的食物来源。可见当时人的生存和发展是充分依赖于获取居住地周围丰富的自然资源。

人类对自然环境的影响

距今 6000 年左右，胶东半岛出现了贝丘遗址，这是当地的人类适应全新世中期沿海环境变化的最早的证据之一。当时的人类生活在因海侵而形成的特定自然环境中，他们适应了海边的生存环境，把海产资源作为主要的食物来源之一，这是当时人生存的基本前提。但是，人是会使用工具、又具有理性的动物，这一特征决定了古代人类与自然环境之间特殊的相互关系，即人除了依赖环境而生存外，其生存活动的方式也会影响环境资源。

人类对环境的影响可通过统计分析贝丘遗址中主要贝类尺寸的历时性变化给予证明。我们对大仲家、蛤堆顶、邱家庄、翁家埠等贝丘遗址的关键柱中出土的主要贝类

图 3 测量贝壳

〔15〕 中国社会科学院考古研究所编著：《胶东半岛贝丘遗址环境考古》，第 196 页，北京：社会科学文献出版社，1999 年。

都进行了测量统计。测量方法是用精度为 0.01 毫米的卡尺量出每个左侧的贝壳（因为贝分为左、右两侧，且两侧的大小应该是一致的，故没有必要测量两侧）的宽度（图3），并将全部测量数据输入计算机，制成以 2 毫米为一个单位的柱状图进行比较。其结果如下。

大仲家遗址属于邱家庄一期的第④层里（关键柱的⑫～⑭层）的杂色蛤仔以 30～32 毫米的居多，其平均值为 31.85 毫米，中间值为 31.70 毫米，标准偏差为 4.74 毫米（图4）。

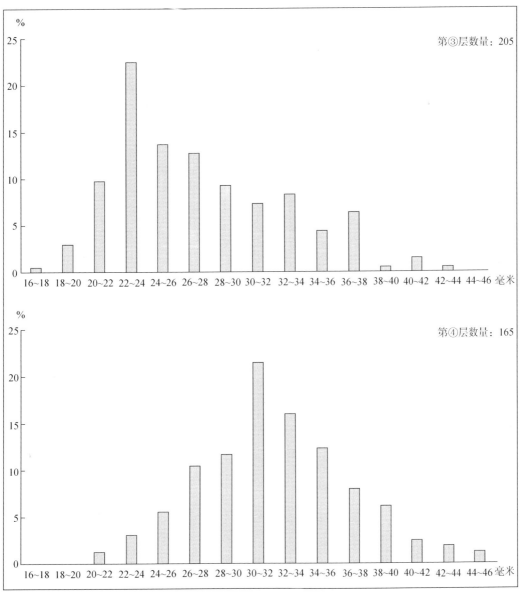

图 4　蓬莱大仲家贝丘遗址 T2 第③层、第④层出土杂色蛤仔尺寸比例图

而属于紫荆山一期的第③层里（关键柱①～⑨层）的杂色蛤仔则以 22～24 毫米的为主，其平均值为 27.03 毫米，中间值为 26.00 毫米，标准偏差为 5.36 毫米。大仲家遗址第③层和第④层的杂色蛤仔测量尺寸结果比较的 T 检验为 2.002。相比之下，第④层里数量比例最高的杂色蛤仔的尺寸、平均值、中间值都要大于第③层。另外，第④层里 32～46毫米的尺寸较大的杂色蛤仔数量也明显比第③层多，而第③层里 16～28 毫米的尺寸较小的杂色蛤仔数量又明显比第④层要多。蛤堆顶遗址的第③层（关键柱①～⑦层）和第④层（关键柱⑨～⑩层）虽然都属于邱家庄一期，但是这两层的贝类尺寸还是有区别的。第④层的杂色蛤仔以 30～32 毫米的为主，其平均值为 29.64 毫米，中间值为 30.00

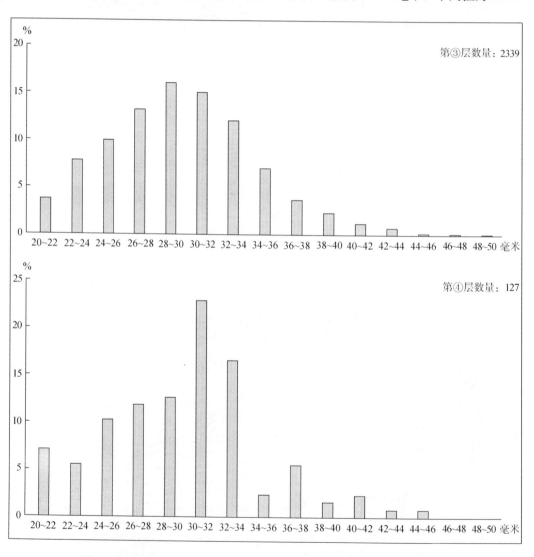

图 5　牟平蛤堆顶贝丘遗址 T1 第③层、第④层出土杂色蛤仔尺寸比例图

毫米，标准偏差为5.04毫米。而第③层的杂色蛤仔则以28～30毫米的为最多，其平均值为28.72毫米，中间值为29.00毫米，标准偏差为5.11毫米。蛤堆顶遗址第③层和第④层的杂色蛤仔测量尺寸结果比较的T检验为12.74。相比之下，第④层里数量比例最高的杂色蛤仔的尺寸、平均值、中间值都要大于第③层。另外，第④层中32～48毫米的尺寸较大的杂色蛤仔数量明显比第③层多，而第③层中22～30毫米尺寸较小的杂色蛤仔数量又明显比第④层多（图5）。翁家埠遗址的第②层（关键柱①～③层）、第③层（关键柱⑥～⑫层）、第④层（关键柱⑮层）都属于邱家庄一期，但是这三层中泥蚶的尺寸也有区别（图6）。第④层的泥蚶以32～34毫米的为最多，其平均值为29.76毫米，中间值为29.76毫米，标准偏差为6.69毫米。第③层的泥蚶以24～26毫米的为主，其平均值为24.98毫米，中间值为24.50毫米，标准偏差为4.51毫米。第②层的泥蚶虽然也是以24～26毫米的为主，但是其16～22毫米的泥蚶比例较第③层多，其平均值为24.30毫米，中间值为23.50毫米，标准偏差为5.63毫米。翁家埠遗址第②层至第④层杂色蛤仔测量尺寸结果比较的T检验为12.868。通过比较可以看出，自下而上数量比例最高的泥蚶的尺寸、平均值、中间值都是越来越小。另外，第④层中34～48毫米的尺寸较大的泥蚶要多于第③层，第③层里26～44毫米的尺寸较大的泥蚶较第②层多，第②层里14～22毫米的尺寸较小的泥蚶明显比第③层多，第③层里14～30毫米的尺寸较小的泥蚶明显比第④层多。

这些贝壳的尺寸在堆积过程中表现出来的自下而上由大到小的变化过程，似乎反映出由于当时人长时间捕捞、食用某些特定的贝类，迫使这些贝类持续地非正常死亡，从而影响到这些贝类的自然生长规律。我们将造成这种贝类尺寸变小的人为原因称之为"捕捞压"。

贝丘遗址的消亡

碳十四年代测定数据证明，胶东半岛较晚的贝丘遗址年代集中在距今5000年前后。最晚的遗址年代为距今4860年左右[16]。我们推测胶东半岛的贝丘遗址于距今4860年前后消亡。参考上面对自然环境研究的结果，恰恰在距今5000年前，即略早于贝丘遗址消亡的年代，胶东半岛南北两岸的植被发生了明显的变化，显示出气候由温暖湿润向温和略干转变[17]。尽管现在一般把海退的时间定在距今4500年左右[18]，

---

[16] 中国社会科学院考古研究所编著：《胶东半岛贝丘遗址环境考古》，第197页，北京：社会科学文献出版社，1999年。

[17] 中国社会科学院考古研究所编著：《胶东半岛贝丘遗址环境考古》，第190～191页，北京：社会科学文献出版社，1999年。

[18] 中国社会科学院考古研究所编著：《胶东半岛贝丘遗址环境考古》，第190页，北京：社会科学文献出版社，1999年。

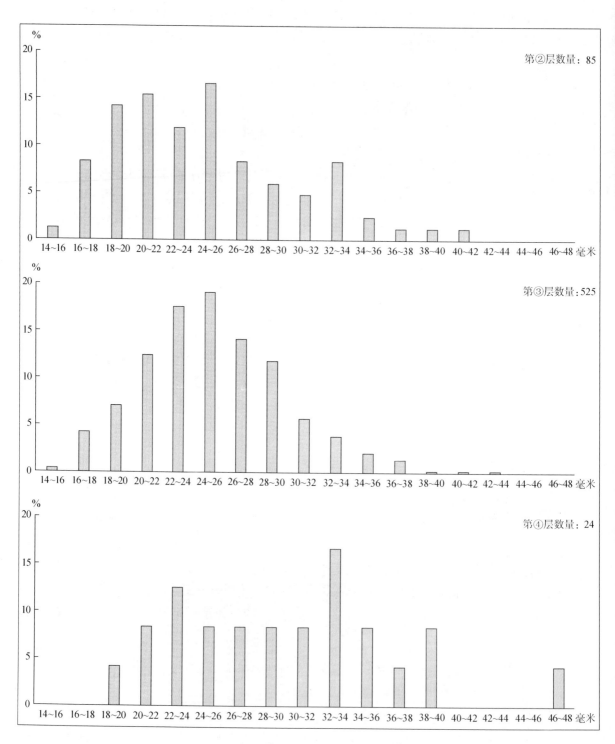

图 6　乳山翁家埠贝丘遗址 T1 第②层至第④层泥蚶尺寸比例图

这个时间与贝丘遗址消亡的时间及气候、植被变化的时间相比有一定距离。但这可能是因为海平面变化对气候变化的滞后效应。这样，把植被变化所表明的气候变化及随后出现的海退等地貌变化结合到一起，以环境开始发生变化作为贝丘遗址消亡的一个原因是可以成立的。但是，在这里我们要强调的是人的因素，即恰恰在贝丘遗址消亡以前的紫荆山一期文化里，明显地出现了大汶口文化的因素[19]。我们认为，无论是从聚落的规模、居址的建筑条件、墓地的范围、随葬品的多寡等方面考虑，还是从陶器的制作工艺和造型及其他石器、骨器的形态等方面观察，大汶口文化的水平整个高于紫荆山一期文化。由于两个文化在地域上相连，因此，可以理解大汶口文化是向东发展的。大汶口文化的因素出现在胶东半岛，说明当时生活在胶东半岛的人开始接受这种文化的影响。大汶口文化是以种植粟为主的农耕文化，那么，除了我们现在看到的大汶口文化的陶器影响到胶东半岛以外，其农耕方式可能也在胶东半岛得以推广。也就是说，导致胶东半岛贝丘遗址的消亡，除了与自然环境发生变化有关以外，还与外来的农耕方式的推广，当地人逐渐放弃了采集、捕捞的习惯，开始从事一种新的生存活动方式有关。而这可能也是贝丘遗址消亡的一个相当重要的原因。这说明当时居住在胶东半岛的人没有一直在自然环境的制约下生存和发展，而是在一定的条件下发挥了自己的能动作用。

结　论

在对胶东半岛新石器时代贝丘遗址的研究中，我们分析和概括了白石村一期、邱家庄一期和紫荆山一期这三个时期的人类和沿海地区环境变化的相互关系。从中我们可以看到当时人类获取食物资源的方式经历了一个复杂的变化过程，即全新世自然环境的变化对人类获取食物资源活动的影响、持续不断的人类活动对自然环境的影响以及文化因素的作用。我们认为，在白石村一期这一贝丘遗址的起始阶段（距今 6000～5700 年），人类开始获取贝类、鱼类和其他一些海产资源，这是一种对变化的自然环境状况、特别是对全新世海侵高峰时期的海岸变化所采取的必然的适应手段。在邱家庄一期这一贝丘遗址的中期阶段（距今 5700～5275 年），人们保持着采集自然资源的习惯，即整体依靠野生动、植物资源（数量相当少的家猪、家狗除外）生存，继续依赖于自然环境。但是所捕获的贝类尺寸出现变小的倾向，这可能反映了当时人们过度捕捞贝类对自然资源所造成的影响。在紫荆山一期这一贝丘

---

[19]　中国社会科学院考古研究所编著：《胶东半岛贝丘遗址环境考古》，第 192 页，北京：社会科学文献出版社，1999 年。

遗址的最后阶段（距今 5275～4860 年），贝类的尺寸继续减小，人对自然资源的影响力进一步显著。伴随降温开始时期山东内陆地区的大汶口文化因素传入胶东半岛，这里的居民开始采用以种植粟为主的农业生产方式，而这一转变在贝丘遗址的消亡过程中扮演了重要角色，即文化影响在这一时期开始形成的新的生存活动方式过程中发挥了重要作用。

我们感谢北京大学考古文博学院陈铁梅教授提出的宝贵意见，特别要感谢高德博士在审阅和编辑稿件时所做的修改，使我们的文章从体例到叙述都变得更加规范化，在不少方面也帮助我们深化了原来的认识。我们认为他的帮助不仅限于这篇文章，对于我们思考今后如何把自己的研究介绍给西方研究者，也提供了有益的启示。我们还要感谢中国社会科学院考古研究所的张蕾同志、杨梦菲同志和中国社会科学院研究生院博士生吕鹏为本文设计、制作的插图和表格。

（本文为发表于美国的 *Journal of East Asian Archaeology*，4（1-4）的中文译稿。作者是袁靖、梁中合、齐乌云、贾笑冰，主要由袁靖撰写）

中国大陆沿海地区史前人地关系研究

距今 10000 年以来的全球性气候变暖，造成冰川融化，大量水流入海洋，抬升海平面，海水开始侵入陆地，这种现象被称为海侵。海侵在距今 6000 年左右达到鼎盛，距今 5000 年前后开始出现海退，海水回到现在海平面位置的时间则因各个地区地形的差异而不同。中国大陆沿海地区都经历过海侵、海退这种环境变迁过程[1]。在环境发生明显变化的大背景下，居住在沿海地区的居民如何适应环境生存并发展，他们的生存活动在长期持续的过程中是否对环境产生影响，这些都是我们关注的问题。我们以山东的胶东半岛和广东的珠江三角洲为研究的地域范围，以史前时期为研究的时间跨度，探讨这一时空框架内的人地关系。

贝丘遗址是我们研究的主要切入点。这是因为贝丘遗址是史前人类的一种居住遗址，以包含大量人类食后抛弃的贝壳为特征。又因为贝类等水产动物对生存环境有特殊的要求，以及作为食物被人捕捞、利用的特点，所以在它们身上既包含了反映当时自然环境状况的信息，也蕴藏着有关当时人类行为的情报[2]。此外，贝丘遗址所处位置的地貌状况及周围的地质状况、贝丘遗址所包含的考古学文化内涵也是我们研究的内容。

胶东半岛贝丘遗址的人地关系

自然环境

胶东半岛位于北纬 37°左右，其轮廓总体呈东西向，西北部濒临渤海，东部伸入黄海。西部是胶莱河、大沽河及两者间的废弃运河，面积约为 39,000 平方公里（图 1）。

胶东半岛的海蚀地貌、海相沉积、海岸沙丘、古贝壳沙堤－海滩、古潟湖－沼泽、

---

[1] 赵希涛、杨达源、卢演畴：《全新世海岸演化与海面变化过程》，见赵希涛主编：《中国海面变化》，第 151～157 页，济南：山东科学技术出版社，1996 年。

[2] a. 袁靖：《从贝丘遗址看绳纹人与环境的相互关系》，《考古》1995 年第 8 期，第 713～718 页。

b. 袁靖：《关于中国大陆沿海地区贝丘遗址研究的几个问题》，《考古》1995 年第 12 期，第 1100～1109 页。

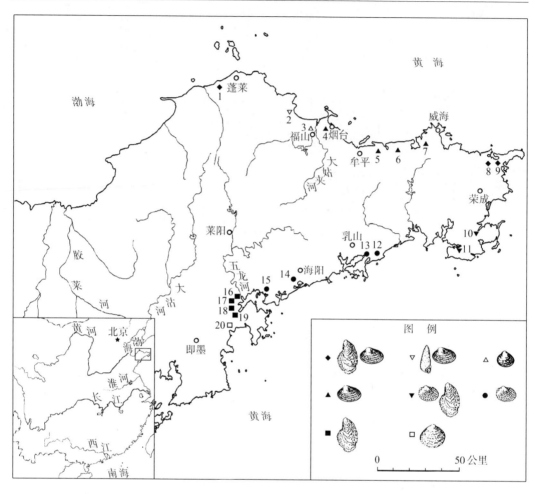

图1　胶东半岛贝丘遗址出土主要贝类分布图

1. 蓬莱南王绪　2. 蓬莱大仲家　3. 福山邱家庄　4. 烟台白石村　5. 牟平蛤堆顶　6. 牟平蛎碴堼　7. 威海义和
8. 荣成东初　9. 荣成北兰格　10. 荣成河西乔家　11. 荣成河口　12. 乳山桃村王家　13. 乳山翁家埠　14. 海阳
蜊岔埠　15. 海阳桃林　16. 莱阳泉水头　17. 即墨北仟　18. 即墨南仟　19. 即墨东演堤　20. 即墨丁戈庄

　　古河口及钻孔资料等均显示出距今6000年左右海侵达到鼎盛期时，这里的海平面高出现在的海平面4米左右，海水进入陆地的范围因具体的地形而异。大约到距今4500年前海水开始后退，到距今3000年以来，海平面在现代海平面高度上下小幅度波动[3]。

　　胶东半岛南岸多为沙坝－潟湖型和港湾型海岸，有的海湾甚至被两侧的小半岛或海岬所夹，湾顶分叉深入内地，呈溺谷，底质为泥沙混杂。胶东半岛北岸的地质基础

〔3〕　邱维理、郑良美、杨志荣、赵济：《海岸线迁移与海平面变化》，见赵济等著：《胶东半岛沿海全新世环境演变》，第52～86页，北京：海洋出版社，1992年。

主要为基岩，那里又处于西北季风的迎风面，因此多形成宽阔的沙质海岸。南北两岸的地质、地貌状况有一定的差别[4]。

　　胶东半岛属于暖温带，在南部发现距今 8500～5000 年前存在一定数量的、现在只生长在江淮及江淮以南地区的植物，即当时的植被面貌大致相当于现在我国淮河平原地区的植被面貌。而从距今 5000 年以后逐渐转变为以针叶树为主的森林、草原植被，气候温和略干。距今 2500 年以来开始转变为与现代接近的气候和植被[5]。胶东半岛北部距今 7000～5000 年前乔木孢粉量增加，出现少量喜暖湿的南方树种，气候由温和略湿变为温暖湿润，与现在的淮河流域北部相似。而从距今 5000 年以来，一些旱生、盐生的草本植物增多，反映气候趋向温和略干。距今 1600 年以来开始转变为与现代接近的气候和植被[6]。两相对比，可以发现当时胶东半岛南北两岸的气候、植被有相似之处，但也存在一些差异。

　　以上所述的海侵、海退的变化与气候、植被的变迁在时间上大致相当，证明当时曾出现过一个全方位的环境变化。另外，胶东半岛南北两岸的气候、地质结构又都各具特征，形成各自独特的自然环境。下文将要叙述的人类活动也证明了这点。我们可以明显地看到，这种自然环境背景为当时人类的活动提供了新的舞台，同时也对当时人类的活动造成了一定程度的制约和影响。

人类活动

文化特征

　　根据现在我们掌握的资料，胶东半岛的贝丘遗址共有 20 处，零散地分布于胶东半岛的南北两岸（图1）[7]。

---

〔4〕　邱维理、郑良美、杨志荣、赵济：《海岸线迁移与海平面变化》，见赵济等著：《胶东半岛沿海全新世环境演变》，第 52～86 页，北京：海洋出版社，1992 年。

〔5〕　a. 王永吉、李善为：《青岛胶州湾地区 20000 年以来的古植被与古气候》，《植物学报》1983 年第 25 卷第 4 期，第 385～392 页。

　　　b. 韩有松、孟广兰：《青岛沿海地区 20000 年以来的古地理环境演变》，《海洋与湖沼》1986 年第 17 卷第 3 期，第 196～206 页。

〔6〕　李强、曹艳英、邱维理：《植被演替》，见赵济等著：《胶东半岛沿海全新世环境演变》，第 87～101 页，北京：海洋出版社，1992 年。

〔7〕　a. 梁中合、袁靖、贾笑冰、靳桂云：《胶东半岛南岸贝丘遗址调查报告》，见中国社会科学院考古研究所编著：《胶东半岛贝丘遗址环境考古》，第 28～76 页，北京：社会科学文献出版社，1999 年。

　　　b. 袁靖、焦天龙、靳桂云：《胶东半岛北岸贝丘遗址调查报告》，见中国社会科学院考古研究所编著：《胶东半岛贝丘遗址环境考古》，第 77～110 页，北京：社会科学文献出版社，1999 年。

胶东半岛的贝丘遗址在相对年代上可分为白石村一期、邱家庄一期和紫荆山一期这样三期。其中白石村一期为距今 6000～5700 年，持续 300 年，邱家庄一期为距今 5700～5275 年，持续 425 年，紫荆山一期为距今 5275～4860 年，持续 415 年。整个贝丘遗址存在的时间为 1140 年[8]。

如果简明扼要地概括包括胶东半岛在内的山东地区史前文化陶器谱系的演变，可以认为整个山东地区的史前文化在山东龙山文化以前存在着两大分支系统。一支是以胶东半岛为其主要分布范围的白石村一期、邱家庄一期和紫荆山一期文化。另一支则是以鲁西南地区为其主要分布区域的后李文化、北辛文化与大汶口文化。后李文化、北辛文化与白石村一期、邱家庄一期文化没有过多的联系，它们保持着各自的文化传统和发展轨迹。但是，胶东半岛自紫荆山一期文化开始就明显地受到了鲁西南地区大汶口文化早期的影响。可以说，胶东半岛史前文化与鲁西南地区史前文化之间的关系是时间越晚交往越密切、相同或相似的因素也越多。最后，胶东半岛的新石器时代文化逐渐地融入山东龙山文化体系[9]。我们需要强调的是，这个主要依据陶器特征总结出来的胶东半岛地区的文化发展规律，对于我们认识这个地区贝丘遗址形成、发展和消亡的过程起到了积极的作用。

适应环境

我们在进行胶东半岛贝丘遗址的环境考古学研究时，首先认识到的是当时的人们必须适应环境才能生存。我们发现，胶东半岛的全部贝丘遗址在地貌上有一个基本模式，即遗址周围的三面往往是丘陵或山脉环绕，另外一面则是低洼地，低洼地有的直接或稍有曲折地通向现在的海岸，也有的顺河谷沟壑蜿蜒延伸至现在的海岸。对照当时海侵时海水进入陆地的大致范围，我们可以看到这些遗址都位于距离海水 3 公里以内的位置。可见当时人在居住地的选择上是充分考虑到适应海侵形成的自然地貌的变化和获取海产资源时的便利程度[10]。

我们通过对胶东半岛各个贝丘遗址的关键柱采样、采样方采样的结果进行定性和定量分析，可以依照贝壳的种类特征把 20 个贝丘遗址大致分为 8 组，即以牡蛎为主，以牡

---

[8] 中国社会科学院考古研究所编著：《胶东半岛贝丘遗址环境考古》，第 189～190 页，北京：社会科学文献出版社，1999 年。

[9] a. 严文明：《胶东原始文化初论》，见山东省《齐鲁考古丛刊》编辑部编：《山东史前文化论文集》，第 63～95 页，济南：齐鲁书社，1986 年。

　　b. 韩榕：《胶东原始文化初探》，见山东省《齐鲁考古丛刊》编辑部编：《山东史前文化论文集》，第 96～119 页，济南：齐鲁书社，1986 年。

[10] 中国社会科学院考古研究所编著：《胶东半岛贝丘遗址环境考古》，第 192～193 页，北京：社会科学文献出版社，1999 年。

蛎、杂色泥蚶为主,以牡蛎、杂色蛤仔为主,以多形滩栖螺、杂色蛤仔为主,以蚬为主,以杂色蛤仔为主,以泥蚶为主,以文蛤为主等[11](图1),我们从图上可以明显地看出各组在地域位置上是有区别的,且表现出一定的分布规律,如南岸的贝丘遗址中不见杂色蛤仔,北岸的贝丘遗址中不见泥蚶等。究其原因,贝类的生态特征是问题的关键。比如泥蚶适宜生存于气温较高、底质为泥沙混杂的环境里,这正好与海侵时海水进入陆地,特别是在南岸顺河谷进入陆地形成溺谷的地理环境相符;另外,南岸的气温也高于北岸,牡蛎对温度的要求没有泥蚶那么明显,但其需要泥沙混杂的底质,我们在发现它们的遗址周围都能找到这样的环境;蚬是生存于河水与海水交界处的环境里的一种贝类,它所存在的烟台市福山区邱家庄遗址正好位于大姑夹河的入海口;而沙质海岸的环境一般适宜多形滩栖螺、文蛤、杂色蛤仔等生存。这些贝类各自的生态特征决定其必须生存于不同的自然环境里。地貌的微小区别决定了居住在不同区域的人所获取的贝类资源不同。

我们根据贝丘遗址中出土的猪下颌判明猪的年龄结构比较一致,2岁以下的猪占绝大多数。另外,在有的贝丘遗址里还发现了埋葬几头完整的半岁左右的猪的现象。依据这些文化现象,我们推测当时的猪可能是家猪。而除家猪以外,其他的贝类、鱼类和哺乳类等都是野生的。这样,当时在贝丘遗址生活的人获取肉食资源的生存活动应该包括捞贝、捕鱼、狩猎和饲养家畜等几种。贝丘遗址的孢粉分析结果证明,当时人的生存活动中似乎还包括采集植物[12]。我们认为,当时人虽然在海边建立居住地,但其获取食物的活动范围并不局限在海边。生活在居住地周围的陆生动物及森林里的多种植物都是他们的食物来源。可见当时人的生存和发展是充分依赖于获取居住地周围丰富的自然资源。

鱼类中的鲈鱼、黑鲷及真鲷等主要是在春季来到海岸边产卵,其余多数时间往往生息于海水底层。当时人捕获它们的时间,可能也是根据这些鱼类的生态特征,主要集中在春季[13]。另外,根据日本学者对蛤仔等贝壳的切片分析,证明贝类的死亡时间主要集中在春季,这是蛤仔等贝类生长状态最佳的季节[14]。可见当时人基本上是根据动物的生态特征,或是在它们生长的最佳状态开展捕捞活动的。还有,在邱家庄、大仲家、蛤堆顶等贝丘遗址都发现了一定数量的红鳍东方鲀。红鳍东方鲀的肝脏、卵巢

---

[11] 中国社会科学院考古研究所编著:《胶东半岛贝丘遗址环境考古》,第193~194页,北京:社会科学文献出版社,1999年。

[12] 中国社会科学院考古研究所编著:《胶东半岛贝丘遗址环境考古》,第196页,北京:社会科学文献出版社,1999年。

[13] a. 成庆泰:《烟台白石村新石器时代遗址出土的鱼类》,《考古》1992年第7期,第587~588页。

    b. 中国社会科学院考古研究所编著:《胶东半岛贝丘遗址环境考古》,第196页,北京:社会科学文献出版社,1999年。

[14] 小池裕子 1973「貝類研究貝類採集の季節について」『考古学ジャーナル』80期 14-19頁

含剧毒，必须去除内脏、鱼液，冲洗干净，方可食用。相当数量的红鳍东方鲀的存在说明当时人已经懂得如何将这种鱼去毒后食用[15]。以上这些对鱼类、贝类的利用过程都可以为我们认识当时人如何适应环境而生存提供参考。

影响环境

人是会使用工具、又具有理性的动物，这一特征决定了古代人类与自然环境之间特殊的相互关系，即人除依赖环境而生存外，其生存活动的方式也会影响环境资源。如我们测量统计了大仲家、蛤堆顶、邱家庄、翁家埠等贝丘遗址关键柱中出土的主要贝类。其结果表明，大仲家遗址下层的杂色蛤仔以 30～35 毫米的居多，而上层的则以 20～25 毫米的为主，两者相差为 10 毫米。蛤堆顶遗址下层的杂色蛤仔以 30～35 毫米的为最多，而上层的则以 25～30 毫米的为主，两者相差为 5 毫米。邱家庄遗址的蚬自下而上也是从 20～25 毫米的占多数变为以 15～20 毫米的为主，两者相差 5 毫米。翁家埠遗址的泥蚶自下而上以 20～30 毫米的居多，30～40 毫米的占一定比例，变为以 20～25 毫米的为主，30～40 毫米的比例明显减少，10～20 毫米的比例增多等[16]。这些不同种类贝壳的尺寸在自下而上的堆积过程中表现出来的由大到小的趋势，反映出由于当时人长时间捕捞、食用某些特定的贝类，迫使这些贝类持续地非正常死亡，从而影响到这些贝类的自然生长规律。我们将造成这种贝类尺寸变小的人为原因称之为捕捞压。

另外，在胶东半岛的贝丘遗址中发现家猪，这是人类开发自然资源的一种表现。家猪由野猪驯化而来，其驯化过程可能是相当漫长的，但是饲养家猪的行为一旦形成，并得以巩固，人类就开始按照自己的意志左右这种动物的生长。这既是人类开发自己生存活动能力的一种表现，也是人类对自然资源的一种开发，这在相当大的程度上人为地改变了一种动物的生存环境和生活习惯。

碳十四年代测定数据证明，较晚的贝丘遗址的年代集中在距今 5000 年前后。最晚的遗址年代为距今 4860 年左右。我们推测胶东半岛的贝丘遗址于距今 4860 年前后消亡。参考以上自然环境研究的结果，恰恰在距今 5000 年前，即稍早于贝丘遗址消亡的年代，胶东半岛南北两岸的植被发生了明显的变化，显示出气候由温暖湿润向温和略干的转变。尽管目前一般把海退的时间定在距今 4500 年左右，这个时间与贝丘遗址消亡的时间及气候、植被变化的时间相比有一定距离，但这可能是因为海平面变化对气候变化的滞后效应。这样，把植被变化所表明的气候变化及随后出现的海退等地貌变化结合到一起，以环境发生明显变化作为贝丘遗址消亡的一个原因是可以成立的。但

---

〔15〕　中国社会科学院考古研究所编著：《胶东半岛贝丘遗址环境考古》，第 196 页，北京：社会科学文献出版社，1999 年。

〔16〕　中国社会科学院考古研究所编著：《胶东半岛贝丘遗址环境考古》，第 196～197 页，北京：社会科学文献出版社，1999 年。

是，考虑到胶东半岛以外的整个大陆乃至东亚地区的贝丘遗址在这段时间里不但十分兴盛，而且还有发展的趋势。因此，我们不能简单地用自然环境发生变化来解释胶东半岛贝丘遗址的消亡。我们要强调的是人的因素，即在前文叙述胶东半岛考古学文化特征时提到的，恰恰在贝丘遗址消亡以前的紫荆山一期文化里，明显地出现了大汶口文化的因素。我们认为，无论是从聚落的规模、居址的建筑条件、墓葬的形制、随葬品的多寡等方面考虑，还是从陶器的制作工艺和造型及其他石器、骨器的形状等方面观察，大汶口文化的水平整个高于紫荆山一期文化。由于这两个文化在地域上大致相连，紫荆山一期文化处于山东地区最东部，大汶口文化处于山东地区中部，所以，我们可以把上述现象理解为大汶口文化的东进。大汶口文化因素在胶东半岛的出现，说明当时生活在胶东半岛的人开始接受这种文化的影响。大汶口文化是以种植粟为主的农耕文化。那么，除了现在看到的大汶口文化的陶器影响到胶东半岛以外，其农耕方式可能也在胶东半岛得以推广。也就是说，当地的人逐渐放弃了采集、捕捞的习惯，开始从事农耕这种新的生存活动，而这种外来文化的影响可能是胶东半岛贝丘遗址消亡的最重要的原因。

珠江三角洲贝丘遗址的人地关系

自然环境

珠江三角洲位于北纬 23°左右。这里原是一个多岛屿的古海湾，南临大海，东、北、西三面被断断续续的山地和丘陵环绕。距今 6000 年前海侵达到鼎盛期时，海岸线位于现在的南海、佛山、广州一带。后来随着海退，海岸线逐渐南移，加之北江、西江由北向南入海时，夹带的泥沙在海湾内不断堆积，逐渐形成三角洲平原，原来的一些岛屿成为平原上散落的山丘，地貌格局发生了巨大的变化[17]。

孢粉分析结果显示，大约距今 6000 年以来，珠江三角洲一带一直以热带—亚热带温暖潮湿气候为主，与现在的气候相似。可见这一地区数千年来气候、植被变化不大[18]。

人类活动
文化特征

广东的新石器时代文化大致可以分为粤北地区、粤东平行岭和粤中东江地区、粤

---

〔17〕 方国祥：《海陆变迁》，见李平日、乔彭年、郑洪汉、方国祥、黄光庆著：《珠江三角洲一万年来环境演变》，第24～58页，北京：海洋出版社，1991年。
〔18〕 李平日：《气候变化》，见李平日、乔彭年、郑洪汉、方国祥、黄光庆著：《珠江三角洲一万年来环境演变》，第1～23页，北京：海洋出版社，1991年。

东韩江流域、珠江三角洲、粤西南地区等几个区域，各地区在地貌、陶器的特征上表现出一些明显的差异[19]。珠江三角洲与其他地区发生文化趋同的现象主要开始于距今3000年以来的青铜时代[20]。

适应环境

珠江三角洲地区的贝丘遗址共有65处，主要分布在位于南海、佛山一带的河道纵横的西江、北江流域（图2）。珠江三角洲贝丘遗址的绝对年代为距今6000～3000年前左右，其中还可以细分为距今6000～4000年的早期和距今4000～3000年的晚期[21]。

我们通过野外调查，依据地貌特征可以将全部贝丘遗址归纳为海岸型、丘岗型和台地型等三种类型。海岸型数量不多，主要位于距离现在的海岸线不太远的山麓上。丘岗型数量也不多，均位于呈孤立状的丘岗上。丘岗周围相当大的范围内都是平地，丘岗顶与平地的相对高度为10余米。我们推测现在的平地就是当年的水域，而丘岗就是被水环绕的孤岛。台地型数量最多，位于地域范围相当大的台地上，遗址所在的地面稍高于周围的平地，其相对高度仅有2～3米。我们发现台地型贝丘遗址所处的地域附近往往有比较稳定的河道，台地的范围也较大，可以获取的食物资源包括水生的和陆生的，种类相当丰富。这些地域属于比较理想的居住地。因此无论是早期还是晚期，台地型贝丘遗址的数量都是最多的。而丘岗型贝丘遗址是晚期出现的新类型。这些地域能够获取的食物比较单一，仅有水生的，不是理想的居住地。而当时人们选择在这里生活，很可能是因为人口的增加引起食物需求量的增加，而原来所在的地域已经不能满足需要，这就迫使他们不得不选择这样的地点[22]。如果上述推理正确，那么这就比较典型地显示出当时人在自然环境制约下的生存过程。

依据在各个贝丘遗址地表上采集的主要贝类的种类，我们还可以把全部遗址大致分为海湾型、河口型、河岸型这样三种类型。其中，海湾型贝丘遗址出土的贝类以牡蛎、文蛤和海月贝等为主。河口型贝丘遗址出土的贝类以河蚬最多、还有文蛤、牡蛎等。河岸型贝丘遗址出土的贝类基本上全部为河蚬。在这三种类型中以河口型贝丘遗

〔19〕 广东省博物馆：《广东考古结硕果，岭南历史开新篇》，见文物编辑委员会编：《文物考古工作三十年》，第325～338页，北京：文物出版社，1979年。

〔20〕 a. 严文明：《珠海考古散记》，见珠海市博物馆、广东省文物考古研究所、广东省博物馆编：《珠海考古发现与研究》，第227～232页，广州：广东人民出版社，1991年。

　　　 b. 邱立诚：《珠海青铜文化初识》，见珠海市博物馆、广东省文物考古研究所、广东省博物馆编：《珠海考古发现与研究》，第273～280页，广州：广东人民出版社，1991年。

〔21〕 珠江三角洲地区考古调查小组：《珠江三角洲地区史前遗址调查》，《中国文物报》1995年11月26日第3版。

〔22〕 珠江三角洲史前遗址调查组：《珠江三角洲史前遗址调查》，见北京大学考古学系编：《考古学研究（四）》，第355～403页，北京：科学出版社，2000年。

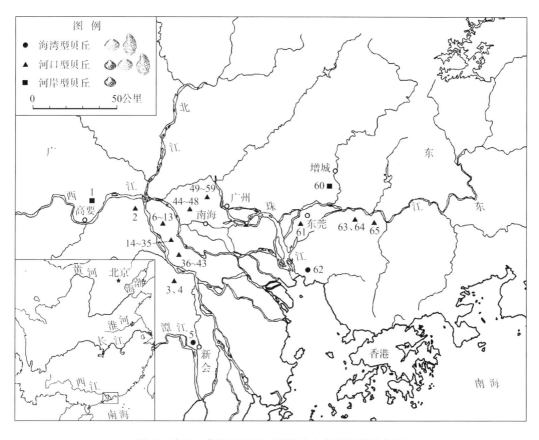

图 2　珠江三角洲地区贝丘遗址出土主要贝类分布图

1. 高要广利蚬壳州　2. 高要金利茅岗　3. 高明上湾村覆船岗　4. 高明古椰村鲤鱼岗　5. 新会罗山嘴　6. 三水豆兵岗　7. 三水把门岗　8. 南海良登通心岗　9. 南海船埋岗　10. 南海良登村市口岗　11. 南海苏村三面岗　12. 南海苏村银河桥　13. 南海大瀛村　14. 南海绿洲村晾网岗　15. 南海李村小学后山岗　16. 南海李村鲤鱼岗　17. 南海杏头村黄婆沙　18. 南海简村新捻　19. 南海吉水村吉水岗　20. 南海周家村惠兴鱼塘　21. 南海三多村水文站鱼塘　22. 南海吉赞村龙船田　23. 南海吉赞村后岗　24. 南海吉赞村西鱼塘　25. 南海沙瀛村潘家祠堂　26. 南海塘寮村　27. 南海鱿鱼岗　28. 南海高家村西公路桥头　29. 南海新楼村沙墩　30. 南海新河村螺岗　31. 南海苏村蚬壳岗　32. 南海镇头　33. 南海西樵山太监岗　34. 南海邓村　35. 南海邓群村　36. 南海大同墟灶岗　37. 南海大同墟周爷岗　38. 南海大同墟粮仓前　39. 南海大同墟罗伞岗　40. 南海柏山村第一地点　41. 南海柏山村第二地点　42. 南海柏山村沙煲岗　43. 南海东石村　44. 南海务岗村　45. 南海寨边村大岗头　46. 南海西门村　47. 南海庄步村　48. 佛山河宕　49. 南海颖水村　50. 南海坦边村虎头岗　51. 南海大冲村蚬壳岗　52. 南海大冲村元岗仔　53. 南海梁边村蚬壳岗　54. 南海沥头村蚬壳岗　55. 南海雅瑶村大坑岗　56. 南海东方红二村后岗　57. 南海大镇村　58. 南海奇搓村　59. 南海三山村知青农场　60. 增城金兰寺　61. 东莞牦岗　62. 东莞村头　63. 东莞圆洲　64. 东莞龙眼岗　65. 东莞万福庵

址占绝大多数。我们在图 2 中可以看到，各个类型的贝丘遗址在地理位置上是有区别的、位于珠江三角洲地区最北侧、属于河流上游的贝丘遗址中出土的贝类基本上都是河蚬，没有牡蛎和文蛤，属于河岸型；位于这一地区最南侧的、靠近海岸处的贝丘遗址中出土的则全部是海贝，极少有河蚬出土，属于海湾型；在这两类遗址中间的贝丘遗址中出土的则是大量的河蚬、也有牡蛎和文蛤，属于河口型。从贝类的生态看，海月贝、文蛤都需要生存在含盐度较大的潮间带的环境里，尤其是海月贝还需要水温较高这样一种环境条件。河蚬则多见于江、河最下游或入海口的咸水、淡水交汇的环境里，牡蛎则生息于岩礁上或泥沙混杂的底质环境里。由于贝丘遗址中出土的贝壳是当时人食用后丢弃的，依据贝类的生态特征可以认识当时遗址所处的地理环境状况，即河流上游的贝丘遗址几乎没有受到海侵的影响，居住地附近的河流中主要生息河蚬；而河流入海口除了河蚬以外，还有生息于潮间带环境的海生贝类；海边的环境则决定了全部贝类都是海生的。生活于不同地区的人均捕捞特定的自然环境所能提供的贝类作为食物来源，这是当时的人类适应环境、开展生存活动的证明[23]。

我们在发掘位于珠江三角洲地区西江流域的三水市银洲贝丘遗址时，采用关键柱采样的方法获取了大量资料。经过初步整理，在早期的贝壳堆积中文蛤的数量最多，以后逐渐变为以河蚬为主。到了晚期的贝壳堆积中，田螺的数量明显增多。河蚬与文蛤分别生活在潮间带和海水、淡水交汇的环境里，田螺则完全是生息于淡水环境中的贝类。文化堆积中自下而上出土的主要贝类分别出自不同的自然环境，这从一个侧面显示出不同时期的人捕捞的贝类不同。贝类壳重，肉少，如果要从很远的地方大量采集，再运送到居住地食用，需要花费很多劳力，这是难以想象的。因此，遗址中堆积的大量贝壳应该是当时的人在居住地附近采集、食用、然后废弃的。古代人类在不同时期内食用后丢弃的贝壳的不同种类，应该反映出在一个较长的时间段里，遗址周围的自然环境有过一个明显的变化，即海水出现过明显的后退，西江流域向南延伸，遗址所处的位置由滨海地带变为位于西江入海口附近，再变为处于西江的下游地区。尽管自然环境出现了较大的变化，贝的种类也出现了较大的变化，但只要贝类继续存在，当时人还是不分其种类，依旧把它们作为主要的食物来源之一。这也同样反映出当时人适应环境、开展生存活动的过程[24]。

由于我们尚未完成对珠江三角洲地区贝丘遗址调查资料的整理工作，因而对当时人类的生存行为是否影响自然环境、表现在哪些方面等问题还不能进行系统地讨论。

---

〔23〕 珠江三角洲地区考古调查小组：《珠江三角洲地区史前遗址调查》，《中国文物报》1995 年 11 月 26 日第 3 版。

〔24〕 银洲遗址联合考古队：《柱状取样法在贝丘遗址发掘中的应用》，《中国文物报》1995 年 6 月 25 日第 3 版。

珠江三角洲贝丘遗址消亡的时间为距今 3000 年左右。我们认为这主要是由于自然环境的变迁。因为在珠江三角洲地区贝丘遗址存在的相当长的时间里,周围地区既没有发现文化因素明显优于珠江三角洲地区的古代文化,地区之间的文化交流也不多见。我们看到,自海退开始,虽然地貌环境发生变化,但贝丘遗址仍然持续了相当长的时间。这既反映出当时这个地区自然资源十分丰富,可以保证当地居民的生活需要,也表现出当时的居民似乎对自然环境的依赖性较强,习惯于依靠获取居住地周围的自然资源作为食物、维持生存。但是,由于长时间的海退及北江、西江夹带的泥沙在海湾内不断堆积,造成珠江三角洲的海岸线不断南移,三角洲的平原范围逐渐扩大,最后地貌格局发生了巨大变化。这个变化大大压缩了当时人获取贝类等海产资源的活动范围,贝类等海产资源的严重不足可能是导致贝丘遗址消亡的最主要的原因。当然,依据现有的一些线索,我们也不排除文化交流会对贝丘遗址的消亡产生一定的影响,这有待以后的发掘和研究来证实。

胶东半岛和珠江三角洲贝丘遗址人地关系的比较研究

通过仔细比较胶东半岛和珠江三角洲的贝丘遗址,我们认为,这两个地区贝丘遗址的形成都开始于距今 6000 年左右,贝丘遗址的形成与当时全球性的海侵、海产资源随海水进入陆地有关。当时人适应了这样的环境变迁,在距离海水不远的地方建立居住地,将捕鱼捞贝作为获取食物资源的手段之一,而被他们食余后丢弃的贝壳堆积起来,就形成贝丘遗址,这是两个地区贝丘遗址的相同点。

除以上的相同点以外,这两个地区的贝丘遗址所处的地貌环境、出土主要贝壳的种类及持续的时间都有所不同。

胶东半岛南北两岸的大部分地区,由海侵与海退形成的地貌环境的变化幅度不是非常明显。而珠江三角洲河道纵横,特别是三角洲本身的形成就是由于海岸线的后退及北江、西江夹带的泥沙在海湾内不断堆积所致,故在海侵和海退的整个过程中地貌环境的变化十分突出。

正是在这样不同的地貌状况下,胶东半岛的贝丘遗址绝大部分属于海湾型,贝类主要属于生存于潮间带的群落。而珠江三角洲的贝丘遗址绝大部分属于河口型,贝类以生息于海水和淡水交界处的蚬为主。

胶东半岛贝丘遗址在距今 4860 年左右消亡,而珠江三角洲贝丘遗址在距今 3000 年左右消亡,比胶东半岛晚了将近 2000 年。我们认为,两者消亡的原因是截然不同的。位于山东腹地的大汶口文化具有一定的先进性,这支文化东进势头明显增强的时期,正是胶东半岛自然环境开始出现变化之际。因此,胶东半岛的贝丘遗址在文化影

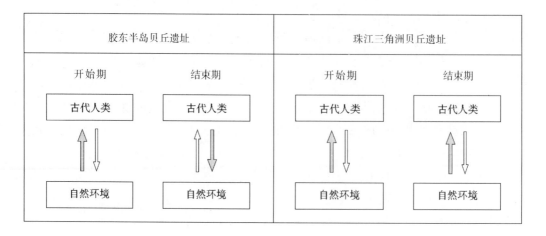

图 3　胶东半岛、珠江三角洲贝丘遗址古代人类和自然环境关系模式图

响为主、环境变迁为辅的双重作用下消亡。而在珠江三角洲贝丘遗址存在的相当长的时间里，周围地区没有发现文化因素明显优于珠江三角洲地区的古代文化。珠江三角洲贝丘遗址的消亡主要是因为自然环境的明显变迁，这种变迁极大地影响了当地人获取海产资源，迫使他们不得不改变原来的生存活动方式。即使有文化影响的因素，也绝对是居于次要地位的。

可以说，这两个地区的古代人类在适应海侵形成的自然环境、开展生存活动的阶段表现出来的行为是比较一致的，但在以后却出现了明显的差异，最终使两个地区贝丘遗址的古代人类与自然环境之间的相互关系表现出各自的特征。胶东半岛贝丘遗址的古代人类面对自然环境表现出比较明显的能动性。相比之下，珠江三角洲贝丘遗址的古代人类则更多地显示出对自然环境的依赖性。我们试图用一个模式来表示（图 3）。

结　论

我们认为，在新石器时代里一种生存行为的稳定来自古代人类与自然环境的和谐相处，而一种生存行为的形成或变化则往往与自然环境的变化、文化自身的发展或外来文化的影响相关联。胶东半岛和珠江三角洲贝丘遗址的兴衰都符合这一规律。

我们在这里还要强调的一点是，如果考虑到胶东半岛贝丘遗址的消亡所表现出来的人的能动作用主要与外来文化的影响相关，那么，当时在这个地区生活的人所表现出来的能动性就并非完全是自己的主观行为，即外来因素的介入起到了相当大的作用。假如这个推测可以成立，那么我们认为，胶东半岛贝丘遗址消亡的原因与珠江三角洲就有一定的相似之处，即这是在某种客观条件的制约下不得已而为之。因此，我们强调，从本质上看，以采集、捕捞为主要生存活动方式的古代人类在与自然环境的相互关系上，始终表现出较强的依赖性和被动性。直到从事农耕、家畜饲养的行为完全形成后，人类才真正开始影响和改变自然环境。

本文的插图由中国社会科学院考古研究所张蕾同志、中国社会科学院研究生院博士生吕鹏绘制，在此表示衷心的感谢。

（原载于北京大学中国考古学研究中心、北京大学古代文明研究中心编：《古代文明（第1卷）》，第58～70页，北京：文物出版社，2002年）

从中日两国贝丘遗址看古代人类与自然环境的相互关系

贝丘遗址是古代人类居住所留下的一种遗址，以包含大量古代人类食余抛弃的贝壳为特征。通过贝丘遗址研究古代人类的生存活动及他们与自然环境之间的相互关系是当今贝丘遗址研究的主流。中国大陆沿海地区分布着一定数量的贝丘遗址，主要属于新石器时代[1]。日本贝丘遗址的数量举世瞩目，主要属于绳纹时代（距今12000～2300年前）[2]。中日两国同在东亚地区，两国的贝丘遗址在年代上又十分接近，以这些共同因素为前提，研究这两个国家的贝丘遗址中表现出来的古代人类与自然环境之间的相互关系是否完全相同，还是各具特色，这是一个十分重要的课题。本文以中国胶东半岛和日本霞湖地区的贝丘遗址为研究对象，探讨这两个地区古代人类和自然环境之间的相互关系。

中国胶东半岛贝丘遗址古代人类和自然环境的相互关系

自然环境

胶东半岛位于北纬37°左右，其轮廓总体呈东西向，西北部濒临渤海，东部伸入黄海，西部为胶莱河、大沽河及两者间的废弃运河，面积约39000平方公里（图1）。

胶东半岛的海蚀地貌、海相沉积、海岸沙丘、古贝壳沙堤－海滩、古潟湖－沼泽、古河口及钻孔资料等均显示出距今6000年左右海侵达到鼎盛期时，这里的海平面高出现在的海平面4米左右，海水进入陆地的范围因具体的地形而异。大约到距今4500年左右海水开始后退，到距今3000年以来，海平面在现代海平面高度上下小幅度波动[3]。

---

[1] 袁靖：《关于中国大陆沿海地区贝丘遗址研究的几个问题》，《考古》1995年第12期，第1100～1109页。

[2] 袁靖：《从贝丘遗址看绳纹人与环境的相互关系》，《考古》1995年第8期，第713～718页。

[3] 邱维理、郑良美、杨志荣、赵济：《海岸线迁移与海平面变化》，见赵济等著：《胶东半岛沿海全新世环境演变》，第52～86页，北京：海洋出版社，1992年。

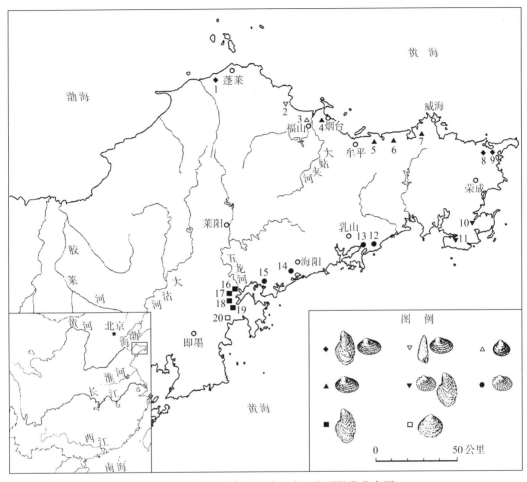

图1　中国胶东半岛贝丘遗址出土主要贝类分布图

1. 蓬莱南王绪　2. 蓬莱大仲家　3. 福山邱家庄　4. 烟台白石村　5. 牟平蛤堆顶　6. 牟平蛎碴堆　7. 威海义和
8. 荣成东初　9. 荣成北兰格　10. 荣成河西乔家　11. 荣成河口　12. 乳山桃村王家　13. 乳山翁家埠　14. 海阳
蜊岔埠　15. 海阳桃林　16. 莱阳泉水头　17. 即墨北仟　18. 即墨南仟　19. 即墨东演堤　20. 即墨丁戈庄

　　从海岸类型看，胶东半岛南岸多为沙坝－潟湖型和港湾型海岸，有的海湾甚至被两侧的小半岛或海岬所夹，湾顶分叉深入内地，呈溺谷，底质为泥沙混杂。胶东半岛北岸的地质结构主要为基岩，那里又处于迎风面，因此多形成宽阔的沙质海岸。南北两岸的地质、地貌条件有一定的差别[4]。

　　从孢粉分析看，在胶东半岛南部发现距今8500～5000年前存在一定数量的、现在只生长在江淮及江淮以南地区的植物，即当时的植被面貌相当于现在我国淮河平原地

[4]　邱维理、郑良美、杨志荣、赵济：《海岸线迁移与海平面变化》，见赵济等著：《胶东半岛沿海全新世环境演变》，第52～86页，北京：海洋出版社，1992年。

区的植被面貌。而从距今 5000 年以后逐渐转变为以针叶树为主的森林、草原植被，气候温和略干。距今 2500 年以来开始转变为与现在接近的气候和植被[5]。胶东半岛北部距今 7000～5000 年前乔木孢粉量增加，出现少量喜暖湿的南方树种，气候由温和略湿变为温暖湿润，与现在的淮河流域北部相似。而从距今 5000 年以后，一些旱生、盐生的草本植物增多，反映气候趋向温和略干。距今 1600 年以来开始转变为与现在接近的气候和植被[6]。两相对比，可以发现当时胶东半岛南北两岸的气候、植被有较多的相似之处，但也存在一些差异。

以上所述的海侵、海退的变化与气候、植被的变迁在时间上大致相当，证明当时曾出现过一个全方位的环境变化。另外，胶东半岛南北两岸的气候、地质结构又都各有特征，形成各自独特的自然环境。下文叙述的人类活动也证明了这一点，我们可以明显地看到，这种自然环境背景为当时人类的活动提供了新的舞台，同时也对当时人类的活动造成了一定程度的制约和影响。

人类活动

文化特征

根据我们已经掌握的资料，胶东半岛的贝丘遗址共有 20 处，比较零散地分布于胶东半岛的南北两岸（图 1）[7]。

胶东半岛的贝丘遗址在相对年代上可分为白石村一期、邱家庄一期和紫荆山一期这样三期。其中白石村一期为距今 6000～5700 年，持续 300 年；邱家庄一期为距今 5700～5275 年，持续 425 年；紫荆山一期为距今 5275～4860 年，持续 415 年。整个贝丘遗址存在的时间为 1140 年[8]。

如果简明扼要地概括包括胶东半岛在内的山东地区史前文化陶器谱系的演变，可

---

[5] a. 王永吉、李善为：《青岛胶州湾地区 20000 年以来的古植被与古气候》，《植物学报》1983 年第 25 卷第 4 期，第 385～392 页。

　　 b. 韩有松、孟广兰：《青岛沿海地区 20000 年以来的古地理环境演变》，《海洋与湖沼》1986 年第 17 卷第 3 期，第 196～206 页。

[6] 李强、曹艳英、邱维理：《植被演替》，见赵济等著：《胶东半岛沿海全新世环境演变》，第 87～101 页，北京：海洋出版社，1992 年。

[7] a. 梁中合、袁靖、贾笑冰、靳桂云：《胶东半岛南岸贝丘遗址调查报告》，见中国社会科学院考古研究所编著：《胶东半岛贝丘遗址环境考古》，第 28～76 页，北京：社会科学文献出版社，1999 年。

　　 b. 袁靖、焦天龙、靳桂云：《胶东半岛北岸贝丘遗址调查报告》，见中国社会科学院考古研究所编著：《胶东半岛贝丘遗址环境考古》，第 77～110 页，北京：社会科学文献出版社，1999 年。

[8] 中国社会科学院考古研究所编著：《胶东半岛贝丘遗址环境考古》，第 189～190 页，北京：社会科学文献出版社，1999 年。

以认为整个山东地区的史前文化在山东龙山文化以前存在着两大分支系统。一支是以胶东半岛为其主要分布范围的白石村一期、邱家庄一期和紫荆山一期文化。另一支则是以鲁西南地区为其主要分布区域的后李文化、北辛文化与大汶口文化。后李文化的年代相当早，根据目前掌握的资料，胶东半岛尚没有发现其他文化可以与它进行比较。胶东半岛的白石村一期和邱家庄一期文化与主要分布在鲁西南北区的北辛文化在年代上并不十分接近，从陶器的特征观察，这两个文化在发展上也没有过多的联系，它们保持着各自的文化传统和发展轨迹。但是，胶东半岛自紫荆山一期文化开始就较为明显地受到了鲁西南地区大汶口文化早期的影响。可以说，胶东半岛史前文化与鲁西南地区史前文化之间的关系是时间越晚交往越密切、相同或相似的因素越多，最后，胶东半岛的新石器时代文化逐渐融入山东龙山文化体系[9]。我们在这里需要强调的是，这个主要依据陶器特征总结出来的胶东半岛地区的文化发展规律对于我们认识这个地区贝丘遗址形成、发展和消亡的过程，是一个十分有益的启示。

适应环境

我们在进行胶东半岛贝丘遗址的环境考古学研究时，首先认识到的是当时的人们必须适应环境才能生存。我们发现，胶东半岛的全部贝丘遗址在地貌上有一个基本模式。即遗址周围的三面往往是丘陵或山脉环绕，另外一面则是低洼地，低洼地有的直接或稍有曲折地通向现在的海岸，也有的顺河谷沟壑蜿蜒延伸至现在的海岸。对照当时海侵时海水进入陆地的大致范围，我们可以看到这些遗址都位于距离海水 3 公里以内的位置。可见当时人在居住地的选择上是充分考虑到要适应海侵形成的自然地貌变化和获取海产资源的便利程度[10]。

我们通过对胶东半岛各个贝丘遗址的关键柱采样、采样方采样的结果进行定性定量分析，可以依照贝壳的种类特征把 20 个贝丘遗址大致分为 8 组，即以牡蛎为主、以牡蛎、泥蚶为主、以牡蛎、杂色蛤仔为主、以多形滩栖螺、杂色蛤仔为主、以蚬为主、以杂色蛤仔为主、以泥蚶为主、以文蛤为主等（图 1）[11]，我们从图上可以明显地看出各组在地域位置上是有区别的，且表现出一定的分布规律。如南岸的贝丘遗址中不见杂

〔9〕　a. 严文明：《胶东原始文化初论》，见山东省《齐鲁考古丛刊》编辑部编：《山东史前文化论文集》，第 63～95 页，济南：齐鲁书社，1986 年。

　　　b. 韩榕：《胶东原始文化初探》，见山东省《齐鲁考古丛刊》编辑部编：《山东史前文化论文集》，第 96～119 页，济南：齐鲁书社，1986 年。

〔10〕　中国社会科学院考古研究所编著：《胶东半岛贝丘遗址环境考古》，第 192～193 页，北京：社会科学文献出版社，1999 年。

〔11〕　中国社会科学院考古研究所编著：《胶东半岛贝丘遗址环境考古》，第 193～194 页，北京：社会科学文献出版社，1999 年。

色蛤仔，北岸的贝丘遗址中不见泥蚶等。究其原因，贝类的生态特征是问题的关键。比如泥蚶适宜生存于气温较高、底质为泥沙混杂的环境里，这正好与海侵时海水进入陆地，特别是在南岸顺河谷进入陆地形成溺谷的地理环境相符；另外，南岸的气温也高于北岸，牡蛎对温度的要求没有泥蚶那么明显，但其需要泥沙混杂的底质，我们在发现它们的遗址周围都能找到这样的环境；蚬是生存于河水与海水相交的环境里的一种贝类，它所存在的烟台市福山区邱家庄遗址正好位于大姑夹河的入海口；而沙质海岸的环境一般适宜多形滩栖螺、文蛤、杂色蛤仔等生存等等。这些贝类各自的生态特征决定其必须生存于不同的自然环境里。地貌的微小不同决定了居住在不同区域的人所获取的贝类资源的不同。

我们根据贝丘遗址中出土的猪下颌判明猪的年龄结构，其中 2 岁以下的猪占绝大多数。另外，在有的贝丘遗址里还发现了埋葬几头完整的半岁左右的猪的现象[12]。依据这些现象，我们推测当时的猪可能是家猪。而除家猪以外，其他的贝类、鱼类和哺乳类等都是野生的。这样，当时在贝丘遗址生活的人获取肉食资源的生存活动应该包括捞贝、捕鱼、狩猎和饲养家畜等几种。我们对贝丘遗址的孢粉分析证明，在当时人的生存活动中似乎还包括采集植物。日本学者对绳纹时代本州沿岸地区贝丘遗址出土的人骨进行碳十三和氮十五分析，探讨食性。他们根据分析结果，再结合遗址中出土的植物遗存，证明绳纹人的食物种类包括栗子、核桃、橡子等碳三植物，真鲷、黑鲷等鱼类，毛蚶、文蛤、青蛤等贝类及野猪、梅花鹿等哺乳类。当时人对这些植物、海产动物和哺乳类的摄入量的比例大致相等。从而比较科学地提出，当时这一地区的绳纹人的生存活动包括采集、捞贝、捕鱼和狩猎等[13]。对日本贝丘遗址中出土的人骨的科学研究结果，可以作为我们认识当时生活在胶东半岛贝丘遗址中的人的生存活动方式的借鉴。我们认为，当时人虽然在海边建立居住地，但其获取食物的活动范围并不局限在海边，生活在居住地周围的陆生动物及森林里的多种植物都是他们的食物来源，可见当时人的生存与发展是充分依赖于获取居住地周围丰富的自然资源。

鱼类中的鲈鱼、真鲷及黑鲷等主要是在春季来到海岸边产卵，其余多数时间往往生息于海水底层。当时人捕获它们的时间，可能也是根据这些鱼类的生态特征，主要集中在春季[14]。另外，根据日本学者对蛤仔等贝壳的切片分析，证明贝类的死亡时间

---

〔12〕 林仙庭、袁靖：《大仲家贝丘遗址试掘报告》，见中国社会科学院考古研究所编著：《胶东半岛贝丘遗址环境考古》，第 126～153 页，北京：社会科学文献出版社，1999 年。

〔13〕 佐佐木高明 1991『日本史誕生』東京　集英社 112 - 160 頁

〔14〕 a. 成庆泰：《烟台白石村新石器时代遗址出土的鱼类》，《考古》1992 年第 7 期，第 587～588 页。

　　　 b. 中国社会科学院考古研究所编著：《胶东半岛贝丘遗址环境考古》，第 196 页，北京：社会科学文献出版社，1999 年。

主要集中在春季，这恰好是蛤仔等贝类生长状态最佳的季节[15]。可见当时人基本上是根据动物的生态特征，在最方便捕捞或在它们生长的最佳状态开展捕捞活动。还有，在邱家庄、大仲家、蛤堆顶等贝丘遗址都发现一定数量的红鳍东方鲀。红鳍东方鲀的肝脏、卵巢含剧毒，必须去除内脏、鱼液，冲洗干净，方可食用。红鳍东方鲀的存在，说明当时人已经懂得如何对这种鱼去毒后食用[16]。以上这些对鱼类、贝类的利用过程都可以作为我们认识当时人如何适应环境而生存提供参考。

影响环境

当时的人类生活在因海侵而形成的特定的自然环境中，他们适应了海边的生存环境，把海产资源作为主要的食物来源之一，这是当时人生存的基本前提。但是，人是会使用工具、又具有理性的动物，这一特征决定了古代人类与自然环境之间特殊的相互关系。即人除依赖环境而生存外，其生存活动的方式也会影响环境资源。如我们测量和统计了大仲家、蛤堆顶、邱家庄、翁家埠等贝丘遗址关键柱中出土的主要贝类。其结果表明，大仲家遗址下层的杂色蛤仔以30～35毫米的居多，而上层的则以20～25毫米的为主，两者相差为10毫米。蛤堆顶遗址下层的杂色蛤仔以30～35毫米的为最多，而上层的则以25～30毫米的为主，两者相差为5毫米。邱家庄遗址的蚬自下而上也是从20～25毫米的占多数变为以15～20毫米的为主，两者相差5毫米。翁家埠遗址的泥蚶自下而上是从20～30毫米的为最多，30～40毫米的占一定比例，变为以20～25毫米的为主，30～40毫米的比例明显减少，10～20毫米的比例增多等[17]。这些不同种类的贝壳的尺寸在自下而上的堆积过程中表现出来的由大到小的趋势，似乎反映出由于当时人长时间捕捞、食用某些特定的贝类，迫使这些贝类持续地非正常死亡，从而影响到这些贝类的自然生长规律。我们将造成这种贝类尺寸变小的人为原因称之为捕捞压。

另外，在胶东半岛的贝丘遗址中发现家猪，这是人类开发自然环境资源的一种表现。家猪由野猪驯化而来，其驯化过程可能相当漫长，但是饲养家猪的行为一旦形成，并得以巩固，人类就可以按照自己的意志左右这类动物的生长。这既是人类开发自己生存活动能力的一种表现，也是人类对自然环境资源的一种开发，这在相当大的程度上人为地改变了一种动物的生存环境和生活习惯。

碳十四年代测定的数据证明，胶东半岛较晚的贝丘遗址的年代集中在距今5000年

〔15〕　小池裕子 1973「貝類研究貝類採集の季節について」『考古学ジャーナル』80 期 14－19 頁
〔16〕　中国社会科学院考古研究所编著：《胶东半岛贝丘遗址环境考古》，第 196 页，北京：社会科学文献出版社，1999 年。
〔17〕　中国社会科学院考古研究所编著：《胶东半岛贝丘遗址环境考古》，第 196～197 页，北京：社会科学文献出版社，1999 年。

前后，最晚的遗址年代为距今4860年左右。我们推测这个地区的贝丘遗址于距今4860年前后消亡。参考以上自然环境研究的结果，恰恰在距今5000年前，即稍早于贝丘遗址消亡的年代，胶东半岛南北两岸的植被发生了明显的变化，显示出气候由温暖湿润向温和略干转变。尽管目前一般把海退的时间定在距今4500年左右，这个时间与贝丘遗址消亡的时间及气候、植被变化的时间相比有一定距离，但这可能是因为海平面变化对气候变化的滞后效应。这样，把植被变化所表明的气候变化及随后出现的海退等地貌变化结合到一起，可以把环境发生明显变化作为贝丘遗址消亡的一个原因。但是，考虑到胶东半岛以外的整个大陆沿海乃至东亚沿海地区的贝丘遗址在这段时间里不但十分兴盛，而且还有发展的趋势，因此，不能简单地用自然环境的变化来解释胶东半岛贝丘遗址的消亡。我们在这里要强调的是人的因素，即在前文叙述胶东半岛考古学文化特征时提到的，恰恰在贝丘遗址消亡以前的紫荆山一期文化里，明显地出现了大汶口文化的因素。我们认为，无论是从聚落的规模、居址的建筑条件、墓葬的形制、随葬品的多寡等方面考虑，还是从陶器的制作工艺和造型及其他石器、骨器的形状等方面观察，大汶口文化的水平整个高于紫荆山一期文化。由于这两个文化在地域上大致相连，紫荆山一期文化处于山东地区的最东部，大汶口文化处于山东地区的中部，所以，我们可以把上述现象理解为大汶口文化的东进。大汶口文化的因素在胶东半岛的出现，说明当时生活在胶东半岛的人开始接受这种文化的影响。大汶口文化是以种植粟为主的农耕文化，那么，除了我们现在看到的大汶口文化的陶器影响到胶东半岛以外，其农耕方式可能也在胶东半岛得以推广。也就是说，当地的人逐渐放弃了采集、捕捞的习惯，开始从事农耕这种新的生存活动方式，这是胶东半岛贝丘遗址消亡的最重要的原因。

日本霞湖地区贝丘遗址古代人类和自然环境的相互关系

自然环境

霞湖位于北纬36°左右，是日本第二大湖，分为霞湖和北湖两个湖。整个霞湖地区的面积约为1579平方公里（图2），以台地为主，海拔高度为25～40米。霞湖周围河流较多，大小河流约有50条。距今10000年以来，由于海平面上升，海水开始由利根川一带进入陆地，到距今6000年左右，海侵达到鼎盛期时，海平面高出现在海平面4米左右，霞湖与海完全连接，形成海湾。距今4000年左右海水开始后退。一直到近代，霞湖的东南部还通过利根川与海相连[18]。

---

[18] 茨城大学農学部霞ケ浦研究会編 1977『霞ケ浦』東京 三共出版株式会社

人类活动

文化特征

日本的绳纹时代以出土的陶器上具有绳纹而得名。后来随着考古新发现和研究的新进展，依照器形和纹饰将绳纹时代具体分为草创期（距今 12000～10000 年）、早期（距今 10000～7000 年）、前期（距今 7000～5000 年）、中期（距今 5000～4000 年）、后期（距今 4000～3000 年）和晚期（距今 3000～2300 年）。绳纹时代以后为弥生时代[19]。

适应环境

霞湖周边分布有近 300 处贝丘遗址。我们在确定了全部贝丘遗址所属的时期和所处的地理位置后发现，自绳纹时代早期海进开始，海水由东向西进入霞湖，使霞湖和湖边的一部分地区成为海湾。海产资源随海水进入这个海湾，绳纹人适应了这样的环境变化，在海边建立居住地，开始捕鱼捞贝，把贝类和鱼类作为重要的食物来源。这样，废弃的贝类、鱼骨就形成了堆积层。当绳纹人放弃这种居住地后，这些地方就成为贝丘遗址。绳纹时代早期的贝丘遗址均分布在距现在的湖岸线比较远的沟壑地区（图 2）。随着时间的推移，出现贝丘遗址地理位置变动的趋向，即在绳纹时代前期后段海进停止，到后期海水开始缓慢退却后，绳纹人又随着海水的后退，变动自己的居住地（图 3）。到绳纹时代晚期，贝丘遗址大多集中在霞湖东南岸（图 4）。可以说，绳纹时代前期后段以后，贝丘遗址的分布有一个先逐渐向现在霞湖的西北岸边移动，然后又向霞湖的东南侧、即靠海的一侧移动的趋势[20]。

从各个时期贝丘遗址的数量多少、规模大小和堆积厚度来看，到绳纹时代前期为止，遗址的数量少，范围小，贝壳堆积也薄，一般仅几十厘米左右；而中、后期的遗址数量最多，规模最大，堆积也厚，达到 1～2 米；晚期的遗址数量虽然比中、后期要少，堆积也薄一点，但还是具有一定规模[21]。

从各个时期贝丘遗址的堆积内涵来看，到绳纹时代前期为止，贝类主要是生存在泥沙质环境中的沙滩群落，鱼类都是海鱼，哺乳类的骨骼几乎没有发现。中、后期堆积的贝类主要是生存于沙质环境中的海湾沙质群落，鱼类中出现淡水鱼，发现较多哺乳类的骨骼。晚期的堆积内涵与中、后期大致相同，但有的晚期遗址的堆积内涵可以分为上、下两层，下层（即时间较早的那层）是贝壳层，里面夹杂有陶片、石器、鱼骨、哺乳类的骨骼，上层则是仅夹杂有陶片和石器的泥土层（日本的土壤为酸性，

〔19〕　佐佐木高明 1991『日本史誕生』東京　集英社 105 頁

〔20〕　袁靖：《从贝丘遗址看绳纹人与环境的相互关系》，《考古》1995 年第 8 期，第 713～718 页。

〔21〕　袁靖：《从贝丘遗址看绳纹人与环境的相互关系》，《考古》1995 年第 8 期，第 713～718 页。

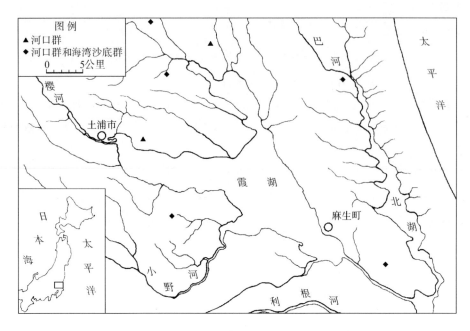

图 2 日本霞湖地区绳纹时代早期贝丘遗址贝类群落分布图

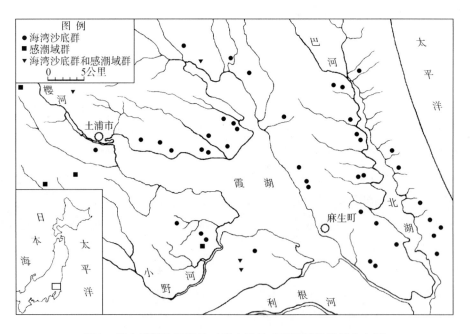

图 3 日本霞湖地区绳纹时代中期贝丘遗址贝类群落分布图

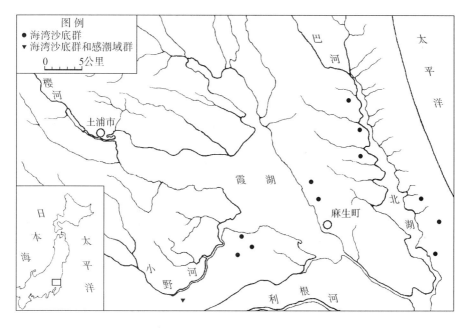

图4　日本霞湖地区绳纹时代晚期贝丘遗址贝类群落分布图

故绳纹时代的动物骨骼在贝壳层中尚可保存，而在土壤中则往往无法保存下来）[22]。

　　综合起来看，贝丘遗址的位置是随着海水的进与退而分布，按照时间的早晚有明显的分布规律。贝丘遗址的数量由少到多，堆积层由薄变厚，规模由小到大，这些都是绳纹人在适应环境的基础上逐渐发展的反映。而晚期贝丘遗址数量的减少，则是出自绳纹人最后又受制于由长时间海退引起的海湾面积大规模缩小这个原因。各个时期的贝丘遗址中出土的贝壳种类也明显与当时遗址周围存在的贝壳种类一致。在绳纹时代早期和前期前段的遗址周围是因海进而形成的泥沙质环境，出土的贝类主要是泥蚶和牡蛎等。自前期后段开始，特别是中期以后，各处皆为由于海退而形成的沙质环境，出土的贝壳普遍都属于文蛤和蛤仔，即出土贝类里文蛤和蛤仔占绝对多数。可以说环境的特征一直限制着绳纹人获取贝类的种类。从以上各个时期贝丘遗址的分布位置、数量、规模和出土贝壳的种类及鱼类等各个方面，我们看到绳纹人是在适应海进、海退这种环境变化的过程中生存和发展的。

　　影响环境

　　我们在发掘位于霞湖东侧的於下贝丘遗址（属于绳纹时代中、后期）时做了关键柱取样调查，通过对毛蚶、文蛤、青蛤这三种最主要的贝类的尺寸大小进行测量统计，发现属于绳纹时代后期的文蛤、毛蚶、青蛤的平均值分别比中期的小5毫米。

〔22〕　袁靖：《从贝丘遗址看绳纹人与环境的相互关系》，《考古》1995年第8期，第713～718页。

可以说进入后期以来，这些主要贝类都有一个小型化的趋势[23]。这些处于同一地域堆积的贝类在自下而上的堆积过程中呈现小型化的趋势，反映出自绳纹时代中期以后，随着人口的增加，对贝类的捕获量也相应增加，连尚处于生长阶段的贝类也被捕获了。这种捕获行为影响到贝类的自然生长，是一种人为的捕获压力干扰贝类自然生长过程的表现。

日本学者对绳纹时代早期和晚期贝丘遗址中出土的梅花鹿的平均年龄进行了比较，发现属于早期的梅花鹿中年龄大的明显多于晚期的。另外，从平均年龄看，早期的为6.5岁左右，晚期的为5岁左右，两者相差1.5岁。早、晚期的梅花鹿的平均年龄分别与现在生活于自然动物保护区和狩猎区的梅花鹿的平均年龄相当。由此他们提出绳纹时代存在一种狩猎压[24]。他们还对绳纹时代的野猪年龄结构做过研究，发现随着时间的推移野猪的平均年龄也有一个年轻化的过程，但不如梅花鹿那么明显[25]。

我们比较了於下贝丘遗址中出土的梅花鹿的年龄结构与绳纹时代早、晚期的梅花鹿的年龄结构，发现其大致处于早、晚两期之间的阶段；而於下贝丘遗址出土的野猪的年龄结构与日本学者研究的晚期的野猪年龄结构接近。因此，从一个时代来看，这种由于人的需求的增加，对野猪、梅花鹿逐渐形成的狩猎压也越来越大[26]。

结合前面提到的在绳纹时代中、后期大量出现贝丘遗址的现象，我们认为造成以上这些贝类尺寸小型化、哺乳动物年龄年轻化的原因很可能是随着当时人口增多、对食物的需求量大大增加，以致必须大量捕获动物，从而形成捕捞压或狩猎压，影响到动物的自然生长过程。

胶东半岛和霞湖地区贝丘遗址的比较研究

把中国胶东半岛的贝丘遗址与日本霞湖地区的贝丘遗址进行比较，我们可以看到它们之间有如下的相同和不同之处：（1）这两个地区的贝丘遗址都出现于距今7000～6000年前左右，当时的人们适应了海侵及海产资源随海水进入陆地这样的环境变化，

〔23〕 袁靖 1992「動物遺存体」麻生町教育委員会（加藤晋平・茂木雅博・袁靖編集）『於下貝塚』麻生　麻生町教育委員会 102－185 頁

〔24〕 Koike, H. & Ohtaishi, N.. 1985. Prehistoric Hunting Pressure Estimated by the Age Composition of Excavated Sika Deer (*Cervus nippon*) Using the Annual Layer of Cement，*Journal of Archaeological Science* 12：443-456

〔25〕 小池裕子・林良博 1984「遺跡出土ニホンイノシシの齢査定について」古文化財編集委員会編『古文化財の自然科学的研究』京都　同朋舎 519－524 頁

〔26〕 袁靖 1992「動物遺存体」麻生町教育委員会（加藤晋平・茂木雅博・袁靖編集）『於下貝塚』麻生　麻生町教育委員会 102－185 頁

获取海产资源并将其作为食物主要来源之一，这是这两个地区贝丘遗址形成的共同原因。（2）当时在这两个地区贝丘遗址里生活的人们的生存活动都包括捕鱼、捞贝、狩猎和采集等，他们获取食物资源的方式多有相似之处，其获取的动物种类也有共性。（3）在长期捕捞贝类的过程中，两个地区的贝丘遗址中都出现了主要贝类尺寸变小的现象，即贝类的自然生长过程都受到了人为的干扰、影响，都出现了捕捞压。（4）胶东半岛贝丘遗址中出现家猪，这表明当时这个地区的人们已经具备了可以比较有效地利用某种动物资源的能力。而霞湖地区贝丘遗址中没有发现家猪。这就是说，在有效地开发动物资源这一点上，胶东半岛表现得比较典型，而霞湖地区则没有发现这方面的迹象。（5）两个地区贝丘遗址消失的时间不同，霞湖地区贝丘遗址消失的时间比胶东半岛要晚 2700 年左右。（6）从自然环境的角度看，胶东半岛是自然环境开始出现变化时，人的行为就随之发生变化，而霞湖地区则是到了自然环境明显出现大范围变迁后，人的行为才发生改变。（7）从文化的角度看，胶东半岛在贝丘遗址消失前已经开始接受位于其西南部的大汶口文化的影响，最后与大汶口—龙山文化融为一体。而霞湖地区则看不到外来文化的影响。

结　论

我们认为，在新石器时代一种生存行为的稳定来自古代人类与自然环境的和谐相处，而一种生存行为的形成或变化则往往与自然环境的变化、文化本身的发展或外来文化的影响相关。

对比中日两国贝丘遗址表现出来的古代人类和自然环境之间的相互关系，我们可以将它们按国别分成两类。当时生活在这两类贝丘遗址中的古代人类在贝丘遗址开始形成的阶段，即在适应环境并生存下来的过程基本是一致的，在这一时期，这两类贝丘遗址中表现出来的古代人类在自然环境的制约下生存的特征具有相当大的同一性。胶东半岛的贝丘遗址到距今 4860 年前，在外来文化影响和环境变迁的双重作用下消亡；而霞湖地区的贝丘遗址则持续到距今 3000 年前环境出现明显变化后才消失。如果从两类贝丘遗址消亡的原因推测当时的人类与自然环境的关系，可以看到生活在胶东半岛这一类贝丘遗址中的古代人类比较明显地表现出能动性，而生活在霞湖地区这一类贝丘遗址中的古代人类则显示出较强的依赖性，我们试图用一个模式来表示（图5）。

如果考虑到在胶东半岛贝丘遗址的消亡过程中，人的能动作用主要来自外来文化的影响，那么当时在这个地区生活的人所表现出来的能动性就并非完全是自己的主观行为，即外来因素的介入起到了相当大的作用。假如这个推测成立的话，那么，胶东

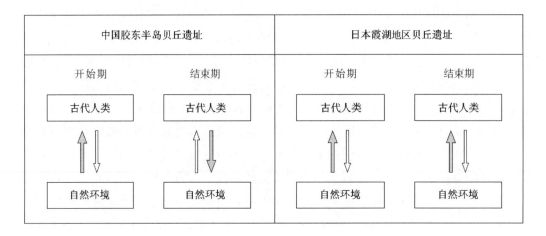

图 5　中国、日本贝丘遗址古代人类和自然环境相互关系模式图

半岛贝丘遗址消亡的原因与其他地区就有一定的相似之处，即是在某种客观条件的制约下不得已而为之。因此，我们认为，从本质上看，以采集、捕捞为主要生存活动方式的古代人类在与自然环境之间的相互关系上，始终表现出较强的依赖性和被动性，直到农耕、家畜饲养行为完全形成后，人类才真正开始影响、改变自然环境。

本文的插图由中国社会科学院考古研究所张蕾同志、中国社会科学院研究生院博士生吕鹏绘制，在此表示衷心的感谢。

（原载于中国社会科学院考古研究所编著：《21 世纪中国考古学与世界考古学》，第 576～587 页，北京：中国社会科学出版社，2002 年）

继往开来，开拓环境考古的新局面

——在中国第三届环境考古学大会上作的总结报告和闭幕词

各位领导、各位先生、各位代表：

中国第三届环境考古学大会经过 3 天的大会发言、分会发言和讨论，今天就要闭幕了。我受大会的委托，在这里就这几天的会议进程进行总结，并致闭幕词。

这次大会在美丽的泉城济南胜利召开，山东省文物考古研究所作为主办单位之一，克服各种困难，做了大量的准备工作和服务工作。各位代表为参加会议做了精心的准备，在百忙中抽出时间光临大会，并作了精彩的发言。在主办会议的单位和参加会议的代表的共同努力下，大会取得了圆满的成功。我代表中国第四纪研究委员会环境考古专业委员会向山东省文物考古研究所、向山东省文化厅、向山东省文化厅文物处、向参加会议的各位代表表示衷心地感谢。

在大会的开幕式上，山东省文化厅谢治秀厅长亲临大会，给我们全面介绍了山东省经济社会发展的大好形势，同时也对大会的召开表示热烈的祝贺，表达了政府部门对我们工作的大力支持，使我们深受鼓舞。

中国第四纪研究委员会名誉主席刘东生先生对环境考古研究一直十分支持，在每届环境考古学术讨论会召开之际，他都题词或写信表示祝贺。这次亲临大会，给我们作了精彩的报告，介绍了地球科学的最新成果，强调了类比的方法在科学创新中的意义和作用，揭示了季风和人类起源之间的内在联系，黄土堆积的空间分布和文化传播、发展的耦合关系。

中国考古学会副理事长严文明先生也一直十分关注环境考古事业，多次对如何做好环境考古研究发表过精辟的论述。这次同样亲临大会，给我们作了精彩的报告，强调了环境考古学的学科实质及其对考古学的促进作用，揭示了中国农业的起源、中国文明的持续发展以及中国古代文化和中国境外古代文化交流特征的自然环境背景，鼓励我们进一步开展多学科的合作。

刘先生和严先生的报告为我们今后如何做好环境考古研究指明了方向。

环境考古专业委员会的老主任周昆叔先生在开幕式上作了主题报告，总结了 15 年来中国环境考古发展的主要过程、主要成果并提出了今后工作的设想。周先生抚今思昔，展望未来，心情激动，遂以一阕"沁园春"，表达了老一代环境考古工作者对中国环境考古学研究的总结和希望。

在三天的时间里，我们进行了大会发言、分会发言和讨论。各位代表的发言内容大致可以分为三个方面：第一个方面也是最主要的方面，是关于自然环境的变迁以及这个变迁与古代人类行为的相互关系。大家的研究成果从时间跨度看，包括旧石器时代、新石器时代、商周、秦汉乃至更晚的时期，这是我们环境考古研究的主要时间段。从空间范围看，包括华北、华东、中原、西北以及长江中下游地区，涵盖了中国的大部分地区。研究内容中既有以一个地区为研究单元，从面上探讨自然环境的变迁以及自然环境对人类行为的制约和人类活动对自然环境的影响，也有以一个遗址为研究对象，从点上进行解剖，具体地揭示一个遗址的古环境信息，提出了创新的认识，深化了我们的环境考古研究。第二个方面是系统地介绍了光释光等年代测定、树木年轮学、食谱分析、微量元素分析、植物遗存和微体螺类鉴定、遥感、地理信息系统等自然科学方法在环境考古研究中的应用和成果。实现了研究方法和研究内容的创新。第三个方面是一些专题研究，其中包括探讨制盐业、陶器起源、栽培稻起源的自然环境背景，在高校如何开展环境考古教学工作以及古代文献中的人地关系研究等等，从多个方面开拓、丰富了我们的环境考古学研究领域。概括我们的发言，可谓是内容丰富，洋洋大观。各位代表还在会上会下进行了广泛地交流，增进了了解，开阔了视野，加深了友谊。

对比上一届环境考古学术讨论会展示的研究成果，可以明显地看出我们现在的研究已经取得了很大的进步，这是我们大家共同努力的结果。但是，我们也应该清醒地认识到，我们的研究与国际上环境考古学研究的先进水平相比还有差距，与地球科学和考古学对我们的要求也有距离。昨天晚上，新一届环境考古专业委员会进行了认真的讨论。在这里，我代表环境考古专业委员会对我们今后的工作提出几点希望。如有不妥之处，请大家批评指正。

第一，我们要进一步认识环境考古学研究的意义。这对于做好我们本身的环境考古学研究是十分必要的，对于推进第四纪地球科学的发展、对于促进考古学研究的发展也能够起到积极的作用。另外，对于当下国家制定可持续发展战略也可以提供一定的理论支持。

第二，我们要做好环境考古学研究的理论创新。要努力做好人类生存活动过程中自然环境的重建工作，为人类起源、农业起源、文明起源这些世界性的考古学研究课题提供环境考古学研究的理论依据。要深入研究考古学的区系类型和不同自然环境之间的关系，为考古学文化的差异提供环境考古学的科学解释。要加强研究自然环境和人类生产方式的各种要素，科学地把握环境和人类相互作用的机制。

第三，我们要做好环境考古学研究的方法创新。环境考古学的层位学是考古学的层位学、埋藏学和地球科学的地层学以及年代学的结合。我们要注意引进各种先进的测年技术、分析技术，加强多学科的合作，跟踪第四纪地球科学和考古学研究的最新成果，提倡运用类比的方法，把地球科学和考古学的研究成果有机地结合在一起，开拓研究的新视野。

第四，我们要做好环境考古学研究的资料积累工作。我们的研究虽然已经取得了很大的成果，但是，还有一些地区的环境考古学研究迄今为止仍然是空白，很多地区即便已经开展了环境考古研究，但其科学性、分辨率和整合性还有待提高。所以，我们要继续深入开展一个遗址或一个地区的环境考古学研究的资料积累工作。

第五，我们在环境考古学研究中要进一步加强考古工作者和自然科学工作者的结合。我们呼吁考古工作者在发掘遗址、调查遗址之前，有意识地邀请自然科学工作者一起设计课题，共同开展工作。我们也呼吁自然科学工作者在探讨古代人地关系的时候，多多倾听考古工作者的意见，进行合作研究。我们专业委员会力争在这个方面创造多种条件，为大家做好联络、服务和参谋工作。

第六，我们在环境考古学研究中要注意培养人才，加强高校的环境考古教学工作，保证我们的环境考古学研究后继有人。

第七，我们在环境考古学研究中要注意学风建设，提倡严谨，远离浮躁，切忌急功近利，避免生搬硬套，力戒闭门造车。

第八，我们的环境考古学研究要努力走向世界。古代人地关系的研究是一个国际性的课题。放眼世界，各国的环境考古学研究在很多方面具有同一性。中国复杂的地貌环境、灿烂的古代文化为我们开展环境考古研究提供了不可多得的条件。要真正做好中国的环境考古学研究，也必须充分认识国外有关环境考古学的研究成果。我们既要反对妄自尊大，也要反对崇洋媚外。提倡科学地、平等地和国外学者开展交流，学习别人的先进经验，弘扬我们中国环境考古研究的优秀成果，把我们的环境考古学研究进一步引向深入。

这里，我们要特别提到环境考古专业委员会的老主任周昆叔先生。自1987年以来，周昆叔先生提出以环境考古概念开展北京平谷地区上宅等新石器时代遗址古环境与史前文化关系的研究，他一直呕心沥血，致力于中国的环境考古研究。他进行野外调查的足迹踏遍黄河上下、长江地区和长城内外。他筹划、建立了第四纪研究委员会下属的环境考古专业委员会，他主持召开了前几届及实际主持了这一届环境考古大会，他主编出版了两本《环境考古研究》专辑。周昆叔先生从各个方面为建立、推动中国的环境考古研究贡献了自己的力量。在这里我代表新一届环境考古专业委员会向刚刚退下来的老主任周昆叔先生表示崇高的敬意。环境考古专业委员会刚刚退下来的委员孔昭宸先生等老一辈学者多年来不畏困难，勇于进取，为开创环境考古研究的大好局面做出了很大的贡献。在这里我们也向他们表示崇高的敬意。

刘东生院士期望我们"继往开来，精益求精"。我们广大中青年学者要永远以老一辈学者在学术事业上勇于创新、甘于奉献的精神为榜样，不辜负刘东生院士等老一辈学者对我们寄予的厚望，在今后的工作中，更加努力奋斗，积极开拓创新，齐心协力，把中国的环境考古学事业推向一个更高的阶段。

最后，预祝山东省的环境考古工作、文物考古事业取得更大的进步，预祝各位代表在今后的研究工作中取得更新的成果。预祝大家中秋佳节愉快。

谢谢大家。

（原载于周昆叔、莫多闻、佟佩华、袁靖、张松林主编：《环境考古研究（第三辑）》，第 272～274 页，北京：北京大学出版社，2006 年）

第三编

科技考古

本编由五组文章组成。

《中国科技考古五十年》、《科技考古研究的新起点》、《日本的中国考古学研究中科技考古的新进展》比较全面地总结和评述了中国科技考古多年来的主要成果和近年来的突出进展。

《考古学与当代科技》、《〈科技考古的方法与应用〉绪论》、《论科技考古内容在考古发掘报告中位置的变迁》、《科技考古漫谈》系统论述了中国考古学与自然科学相关学科相结合、开展科技考古研究的必要性和可行性，科技考古中的考古勘探、年代测定、环境考古、体质人类学研究、动物考古、植物考古、古 DNA 研究、食性分析、物质结构和成分分析等多个领域的研究目标、内容与作用及进一步发展科技考古需要认真关注的一些问题。

《试论技术与经济发展状况与中国文明起源的关系》通过多学科合作研究，具体探讨公元前 2500 年至公元前 1500 年中原地区技术与经济的发展与文明演进的关系。

《科技考古（第一辑）后记》、《科技考古（第二辑）后记》简要介绍了科技考古中心的发展历程及主要的研究成果。

《科技考古　方兴未艾》是为已经出版的 4 部科技考古专著撰写的书评。

中国科技考古五十年

科技考古是把自然科学的相关理论、仪器设备、分析方法等应用于考古学研究，通过分析研究自然环境和古代人类遗留下来的遗迹和遗物，探讨当时的自然环境状况、古代人类及其行为的学科。这门学科的出现开拓了以往的考古学研究中不能涉及的领域，同时，也提高了考古学研究的效率、精确度和科学性[1]。

本文拟从年代学、环境考古学、人类学、动物考古学、植物考古学、物理与化学分析技术、考古勘探及考古计算技术等不同研究领域，回顾五十年来科技考古取得的丰硕成果。

年代学研究

考古学研究不能离开时间的尺度。考古遗存绝对年代的测定主要是使用碳十四（常规和加速器质谱）方法。另外，也使用其他的测年方法[2]。

碳十四测年

自 1959 年考古研究所筹建碳十四测定年代实验室以来，研究者们做了许多工作。

首先，撰写了《中国碳十四年代学研究》一书。该书全面总结了碳十四测定年代的研究成果，并提出了今后的发展方向[3]。

其次，中国社会科学院考古研究所发表了 24 篇碳十四年代测定报告。北京大学考古系共发表了 10 篇碳十四年代测定报告。文物保护科学技术研究所（现为中国文物研究所）共发表了 6 篇碳十四年代测定报告。中国社会科学院考古研究所还将1965～1991年测定的数据进行了统一编排，出版了碳十四年代数据集[4]。

---

〔1〕 袁靖：《谈谈考古学与自然科学的结合》，《光明日报》1997 年 11 月 25 日第 5 版。

〔2〕 仇士华、蔡莲珍：《科技方法在考古学上的应用》，见中国考古学会编：《中国考古学年鉴（1990 年）》，第 124～139 页，北京：文物出版社，1991 年。

〔3〕 仇士华主编：《中国^{14}C 年代学研究》，北京：科学出版社，1990 年。

〔4〕 中国社会科学院考古研究所编：《中国考古学中碳十四年代数据集（1965～1991）》，北京：文物出版社，1992 年。

其三，建立了新石器时代年代学的谱系。其中尤以中原地区、山东地区、黄河上游甘青地区、长江中游汉水流域、太湖平原和杭州湾地区的考古年代序列比较完整细致。而内蒙古东部及东北地区、华南地区正在研究、建立各个文化的年代序列表[5]。

其四，对碳十四测定年代样品中骨质样品的前处理取得了较好的成效，提高了工作的效率和精度[6]。

其五，仇士华等提出将层位连续的系列样品的年代学数据，与树轮校正曲线作匹配拟合，就可能得出样品的日历年代，从而使误差大为缩小，这一方法已开始付诸实践[7]。

其六，仇士华利用碳十四测定年代方法对龙山文化遗址出现的石灰给予科学的验证[8]，并确认河南巩县汉代铁生沟遗址在冶铁过程中没有使用煤炭，宋代以后才使用煤炭冶铁[9]。

其七，北京大学建立了加速器质谱碳十四测年研究室。到目前为止已经测定了一批数据，一种新的碳十四年代测定方法正在开始发挥作用[10]。

其他测年方法

研究者们对山西芮城西侯度遗址等 10 余处旧石器时代遗址使用了其他的测年方法测定其年代[11]。李虎侯等对湖北大冶铜绿山等 10 余处新石器时代以来的遗址中出土的陶片使用了热释光法测定其年代[12]。

---

〔5〕 仇士华、蔡莲珍：《科技方法在考古学上的应用》，见中国考古学会编：《中国考古学年鉴（1990 年）》，第 124～139 页，文物出版社，1991 年。

〔6〕 仇士华、蔡莲珍：《科技方法在考古学上的应用》，见中国考古学会编：《中国考古学年鉴（1990 年）》，第 124～139 页，文物出版社，1991 年。

〔7〕 中国社会科学院考古研究所考古科学技术实验研究中心：《考古研究所科技考古二十年》，《考古》1997 年第 8 期，第 40～52 页。

〔8〕 中国社会科学院考古研究所考古科学技术实验研究中心：《考古研究所科技考古二十年》，《考古》1997 年第 8 期，第 40～52 页。

〔9〕 中国社会科学院考古研究所考古科学技术实验研究中心：《考古研究所科技考古二十年》，《考古》1997 年第 8 期，第 40～52 页。

〔10〕 陈铁梅：《碳十四测年的加速器质谱方法与考古学研究法》，《考古与文物》1990 年第 2 期，第 100～106 页。

〔11〕 a. 陈铁梅：《我国旧石器考古年代学的进展与评述》，《考古学报》1988 年第 3 期，第 357～368 页。

　　　 b. 仇士华、蔡莲珍：《现代自然科学技术与考古学》，见中国社会科学院考古研究所编著：《中国考古学论丛》，第 495～501 页，北京：科学出版社，1993 年。

〔12〕 中国社会科学院考古研究所考古科学技术实验研究中心：《考古研究所科技考古二十年》，《考古》1997 年第 8 期，第 40～52 页。

环境考古学研究

环境考古学主要是通过研究古代的气候、地质、动物、植物等自然环境因素，以认识自然、环境与人类的互动关系。

到 20 世纪 70 年代为止，比较有代表性的是竺可桢依据陕西西安半坡遗址中发现的一些生物遗存指出，在距今 5000～3100 年间黄河中下游地区的平均气温比现在高 2℃，冬季的气温则比现在高 3～5℃[13]。但当时尚未提出环境考古的名称。1987年周昆叔等明确提出环境考古的概念，并在北京市上宅遗址开展工作，通过恢复古环境来认识古代居民迁徙的趋势，探讨古代文化差异的原因等等[14]。近 10 多年来的研究成果包括：

首先，袁靖系统地提出环境考古学的研究目标、理论基础和研究方法等[15]。

其次，区域性环境考古的研究。比较有代表性的工作有：（1）景爱通过沙漠考古研究，提出人类活动是造成沙漠化的决定性因素和主要原因[16]。（2）袁靖等在胶东半岛开展贝丘遗址的环境考古学研究，建立起该地区古代人类对海侵、海退变迁而作出的适应模式及人类对自然环境的影响[17]。（3）荆志淳等通过在河南商丘地区进行调查、分析，确认了该地区全新世地貌演变规律及其对史前和早期历史考古遗址的影响[18]。（4）陈中原等对太湖、洞庭湖地区进行环境考古学研究，认识到湖进人退这种湖泊体系对古文化的抑制作用[19]。

其三，以具体遗址为对象的环境考古研究。代表性研究是宋豫秦等通过对河南驻马店杨庄遗址的环境考古学研究，认识到这个地区的气候从温暖湿润转为低温低湿，后又

[13] 竺可桢：《中国近五千年来气候变迁的初步研究》，《考古学报》1972 年第 1 期，第 15～38 页。

[14] 周昆叔：《北京环境考古》，《第四纪研究》1989 年第 1 期，第 84～94 页。

[15] 袁靖：《环境考古学研究》，《中国文物报》1997 年 12 月 7 日第 3 版。

[16] 景爱：《中国北方沙漠化的原因与对策》，济南：山东科学技术出版社，1996 年。

[17] 中国社会科学院考古研究所考古科学技术实验研究中心：《考古研究所科技考古二十年》，《考古》1997 年第 8 期，第 40～52 页。

[18] 荆志淳、George（Rip）Rapp，Jr、高天麟：《河南商丘全新世地貌演变及其对史前和早期历史考古遗址的影响》，《考古》1997 年第 5 期，第 68～84 页。

[19] a. 陈中原、洪雪晴、李山、王露、史晓明：《太湖地区环境考古》，《地理学报》1997 年第 52 卷第 2 期，第 131～137 页。

　　b. 吴小平、吴建民：《洞庭湖区新石器时代遗址的分布与古环境变迁的关系》，《东南文化》1998 年第 1 期，第 35～40 页。

恢复温暖湿润的过程，而考古文化的消长和变异过程可能与这一环境变迁过程相关[20]。

其四，1990年、1996年和1998年分别召开过三次全国性的环境考古学术讨论会。现已出版1990年在陕西临潼召开的中国环境考古学术讨论会的论文集。这是对我国环境考古学研究的一个阶段性总结[21]。

人类学研究

通过体质人类学、同位素分析以及分子生物学等来研究古代人类的种属、食性特征。

体质人类学研究

自20世纪50年代初颜𫜪对齐家文化墓葬中出土的人头骨进行研究[22]以来，研究者们陆续发表了几本专著[23]及许多研究报告和论文。

首先，学者们通过对考古遗址中出土的大量人骨所反映的古代居民的体质特征进行观察，将他们按地区进行区分。如韩康信等确认黄河中游仰韶文化的居民、黄河下游大汶口文化的居民和南方新石器时代的居民在体质上各有特征，他们可能分别与传说中的华夏集团、东夷集团和苗蛮集团有关[24]。韩康信还认为，我国东南地区新石器时代居民与东亚和南亚人种相比，表现出一定程度的接近；在我国北方和东北地区发现的青铜时代及更晚的古人骨骼上，较常见北亚人种或北亚与东亚人种混合的特征；而在西北地区卡约文化遗址中出土的人骨则接近东亚蒙古人种[25]。张振标认为，中国新石器时代的人类颅骨特征明显地表现为两个不同的地方类型，即长江以北为北部类型，长江以南为南部类型[26]。朱泓将众多考古遗址中出土的人骨分别归纳为古中原类型、古华北类型、古

---

[20]　北京大学考古学系、驻马店市文物保护管理所编著：《驻马店杨庄》，北京：科学出版社，1998年。

[21]　周昆叔主编：《环境考古研究（第一辑）》，北京：科学出版社，1991年。

[22]　颜𫜪：《甘肃齐家文化墓葬中头骨的初步研究》，《考古学报》，第九册，第193～197页，1955年。

[23]　a. 中国社会科学院历史研究所、中国社会科学院考古研究所编著：《安阳殷墟头骨研究》，北京：文物出版社，1985年。

　　　b. 朱泓：《体质人类学》，长春：吉林大学出版社，1993年。

　　　c. 韩康信：《丝绸之路古代居民种族人类学研究》，乌鲁木齐：新疆人民出版社，1993年。

[24]　中国社会科学院考古研究所考古科学技术实验研究中心：《考古研究所科技考古二十年》，《考古》1997年第8期，第40～52页。

[25]　中国社会科学院考古研究所考古科学技术实验研究中心：《考古研究所科技考古二十年》，《考古》1997年第8期，第40～52页。

[26]　张振标：《中国新石器时代人类遗骸》，见吴汝康、吴新智、张森水主编：《中国远古人类》，第62～80页，北京：科学出版社，1989年。

华南类型、古西北类型和古东北类型等[27]。

其次，研究者们通过研究认为，殷商民族在体质特征上基本是蒙古人种。殷王族祖先的体质可能混有某些类似现代北亚蒙古人种的特征。殷墟中小墓、祭祀坑出土的人头骨研究也证明其与东亚蒙古人种比较接近[28]。

其三，韩康信等探讨了在我国东南地区部分新石器时代居民的人骨中发现的人工拔牙、头骨枕部畸形和口颊含球这三种特殊的风俗习惯[29]。

其四，韩康信、潘其风、朱泓、张君等分别对分布于西北、东北地区的考古遗址中出土的头骨进行了研究[30]。

其五，研究者在东亚地区范围内进行体质人类学的比较研究。如韩康信等通过对中国山东临淄出土的周至汉代人骨与日本西部的绳纹人、弥生人的综合测量数据进行比较，确认蒙古人种东亚类群中的一支在历史时期曾经向东部海洋地区扩散[31]。韩康信等还通过对中国和日本的古代拔牙风俗的比较研究，证明中日两种人种具有相似的生理特点，但两者之间的系统演变关系尚缺乏明显联系[32]。

其六，刘武等通过对下王冈和庙子沟两批中国北方新石器时代人类牙齿形态特征的观察研究，指出新石器时代华北地区人类牙齿形态特征与亚洲东北部人类极为相似，而与东南亚人类有较大差异[33]。

其七，体质人类学研究还涉及古病理研究。如朱芳武等对广西桂林甑皮岩遗址出土人骨的龋齿现象进行的分析[34]。

[27]　a. 朱泓：《建立具有自身特点的中国古人种学研究体系》，见吉林大学社会科学研究处编：《我的学术思想》，第471～478页，长春：吉林大学出版社，1996年。
　　　b. 朱泓：《中国东北地区的古代种族》，《文物季刊》1998年第1期，第54～64页。
[28]　中国社会科学院历史研究所、中国社会科学院考古研究所编著：《安阳殷墟头骨研究》，北京：文物出版社，1985年。
[29]　中国社会科学院考古研究所考古科学技术实验研究中心：《考古研究所科技考古二十年》，《考古》1997年第8期，第40～52页。
[30]　中国社会科学院考古研究所考古科学技术实验研究中心：《考古研究所科技考古二十年》，《考古》1997年第8期，第40～52页。
[31]　中国社会科学院考古研究所考古科学技术实验研究中心：《考古研究所科技考古二十年》，《考古》1997年第8期，第40～52页。
[32]　韩康信、中桥孝博：《中国和日本古代仪式拔牙的比较研究》，《考古学报》1998年第3期，第289～306页。
[33]　a. 刘武、朱泓：《庙子沟新石器时代人类牙齿非测量特征》，《人类学学报》1995年第14卷第1期，第8～20页。
　　　b. 刘武：《华北新石器时代人类牙齿形态特征及其在现代中国人起源与演化上的意义》，《人类学学报》1995年第14卷第4期，第360～380页。
[34]　朱芳武、卢为善：《桂林甑皮岩新石器时代遗址居民的龋病》，《人类学学报》1997年第16卷第

同位素分析、分子生物学等方法在人骨研究中的运用

蔡莲珍等通过对陕西西安半坡等遗址的人骨进行碳十三测定,* 推测小米是这些古代人类的主要食物[35]。赵凌霞与德国科学家合作,提取河南淅川下王冈等遗址出土的人骨及牙齿中的 DNA,对这些人骨及牙齿进行了性别鉴定[36]。

动物考古学研究

动物考古学是通过分析古代动物骨骼来探讨古代人类与动物的各种关系。

迄今为止,有关动物骨骼的鉴定报告已有数十篇,其中有两篇占有特殊的地位。一篇是 20 世纪 50 年代末李有恒等对半坡遗址中出土的动物骨骼进行的鉴定和研究[37]。这篇报告所创立的鉴定动物种属、探讨当时人的活动以及认识当时的自然环境等研究思路和方法,一直影响了我国几十年来的动物考古学研究。另一篇是姜寨遗址的动物骨骼研究报告[38]。祁国琴在这篇报告中首次使用了统计最小个体数的方法,并计算各种动物在种群中的比例关系,创立了定性和定量相结合的分析方法。

除研究报告以外,研究者还发表了一些研究论文。首先,周本雄提出在中国北方新石器时代最早和最主要的家畜种类是鸡、狗和猪,在南方是狗、猪和水牛,这些与西亚是绵羊和山羊,南亚是黄牛等不同[39]。

其次,袁靖系统地提出了动物考古学研究的目标、理论和方法[40]。

其三,袁靖等通过对史前和历史时期遗址中出土的马骨进行分析,发现大量的家马骨骼突然出现在距今 3000 多年前商代晚期的殷墟遗址,由此推测这个地区家马的出

　＊　4 期,第 271～273 页。

〔35〕 中国社会科学院考古研究所考古科学技术实验研究中心:《考古研究所科技考古二十年》,《考古》1997 年第 8 期,第 40～52 页。

〔36〕 赵凌霞、Susanne Hummel、Cadja Lassen、Bernd Herrmann:《新石器时代人骨遗骸中古代 DNA 的提取及 X－Y 染色体同源基因片断的 PCR 扩增》,《人类学学报》1996 年第 15 卷第 3 期,第 200～209 页。

〔37〕 李有恒、韩德芬:《陕西西安半坡新石器时代遗址中之兽类骨骼》,《古脊椎动物与古人类》1959 年第 1 卷第 4 期,第 173～185 页。

〔38〕 祁国琴:《姜寨新石器时代遗址动物群的分析》,见西安半坡博物馆、陕西省考古研究所编:《姜寨》,第 504～538 页,北京:文物出版社,1988 年。

〔39〕 中国社会科学院考古研究所考古科学技术实验研究中心:《考古研究所科技考古二十年》,《考古》1997 年第 8 期,第 40～52 页。

〔40〕 中国社会科学院考古研究所考古科学技术实验研究中心:《考古研究所科技考古二十年》,《考古》1997 年第 8 期,第 40～52 页。

现可能是文化交流的结果[41]。

其四，袁靖对中国新石器时代居民获取肉食资源的方式进行探讨，提出被动发展论的观点[42]。

植物考古学研究

植物考古学是通过研究植物遗骸、孢粉和植物硅酸体[43]等来复原古代植被及讨论各种农作物的起源问题。

植物遗骸研究

自 20 世纪 50 年代，在河南洛阳涧西属于仰韶文化的孙旗屯遗址中发现小米遗存以来，我们在众多属于新石器时代的考古遗址中发现了大量的植物种子和果核。到目前为止的研究表明，小米最早出现于距今 7000 多年前的磁山文化，黄米、油菜最早发现于距今 7000 多年前的大地湾一期文化，水稻最早出现于距今 10000 年前的湖南澧县玉蟾岩遗址，葫芦、大豆最早发现于距今 6000 多年前的浙江余姚河姆渡遗址第④层，枣、核桃最早发现于距今 7000 多年前的河南新郑裴李岗文化遗址[44]。

另外，研究者们从形态学的角度对考古遗址出土的稻谷进行了科学地观察和测量。如顾海滨认为，湖南澧县城头山遗址属于大溪文化时期的碳化稻谷可能是水生稻，并区分了类型[45]。张文绪等认为，湖南澧县梦溪八十垱遗址中出土的稻谷为兼有籼、粳特征的、正在分化的倾籼小粒形原始古栽培稻[46]。

孢粉研究

孢粉研究最早开始于 20 世纪 60 年代初，周昆叔在陕西西安半坡遗址的工作[47]。

〔41〕 袁靖、安家瑗：《中国动物考古学研究的两个问题》，《中国文物报》1997 年 4 月 27 日第 3 版。

〔42〕 袁靖：《论中国新石器时代居民获取肉食资源的方式》，《考古学报》1999 年第 1 期，第 1～22 页。

〔43〕 赵志军：《植物考古学概述》，见香港树仁学院编著（王玉棠、吴仁德、张之恒、陈文华主编）：《农业的起源和发展》，第 183～191 页，南京：南京大学出版社，1996 年。

〔44〕 a. 任式楠：《我国新石器—铜石器并用时代农作物和其他食用植物遗存》，《史前研究》1986 年第 3、4 期，第 77～94 页。
　　 b. 严文明：《我国稻作起源研究的新进展》，《考古》1997 年第 9 期，第 71～76 页。

〔45〕 顾海滨：《湖南澧县城头山遗址出土的新石器时代水稻及其类型》，《考古》1996 年第 8 期，第 81～89 页。

〔46〕 张文绪、裴安平：《澧县梦溪八十垱出土稻谷的研究》，《文物》1997 年第 1 期，第 36～41 页。

〔47〕 周昆叔：《西安半坡新石器时代遗址的孢粉分析》，《考古》1963 年第 9 期，第 520～522 页。

我们将各个遗址的孢粉分析结果归纳到一起，可以看出，在我国北方地区，距今11000～8500 年前的植被以榆树、桦树等落叶阔叶林为主，是气候逐渐变暖的时期。距今 8500～7000 年前的植被主要以暖温带落叶阔叶林为主，发现了现在生长在亚热带湖沼水域的水蕨孢子，从而推测当时的年平均气温比现在高 2～3℃。距今 7000～6000 年前的植被属暖温带落叶阔叶林，发现了现在生长在亚热带的水蕨孢子、铁杉、杨梅等，这说明当时的气候温暖，降水量增多。距今 6000～5000 年前与前一阶段有相似之处，但在距今 5500 年前左右普遍出现了落叶阔叶林一度减少、寒温性和温性针叶树种增加的现象，证明气温曾一度下降。距今 5000～4000 年前发现暖温带针阔叶混交林，气候又恢复为温暖湿润[48]。在我国东南部地区距今 11000～8000 年前以松或栎等阔叶树种为主，植被以森林草原型向森林植被方向发展，属于落叶阔叶树比例稳定上升期，这个时期气候迅速上升。距今 8000～6500 年前常绿落叶阔叶林达到顶峰，这个时期气候温暖湿润。距今 6500～3500 年前的前半段为亚热带植被发育期，而后半段草本植物蒿属达到高峰，常绿阔叶成分逐渐减少，特别是距今 5000 年前后出现了松树增加的现象，属于含常绿阔叶树种的针阔叶混交林的波动期，说明这个时期气温有过一次明显的波动[49]。

植物硅酸体研究

植物硅酸体研究最早开始于 20 世纪 80 年代末。如王永吉等通过对汉代五铢钱的陶范进行分析，发现里面包含有大量水稻壳硅酸体[50]，说明古代人类在铸造过程中加入了相当数量的稻壳。比较有代表性的成果一是在距今 10000 年以上的江西万年仙人洞和吊桶环两个遗址中发现栽培稻的植物硅酸体[51]，二是陈报章等通过扫描电镜观察了河南舞阳贾湖遗址、湖南澧县城头山遗址中出土稻谷硅酸体的双峰乳突形状和双峰之间的距离，认为贾湖遗址的大部分硅酸体接近粳稻的，而彭头山遗址则以籼稻为主[52]。

---

〔48〕 孔昭宸、杜乃秋：《中国北方全新世植被的古气候波动》，见施雅风总主编：《中国气候与海面变化及其趋势和影响①中国历史气候变化》，第 3～58 页，济南：山东科学技术出版社，1996 年。

〔49〕 唐领余、沈才明、于革、韩辉友：《中国东南部全新世植被史及植被带的迁移》，见施雅风总主编：《中国气候与海面变化及其趋势和影响①中国历史气候变化》，第 59～107 页，济南：山东科学技术出版社，1996 年。

〔50〕 王永吉、吕厚远、衡平、苍树溪、冯志坚：《植物硅酸体研究及在我国第四纪地质学中的初步应用》，《海洋地质与第四纪地质》1991 年第 11 卷第 3 期，第 113～124 页。

〔51〕 严文明：《我国稻作起源研究的新进展》，《考古》1997 年第 9 期，第 71～76 页。

〔52〕 a. 陈报章、张居中、吕厚远：《河南贾湖新石器时代遗址水稻硅酸体的发现及意义》，《科学通报》1995 年第 40 卷第 4 期，第 339～342 页。
    b. 顾海滨：《湖南澧县城头山遗址出土的新石器时代水稻及其类型》，《考古》1996 年第 8 期，第 81～89 页。

物理与化学分析技术在考古学研究中的应用

通过对古代遗物的化学成分和物理结构进行分析，可以认识不同地区、不同时期古代人类的生产工艺状况、发展变迁及文化交流等等。下面分为陶瓷器分析、玉石器分析、玻璃器分析和金属器分析四大类分别加以叙述。

陶瓷器分析

自 20 世纪 50 年代以来，研究者们运用不同的方法对陶瓷器进行分析，发表了一批专著[53]和相当数量的鉴定报告、研究论文。综合评价所取得的研究成果，比较有代表性的有以下几个方面。

首先，确认了许多考古遗址中出土的陶瓷器的化学成分。如李家治等认为从原料分析，新石器时代制陶原料主要为高铁质黏土，在有的地方还会使用高岭土。到了商周时期，人们对原料的选择提出了更高的要求，集中表现在三氧化二铁和氧化铁含量的降低及二氧化硅含量的提高上。而自商周时期以后，三氧化二铁含量的继续降低和二氧化硅含量的继续增加，对由陶过渡到瓷及提高瓷器质量起到决定性作用[54]。

其次，研究者们发现从新石器时代至汉代，制作陶胎所用的黏土有普通易熔黏土、高镁质易熔黏土、高铝质耐火黏土、高硅质黏土或瓷石等四个类型[55]。

其三，李家治通过对蛋壳黑陶的化学分析，发现它最大的特点是烧失量特别高，这是在即将烧成时用熏烟法进行渗碳的结果[56]。

其四，刘方新等对几个新石器时代遗址出土的陶片中长石的含量进行分析，推测当时可能存在文化交流[57]。

---

[53]　a. 周仁等：《中国古陶瓷研究论文集》，北京：轻工业出版社，1983 年。

　　　b. 中国硅酸盐学会：《中国古陶瓷论文集》，北京：文物出版社，1982 年。

　　　c. 李家治、陈显求、张福康、郭演仪、陈士萍：《中国古代陶瓷科学技术成就》，上海：上海科学技术出版社，1985 年。

　　　d. 中国科学院上海硅酸盐研究所：《中国古陶瓷研究》，北京：科学出版社，1987 年。

　　　e. 李文杰：《中国古代制陶工艺研究》，北京：科学出版社，1996 年。

　　　f. 罗宏杰：《中国古陶瓷与多元统计分析》，北京：中国轻工业出版社，1997 年。

[54]　李家治、陈显求、张福康、郭演仪、陈士萍：《中国古代陶瓷科学技术成就》，上海：上海科学技术出版社，1985 年。

[55]　李文杰：《中国古代制陶工艺研究》，北京：科学出版社，1996 年。

[56]　李家治、陈显求、张福康、郭演仪、陈士萍：《中国古代陶瓷科学技术成就》，上海：上海科学技术出版社，1985 年。

[57]　刘方新、王昌燧、姚昆仑、程庭柱、张敬国、严文明：《古代陶器的长石分析与考古研究》，

其五，李家治通过对考古遗址中出土陶瓷器的釉和涂料的化学成分及助熔剂的含量总和进行分析，把我国瓷釉的形成和发展大致分成商代以前为釉的孕育阶段；商周时期为釉的形成阶段；汉、晋、隋、唐、五代时期为釉的成熟阶段；宋代以后为釉的提高阶段这样四个阶段[58]。

其六，研究者发现，陶器上红陶衣或褐陶衣的原料为含铁量高的红黏土，白陶衣的原料为高岭土，黑陶衣的原料则为与陶胎原料相同的普通易熔黏土[59]。

其七，学者们确认彩陶中红彩的主量元素为硅、铝，较多量元素为铁；黑彩的主量元素为硅、铝，较多量元素为铁、锰；棕彩与黑彩的化学组成相同，但棕彩锰的含量低于黑彩，而铁的含量高于黑彩；白彩的化学组成与白陶衣相同，以高岭土为颜料[60]。

其八，李家治通过对陶瓷器烧成温度的测定，发现新石器时代和商代陶器的烧成温度均在1000℃以下，一般约为950℃；到了商周时代，原始瓷器的烧成温度则已达到1200℃左右；汉、晋、隋、唐及以后各个时期，瓷器的烧成温度进一步提高到1300℃左右[61]。

其九，李家治、罗宏杰等将中国古代各类古陶瓷化学成分的数据系统地归纳起来，建成中国第一个古陶瓷的化学成分数据库[62]。

其十，进入20世纪80年代以来，李虎侯等使用中子活化分析方法研究古瓷器的发生、发展及其演变过程，提出铈、铕和镱三种稀土元素是龙泉窑瓷胎中的特征元素，并对磁州窑、耀州窑、岳州窑和吉州窑瓷器的微量元素数据进行了分析[63]。

其十一，陈铁梅等利用中子活化分析方法对商时期原始瓷的产地进行研究，认为商代各遗址中出土的原始瓷器可能均产自江西吴城及其邻近地区。从而支持了"原始瓷南方少数生产中心论"这一观点[64]。

《考古学报》1993年第2期，第239～250页。

[58] 李家治、陈显求、张福康、郭演仪、陈士萍：《中国古代陶瓷科学技术成就》，上海：上海科学技术出版社，1985年。

[59] 李文杰：《中国古代制陶工艺研究》，北京：科学出版社，1996年。

[60] 李文杰：《中国古代制陶工艺研究》，北京：科学出版社，1996年。

[61] 李家治、陈显求、张福康、郭演仪、陈士萍：《中国古代陶瓷科学技术成就》，上海：上海科学技术出版社，1985年。

[62] a. 李家治、陈显求、张福康、郭演仪、陈士萍：《中国古代陶瓷科学技术成就》，上海：上海科学技术出版社，1985年。

b. 罗宏杰：《中国古陶瓷与多元统计分析》，北京：中国轻工业出版社，1997年。

[63] 中国社会科学院考古研究所考古科学技术实验研究中心：《考古研究所科技考古二十年》，《考古》1997年第8期，第40～52页。

[64] 陈铁梅、Rapp G. Jr.、荆志淳、何驽：《中子活化分析对商时期原始瓷产地的研究》，《考古》1997年第7期，第39～52页。

玉石器分析

中国对考古遗址出土的玉石器进行的研究不多。比较有代表性的是闻广等进行的研究。他们的研究包括：第一，概述了古代玉器鉴定的原则和方法，指出中国古代真玉主要是透闪石和阳起石类的软玉，并列出科学地鉴定软玉的质量和颜色的标准[65]。第二，通过对陕西西安沣西遗址中出土的古玉进行产地研究，认识当时的文化交流。根据石质确认周代存在着依天子、上公、侯、伯的等级不同使用全、龙、瓒、将等不同种类的玉的制度[66]。第三，通过对广东广州南越王墓和江苏高邮神居山二号汉墓出土玉衣的玉质进行鉴定，认为汉代诸侯王玉衣杂用假玉是遵循古制以避"用全"[67]。

玻璃器分析

比较有代表性的玻璃器的研究成果有如下几项：第一，研究者主要根据从西汉到北宋的玻璃器的化学成分和玻璃类别，指出我国古代的玻璃可以分为铅钡玻璃类、铅硅玻璃类、碱铅硅玻璃类和钾玻璃类等[68]。第二，王世雄等通过对陕西宝鸡强国墓地、广西合浦堂排汉墓中出土的玻璃料珠和玻璃珠进行铅同位素分析，证明它们是用中国本土的矿料制成[69]。

金属器分析

早在1950年，梁树权等就采用重量法测定了44件殷周青铜器的化学成分[70]。近50年来，研究者们使用多种分析方法研究了大量的金属器，出版了一批专著[71]。

〔65〕 闻广：《苏南新石器时代玉器的考古地质学研究》，《文物》1986年第10期，第42～49页。

〔66〕 闻广、荆志淳：《沣西西周玉器地质考古学研究》，《考古学报》1993年第2期，第251～280页。

〔67〕 a. 闻广：《中国古玉地质考古学研究——西汉南越王墓玉器》，《考古》1991年第11期，第1032～1038页。
　　 b. 闻广：《高邮神居山二号汉墓玉器地质考古学研究》，《文物》1994年第5期，第83～94页。

〔68〕 a. 建筑材料研究院、清华大学、中国社会科学院考古研究所：《中国早期玻璃器检验报告》，《考古学报》1984年第4期，第449～457页。
　　 b. 史美光、何欧里、吴宗道、周福征：《一批中国古代铅玻璃的研究》，《硅酸盐通报》1986年第1期，第17～23页。
　　 c. 安家瑶：《古代玻璃器研究》，见中国考古学会编：《中国考古学年鉴（1988）》，第94～98页，北京：文物出版社，1989年。

〔69〕 a. 王世雄：《陕西西周原始玻璃的鉴定与研究》，《文博》1986年第2期，第26～30页。
　　 b. 王俊新、李平、张巽、彭子成、陈树瑜、黄允兰、蒋廷瑜、邱钟仑：《广西合浦堂排西汉古玻璃的铅同位素示踪研究》，《核技术》1994年第8期，第499～502页。

〔70〕 梁树权、张赣南：《中国古代金属器的化学成分》，《中国化学会志》1950年第17卷第1期，第9～18页。

〔71〕 a. 北京钢铁学院：《中国冶金简史》，北京：科学出版社，1978年。
　　 b. 北京钢铁学院：《中国冶金史论文集》，《北京钢铁学院学报》编辑部，1986年。

首先，根据柯俊等的研究*，由于在甘肃东乡林家马家窑遗址和甘肃永登连城蒋家坪遗址中均发现青铜刀，证明我国在距今约 5000 年前已经有青铜器存在。在齐家文化、火烧沟文化、夏家店下层文化均发现有红铜制作的器物，证明在距今 3500 年前尚有红铜制作的器物存在，而之后则基本消失。在河南安阳殷墟西区墓地发现的铅礼器和兵器多达 50 余件，证明距今约 3000 年前已经可以制作铅器。在陕西宝鸡强国墓地中出土锡鼎和锡簋，证明距今 2800 年前已经可以炼锡。而在内蒙古、甘肃、陕西、湖南、河南、山西、山东、江苏等地属于春秋时期的遗址里均发现铁器，证明距今 2500 年前冶铁技术已经形成[72]。

其次，李敏生等认为青铜器可按成分划分为纯铜型、铜锡型、铜锡铅型、铜铅型等四种类型。其中属于铜锡铅型的大多数器物中铅的加入是有意而为，证明当时已掌握冶铸三元合金的新工艺。青铜的硬度与含锡量的多少成正比，大型青铜礼器含锡量偏低，一方面是有意节约原料，另一方面低含锡量更易于塑造礼器的造型和繁缛的纹饰[73]。

其三，由于成组或成套的青铜礼器往往在成分的比例上基本相同，故研究者们推测它们应是同时配料、同时铸造的[74]。而不同时期青铜器所含的元素有变化，这可能与生产工艺的进步相关[75]。

其四，通过铅同位素分析及其他方法，可探讨不同地区出土的青铜器、铜鼓的矿料来源问题[76]。如金正耀发现河南安阳殷墟出土的青铜器中含有高放射性成因铅，推

* c. 柯俊主编：《中国冶金史论文集（二）》，北京科技大学，1994 年。

　　d. 华觉明等：《中国冶铸史论集》，北京：文物出版社，1986 年。

　　e. 苏荣誉、华觉明、李克敏、卢本珊：《中国上古金属技术》，济南：山东科学技术出版社，1995 年。

[72] a. 北京钢铁学院冶金史组：《中国早期铜器的初步研究》，《考古学报》1981 年第 3 期，第 287～302 页。

　　b. 柯俊：《冶金史》，见北京钢铁学院：《中国冶金史论文集》，第 1～11 页，《北京钢铁学院学报》编辑部，1986 年。

　　c. 韩汝玢：《中国早期铁器（公元前 5 世纪以前）的金相学研究》，《文物》1998 年第 2 期，第 87～96 页。

[73] 中国社会科学院考古研究所考古科学技术实验研究中心：《考古研究所科技考古二十年》，《考古》1997 年第 8 期，第 40～52 页。

[74] 中国社会科学院考古研究所考古科学技术实验研究中心：《考古研究所科技考古二十年》，《考古》1997 年第 8 期，第 40～52 页。

[75] 中国社会科学院考古研究所考古科学技术实验研究中心：《考古研究所科技考古二十年》，《考古》1997 年第 8 期，第 40～52 页。

[76] 彭子成、邓衍尧、刘长福：《铅同位素比值法在考古研究中的应用》，《考古》1985 年第 11 期，第 1032～1037 页。

测当时部分矿料来自云南金沙一带[77]。在江西新干大洋洲商墓、四川广汉三星堆遗物坑中出土的青铜器里均发现高放射性成因铅，但此类矿料来源尚不能确定[78]。彭子成等认为陕西宝鸡强国墓地出土的青铜器的部分矿源可能来自陕西秦岭山脉和湖北大冶铜绿山[79]。广西大部分冷水冲型铜鼓的矿料来源于广西江北地区，而北流型和灵山型铜鼓的矿料可能来源于广西北流县和容县等地[80]。万辅彬等认为广西麻江型铜鼓的矿料来源于云南楚雄地区、滇中地区，贵州毕节地区及广西西北部和西部[81]。彭子成等认为云南早期铜鼓的矿料几乎都来源于滇西至滇中的滇池一带[82]。江西部分青铜器的矿料主要来源于瑞昌和铜岭古矿区，河南安阳青铜器的矿料部分来源于郑州古铜矿和大冶铜绿山古铜矿，而湖北大冶的青铜器是用本地的铜料铸成的[83]。华觉明等分析了古文献所载早期铜产地、现代地质勘探揭示的铜矿资源分布和早期采铜冶铜遗址的发掘和研究，辅以铅同位素法等现代检测手段，论证了长江中下游铜矿带和中条山区及其以西地带为商周铜料的主产地[84]。

其五，李众通过确认春秋晚期的"块炼铁"方法、西汉至东汉早期的炒钢技术、

〔77〕 金正耀：《晚商中原青铜的锡料问题》，《自然辩证法通讯》1987 年第 9 卷第 4 期，第 47～55 页。

〔78〕 a. 金正耀、W. T. Chase、平尾良光、彭适凡、马渊久夫、三轮嘉六：《江西新干大洋洲商墓青铜器的铅同位素比值研究》，《考古》1994 年第 8 期，第 744～747 页。

b. 金正耀、马渊久夫、Tom Chase、陈德安、三轮嘉六、平尾良光、赵殿增：《广汉三星堆遗物坑青铜器的铅同位素比值研究》，《文物》1995 年第 2 期，第 80～85 页。

〔79〕 彭子成、胡智生、卢连成、苏荣誉：《强国墓地金属器物铅同位素比值测定》，见宝鸡市博物馆编辑（卢连成、胡智生主编）：《宝鸡强国墓地》，第 639～645 页，北京：文物出版社，1988 年。

〔80〕 a. 彭子成、邓衍尧、刘长福：《铅同位素比值法在考古研究中的应用》，《考古》1985 年第 11 期，第 1032～1037 页。

b. 鲁冀邕、彭子成、万辅彬：《广西冷水冲型铜鼓的铅同位素考证》，《文物》1990 年第 1 期，第 79～84 页。

c. 万辅彬、姚舜安、李世红、鲁冀邕、彭子成、蒋廷瑜：《古代铜鼓矿料来源的铅同位素考证》，《物理》1990 年第 3 期，第 148～152 页。

〔81〕 万辅彬：《麻江型铜鼓的铅同位素考证》，《自然科学史研究》1992 年第 11 卷第 2 期，第 162～170 页。

〔82〕 a. 彭子成、李晓岑、张秉伦、李志超、李昆声、万辅彬：《云南铜鼓和部分铜铅矿料来源的铅同位素示踪研究》，《科学通报》1992 年第 8 期，第 731～733 页。

b. 李晓岑、李志超、张秉伦、彭子成、李昆声、万辅彬：《云南早期铜鼓矿料来源的铅同位素考证》，《考古》1992 年第 5 期，第 464～468 页。

〔83〕 彭子成、孙卫东、黄允兰、张巽、刘诗中、卢本珊：《赣鄂皖诸地古代矿料去向的初步研究》，《考古》1997 年第 7 期，第 53～61 页。

〔84〕 华觉明、卢本珊：《长江中下游铜矿带的早期开发和中国青铜文明》，《自然科学史研究》1996 年第 15 卷第 1 期，第 1～16 页。

东汉末年或魏晋时期的以铸代锻、南北朝的灌钢方法等，揭示了冶炼技术的发展过程[85]。

其六，李延祥等根据在内蒙古赤峰属于夏家店上层文化的大井古矿冶遗址中发现的炉渣中的金属颗粒是铜－锡－砷合金，推测当时已使用硫化铜矿、含砷锡铜共生矿。可见硫化矿冶炼铜的技术至迟在距今 3000 年前已开始使用[86]。

其七，柯俊发现商周的青铜器大都是用经过焙烧的泥范铸造的，同时还使用铸接的方法。到战国时期使用金属模制作铁范，然后利用铁范进行大规模生产[87]。

其八，孙淑云等通过对古代铜镜显微组织的研究，以及对青铜的铸造、淬火、回火及退火的实验，确认古代铜镜的制作方法主要是铸造[88]。

其九，华觉明等对殷墟出土的商代青铜器的铸造技术、曾侯乙青铜器红铜纹饰铸镶法、拨蜡法、失蜡法、叠铸技术等进行了研究和复原[89]。

其十，韩汝玢等通过研究中原以外地区出土的青铜器，揭示了中国古代各地区少数民族制作金属器物的技术[90]。

考 古 勘 探

考古勘探主要指利用遥感技术和地球物理勘探方法在范围较大的区域中寻找地面及地下的考古遗存，或在已知遗址内进行高分辨率的无损探测，以确定考古遗存的几何形态及空间分布状况。

---

[85] 李众：《中国封建社会前期钢铁冶炼技术发展的探讨》，见北京钢铁学院：《中国冶金史论文集》，第53～67页，《北京钢铁学院学报》编辑部，1986 年。

[86] 李延祥、韩汝玢：《林西县大井古铜矿冶炼遗址冶炼技术的研究》，见柯俊主编：《中国冶金史论文集（二）》，第 22～32 页，北京科技大学，1994 年。

[87] 柯俊：《冶金史》，见北京钢铁学院：《中国冶金史论文集》，第 1～11 页，《北京钢铁学院学报》编辑部，1986 年。

[88] 孙淑云、N. F. Kennon：《中国古代铜镜显微组织的研究》，见柯俊主编：《中国冶金史论文集（二）》，第 50～65 页，北京科技大学，1994 年。

[89] 华觉明等：《中国冶铸史论集》，第 211～246 页，北京：文物出版社，1986 年。

[90] a. 广州市文物管理委员会、中国社会科学院考古研究所、广东省博物馆编辑：《西汉南越王墓》，第 380～422 页，北京：文物出版社，1991 年。

    b. 李秀辉、韩汝玢：《青海都兰吐蕃墓葬出土金属文物的研究》，《自然科学史研究》1992 年第 11 卷第 3 期，第 278～288 页。

    c. 吉林省文物考古研究所编：《榆树老河深》，第 123～156 页，北京：文物出版社，1987 年。

    d. 韩汝玢、埃玛·邦克：《表面富锡的鄂尔多斯青铜饰品的研究》，《文物》1993 年第 9 期，第 80～96 页。

遥感考古

遥感考古是以研究地球表面的电磁波谱为基础，以遥感技术为手段，寻找并研究地面、地下古代人类文化遗迹，以及进行古代环境演化的研究。

我国的遥感考古开始于 1981 年对天津南部地区古河道的遥感影像研究，当时发现在航空照片和 TM 影像上，古河道都有明显特征，同时还发现遥感影像能探测到地下深度 10 米以内的古河道遗迹[91]。到现在为止已经发表了两本环境遥感考古专辑[92]和一些研究论文。比较有代表性的成果主要是：第一，研究了北京地区古长城、安徽明中都城、寿春城、湖北纪南城与郢城的形制、城墙、城门、护城壕的位置关系[93]。第二，刘树人等分析和解译江苏宁镇地区、安徽南陵县的航空影像，发现了一定数量的属于吴文化的台形遗址和土墩墓[94]。第三，刘建国等对库尔勒至轮台之间的航空影像进行了深入细致的分析和研究，探查出 22 座古城遗址[95]。第四，刘建国等成功地将安阳殷墟的航空影像与 TM 影像进行叠加，充分发挥各种遥感影像的优势，并探讨了城址遥感考古技术的一些方法[96]。

地球物理勘探方法

考古中常见的地球物理勘探方法有磁法、电阻率法、电磁法、地面透射雷达、浅层地震等。

从 20 世纪 70 年代后期开始，安徽滁县地区文物保护科研所在国家文物局的支持下进行了一定规模的实验性研究，这应该是国内学者首次将地球物理方法应用在考古

---

[91] 高洪兴：《天津南部地区古河道遥感影像特征及其反映深度》，见国家遥感中心编：《遥感文选》，第 160～168 页，北京：科学出版社，1981 年。

[92] a.《华东师范大学学报（遥感专辑 2）》，1992 年。
　　b.《华东师范大学学报（自然科学版）》，1998 年第 4 期。

[93] a. 张宏斌：《航片在凤阳县考古中的应用》，《遥感信息》1989 年第 1 期，第 16～17 页。
　　b. 丁邦钧、李德文、杨则东：《遥感技术在寿春城遗址考古调查中的应用》，《科技考古论丛》编辑组编：《科技考古论丛》，第 136～141 页，合肥：中国科学技术大学出版社，1991 年。
　　c. 孙家柄、廖志东：《楚古都—纪南城的遥感调查和分析》，《遥感信息》1993 年第 1 期，第 27～29 页。

[94] a. 刘树人、谈三平、张立、陆九皋、肖梦尤：《江苏宁镇地区吴文化台形遗址及土墩墓分布遥感考古研究》，《华东师范大学学报（自然科学版）》，1998 年第 4 期，第 76～87页。
　　b. 刘树人、杨则东、张延秀：《安徽省南陵县土墩墓及古城遗址遥感调查初步研究》，《华东师范大学学报（自然科学版）》，1998 年第 4 期，第 88～92页。

[95] 中国社会科学院考古研究所考古科学技术实验研究中心：《考古研究所科技考古二十年》，《考古》1997 年第 8 期，第 40～52 页。

[96] 刘建国：《安阳殷墟遥感考古研究》，《考古》1999 年第 7 期，第 69～75 页。

学上。经过这些年来的工作，取得了一些成果。第一，在对安徽亳县汉魏曹氏古墓、安徽凤阳明中都城等遗址的勘探中都使用了电阻率法，探测古墓的结构和都城城墙，其结果与后来的考古验证基本一致[97]。第二，张立敏等在三峡库区文物普查过程中使用了多种方法和仪器勘探地下遗迹、文物，对确认四川云阳故陵等遗址进行了有益的探索[98]。第三，阎桂林在对河南新郑古墓群、登封古遗址的勘探中使用磁法，确认了墓葬的位置及形制，同时还确认了古代窑址、水井和灰坑的位置[99]。第四，把目前在国际上仍是相当先进的高密度电阻率法应用于考古勘探中[100]。

计算机技术在考古学研究中的应用

本文提到的计算机技术特指定量分析和地理信息系统。

考古定量分析

从碳十四年代校正、铅同位素数据分析、器物化学成分数据分析，到考古学诸多分支学科如体质人类学、动物考古学、植物考古学的研究中，数理统计都是数据分析的基本方法。比如，自 20 世纪 80 年代以来，陈铁梅以多元分析聚类的方法对陕西渭南史家墓地进行了考古分期排序的研究[101]。朱乃诚将考古地层学、类型学与计量分析相结合，分别对湖南三元宫屈家岭墓地、陕西渭南史家、宝鸡北首岭下层和华县元君庙等仰韶文化半坡类型墓地进行了考古分期排序的研究[102]。

考古地理信息系统

地理信息系统（GIS）是一种地理空间数据的数字处理技术。欧美学者将 GIS 应用

[97]　a. 张寅生：《一种考古勘探的新技术》，《文物》1987 年第 4 期，第 71～75 页。

　　　b. 刘乐山、朱振文：《试论物探在田野考古工作中的应用》，见《文物研究》编辑部编：《文物研究（第七辑）》，第 429～434 页，合肥：黄山书社，1991 年。

[98]　a. 张立敏：《三峡库区地下文物勘探方法研究－四川省云阳县故陵楚墓勘查（课题结项报告）》，中国科学院地球物理研究所，1995 年。

　　　b. 钱复业、田中保士、马继贤、卢庸、袁进京：《地面电探 CT 技术及其在三峡考古中的应用试验》，《考古》1997 年第 3 期，第 80～85 页。

[99]　阎桂林：《考古磁学》，《考古》1997 年第 1 期，第 85～91 页。

[100]　闫永利、底青云、高立兵、陈刚：《高密度电阻率法在考古勘探中的应用》，《物探与化探》1998 年第 22 卷第 6 期，第 452～457 页。

[101]　中国社会科学院考古研究所考古科学技术实验研究中心：《考古研究所科技考古二十年》，《考古》1997 年第 8 期，第 40～52 页。

[102]　中国社会科学院考古研究所考古科学技术实验研究中心：《考古研究所科技考古二十年》，《考古》1997 年第 8 期，第 40～52 页。

于考古学研究已有十几年的历史了。GIS 主要用于考古制图、景观分析、聚落分析以及数据库管理等[103]。国内的一个实例是研究者于 1996 年在河南颍河上游两岸 100 公里范围内的聚落遗址调查中，使用 GIS 和 GPS 对遗址进行了较精确的测绘[104]。

总　结

综上所述，自然科学相关学科被引入考古学研究后，为我们研究古代社会带来了新的方法，提供了新的信息。展望 21 世纪，考古学与自然科学相关学科的结合必将把我们对于古代社会的研究推进到一个新的天地。

（原载于《考古》1999 年第 9 期，第 59～68 页，作者为袁靖、刘建国和高立兵，主要由袁靖撰写）

[103]　高立兵：《时空解释新手段——欧美考古 GIS 研究的历史、现状和未来》，《考古》1997 年第 7 期，第 89～95 页。

[104]　中国河南省文物考古研究所、美国密苏里州立大学人类学系：《河南颍河上游考古调查中运用 GPS 与 GIS 的初步报告》，《华夏考古》1998 年第 1 期，第 1～16 页。

科技考古研究的新起点

各位领导、各位同志，上午好。

今天是包括"中华文明探源工程（二）"在内的与科技考古和文物保护研究相关的国家科技支撑计划课题的启动大会。作为一名从事科技考古的研究人员，能够参加这样的会议，并在会上发言，心情十分激动。我深深感到这次会议的召开，这些课题的启动，意味着在科技部的支持下，在国家文物局的领导下，包括科技考古在内的考古学研究又站到了一个新的起点上。

我们知道，国家科技支撑计划是为了贯彻落实《国家中长期科学和技术发展规划纲要（2006～2020）》，并在原来国家科技攻关计划的基础上设立的国家科技计划。我们这一批属于考古学领域的研究人员、属于在考古学领域里从事科技考古的研究人员、属于在自然科学相关学科领域里从事科技考古的研究人员，有幸能够参加这样的国家科技支撑计划，从一个方面说，是科技部和国家文物局对党中央提出的科学发展观和促进社会主义先进文化建设要求的具体落实，是弘扬中华民族的优秀文化，实现中华民族的伟大复兴的重大举措，从另一个方面说，也是实现文理结合，加强交叉学科建设，在考古学方面推动原始创新和集成创新的具体体现。

实际上，考古学与自然科学相关学科的密切关系远远高于其他人文学科。这不仅仅是因为考古学的诞生就与借鉴地质学的地层学和生物学的分类法等自然科学方法有关，也是因为考古学自开始出现到现在，借用自然科学相关学科的方法进行研究的过程就从来没有间断过。

早在20世纪20年代，中外考古学家在发掘遗址时往往邀请地质学家参加，对遗址周围的地形地貌进行考察，这意味着在中国考古学的开始阶段，就重视考古学与地质学的结合。到20世纪50年代末，当时还隶属于中国科学院的考古研究所就开始建设碳十四年代测定实验室，紧紧跟上世界考古学发展的步伐。

在考古学与自然科学相关学科相结合的过程中，逐步形成了科技考古这样一门学科。严格地说，中国科技考古的大发展始于20世纪90年代。这集中体现在以科技部为主的国家有关部委支持的多个大型课题上。

比如，1997～2000年的国家"九五"重点科研项目"夏商周断代工程"，就是由来

自历史、考古、天文、碳十四年代测定等人文社会科学和自然科学等不同学科的专家
共同完成的。项目组最后提交的简表列出了商代后期自盘庚迁殷到西周共和元年近500
年里各个王在位的时间，提出了商代前期自汤到阳甲这300年里比较详细的年代框架，
提出了公元前2070年至公元前1600年夏代的基本年代框架。

　　如果说"夏商周断代工程"中体现的考古学与自然科学相关学科的结合仅仅表现
在天文学和碳十四年代测定上。那么，自2002～2003年实施的"中华文明探源工程预
研究"则又增加了环境考古和冶金考古这样两个新的研究领域。通过这些研究，除了
碳十四年代测定研究有新的进展以外，对于豫西晋南地区龙山时期的自然环境研究、
对于二里头时期的冶金技术研究也都有了新的认识。

　　如果说"中华文明探源工程预研究"中体现的考古学与自然科学相关学科的结合
仅仅包括碳十四年代测定、环境考古和冶金考古的话，那么，2004～2005年实施的
"中华文明探源工程（一）"则在上述三个研究领域的基础上，又增加了植物考古、动
物考古、食性分析、古DNA研究、陶器成分研究、玉器和石器的工艺研究等多个新的
领域，涉及地球科学、物理、化学、生物学、数学等五个自然科学基础学科。我们的
研究结果进一步确立了碳十四年代系列样品的测试方法，完善了中原地区从龙山文化
至二里头文化的绝对年代谱系；复原了中原地区特定时间段里的自然环境；填补了有
关当时农业、手工业等技术和经济状况研究的空白。为我们在比较精确的年代框架里，
认识自然环境特征及其变迁，探讨技术和经济的发展状况与文明演进的关系提供了一
系列实证性的资料。

　　如果说"中华文明探源工程（一）"中比较全面地体现了考古学与自然科学相关学
科的结合，但这些还属于初步尝试，包括古DNA研究在内的一些方法尚属于探索阶
段。另外，整个研究被限制在中原地区和1000年跨度的时间段里，时空范围比较有限
的话，那么，现在作为国家科技支撑计划启动的"中华文明探源工程（二）"的研究，
则具有以下五个特点。

　　第一，在年代学、环境考古、植物考古、动物考古、食性分析、冶金考古、陶器
成分分析、石器和玉器制作工艺研究等研究方法已经开始逐步成熟的领域里，我们将
把主要研究放在野外调查、采样和分析资料上。由于此次"中华文明探源工程（二）"
的研究范围扩展到西辽河流域，且包括中原地区在内的黄河流域和长江流域，研究的
时间跨度为2000年。因此，我们可以运用科学的方法对各个门类的数量极为丰富的原
始资料进行分析，争取提出带有原始创新和集成创新意义的成果。

　　第二，继续开辟新的研究领域。此次"中华文明探源工程（二）"新增加了对西坡
遗址和陶寺遗址中出土人骨的研究，其方法中包括古DNA分析和病理学研究，新增加
了地理信息系统在考古学研究中的应用等课题。进一步拓宽了考古学与自然科学相关

学科相结合的范围。我们要争取与在实施"中华文明探源工程（一）"的过程中做到的一样，在新增加的研究领域里取得新成果，同时，进一步建设和完善新的研究方法。

第三，加强与自然科学相关学科中一流研究机构的合作。比如，我们这次对古代家养动物的 DNA 研究，就是和中国科学院昆明动物研究所分子进化与基因组多样性实验室、中国农业大学农业生物技术国家重点实验室、吉林大学生命科学学院古DNA 实验室合作进行的。我们要在"中华文明探源工程（二）"的实施过程中，逐步搭建多个全国性的考古学和自然科学相关学科相结合的研究平台，努力做到让一批最优秀的人员用一系列最先进的技术研究各种最珍贵的资料，获取有科学依据的考古学研究成果。

第四，加强国际交流。我们此次专门邀请了美国哈佛大学、加州大学、英国伦敦大学、加拿大多伦多大学等世界一流学校的多位著名研究人员参与"中华文明探源工程（二）"的研究。我们希望在这次合作研究中，发挥那些外国研究人员各自的学术优势，争取做到中外学者共同努力，一起为探讨中华文明的起源和发展过程、在世界范围内弘扬中华民族的优秀文化而贡献力量。

第五，加强对研究生的培养。这次参加我们这个项目的博士生和硕士生人数超过30 人。所属学校包括中国社会科学院研究生院、中国科学院研究生院、北京大学、北京科技大学、中国科技大学、中国农业大学、吉林大学、山东大学、南京大学、兰州大学、西北大学等。我们希望通过这次"中华文明探源工程（二）"的实施，逐步建设一支研究生人数占有一定比例的科研队伍，保证包括科技考古在内的考古学事业后继有人。

鉴于现代考古学已经逐渐演变为一个以人文科学研究为目的、应用大量自然科学研究手段的学科。能否更加广泛、更加有效地在考古学研究中运用各种自然科学研究的手段，已经成为 21 世纪衡量一个国家考古学研究能力与水平的极为重要的标尺之一。我们在此次执行国家科技支撑计划项目的过程中，还要考虑在考古学中应用考古勘探、年代测定、环境考古、人骨研究、动植物考古、物质结构、成分和工艺分析、数字化技术等，尝试总结、归纳勘探、记录、取样、鉴定、测试、分析和统计等科学的操作规范。和全国广大科技考古工作者一起，努力做好科技考古方法论的建设工作。争取为当前正在开展的全国文物普查、三峡工程、南水北调工程中的考古学调查和发掘工作取得更大的收获贡献力量。争取为中国考古学的调查、发掘和研究水平向世界一流迈进贡献力量。

我们相信，有科技部、国家文物局和有关部委的正确领导，有我们广大考古工作者和科技考古工作者的努力探索，作为国家科技支撑计划项目之一的"中华文明探源工程（二）"一定能够取得一系列可喜的成果。

我们认为，科学技术的方法和手段在考古学中的逐步推广，正在给中国考古学带来一场革命性的变化。我们相信，以这次国家科技支撑计划课题的启动为契机，通过加强考古学与自然科学相关学科的紧密结合，进一步提高考古学调查、发掘和研究中的科学技术含量，考古学运用的技术方法就会越来越科学，考古学提取的信息资料就会越来越丰富，考古学开辟的研究领域就会越来越广泛，考古学获得的研究成果就会越来越精彩，考古学的明天就一定会更加灿烂辉煌。

谢谢大家。

（本文为国家文物局召开的国家科技支撑计划课题启动大会上的发言，大部分内容已经发表在《光明日报》2007 年 8 月 10 日第 9 版）

日本的中国考古学研究中科技考古的新进展

  2008 年 11 月 22 日和 23 日，在日本金泽大学举行了"日本中国考古学会第 19 次全国大会"，到会的研究人员和学生近 80 位。由于此次大会的主题是"中国的科技考古"，主办这次大会的中村慎一教授专门邀请北京大学考古文博学院的吴小红教授、湖南省文物考古研究所的顾海滨研究员、浙江省文物考古研究所的孙国平研究员和我参加大会。感谢中村慎一教授的安排，使我们有机会和日本学者进行面对面地交流，近距离地认识日本学者在中国考古学研究中开展科技考古研究的状况。

  这次大会专门安排了三位中国学者做专题报告。吴小红教授介绍了在中华文明探源工程中考古学文化谱系年代学研究的进展。在国家的大力支持下，中国的碳十四年代研究自夏商周断代工程以来有了长足的进步，年代测定的精确度和水平大大提高。在国际原子能机构组织的国际百家实验室碳十四年代测定比对中，北京大学加速器质谱碳十四的测定结果处于前列。在中华文明探源工程项目进行过程中，国内多个文物考古研究单位共同努力，并与国际碳十四研究机构合作，对中国考古学重要文化区域的 40 多个考古遗址进行年代测定，为中华文明起源与早期发展阶段考古学研究提供了很好的年代学框架。顾海滨研究员介绍了通过观察和测量现代水稻的粒形、基盘、芒、胚的形状和尺寸，建立判断栽培稻的标准。然后对自新石器时代到明清的考古遗址中出土的炭化水稻颗粒进行同样的测量和观察，并将结果与现代的标准进行比较。通过对比研究，认识到湖南地区在彭头山文化时大致完成了水稻驯化，到汤家岗文化至大溪文化时期，水稻驯化已经彻底完成。我则比较全面地介绍了中国从事科技考古的主要研究和教学机构、国家对科技考古研究的支持力度、主要的中外合作科技考古研究项目、主要的科技考古出版物、科技考古各个研究领域的主要研究成果、"中华文明探源工程（二）"中技术和经济发展与文明演进关系研究的阶段性成果、对今后中国科技考古发展的展望等等。

  日本学者和学生的报告大致可以分为六类。第一类，GIS 方面的研究成果。如中部大学的渡部展也等利用 GIS 对关中平原的周代遗址进行研究，确认当时选择聚落的位置和对水资源的利用有很大的关系，从新石器时代到西周时期，多数聚落都建在同样的地方，而西周时期的重要聚落则建在特别的地区。还有一个重要的现象是有一些现代的村落靠近河岸，和古代的遗址重叠，另外有一些现代的村落则距离河岸有一定的距离，这种聚落地点的变迁何时开始，当时的水资源利用状况如何等，这些都是值得探讨的课题。鸟取县埋藏文化财中心的茶谷满利用 GIS 对洛阳汉墓的空间分布状况开展研究，发现从当时居住的地方到墓地的路程大致在 2 小时之内。第二类，植物考古的研究成果。如熊本大学的小畑弘己归纳了生物学和遗传学对大豆起源地的研究结果，他通过对中国、日本、朝鲜半岛、俄罗斯沿海州地区多个考古遗址大豆的出土状况及形态学的比较，认为大豆的起源地在中国。弘前大学的上条信彦在山东济南月庄遗址中出土的石磨盘和石磨棒上提取到淀粉颗粒，经过显微镜观察，可以确定的植物有水稻、小米、坚果、块茎类等。另外，依据在石磨盘和石磨棒上发现的淀粉颗粒存在种类上的差异，推测两者并不一定总是配套使用。九州大学的李作婷等首次对台湾石桥遗址进行植硅石研究，发现在茑松文化中存在水稻的植硅石。另外，依据其他植硅石的生态状况，可以推测当时的遗址位于冲积平原内稍微隆起的高地上。第三类，动物考古的研究成果。如京都大学的菊地大树通过对山西天马－曲村遗址中出土的马骨的尺寸、年龄进行研究，认为天马－曲村的马的平均身高比商代至东周时期多个遗址中出土的马的身高稍矮一些。另外，与其他地区战国时期利用的马的年龄一般在 5至 11 岁左右相比，天马－曲村往往使用 1 岁左右的小马进行祭祀。第四类，计算机技术在文物考古上的应用。如阪南大学的山本谦治等利用计算机技术对西安碑林博物馆的石雕文饰的造型进行分析，把石雕纹饰由整体逐步分解成一个一个主题，并考虑建立数据库，为深入研究做好基础工作。第五类，元素分析。如金泽学院大学的小嶋芳孝等通过对渤海遗址中出土的金属器成分分析，发现其主要成分属于青铜，有的表面镀金，有些含铅的比例较高。第六类，综合研究。如东北学院大学的佐川正敏教授介绍了青森县埋藏文化财研究所和中国社会科学院考古研究所合作在内蒙古赤峰兴隆沟遗址开展发掘研究的情况，那次考古发掘和研究是在 GIS 在考古中的应用、碳十四年代测定、环境考古、体质人类学、动物考古、植物考古等多个科技考古学科的参与下共同进行的。九州大学的宫本一夫教授和四川省文物考古研究院合作对西南地区的石棺墓开展研究，除进行空间分布的研究以外，他们还确认卡莎湖石棺墓是这个地区最早的石棺墓，当时患关节炎的男性比例很高，这可能和男女分别从事不同的劳动有关。另外，当时人患龋齿的比例也很高，这可能和食物的种类相关。

　　除了与中国科技考古有关的研究以外，此次大会的发言中还有一些其他方面的研究内容。如综合地球环境学研究所的植林启介通过对石斧、石铲、石刀、石镰等生产工具的研究，探讨了中国新石器时代栽培体系的地区性特征及变化。金泽大学的八木聪通过对北京延庆玉王庙遗址中出土的青铜短剑纹饰的研究，指出当时可能越来越注重短剑的实用功能。国学院大学的小林青树研究了中国北方地区铜剑上的蛇形纹饰由写实向抽象的转变过程。金泽大学的柳生俊树通过对秦兵马俑出土的陶马形状与欧亚草原地区的同类资料进行比较，指出秦代在对马鬃、马尾的处理上可能受到当时活跃在欧亚草原地区的游牧民族的影响。筑波大学的八木春生通过对敦煌莫高窟的隋代造像和西安附近的隋代佛教造像进行比较，认为当时已经开始形成统一的风格。筑波大学的末森薰对甘肃天水麦积山石窟的东侧崖面进行考察，结合文献资料开展了有益的探讨。

这次大会在几个方面给我留下了较深的印象。

第一，日本中国考古学会每年召开一次全国性的学术大会，到今年已经是第 19 次了。日本中国考古学会历经秋山进午教授、饭岛武次教授两任会长的领导，现在的会长是东京大学的大贯静夫教授，一批研究中国考古学的学者们和学习中国考古学的学生们持之以恒地开展中国考古学研究，并且每年进行一次全国性的学术交流，这在世界上其他任何一个国家都是没有的。这些日本学者和学生们的执著和努力，让我们十分敬佩，同时也增强了我们做好中国考古学研究的信心和决心。

第二，此次全国大会的主题是中国科技考古。这是日本中国考古学会多年来首次专门选择中国科技考古为题进行学术交流和讨论。能否更加广泛、更加有效地在考古学研究中运用各种自然科学研究方法，已经成为 21 世纪衡量一个国家考古学研究水平的极为重要的标尺之一。在日本从事中国考古学研究的学者们已经充分认识到科技考古的重要性，他们中的一些人和中国的考古研究或教学机构合作，在中国开展多学科结合的考古发掘和研究，一些人在中国科技考古的某个领域围绕特定的题目进行探讨。他们的不少研究成果可圈可点。这些努力对于推动中国科技考古研究进一步向前发展是十分有益的。

第三，记得当年我在日本留学时就参加过日本中国考古学会的学术活动，除了我以外，考古研究所的王巍所长，白云翔副所长，北京大学考古文博学院的赵辉院长、徐天进教授等当年留学日本时，也都有过这样的经历。此次参加会议的中国学者除吴小红教授、顾海滨研究员、孙国平研究员和我四人外，中国社会科学院考古研究所分别在日本东北学院大学和橿原考古研究所做访问学者的龚国强研究员、陈国梁助理研究员也专门从驻地赶到金泽大学来参加这个会议。另外，在日本的大学中执教多年的苏哲教授、王妙发教授也到会了。参加这次会议的中国学者有 8 人之多，其中 4 人是专门从中国赶来参加这次会议的，这些在历次日本中国考古学会的全国大会上都是少见的。

日本的中国考古学会发展顺利，成果喜人。这也从一个侧面反映出在中国学者和日本学者的共同努力下，中国考古学的前景、日本考古学的前景乃至东亚考古学的前景，一定会更加光明。

（原载于《中国文物报》2008 年 12 月 12 日第 7 版）

考古学与当代科技

  考古学与自然科学相关学科的密切关系不同于其他人文学科，这不仅仅是因为考古学的诞生与借鉴地质学和生物学的方法有关，也因为考古学自出现至今，从未间断过利用自然科学相关学科方法进行研究的过程。今天，考古学已经逐渐演变成一个以人文科学研究为目的、包含大量自然科学研究方法的学科。更加广泛、更加有效地在考古学研究中运用各种自然科学的研究方法，已经成为 21 世纪衡量一个国家考古学研究水平的极为重要的标尺之一。鉴于此，总结考古学与自然科学相关学科相结合的实践经验，加强自然科学相关学科在考古学中的应用，展望今后的研究是十分必要的。

在考古学中应用自然科学相关学科的实践

  在中国考古学界，应用自然科学相关学科的实践可以追溯到中国考古学的开始阶段。早在 20 世纪 20 年代，中外考古学家在发掘遗址时就往往邀请地质学家参加，对遗址周围的地形地貌进行考察。自 30 年代开始，在考古学中应用自然科学相关学科的领域包括地质学、体质人类学、动物学、植物学、对陶器和金属器进行成分和金相分析等等。到 20 世纪 50 年代末，当时还隶属于中国科学院的考古研究所开始建立碳十四测定年代实验室。到 20 世纪 60 年代，考古研究所陆续开辟了碳十四年代测定、对陶器、金属器进行化学分析、体质人类学和动物考古学等研究领域。到 20 世纪 70 年代，北京大学历史系考古教研室和中国文物研究所相继成立碳十四年代测定实验室，考古研究所又增加了热释光年代测定法。到 20 世纪 80 年代，北京大学考古系实验室又增加了铀系法测年方法，中国历史博物馆考古部建立了水下考古研究中心，考古研究所又增加了金相分析方法。而自 20 世纪 90 年代开始，又有一批新的研究机构相继出现，一些新的领域得以开辟。如中国社会科学院考古研究所在原有的考古勘探、年代测定、体质人类学、动物考古学、成分与结构分析、文物保护与修复、考古绘图、考古照相等研究和应用领域的基础上，又增加了环境考古学和植物考古学两个新的研究领域，成立了考古科技研究中心。中国历史博物馆考古部建立了遥感与航空摄影考古中心。吉林大学成立了包括古代人骨体质人类学与遗传基因研究、地理信息系统在考古中的应用、环境考古学、动物考古学等在内的边疆考古研究中心。北京大学考古文博学院的实验室又开辟了加速器质谱测定年代、成分分析、定量考古和同位素分析等研究领域。另外，湖南省文物考古研究所、山东省文物考古研究所和浙江省文物考古研究所都相继引进人才，专门开展植物考古学等方面的研究。

在自然科学界，20世纪50年代进行的与考古学相结合的研究，主要集中在古陶瓷和冶金考古这两个领域。以中国科学院上海硅酸盐研究所古陶瓷研究组和北京科技大学冶金与材料史研究所为主要力量的一些研究机构的学者，对很多考古遗址中出土的陶器和金属器进行了大量的分析和研究。自20世纪90年代以来，在自然科学的其他领域里，与考古学相结合的研究逐步兴盛起来。如华东师范大学成立城市与环境考古遥感开放实验室，中国科技大学成立科技考古研究室，另外，在中国科学院地质与地球物理研究所和北京大学环境学院等一批科研和教学机构里都有研究人员开展环境考古研究。中国科学院遗传研究所和复旦大学现代人类学研究中心也有专人对考古遗址出土的人骨进行遗传基因研究。

特别需要指出的是，自20世纪90年代以来，自然科学相关学科的研究机构和考古学的研究机构一起合作建立研究或教学实体，实现了跨学科的联合。中国科技大学、中国社会科学院考古研究所、中国科学院自然科学史研究所联合建立了中国科技大学科技史与科技考古系。中国科学院遥感研究所、中国国家博物馆考古部和华东师范大学城市与环境考古遥感开放实验室联合建立了遥感考古联合实验室。北京大学考古文博学院和吉林大学边疆考古研究中心也分别和校内从事核分析技术和生命科学研究的学者合作，开展研究。

近八十年来，考古学家和自然科学家在考古学与自然科学相关学科相结合的研究道路上走过了不平凡的历程。这里仅就我们中国社会科学院考古研究所科技考古中心这几年的实践做一个简单地概括。我们认为，这是全国范围内在考古学中应用自然科学相关学科的一个比较全面的缩影。

考古勘探组

（1）用探地雷达测出陕西西安唐大明宫遗址内柱础石的排列顺序。（2）用磁力计在山西襄汾陶寺遗址测出一段城墙的走向。（3）通过对新疆库尔勒地区的航空照片进行增强处理和判读，不但发现新的城址，还科学地确认了一些城址的经纬度和面积。（4）利用地理信息系统，准确地显示出山东沭河流域、河南安阳洹河流域、陕西扶风周原七星河流域的海拔、水系及各个时期遗址的分布规律。

考古年代学组

（1）圆满完成了"夏商周断代工程"中常规样品的碳十四测定年代任务。（2）正在对与"中华文明探源工程预研究"有关的遗址中出土的样品及其他考古遗址中出土的样品进行碳十四年代测定。（3）与德国考古研究院欧亚研究所合作，通过对青海都兰吐蕃墓出土的多块棺木进行树木年轮测定，初步建立起青海都兰地区的柏树在唐代以前 1316 年的浮动年表。（4）在做好碳十四年代测定工作的同时，年代学组的研究人员还通过对多个遗址出土的人骨进行食性分析，就认识当时不同地区、不同时期的人的食物结构进行了有益的尝试。

环境考古学组

（1）通过胶东半岛贝丘遗址的环境考古研究，总结出这个区域在一定时期内人类适应海侵形成的环境变迁而生存，并在发展过程中逐渐对环境形成影响，最后主要在大汶口文化的影响下，改变其生存活动的方式这样一种特殊的人地关系。（2）以陕西扶风周原遗址、长安沣西遗址，山西襄汾陶寺遗址、河南偃师二里头遗址、偃师商城遗址、安阳殷墟遗址，山东聊城教场铺遗址为中心进行研究，探讨黄河中下游地区古代环境变迁与人类生活方式和文明演进的关系。（3）在山西晋南地区确认了一处全新世的湖相沉积剖面，系统地采集了土样，开始进行孢粉、碳氧同位素和磁化率分析，探讨距今 5000～3000 年前的自然环境变迁。（4）与中国科学院南京地理与湖泊研究所、日本国立综合环境研究所合作，对甘肃居延地区的古代自然环境变迁与人类活动的关系进行研究。（5）以山西襄汾陶寺遗址中发现的洪水冲击层和文化层的叠压关系、及青海民和喇家遗址中多处房址里发现的突然死亡的人骨架为线索，研究当时不同地区自然灾害对人类活动的影响。

体质人类学组

（1）对多处遗址出土的人骨进行体质人类学研究，确认不同地区、不同时期人骨的体质特征。（2）通过对青海湟中李家山遗址出土的人头骨进行非测量特征观察，肯定了利用这种方法研究考古遗址出土人骨的可行性。（3）在四川成都十街坊新石器时代遗址中发现四川地区的首例拔牙现象。（4）在青海民和胡李家遗址确认迄今为止最早进入这个地区的欧洲人种。（5）在陕西临潼对秦始皇陵区的 121 具修陵人骨架进行研究，确定其年龄、性别和骨骼特征等。（6）分别与中国科学院遗传研究所、复旦大学现代人类学研究中心、吉林大学边疆考古研究中心合作，对几个古代遗址出土的人骨进行遗传基因分析。

动物考古学组

（1）对多处遗址出土的动物骨骼进行动物考古学研究，确认不同地区、不同时期人们狩猎、捕捞和家养动物的种类和数量。（2）确认猪等动物骨骼的形态测量标准，牙齿萌生、磨损状况与年龄的对应关系。（3）确认迄今为止所知的鸡、狗、马、猪、牛、羊等家养动物的起源时间和地点。（4）归纳新石器时代居民获取肉食资源的方式，并提出被动发展论的观点。（5）探讨商代利用马、猪、牛、羊等动物进行祭祀的时期和地域特征。（6）与日本带广畜产大学解剖学研究室合作，通过对河南安阳洹北花园庄遗址和内蒙古敖汉大甸子遗址中出土狗骨的遗传基因分析及与日本狗骨的同类研究结果进行比较，证实中国古代家犬对日本家犬起源的影响。

植物考古学组

（1）在各个考古遗址大力推广浮选法，系统地获取了大量植物遗骸，确认不同地区、不同时期人们采集植物和栽培农作物的种类和数量。（2）在黄河中下游地区龙山文化的遗址普遍发现水稻。（3）在黄河下游地区龙山文化遗址和福建沿海地区相当于商代的遗址中发现小麦。（4）在黄河上游地区青铜文化遗址中发现大麦。（5）对多个遗址中出土的木炭碎块进行研究，在湖北枣阳雕龙碑遗址、内蒙古赤峰大山前遗址、山东聊城教场铺遗址和陕西西安汉长安城遗址的木炭碎块中确认多个树种。

结构和成分分析组

（1）与中国原子能研究院核物理研究所合作，通过对属于山东地区龙山时代的多处遗址中出土的陶片进行中子活化分析，探讨它们的原料产地及相关的文化现象。（2）通过对山西襄汾陶寺遗址中出土的齿轮形器进行分析，确认这件器物的金属成分和制作工艺。（3）通过对河南安阳殷墟遗址中出土的青铜器进行原子吸收光谱、电感耦合等离子体发射光谱、X光无损检测等多种测试和分析，确认殷墟一至四期文化中青铜器化学成分组成的变化规律、制作工艺的技术发展与明器化现象。（4）通过对河南安阳殷墟54号墓出土的带盖陶器和青铜器里的积土进行中子活化分析，探讨如何区分当时放在这些器物内的植物类和动物类物品。（5）通过对西汉时期的镜范进行研究，确认其密度、吸水率、烧成温度等物理性能，检测镜范材料的成分、矿物组成和加入的植物种类等。

回顾在考古学中应用自然科学相关学科的实践，我们认识到这个过程明显受到世界考古学进程的影响，也与中国考古学本身的发展密切相关。在中国考古学的起步阶段就有自然科学相关学科的参与，这是由于考古学本身就是从西方引进的，西方学者率先发掘了我们的遗址，那时中国自己的考古学家又多是从西方学习归来的，因此，当年中国考古学的研究方法基本上与西方的研究方法同步。后来在考古学中应用自然科学相关学科的研究一度陷入低潮，这与我们的考古学本身面临在辽阔的国土上建立众多考古学文化谱系、承担大量配合基本建设的发掘任务有关。到了 20 世纪 90 年代，在考古学中应用自然科学相关学科的研究之所以能够取得相当大的进步，首先因为考古学文化时空框架的构建工作基本完成，研究古代社会的各个方面，探讨古代人类的行为，归纳人类历史的发展规律逐渐成为我们考古学研究的主要内容。其次，要开展以上的研究，必须应用自然科学相关学科的方法，才能保证资料的全面性和方法的科学性。其三，西方考古学界大力借助自然科学相关学科方法进行研究的成功先例，对我们也是一个很大的启发。可以说，中国考古学的实践需要始终左右着在考古学中应用自然科学相关学科的实践过程。当然，自然科学相关学科的发展也明显地促进了其与考古学的结合，如碳十四年代测定、计算机技术、遗传基因研究和同位素分析等一系列新方法的创立，对于推动在考古学中应用自然科学相关学科的进展无疑是注入了极大的动力。

在考古学中应用自然科学相关学科的可行性和必要性

我们今天在考古学中应用自然科学相关学科的主要目的是适应考古学发展的需要，进一步提高考古工作的效率和科学性，全方位收集田野考古中所能获取的信息，充分发挥考古学资料的价值，更加拓宽考古学研究的范围，全面深化考古学研究的内容。

迄今为止，在考古学中应用的自然科学相关学科具体涉及物理学、化学、生物学、地球科学、数学等基础学科。其中，物理学和化学主要探讨遗物的年代、结构和成分，生物学全面涉及古代的人、动物和植物，地球科学基本讨论的是当时的自然环境，而数学大致集中于各种资料的统计分析及对特定考古资料的量化研究。

考古学的研究对象是古代的物质遗存。研究对象的这种物质性特征是我们能够在考古学中应用自然科学相关学科的关键，因为自然科学相关学科就是研究自然界的物质形态、结构、性质和运动规律的科学。从纯粹的自然科学研究和在考古学中应用的自然科学相关学科研究这两者的研究过程看，它们之间的共性主要有四点：一是使用同样的仪器设备；二是依据同样的分析原理；三是运用同样的技术手段；四是对由同样的物质结构和化学元素组成的对象进行分析。它们之间的区别主要有两点：一是分析材料在时间上有差异性，前者的材料包括现代和古代，后者的材料则肯定属于古代；二是研究目的不同，前者是认识物质的形态、结构、性质和运动规律，完全属于自然科学，后者则主要考虑如何解释古代人类的行为，探讨当时的历史，属于人文科学的范畴。

在考古学中运用自然科学相关学科需要秉承"以今证古"的原则。这个原则最早出自英国地质学家莱伊尔于 18 世纪提出的"均变说"。他认为"地球的变化是古今一致的，地球过去的变化只能通过现今的侵蚀、沉积、火山作用等物理和化学作用来认识。现在是认识过去的钥匙"。自然科学相关学科的科学原理及其研究结果，证明了这些学科的科学性和实用性，这也保证了我们应用自然科学相关学科对古代遗迹、遗物进行研究时在方法上的科学性，同样也保证了最后结论的可靠性。贯彻"以今证古"的原则，为我们实事求是地认识过去，令人信服地解释过去奠定了基础。

在前面"在考古学中应用自然科学相关学科的实践"那一部分里，我们叙述了一系列的研究成果。我们认为这些研究成果可以证明，在考古学中应用自然科学相关学科在两个方面发挥了巨大的作用：一个方面是运用自然科学相关学科的方法对遗迹和遗物进行鉴定、测试和分析，揭示了当时的绝对年代、自然环境的特征、人类生存活动的方方面面，开拓了传统考古学所不能涉及的多个研究领域。另一个方面是运用自然科学相关学科的方法确认遗址、遗迹的位置、面积、布局，对各类考古资料进行定量统计和分析，极大地提高了考古学研究的效率和精确度。

考古学发展到今天，其研究的内容已经由原来通过发掘出土的遗迹、遗物的形状确定一个遗址、一个类型或一个文化的年代早晚、文化特征，建立完整的古代物质文化谱系，发展并进一步扩大到全面探讨古代社会的各个方面。任何一个区域、任何一个遗址的考古学调查和发掘，都是为了全面或部分地展现处在特定时间跨度和空间范围内的自然环境状况，人类社会的生存活动、生活方式、制作工艺、社会组织、礼仪制度、丧葬习俗、祭祀特征、文化交流等各个方面。如果说通过对人工遗迹和遗物形状进行研究可以形象地再现其当年的原貌，从时空框架上确定考古学文化的相对位置。那么通过考古勘探、年代测定、环境考古学、体质人类学、动物考古学、植物考古学、成分和结构分析等研究则可以科学地再现当时的自然环境状况、演变及人类与之相适应的互动关系，考古学文化的绝对年代，居住在不同地区的人群的体质特征和风俗习惯，采集、狩猎、种植、家养等一系列获取食物资源方式的演变过程，包括动植物在内的各个时期人的食物种类，人类制作各种器物的方法、原料及发展过程，不同时期的古人进行随葬和祭祀活动时所使用的各种动植物种类和特征，文化与文化之间一些特殊因素的交流。同时，还能提高考古调查、发掘和研究的效率和精确度。在这样的基础上形成的考古学综合研究成果才能真正符合 21 世纪世界考古学发展的要求。此外，历史学、民族学、人类学、社会学等社会科学学科和地球科学、物理学、化学、动物学、植物学、自然科学史等自然科学学科的研究人员也都可以从中获取珍贵的资料和有益的启示。

我们认为，在考古学中进一步强调与自然科学相关学科相结合是时代向考古学提出的要求，也是考古学本身发展的必由之路。

对在考古学中应用自然科学相关学科的展望

多年来，在老一辈学者的努力下，我们在年代学，体质人类学，陶器、金属器的成分和结构分析等研究领域有了长足的进步。近年来，在考古学界和地球科学界的共同关注下，环境考古学也呈现出欣欣向荣之势。但是我们必须正视的问题是，其他各个领域的研究还有许多工作要做。现在全国各个地区在考古学中应用自然科学相关学科的实践还远远没有普及，有些地区在这方面的工作迄今为止仍是空白，很多地区即便已经开展了研究，但是其目的性、科学性、全面性和整合性都有待提高。把我们在考古学中应用自然科学相关学科的现状与世界上的先进水平相比，还有较大差距。尤其是在现今世界高新科技实现了突飞猛进地发展的大背景下，西方国家在考古学与自然科学相关学科相结合的一些前沿领域如遗传基因研究、稳定同位素研究等方面都取得了骄人的成绩。这对我们既是科学的启迪，又是有力的鞭策。我们应该投入更多的财力和人力，注意在考古学中应用自然科学相关学科的全面性，强调在每个研究领域中的前沿性，认真做好一个遗址、一个地区及一个领域的课题研究和资料积累工作，扎扎实实地把自然科学相关学科在考古学中的应用推向前进。

考古学家和自然科学家分属于不同的学科，不同的学科都有各自的研究目的和方法。因此，要把自然科学相关学科在考古学中的应用推向前进，考古学家和自然科学家就需要互相学习。考古学家要认真了解自然科学家探讨物质世界的各种方法和原理，开拓研究思路，充分调动各种积极因素；而自然科学家则要注重理解考古学家是如何去解释古代社会和人类历史的发展规律，充分利用各种仪器设备，开发各种考古资料的价值。研究人员只有通过这样一个知识结构的更新过程，才能把自然科学相关学科的方法全面、有效地运用到勘探、考察、鉴定、测试、分析各种与考古相关的资料中，其研究结果才能与考古学的目的有机地结合在一起，充分体现出多学科研究的学术价值。现在一些大学和科研机构已经培养或正在培养能够进行多学科研究的研究生，这是一个十分可喜的现象。今后，有条件的大学还要加强对本科生的教学工作，开设多门这方面的课程，系统地培养具有考古学和自然科学某个学科基础知识的复合型人才，引导他们以新的思维在今后的田野考古中开展工作，为在全国范围内的考古实践中广泛开展应用自然科学相关学科的研究打下基础。

在今后的工作中，我们要进一步实行课题制，这是我们在考古学中应用自然科学相关学科的一个很好的方法。我们提倡无论是主动发掘还是配合基本建设进行考古调查和发掘，都应该组建以考古学为主，包括属于自然科学相关学科的研究人员在内的队伍，这应该逐步成为一种制度。我们承担的每一次考古调查和发掘工作，从某种意义上说都是一次机不可失、失不再来的机遇，除人工遗迹和遗物之外，充分获取有关当时自然环境的状况和人的行为的各种信息，进行全面的研究，拿出高质量的、无愧于时代的研究成果是我们共同的愿望。课题制要求多学科的研究人员共同参与考古调查和发掘的规划，结合不同的考古实际状况制定各种切实可行的技术路线，一起开展野外工作，在考古调查或发掘中分别获取本学科研究所需的资料，在室内各自依照本学科的方法进行研究，最后以考古学研究为主线，把多学科研究的内容结合在一起。在实行课题制的过程中，把考古学和自然科学各门学科的研究内容融为一体是我们理想的目标。

总结考古地层学、类型学和年代学的发展过程，可以看到这些方法的形成是首先依据考古学实践的需要，借鉴其他学科的方法，然后在考古实践中不断完善、充实，使之逐步适应考古学的研究，最后成为考古学自己的方法。重温这些方法的形成过程会给我们一个很大的启示。我们通过借鉴物理学、化学、生物学、地球科学和数学的研究方法，逐步建立起考古勘探、年代测定、环境考古学、体质人类学、动物考古学、植物考古学、食性分析、成分和结构分析等诸多研究领域，获得了一系列有学术价值的成果，这些成果再一次证明，在考古学中应用自然科学相关学科可以加强考古学的科学性，增加考古学的科技含量，突出考古学里全方位研究古代社会的内容。这对深入开展考古学研究是一个极大的促进，符合考古学的发展方向。在考古学中应用自然科学相关学科的实践过程正在带动考古学方法的进一步多样化，我们要以地层学、类型学和年代学的形成及发展过程为鉴，努力做到考古学和自然科学相关学科的有机结合，有意识地完善研究方法，积极推进考古学方法多样化的创新过程。

我们相信，只要坚持与时俱进的精神，进一步加强自然科学相关学科在考古学中的应用，不断进行新的探索，我们获取的信息资料就会越来越丰富，我们涉及的研究领域就会越来越广阔，我们得到的研究成果就会越来越精彩，考古学的明天就一定会更加灿烂辉煌。

（原载于中国社会科学院考古研究所考古科技中心编：《科技考古（第一辑）》，第465～466页，北京：中国社会科学出版社，2005年）

《科技考古的方法与应用》绪论

科技考古大致可以分为考古勘探、年代测定、环境考古、人骨研究、植物考古、动物考古、碳氮稳定同位素分析、微量元素分析、锶同位素分析、古 DNA 分析、物质结构和成分分析、多种计算机技术在考古中的应用等研究领域。这里首先阐述各个领域的研究方法与作用，然后系统阐述这些方法在考古中的应用。

科技考古的主要方法与作用

考古勘探

利用遥感技术和地球物理的探测方法在范围较大的区域中寻找地面和地下的考古遗存，通过对卫星图片和航空照片进行增强处理，确定古代遗址的分布位置，进行考古遗址的测绘与监测。利用磁力仪和探地雷达在遗址内开展工作，在数据波形图中寻找异常点，确定考古遗存的几何形态及空间分布范围等。

考古发掘工作开始以前，进行全面的考古遥感与地球物理探测，与传统的必须依靠人工钻探和发掘才能认识地下遗迹的状况相比，优势在于提高了工作效率，节约了时间和经费，而且不会破坏地下文物。依靠高分辨率的航空、航天影像和地球物理探测设备，可以判明地下各种遗迹的分布状况，为制定田野发掘计划和确立遗址的保护方案提供科学的依据。

年代测定

在新石器时代考古及夏商周考古研究中主要使用的测定年代的方法有两种。一种是运用常规碳十四测年和加速器质谱仪测年的方法对考古遗址中出土的样品进行测试，通过 $\delta^{13}C$ 校正、树轮校正和系列样品拟合研究等，最后得到高精度的日历年代数据，判定遗址或具体文化层的绝对年代。另一种是通过对某一气候区特定树木的年轮进行分析和研究，建立长序列的树木年轮年表，对这个地区考古遗址中出土的同类树种的木质遗物进行精确的定年，为确定遗址的年代提供参考依据。

认识各个考古遗址的年代是考古学首先要解决的问题，测定年代的方法可以确定每个遗址的绝对年代，这样就可以逐步构建立体的时间框架，为比较考古学研究中各个文化、类型、遗址及各种文化现象确立一个统一的时间标尺。

环境考古

主要是对各个遗址所在区域的地质状况进行野外调查，对土壤样品进行年代测定、孢粉、磁化率、微体古生物、粒度、黏土矿物等分析，全面把握古代不同时空范围内自然环境的状况及变迁，认识不同时期的气候状况，包括地貌、水文、动植物资源在内的自然环境特征，并结合考古学文化展开研究，探讨特定的自然环境是如何制约古代人类的生存，而古代人类又是如何在适应自然环境而生存的基础上进一步发展，同时又给自然环境造成影响，甚至破坏自然环境的。

开展环境考古研究，可以帮助我们认识古代气候的变化特征，认识各个考古遗址所在区域的古地貌、古水文及自然资源状况，探讨古代人类和自然环境相互作用而形成的古代人地关系，为解释一些特殊文化现象的发生原因提供自然环境变化诱因方面的证据。

人骨研究

通过对考古遗址中出土的人骨进行测量、非测量特征和小变异的研究，牙齿形态特征及肢骨的测量和观察，牙齿和骨骼的病理研究，古 DNA 研究、碳氮稳定同位素分析、微量元素分析、锶同位素分析等各种研究，探讨古代人群的来源、扩散、分布、亲缘关系、经济类型、饮食结构、阶层差异、健康和疾病等。

任何一个考古遗址都是古代人类活动后遗留下来的，考古发掘往往会挖到当时的人骨，考古学研究离不开对具体人骨的研究。通过这样的研究，我们可以确认古代各个时期、各个地区人类的体质特征、健康状况、风俗习惯和人群之间的交流等，对于研究一些社会问题也可以发挥重要的作用。

植物考古

植物考古涉及炭化种子、木炭碎块、孢粉、植硅体、淀粉颗粒等各种遗存的研究。通过在田野考古中建立科学的取样方法及浮选法，确立考古遗址出土的各种农作物及其他植物、树种、孢粉、植硅体、淀粉颗粒科学的鉴定标准，并进行定量分析。探讨中国各种农作物的起源及发展过程，认识古代不同时期和地区的居民获取植物性食物的种类和比例、探讨古代一些栽培作物所反映的文化交流。利用植物遗存所属的生态习性对环境、气候进行复原，认识古代人类的活动对森林环境的影响。

通过对考古遗址中出土的植物遗存进行定性定量的分析和研究，认识包括采集、栽培、祭祀和文化交流等方面在内的古代人类与植物的各种关系，把握古代各种农作物的起源和发展过程，探讨不同时空范围内古代人类的各种生产、消费方式及发展规律，认识特定植物在祭祀行为和文化交流中的作用及意义等。

动物考古

在田野考古中建立科学的取样方法，确立考古遗址中出土的各种家畜的科学的鉴定标准，通过对考古遗址中出土的动物遗存进行定性定量的分析和研究，运用形态学、DNA 分析、碳氮稳定同位素分析、锶同位素分析等方法，探讨中国各种家畜的起源及发展过程。运用定性定量分析等方法，结合动物骨骼出土的考古背景，认识不同时空范围内古代人类利用动物及其与之相关的各种行为。

通过这样的研究，我们可以把握古代各种家养动物的起源和发展过程，探讨古代不同时期、不同地区、不同阶层的居民获取动物作为肉食资源的多种方式及利用动物进行祭祀、随葬、战争和劳役的特征与规律，探讨古代动物种属反映的文化交流等。

碳氮稳定同位素分析、微量元素分析、锶同位素分析、古 DNA 分析

通过对古代人骨进行碳氮稳定同位素分析、微量元素分析、锶同位素分析，认识生活在不同时期、不同地区、属于不同阶层的人的食性特征，探讨他们是否存在迁徙活动。通过对古代动物骨骼进行碳氮稳定同位素分析、锶同位素分析，认识各种动物的食性特征，为探讨它们是否属于家养动物及是否存在迁徙现象等提供科学依据。应用分子生物学的方法研究古代人骨和动植物遗存的遗传基因，认识他们的谱系特征。

这些研究可以为我们研究古代人骨和动植物遗存提供新的视角，认识各种有关古代人和动物的食物种类、营养级别、出生地的元素特征等，这些信息都是我们全面把握当时社会状况的重要证据。而相比从形态学上难以科学地把握不同遗址或同一遗址出土的骨骼或种子的同一性或差异性，基因特征则可以明确无误地提供相关人骨、动物骨骼和种子的种属信息。

物质结构、成分分析和工艺研究

通过使用各种测试和分析仪器，对考古遗址中出土的各种陶器、金属器、石器、玉器及与特殊遗存相关的土壤等进行各种有机或无机的分析与研究，可以认识各类器物的成分、结构和人工痕迹。通过对各种制作工艺的研究，可以认识各类器物的制作技术的特征。通过对未经后世扰乱的特殊器物内的残留物及位于特殊遗迹的人或动物腹腔部分的土壤进行研究，可以认识其所包含的特殊化学元素，进而认识当时人和动物的行为。

这些研究对于我们认识不同时期、不同地区古代人类的各种生产工艺的状况、发展变迁、原材料来源、文化交流及人类行为等，都具有重要的意义，是研究古代经济状况的重要内容。

多种计算机技术在考古中的应用

通过建立各个研究领域的数据库，按照需要对各类数据进行多种统计分析，将各个考古遗址的空间数据和属性数据等考古信息数据输入地理信息系统，建立考古地理信息系统。

这些研究对于提高考古学研究中统计分析的科学性和精确度，有序地容纳一定区域内的全部考古信息，显示、查询和修改数据，生成各种图形、图像产品和研究模型提供了极大的便利。

上述各个领域的研究，有些开辟了考古学研究的新领域，有些拓宽了考古学研究的范围，把全部研究综合起来，就能全面深化考古学研究的内容，充分提高考古学研究的层次。而通过勘探和计算机技术在考古中的应用，则可以提高考古调查、发掘和资料整理的效率和精确度，从另一个方面提高考古学研究的科学性。

科技考古方法的应用

本书按照如何在考古发掘中做好科技考古工作进行设计。我们提出这样的设想：面对一个包括城墙、文化层、宫殿和居址、墓葬、作坊、灰坑和窖穴等各种遗迹，出土人骨、动植物遗存、陶器、玉石器、青铜器及各种储存器内的残留物等多种遗物的遗址，应该如何做好科技考古各项工作。我们认为在田野考古工作开始以前，从事田野考古的人员和从事科技考古的人员应该共同探讨如何针对发掘遗址的具体情况进行合理的规划，做好发掘、采样和室内的各种整理、研究工作。

首先要做的是考古勘探工作，结合探铲钻探，大致明确遗址内的布局，为合理布方、有计划地开展发掘提供思路。因此我们设计的第一部分就是勘探技术在考古学中的应用，内容包括遥感考古和地球物理探测。

考古发掘必须搞清楚遗址的年代，遗址从建立到废弃的比较准确的时间框架是开展各种研究的基础。因此我们设计的第二部分就是年代测定在考古学中的应用，内容包括常规碳十四年代测定、加速器年代测定、树木年轮定年及其他测年方法。

各个遗址的古代居民都是在特定的自然环境里建立自己的居住地，在适应自然环境的基础上形成自己获取、开发自然资源的方式，古代居民的各种活动及遗址存在的整个过程是与周围自然环境的状况及变迁密切相关的。因此我们设计的第三部分就是环境考古在考古学中的应用。

古代遗址是在古代人类的作用下形成的,考古学研究的对象全部与古代人类相关,离开人一切都无从谈起。一般情况下,人死后就埋在遗址中的墓葬里。另外因为特殊原因,有的遗迹中也会发现人骨。因此我们设计的第四部分就是体质人类学研究在考古学中的应用。

民以食为天,人类食用的食物包括植物和动物,作为食物的动植物遗存往往保留在各种考古遗迹或遗物里。另外,古代人类常常利用树木作为燃料和工具,这些木头往往以木炭碎块的形式保存下来。动植物除了作为食物资源以外,还往往被用作各种祭祀用品和随葬品,在这些与宗教相关的活动中残留下来的各种动植物遗存也是重要的考古现象。此外,一些家养动物还被古代居民作为战争和劳役驱使的工具。因此我们设计的第五部分就是包括植物种子、木炭碎块、孢粉、植硅体、淀粉颗粒在内的植物考古在考古学中的应用,第六部分则阐述动物考古在考古学中的应用。

除了对出土的人骨、动物骨骼进行形态观察外,碳氮稳定同位素分析、微量元素分析、锶同位素分析等食性分析研究也可以揭示一系列有关古代人类或动物的个体行为、社会地位、迁徙状况等内容。因此我们设计的第七部分就是食性分析在考古学中的应用。

除食性分析以外,对人骨和动物骨骼的 DNA 研究也是当前日益兴盛的领域,它可以揭示古代人类和动物的谱系、迁徙状况等内容。我们设计的第八部分就是 DNA 研究在考古学中的应用。

对出土的青铜器、陶器、石器、玉器、容器内的残留物及特定环境里的土壤进行各种物理和化学分析可以提供有关古代人类生产工艺、原材料来源及当时人的一些行为特征等内容,而这些大都需要通过各种仪器设备进行研究。因此我们设计的第九部分就是物理、化学分析在考古学中的应用,内容包括各种仪器设备的性能介绍,青铜器、陶器、石器、玉器研究及土壤化学分析等内容。

利用地理信息系统把考古学发掘、研究的内容及上述的研究内容全部放在一起,进行各种分类或综合分析是今后考古学研究的必由之路。我们设计的第十部分就是地理信息系统在考古学中的应用。

以上各个部分基本涉及科技考古的方法在考古学中应用的各个方面。各个部分既互相关联,能够帮助考古研究人员和科技考古研究人员在发掘工作开始时就全局在胸,做好整体工作规划,以便有效地开展工作;各个部分又各自独立,每个部分的内容都涉及了每种方法的原理简介、在田野考古中采集标本应该注意的事项、实验室内的分析步骤以及在研究中的应用实例,以求帮助考古研究人员和科技考古研究人员认识各种科技考古方法的意义及个人如何在其中发挥作用,同时也可以帮助大家有针对性地做好对某类遗迹或遗物的研究。

综上所述，我们认为，经过多年的努力，科技考古在考古学中的运用经历了由逐步应用到大力推广的过程，这一过程正在给考古学研究带来一场革命性的变化，其深远意义和学术价值将在今后考古学研究的发展进程中不断体现出来。我们从事科技考古的研究人员要和从事考古学研究的科研人员紧密合作，共同努力，把科技考古各个领域的研究工作做得更好，把整个科技考古的研究工作做得更好，把中国考古学的研究工作做得更好。

（本文尚未发表）

论科技考古内容在考古发掘报告中位置的变迁

考古发掘报告完整地记录了考古发掘、整理和研究的整个过程及其结果，是考古学研究最基本的资料。翻阅已经出版的考古发掘报告，可以发现它们在体例上有过很大的变迁。

早在 20 世纪 30 年代，考古发掘报告就有自己的体例特征。如 1934 年出版、由傅斯年、李济等先生撰写的中国考古报告集之一《城子崖》，除在各章中分别叙述人工遗迹和遗物外，还把人骨、动物骨骼等作为正文的一部分，将其列为第七章，即《墓葬与人类，兽类，鸟类之遗骨及介类之遗壳》，进行专门叙述。

到了 20 世纪 50 年代，出版的几本考古发掘报告里所阐述的全部内容都是人工遗迹和遗物的形状与特征，探讨它们的变化规律。此外，基本上不涉及其他学科的研究。

分别于 1962 年和 1963 年出版的《沣西发掘报告》和《西安半坡》，这两本考古发掘报告中开始出现"附录"，专门探讨人骨、动物骨骼和孢粉等，对人工遗迹和遗物之外的出土资料进行鉴定、分析和研究。这种在考古发掘报告中新增加的、涉及自然科学相关学科研究成果的"附录"，在其后相当长的时间里成为考古发掘报告的标准体例。1982 年，中国社会科学院考古研究所出版《考古工作手册》，手册中谈到考古发掘报告的体例时，专门提出要把专家审查各种遗物资料的鉴定书和参考书目等作为"附录"。

迄今为止，以专刊形式出版的考古发掘报告大概有 170 本以上，其中 50 本左右没有"附录"，完全是单纯地对人工遗迹、遗物的形状、特征进行描述及对变化规律的探讨。这些没有"附录"的报告，有的是因为发掘时间比较早，尚没有开始进行自然科学相关学科的研究；有的是因为配合基建发掘，工期和资金比较紧张，没有能力进行自然科学相关学科的研究；但多数还是因为发掘对象比较特殊，如墓志、陵园、漕运遗址等等。除这些报告之外，其余三分之二以上的报告都有"附录"，探讨的内容包括土壤、人骨、动物骨骼、孢粉、金属器和陶器成分、石器材质等，其中《西汉南越王墓》里的"附录"最多，达 18 个。

到 1988 年出版《敖汉赵宝沟》，这本报告对编写体例进行了改动，虽然还有《陶器烧成温度》和《石器微痕》这样两篇"附录"，但是在报告正文里专辟一节，阐述

《动物骨骼的鉴定和研究》。研究者从动物考古学的角度出发，对出土的动物骨骼进行整理，探讨当时人的行为。1998 年出版的《驻马店杨庄》没有再设"附录"，而是在正文里设《自然遗物》一节，专门讨论当时的植物和动物。1999 年出版的《舞阳贾湖》、《龙虬庄》、《胶东半岛贝丘遗址环境考古》等报告不但没有"附录"，而且正文中相关章节讨论的内容也不再仅仅局限于植物和动物，而是涉及自然环境、人骨、贝壳、动物骨骼、植物遗骸及其他分析等诸多方面，自然科学相关学科的研究内容与考古报告的正文完全融为一体。而后，2000 年出版的《豫东杞县发掘报告》、《秦始皇帝陵园》等报告，2002 年出版的《洛阳皂角树》、《上海马桥》等报告也都是如此。这里特别要强调的是《上海马桥》，其涉及的多学科研究除有与上述报告相同的研究领域外，还包括人骨的遗传因子分析，这直接与当前生命科学前沿研究相关。

透过考古发掘报告体例的变迁，我们可以清楚地看到考古学发展变化的脉络。考古学发展到今天，已经由原来的通过对发掘出土的人工遗迹、人工遗物的形状和特征进行研究，确定一个遗址、一个类型或一个文化的年代早晚、文化特征，建立完整的古代文化谱系，发展到现在的以这个文化谱系为框架，全面探讨古代社会的各个方面，归纳人类历史的发展规律这样一个新的层次。

我们认为，考古学本身发生的这一巨大变化正是各种自然科学相关学科的研究结果由"附录"变为"正文"的内在原因。在相当长的时间里，考古学家把发掘出土的各种材料交给自然科学家，由他们进行鉴定、测试和分析并请他们提交报告，但考古学家对自然科学家的报告并没有十分清楚的认识，仅仅认为这些材料出自文化层，在写考古发掘报告时应该有所反映，而依靠自己的知识结构又没有能力做这样的研究，所以只能请自然科学领域的有关专家帮忙。另一方面，作为对这些材料进行鉴定、测试和分析，最后完成报告的自然科学家们，对这些工作的意义也并不完全理解，因为有些研究并非自己的主动选择，只是来自外界的托付。另外，当时他们的知识结构也有局限，对鉴定、测试和分析结果的认识往往限于较低的层次。在这样的背景下，他们的研究报告一般主要说明的就是这些材料是什么，而当时考古发掘报告谈论的又多是人工遗迹、遗物的形状、特征及其演变规律。这样，考古学家就很难把自然科学家的研究结果和自己的研究结果有机地结合起来，但是又不能把自然科学家的研究结果弃之不用，因此，那些鉴定、测试、分析报告就只能作为考古发掘报告的"附录"，放在正文之后了。

后来，随着考古学研究目标的深化及研究内容的扩大，自然科学相关学科和考古学的结合得到了极大的促进，考古学家开始和自然科学家一起，共同对需要鉴定、测试、分析的对象和整个过程进行设计，对全部结果进行讨论。大家感兴趣的不仅是如何寻找新的发现，新的发现是什么，更注重追究其原因，是否有时间和空间的特征，反映了怎样的人类行为，是否有规律可循等。可以说，所有通过鉴定、测试而形成的分析报告从思路到结果，都与解释当时的文化现象和人的行为直接相关，是考古学家和自然科学家共同研究的产物。因此，这些分析报告就成为考古发掘报告正文中的章节，与整个考古发掘报告的内容有机地融为一体。可以这样说，在考古发掘报告里自然科学相关学科与考古学相结合的研究结果是作为"附录"放在最后，还是成为正文中的章节，应该成为衡量考古发掘报告的主编是否真正理解了考古学的研究目的、是否真正做到了考古学与自然科学相关学科有机结合的重要标准之一。

回顾上述考古发掘报告在体例上的变迁，我们认识到，要在一本报告中全面展示当时的年代框架、遗址所处的自然环境特征、包括物质生活和精神生活在内的人类活动的方方面面，需要做到以下几点：首先，要设计以考古学为主的多学科合作、开展调查、发掘和研究的技术路线，从调查、发掘工作开始，就要做好各种资料的科学采集工作。做到既要符合考古学的要求，也不能违背自然科学相关学科的规程。其次，在整理分析资料时，除整理人工遗迹遗物外，还要从年代学、地球科学、体质人类学、分子生物学、动物考古学、植物考古学、物理学、化学等各个角度出发，对不同的资料进行探讨。其三，在撰写报告时，要清楚地描述各种人工遗迹、遗物的形状和特征，并进行认真的归纳，在此基础上，将归纳的内容与自然科学相关学科的研究结果有机地融合在一起，对特定时空范围内的人类行为进行科学的描述，且言之有据。

这种以考古学为主、包括多学科合作研究成果的发掘报告，才能真正符合 21 世纪世界考古学发展的要求。而且，这样的发掘报告既能深化考古学自身的研究，也能为历史学、民族学、人类学、社会学等人文社会科学和地球科学、物理学、化学、动物学、植物学、自然科学史等自然科学的研究人员提供珍贵的资料和有益的启示。

（原载于《中国文物报》2004 年 7 月 9 日第 7 版）

科技考古漫谈

在执行国家科技支撑计划"中华文明探源工程（二）"中的课题"3500BC－1500BC中国文明形成与早期发展阶段的技术与经济研究"的过程中，我们于2008年在《中国文物报》上开辟了《科技考古漫谈》这个栏目，希望在执行课题的同时，随时发表我们的各种感想和认识。当然，更长远的希望是这个栏目能够伴随着科技考古的发展一直存在下去。这里收集的是发表在该栏目中的五篇文章。

从研究古代技术与经济状况看科技考古的重要性

"科技考古"这个词是多年来约定俗成的叫法，其含义是指自然科学相关学科与考古学相结合开展研究。仔细推敲"科技考古"这个词，似乎有一些含糊之处。但是在我们还没有找到一个更加合适、更加贴切的词之前，暂时使用"科技考古"这种叫法应该是最佳选择，因为大家都知道这个词的实际意义是什么。

多年来，探讨中国文明起源的研究大致包括对许多重要遗址的考古调查与发掘、对中国文明起源的理论和文明要素进行探讨等。这些探讨在很大程度上推动了中国文明起源研究逐步走向深入，但是，这些探讨基本上没有涉及与中国文明起源相关的特定时空范围内的技术与经济的研究。技术与经济是整个社会形态中不可或缺的重要方面，认识技术与经济在中国文明起源过程中的作用是我们必须认真思考的重大问题。这个研究之所以长期处于空白状态，实际上是因为研究的内容已不在传统考古学的范围之内，有关农业、家畜、手工业等方面的研究，需要科技考古的介入。

几年前，在国家有关部门的支持下，我们以河南省登封王城岗遗址、新密新砦遗址、偃师二里头遗址、山西省襄汾陶寺遗址中出土的各类相关遗物为主，围绕农业、家畜、冶铸、制陶、石器和玉器制作等与技术和经济相关的领域开展研究，取得了包括研究方法和研究内容在内的一系列有价值的成果。

从研究方法看，我们针对同一时期、同一地区多个遗址出土的相关遗物，从植物考古、动物考古、DNA分析、食性分析、冶铸遗物分析、陶器成分和烧成温度分析、石器种类和数量研究、玉器制作工艺研究等8个领域开展合作研究，试图比较全面地复原当时的技术与经济状况。这个设计本身就是带有创新性质的探讨和集成。

从研究内容看，我们通过对这个特定时空范围内的农业经济形态进行定性定量的研究，首次比较科学地把握了当时粟、黍、稻谷、小麦和大豆等五种农作物种植和狗、猪、牛、羊等四种家畜饲养的发展状况。通过研究、归纳当时手工业经济技术的发展状况，对当时的青铜器、陶器、石器和玉器制作等也有了比较全面的认识。我们的研究结果显示，在公元前 2500 年至公元前 1500 年间，中原地区的整个经济形态出现了显著的变化和发展。这个特定时空范围内的整个经济形态特征有别于同一地区公元前 2500 年之前的经济状况，而公元前 1500 年以后整个商周时期经济基础的雏形，在此时已基本形成。根据这个研究结果，我们可以肯定，在公元前 2500 年至公元前 1500 年这个时间段里，技术、经济的变化和发展与文明演进的过程密切相关。

由此延伸出来，对更长的时间内，包括西辽河流域、黄河下游和上游地区以及长江上、中、下游地区的技术与经济状况的研究，已经成为我们当前的主要研究内容。像这样对各个地区的个案研究以及将多个地区的研究结果放到一起进行比较及综合研究，具有很高的学术价值，其能够全面揭示技术与经济发展状况及其在中华文明起源过程中的作用。

技术与经济状况的研究涉及科技考古的多个领域。从整体上看，科技考古研究已经成为考古学研究中不可缺少的一个重要方面，我们试图以本文为开端，围绕科技考古多个领域的研究实例畅谈自己的认识，和大家一起，努力推动我国的科技考古研究不断前进。

（原载于《中国文物报》2008 年 3 月 14 日第 7 版）

在考古发掘中应该使用浮选法

在考古发掘中，从灰坑、房址和关键柱中采集土样，使用浮选法进行浮选，获取混杂在土壤里的动植物遗存，已经成为国际考古学界通用的方法。西方国家的相关部门把是否在考古发掘中使用浮选法作为审批发掘执照的标准之一。据说在印度也有类似的规定。而在中国，每年发掘的遗址数量和在发掘的同时使用浮选法获取动植物遗存的遗址数量相差悬殊，很多遗址没有通过浮选法科学地收集动植物遗存。那么，使用或者不使用浮选法收集动植物遗存资料，是否会直接影响我们的进一步研究呢？

这里以贾湖遗址为例，1999 出版的包括贾湖遗址前六次发掘成果在内的发掘报告指出，贾湖遗址的稻作农业与渔猎和家畜饲养并重，其繁多的生产工具显示出这里的农作因素要大于采集因素，渔猎成分也占有重要地位。贾湖遗址的动物骨骼研究报告虽然指出发现了大量废弃的鱼骨，但是鱼骨很残碎，可以鉴定种属和部位的鱼骨仅有13块。在2001年贾湖遗址的第七次发掘中，主持人张居中系统地采集了几百份土样，使用浮选法进行浮选取样。通过室内的鉴定及研究，我们发现，当时稻谷的比例仅占全部植物遗存的13％左右，而可以鉴定种属或部位的鱼骨数量为3417块，占全部动物遗存的68％。这样的结果和依据前六次发掘结果得出的对当时稻作农业及仅能鉴定13块鱼骨的认识大相径庭。基于此次的鉴定结果，我们的结论是，贾湖遗址的先民获取食物资源的方式是以采集渔猎为主，稻作生产所占的比例很低，当时的经济状态属于稻作农业形成过程中的早期阶段。这个事实告诉我们，在遗址发掘的过程中是否使用浮选法采集动植物遗存，是否对动植物遗存进行定性定量分析，将极大地影响到对当时经济形态的客观认识。

我们现在每年都有很多与基本建设相关的发掘工作，也有一些主动开展的发掘工作。发掘的遗址分别属于史前、夏商周、秦汉、隋唐乃至更晚的不同时间段。在发掘这些遗址的同时采集土样，使用浮选法获取动植物遗存，其实是一件很容易完成的工作，除了在特定的窖穴或灰坑要分层取样、需要花费一些时间外，在一般的遗迹单位里只要用编织袋取一袋土样，耗时仅需几分钟。教会两名民工使用水波浮选仪进行浮选，一般也就是几个小时。在浮选时那些比重小于水的炭化植物遗骸会浮在水面上，而比重大于水的一些炭化植物遗骸及各种动物遗存则沉淀在浮选仪下方的网筛之内。如果在发掘的同时开展浮选，待发掘结束时，浮选也同步完成了，这样一批反映当时人所食用的各种食物种类和数量的珍贵资料就到手了。

我们一直提倡以多学科合作的形式开展考古发掘和研究工作，动植物考古研究是多学科合作的一项重要内容。这种研究直接涉及对各个时期、各个地区经济形态的实证性认识。这里特别要强调的是，我们现在所拥有的有关古代人类获取食物的方式、种类和数量的认识往往偏重于商周以前，对春秋战国以后古代人类的食物结构缺乏考古学的实证性认识，我们几乎没有什么动植物标本可以和历代文献的记载进行对照，动植物考古研究在这方面的空白急需填补。

我们认为，要真正做到在考古发掘中使用浮选法，就需要在全国范围内逐步做好认清动植物考古研究的价值、建设动植物考古研究的队伍、规范动植物考古研究的方法、全面开展动植物遗存研究等一系列工作，而且要尽快行动起来。

（原载于《中国文物报》2008年3月21日第7版，作者为袁靖、赵志军，主要由袁靖撰写）

环境考古当前应该关注的问题

环境考古研究主要探讨的是古代的人地关系。这个领域的研究不同于其他科技考古领域的研究，这主要表现在其他科技考古领域的研究对象绝大多数来自考古调查或发掘的遗址，这些研究对象与古代人类活动相关的背景是显而易见的。通过科技考古各个领域的研究，再结合考古背景进行分析，我们就能够围绕考古学文化的年代和涉及古代人类某些方面的活动提出自己的认识。而环境考古研究则需要依靠研究人员去寻找与古代人类活动相关的研究对象，开展研究，在此基础上，才能和考古学结合在一起，探讨古代的人地关系。

多年来，环境考古研究主要探讨的是古气候的变迁与考古学文化的关系。经过地学和环境考古研究人员的共同努力，在全国各地对数十个湖相沉积的自然剖面进行了研究，从而对更新世以来，各个自然区划内不同时期的气候变迁有了大致的认识。在我参与编写的《中国新石器时代的自然环境》（刊登于即将出版的《中国考古学·新石器卷》）中，列出了对全国各地 34 个比较典型的自然剖面的研究结果，这些结果概括了各个地区新石器时代的气候状况及其变迁，为我们探讨当时各个文化的兴起、发展和衰亡提供了十分重要的启示。

在大致认识了全国性的古代气候状况的基础上，审视环境考古在考古学中应该发挥的作用，我们认为，迄今为止对各个遗址所在区域的古地貌、古水文及可能出现过的自然灾害的研究现状，与考古学家的期待尚有距离。具体到一个遗址，在被使用的时间段里，周围的地势如何；河流走向如何；从开始被利用到最终废弃，这一时间段里遗址周围是否有过包括干旱、洪涝及其他自然灾害在内的环境变化；当时人利用的主要作为食物的自然资源有哪些种类，各占多少比例；当时人类的活动是否对自然环境造成影响等，我们都还不甚了解。

考古学研究采用的是多重证据法，在探讨古代人地关系时，更应强调尽可能多地利用古代人类各种活动的证据及各种自然环境特征，对特定时期内具体文化的发展过程和环境状况做出描述和解释。探讨古代人类活动的特征由考古学家和从事其他科技考古领域研究的人员来承担，而探讨古代自然环境的重任则非环境考古研究人员莫属。

比如在仰韶文化时期，陕西关中地区的人工遗迹和遗物极具特色，多个遗址中出土的动物种类和数量都是以家猪为主，作为农作物的小米数量也十分可观。这些现象与河南地区处于同一时期的多个遗址的文化面貌十分相似。但是到了龙山文化时期，关中地区的遗址数量明显减少，出土的动物骨骼多属于鹿，证明获取肉食资源的方式变成以狩猎活动为主。而河南地区的龙山文化遗址中出土的动物种类和数量仍然保持着以家猪为主的特征。从整体上看，龙山时期的陕西地区与河南地区在文化特色和经济面貌上差距明显，这可能也是夏商先后兴盛于河南地区的重要原因之一。至于为什么陕西与河南这两个地区在仰韶文化时期大体处于同一水平，而到了龙山时期会出现差异，因为没有关于这些地区具体的环境考古研究做依据，我们就很难做出比较客观的解释。

再比如，最近在浙江杭州附近发现的良渚文化时期的大型城址，其筑法是先铺石块、再填黄土，证明当时这个地方的社会组织可以调动大量人力构筑长达数千米的城墙。我观察过良渚时期出土的动物骨骼，发现是以家猪为主，与这个地区数千年来一直以狩猎鹿科动物及捕鱼为主获取肉食的习惯不同，加之水稻栽培技术已经成熟，说明当时的经济形态完全以开发型为主。但是，到了良渚文化以后的马桥文化时期，这个地区又变回以狩猎鹿科动物及捕鱼为主获取肉食的习惯。是否因为这个地区的自然环境突然变迁，甚至发生了自然灾害，才影响到良渚文化没有持续兴盛、进一步创造辉煌。这也是考古学家正在思考的问题。希望环境考古研究能够在这个方面开展工作，比较客观地复原当时的自然环境状况。

还有，辽西地区在夏家店下层和夏家店上层这两个时期的自然环境状况如何，从山东龙山文化到岳石文化的转变是否也有自然环境变迁的作用，自然环境在甘青地区齐家文化的消亡过程中扮演了什么角色，华南地区的自然环境条件是否对当地文化的特征起到了制约的作用，诸如此类的问题还有很多，解决这些问题的共同点都是必须主要依靠环境考古研究人员去探明某个自然环境要素的特征或多个自然环境要素的特征。解决这些问题是对环境考古研究价值的考验，更为环境考古研究大显身手提供了一个大舞台。

我们要在初步把握古代气候变迁的基础上，进一步调整好研究思路，围绕具体的遗址、地区及特定时间段需要解决的具体的环境问题，设计切合实际的技术路线，踏踏实实地开展研究，提出比较科学的认识。这样才能真正做到使环境考古研究更加紧密地与考古学结合在一起，为全面复原古代的人地关系做出其独到的贡献。

（原载于《中国文物报》2008年7月4日第7版）

陶器研究应该关注的问题

陶器是考古发掘中所能获得的主要人工遗物。各个时期、各个地区的陶器种类、制作技术及装饰风格都不相同，这些特征是形成不同的考古学文化及类型的重要因素之一。

对陶器的研究一直存在某个方面的侧重。自考古学出现以来，考古研究人员最初关注的主要是陶器的器形，大到器物的形状、小到口沿、腹部或底部等局部特征，还包括纹饰或彩绘等。陶器的器形研究是考古类型学的主要内容之一，一本考古报告里，有关这方面的描述肯定是十分详尽的。除器形研究以外，自20世纪中叶开始，中国科学院上海硅酸盐研究所的周仁先生、李家治先生开始致力于古陶瓷的成分和物理性能研究，探讨考古遗址中出土的陶器的成分和烧成温度。后来参与这类研究的机构和人员越来越多，所使用的设备甚至包括中国原子能研究院的核反应堆。除上述研究以外，还有一些研究人员围绕陶器的制作工艺进行探讨，最典型的研究实例是国家博物馆的李文杰先生撰写的《中国古代制陶工艺研究》。这本书对一些遗址中出土陶器的制作工艺进行了详细的研究，归纳出新石器时代至历史时期陶器制作的一些规律。以上这些研究从不同的角度围绕陶器进行探讨，提出了十分有价值的认识。

我们认为，在金属器使用之前的新石器时代，陶器是当时人类最主要的日常生活用具，有一部分还作为生产工具来使用。可以说，从新石器时代开始，陶器制作就是古代人类主要的手工业部门之一，在一定时期内，陶器制作凝聚着当时人类的最高智慧。到新石器时代晚期，在一些文化中，部分陶器还成为显示等级高低的陶礼器，是社会复杂化的物化标志之一。因此，对考古遗址中出土的陶器进行器形、制作工艺、生产管理、使用功能、文化交流、特殊含义等全方位的研究，是探讨古代人类历史发展的重要内容之一。

此次在"中华文明探源工程（二）"中对陶器开展研究，目的是认识在公元前3500至公元前1500这个特定时间段里，多个地区的陶器制作工艺及技术有哪些同一性和差异性，如何具体看待不同地区、不同文化中陶器制作的特征在中华文明形成过程中的作用。

围绕这个研究目的，我们主要设计了把握各个遗址的陶器制作工艺特征；探讨陶器制作工艺特征是否存在地区差别和时间差异；了解在特定遗址是否存在高等级的陶器制作工艺及其与一般陶器制作工艺的区别；探索一些特殊陶器是否产自特定遗址，然后分配到其他遗址，或者产自各个遗址，然后集中到特定遗址这样几个问题。

我们的研究内容主要是：通过对陶器样品的化学和矿物组成进行测试和分析硬度、强度、吸水率等物理性能，研究各个遗址中出土的陶器在原料选择与加工上的特征；测试各遗址各类陶器的烧成温度；利用岩相分析等方法研究各遗址的陶器的矿物组成，特别是观察掺和料的种类、比例和来源；观察捏塑、贴片、叠筑、盘筑、轮制等不同成型方法在各遗址中的应用情况及发展变化特征；观察各遗址各类陶器的颜色种类及变化情况等。

我们的研究队伍由中国科学院上海硅酸盐研究所的研究人员牵头，中国社会科学院考古研究所的研究人员协助，山东大学、郑州大学、西北大学、山东省文物考古研究所、河南省文物考古研究所、上海博物馆考古部等机构的研究人员共同参与。

我们的研究对象中文化年代呈系列的陶器标本主要出自河南的西坡遗址、古城寨遗址、二里头遗址、南洼遗址和上海的崧泽遗址、广福林遗址、马桥遗址。另外，也包括陕西和山东的一些龙山文化的遗址。

现在，这个课题进展顺利，已经获得了一些可喜的成果。我们在研究中体会到，要做好此次研究，还有一些方法问题需要认真探讨。比如，在分析陶器的成分时，可以分别使用中子活化分析和电感耦合等离子体发射光谱、电感耦合等离子体质谱测试这样两种方法，前者制样方便，测试准确，已经运用多年，得出过一批有价值的成果。后者制样虽较为麻烦，但是测试结果同样令人满意。而且放眼国际，后者的应用前景似乎更被看好。我们的问题是由于仪器的系统误差、标样的不统一、样品的溶解程度不同等原因，用这两种方法分别测出的数据间不能互相比较。因此，在分析陶器成分时，选择一种仪器测试还是两种仪器并用测试，关系到今后的研究方向，是此次课题中必须定夺的问题。再有，根据现在的测试结果，各个遗址的生土成分似乎都与各个遗址中出土的日用陶器成分不能对应，而我们由来已久的概念是古代居民都就地取土制作陶器。现在科学测试给出的结果不能证明原来的推测。究其原因，是因为当时制作陶器的陶土不是来自当地，还是古代居民就地取土时有特殊的选择和处理，这也是需要认真探讨的。如果结论是由于后者，那么我们就必须修正原来的研究思路和技术路线。总之，工欲善其事必先利其器。我们要进一步完善研究方法，争取在执行课题的过程中取得好的成果。

（原载于《中国文物报》2008 年 9 月 19 日第 7 版）

科技考古与区系类型

20 世纪 80 年代，苏秉琦先生基于陶器类型学的研究，提出区系类型的观点，这个观点的核心是，强调在中国史前时期的整个时空框架内，不同的考古学文化分别具有自己的物质性特征。处于同一时期不同区域的考古学文化之间区别较大，而处于同一区域、时间上具有前后顺序关系的考古学文化之间则往往具有连续性。这个观点的提出及而后在这一观点指导下的一系列考古调查、发掘和研究工作，依据出土的遗迹、遗物的形状特征对考古学文化类型进行分类、排队、归纳、汇总等研究，把当时的考古学研究提升到非常高的水平。前辈考古研究人员十分出色地完成了时代赋予他们的历史使命，给我们树立了光辉的榜样。

21 世纪开始以来，从世界范围看，现代考古学正在逐渐演变为一门以研究古代人类行为、古代人地关系、古代人类历史发展规律为目的，使用社会科学和自然科学多个相关学科的方法和手段进行研究的学科。在考古调查、发掘和研究中能否坚持以地层学、类型学等传统考古学方法为基础，更加科学、更加系统、更加广泛、更加有效地运用其他各种学科的研究方法和手段，已经成为当前衡量一个国家考古学研究水平高低的极为重要的标尺。包括科技考古在内的多学科合作开展考古学研究正在成为中国考古学研究方法中的一个重要内容。

我在自己的科技考古实践中深深体会到，区系类型的观点与我们做好科技考古各个领域的研究息息相关。比如，年代学的研究就是为各个考古学文化提供绝对年代的证据，全国各个时期、各个地域的考古学文化都必须在这样一个以统一的碳十四年代为基础的框架内开展各种研究。建立属于不同区系的考古学文化的绝对年代框架是科技考古研究的主要任务之一。

环境考古领域的研究证实，不同的考古学文化有不同的分布范围，其文化的分布范围往往与特定的自然地理区划范围相似，特定的古地貌、古水文以及古生态植被等在一定程度上赋予了考古学文化特定的物质特征。不同区域的古地貌、古水文等古代区域地理景观和生态环境，在孕育中国各地不同的考古学文化时具有不可忽视的重要作用。而且，在某个时间段里出现的气候变迁、一定区域范围内的自然灾害等也会在属于不同区系的考古学文化上留下痕迹，以至影响到某个考古学文化的兴衰。

体质人类学的研究发现，根据古代人的骨骼特征可以把中国史前时期的人区分为古中原类型、古蒙古高原类型、古华北类型、古东北类型、古西北类型和古华南类型等多个类型。这些不同类型的古代居民具有不同的分布范围，与属于不同区域的考古学文化有着一定程度的相关性。在文化发展过程中，从物质文化特征上可以看到不同文化之间的交流现象，与此相对应，从人类骨骼特征上也能看到人群与人群之间的互动。

动植物考古的研究结果表明，生活在黄河流域上游、中游和下游地区，长江流域中上游和下游地区的，属于不同考古学文化的古代居民都有各自特有的获取食物资源的方式，这些方式直接与处于不同区系的考古学文化相对应。一个地区内，旧的考古学文化的消亡与新的考古学文化的兴起，往往会反映在人类获取食物资源方式的特征上。

而对陶器、金属器、石器和玉器等人工遗物的成分、结构的研究结果则更多地显示出其与区系类型相关，因为当年苏秉琦先生提出区系类型的认识，其重要依据就来自分布于不同时期、不同地区的考古学文化中所包含的陶器的不同形制特征。而金属器、石器、玉器与陶器一样，具有自己的形制特征，从根本上说，这些特征和陶器的区系类型特征是相通的。科技考古对各个地区不同时期的人工遗物进行物理和化学方面的测试、分析和研究，正是为了揭示这些人工遗物在物质结构和成分上的特征，以便更加科学、更加全面地把握这些人工遗物的特点，探讨其成因，在传统考古学研究的方法之外另辟蹊径，为深化对这些人工遗物的研究奠定基础。另外，利用科技考古的方法对这些人工遗物进行研究，还可以为确认文化之间的交流提供新的科学证据。

比如，发现分布于某个特定地域的考古学文化的标志性器物出现在另外一个地域的考古学文化内，通过文化因素分析可以证明当时存在文化交流。但是，要想研究这是一种制作技术或风格的交流，还是实物本身的流动，单凭传统的考古学方法，考古研究人员则只能做一个推测，如果没有科学的证据，推测永远只能是推测。而对这种器物进行科学的成分分析，则可以得出经得起反复验证的结论。

鉴于以上提到的多个科技考古研究领域的内容都与区系类型相关，我们认为，要想进一步做好科技考古研究，突出考古学的区系类型观点是一个十分重要的前提，其意义主要体现在两个方面。

一方面，因为我们从事的每一项科技考古领域的研究，首先是针对具体遗址中出土的遗迹、遗物开展基础工作，我们的初步认识都是通过研究特定遗址的具体对象，提出自己的看法。以区系类型的观点为指导，可以帮助我们把对特定遗址的有关科技考古某一领域的具体看法，放到这个遗址所属的、由多个遗址组成的考古学文化的层面上去认识。如果属于同一文化的其他多个遗址已经开展了科技考古这一领域的研究，那么我们就要把自己的新看法和在其他多个遗址里已经得出的认识进行比较，把握它们的同一性和差异性，以求更加客观、更加全面地归纳自己的认识。如果其他遗址还没有做这方面的研究，或者做过此项研究的遗址数量还不多，我们则要努力去加强这方面的研究。从考古学文化层面上提出的科技考古某个领域的研究结果，必须建立在对一定数量的遗址进行了全面、扎实的基础性研究之上。

另一方面，要在系统总结某考古学文化中科技考古某一领域研究结果的基础上，开展不同时期、不同地区的文化与文化之间在该领域的比较研究，从中归纳它们之间是否存在连续性、关联性、变异性和差异性等，以求在全国范围内全面认识科技考古在该领域的研究结果。同样，如果其他考古学文化还没有在该领域开展研究，或者做的力度和深度还不够，我们则要努力去开展该项研究。在全国范围内、在大跨度的时间框架里提出科技考古某个领域的研究结果，同样必须建立在对多个文化的全面、扎实的基础性研究之上。

由此可见，考古学中区系类型的观点在帮助我们进一步深入开展科技考古方面具有重大的指导意义，我们要更加有意识地提倡在科技考古中贯彻区系类型的观点，帮助科技考古研究人员进一步理清思路，做好研究。只有这样，才能努力做到原始创新和集成创新。区系类型的观点在一个特定时期里带动了考古学研究的大发展，现在，这个观点同样能够为科技考古的深入开展及进一步加强多学科合作的考古学研究发挥重要的作用。

（原载于《中国文物报》2008 年 11 月 28 日第 7 版）

试论技术与经济发展状况与中国
文明起源的关系

　　有关中国文明起源的研究最早可以追溯到 20 世纪 20 年代。多年来，围绕文明起源的研究大致包括考古遗址的调查、发掘与研究，中国文明起源理论和文明要素的探讨，地理及自然生态研究等等，这些探讨极大地推动了中国文明起源研究逐步走向深入[1]。

　　我们要特别强调的是，上述那些与中国文明起源相关的研究基本没有涉及特定时空范围内技术与经济的探讨，因此，我们对与中国文明起源相关的特定时空范围内技术与经济方面的认识基本是一项空白。我们知道，技术与经济是整个社会形态中不可缺少的重要方面。如何认识技术与经济在某个特定时空范围内的状况，如何认识它们在中国文明起源过程中的作用，是我们必须认真思考的重大问题。

　　此次我们专门组织力量，以分别属于公元前 2500 年至公元前 1500 年这个时间框架内的河南省登封王城岗遗址、新密新砦遗址、偃师二里头遗址及山西省襄汾陶寺遗址出土的各类遗物为主，围绕农业、家畜、冶铸、制陶、石器和玉器制作等与技术和经济相关的领域开展研究，取得了一系列有价值的成果。本文首先简要概括我们的研究成果，然后进行综合探讨，并对今后的研究提出展望。

研 究 成 果

　　赵志军在陶寺、新砦、二里头和王城岗 4 处考古遗址现场共计采集、浮选土样 380 份，经过系统浮选，获取数十万粒各类炭化的植物种子，通过在实验室里进行鉴定和量化分析，发现这一特定时空范围内的农业经济的特点始终表现为以种植粟类为主，即延续着中国北方旱作农业的传统。但是，在这一历史进程中也出现了一系列重大变化。如在龙山时代，这个地区的农业生产开始普遍出现稻谷，另外还发现了大豆；在二里头时期，小麦开始传入这个地区；在二里头时期到二里冈时期，稻谷继续保持一定的数量，小麦的种植规模突然大幅度提升。可以说，自二里头时期开始，这个地区

---

〔1〕　朱乃诚：《中国文明起源研究》，福州：福建人民出版社，2006 年。

就已经建立起包括粟、黍、稻、麦、大豆在内的多品种农作物种植制度。这种实行多品种农作物的种植制度可以提高农作物的总体产量，而且还降低单一品种粮食种植的危险系数，这是农业生产发展到一定水平的重要标志[2]。

　　袁靖、黄蕴平等通过对王城岗、新砦、陶寺、二里头 4 个遗址中出土的 51712 块动物骨骼进行定性定量分析，发现这一特定时空范围内人类获取肉食资源的方式继承了以前的传统，即以饲养家畜作为获取肉食资源的主要手段。但是，自龙山时期开始，各个遗址中都在保持了全部哺乳动物中家猪数量最多这一传统的前提下，出现了黄牛和绵羊等新的家养动物。这些新的种类从龙山到二里头时期数量逐步增加，而家猪的数量有所下降。黄牛、绵羊这些动物除了可以丰富当时人的肉食资源种类以外，在宗教祭祀方面也有其不可或缺的价值。这些动物在后来的商周时期更是成为等级的象征，分别在不同身份的人与神或祖先的沟通中发挥了重要的作用。可以说，从提供肉食资源到成为宗教祭品，这个时间段里新出现的家养黄牛和绵羊都具有重要的意义。特别值得注意的是绵羊的出现相当突然，这可能与当时已经存在的东西方文化交流有关。此时出现的家养黄牛和绵羊要比公元前 8000 年出现的家犬和公元前 6200 年出现的家猪晚数千年，为何直到公元前 2500 年才开始把黄牛和绵羊作为家畜饲养，这也是一个值得认真思考的问题[3]。

　　蔡大伟等对陶寺和二里头遗址中出土的 10 只距今约 4000 年的绵羊进行了古 DNA 分析，获得其中 9 个个体的古 DNA 序列。变异位点分析和系统发育树分析均显示出这些古代绵羊属于亚洲谱系 A，与中国特有的地方品种如小尾寒羊、湖羊、蒙古羊、同羊等有着共同的母系祖先，在遗传上有一定的继承关系[4]。

　　张雪莲等通过对陶寺、二里头遗址中出土的 44 个人骨和猪骨标本进行碳、氮稳定同位素分析，发现这两处遗址中古代居民食物结构基本是以 C_4 类食物为主，即以粟和黍类为主要食物来源，但是陶寺遗址居民的食物结构基本均属于 C_4 类食物，而二里头遗址中 C_3 类食物占有一定比例，这可能与当时这两个遗址的人食用不同的植物性食物有关。二里头遗址里人的骨骼中发现 C_3 类植物，这或许出自采集，抑或是种植，也可

〔2〕　赵志军：《公元前 2500 年～公元前 1500 年中原地区农业经济研究》，见中国社会科学院考古研究所考古科技中心编：《科技考古（第二辑）》，第 1～11 页，北京：科学出版社，2007 年。

〔3〕　袁靖、黄蕴平、杨梦菲、吕鹏、陶洋、杨杰：《公元前 2500 年至公元前 1500 年中原地区动物考古学研究》，见中国社会科学院考古研究所考古科技中心编：《科技考古（第二辑）》，第 12～34 页，北京：科学出版社，2007 年。

〔4〕　蔡大伟、韩璐、周慧、朱泓：《陶寺和二里头遗址古绵羊线粒体 DNA 序列多态性分析》，见中国社会科学院考古研究所考古科技中心编：《科技考古（第二辑）》，第 35～40 页，北京：科学出版社，2007 年。

能两者皆有。陶寺和二里头遗址中出土的猪骨标本显示出，当时当地猪与人的植物性食物来源相近，反映当时的农业发展程度已经能够支持家畜饲养所需要的食物消耗，即 C_4 类植物不仅养育了那里的人民，还成为家畜的主食[5]。

吴小红等通过对新砦遗址出土的 20 个人骨和猪骨的标本进行研究，发现新砦遗址的居民同样食用粟和黍等 C_4 类为主的食物，另外还食用了约 20％的 C_3 类食物。结合对新砦遗址猪骨的 $\delta^{13}C$、$\delta^{15}N$ 值的研究，他们推测新砦遗址在新砦期应该是一个农业与畜牧业共同发展繁荣的阶段。另外，吴小红曾对江西省万年吊桶环遗址中出土的野猪进行分析，发现其 $\delta^{15}N$ 的平均值为 2.7‰，最高值没有超过 4‰，而新砦遗址猪骨的 $\delta^{15}N$ 值平均值为 6.18‰，最低值为 4.5‰，新砦遗址猪骨的 $\delta^{15}N$ 值与人骨的 $\delta^{15}N$ 值出现显著重叠，而且猪骨的 $\delta^{15}N$ 值都超过了 4‰。新砦猪骨的 $\delta^{15}N$ 值显示其食物中含有一定数量的动物性蛋白，而只有在人工干预的情况下，这些高动物蛋白的食物才有可能进入猪的饮食当中。新砦遗址人骨和猪骨的稳定同位素对比所揭示的规律，对于我们研究其他遗址中猪或其他动物的驯养情况具有重要参考价值。由于自然环境中 C_3 植物的比例往往高于 C_4 植物，所以如果遗址所表现的农业特征是以粟作农业为主的话，那么仅靠 $\delta^{13}C$ 值就足以说明猪是否被人工驯养；如果遗址所表现的农业特征是以稻作农业为主的话，那么就要结合 $\delta^{15}N$ 值的分布情况和其他信息来共同判断猪的驯养情况[6]。

李延祥等通过对二里头遗址各期铸铜遗物的研究，发现二里头遗址可能存在砷铜和锡（铅）青铜这样使用两种合金的传统。前者向后者的转变大约发生在二里头文化二期，砷铜的使用和锡（铅）青铜的使用可能有相当长的共存期，含砷的传统在锡（铅）的合金制品中也有体现，即出现含砷的锡（铅）青铜。鉴于多次检测出含有银、铋、锑等元素的高锡铅（砷）合金颗粒炉渣，推测配制锡（铅）青铜（可含砷）的锡料可能来源于铅锡合金（可含砷）。上述事实将二里头遗址合金配料的来源引向一种锡铅（砷）共生的矿产资源，即原生的铅锡共生矿。铅锡共生的矿床通常伴生有砷、银、铋、锑，此类矿床的各个矿带可产出不同的矿石。如矿床中的雄黄、雌黄、毒沙、砷黝铜矿等直接添加到熔铜过程中，即可获得砷铜，而矿床中的含锡铅砷矿石经过焙烧、冶炼可获得铅锡合金及黄渣等，与铜配合则能获得锡铅（砷）。冶炼技术的演进也可能促成不同的合金出现。在早期还原气氛较弱的条件下，即使有含锡铅砷的矿石加入到

[5] 张雪莲、仇士华、薄官成、王金霞、钟建：《二里头遗址、陶寺遗址部分人骨碳十三、氮十五分析》，见中国社会科学院考古研究所考古科技中心编：《科技考古（第二辑）》，第 41～48 页，北京：科学出版社，2007 年。

[6] 吴小红、肖怀德、魏彩云、潘岩、黄蕴平、赵春青、徐晓梅、Nives Ogrinc：《河南新砦遗址人、猪食物结构与农业形态和家猪驯养的稳定同位素证据》，见中国社会科学院考古研究所考古科技中心编：《科技考古（第二辑）》，第 49～58 页，北京：科学出版社，2007 年。

熔炼过程中，锡也难以被还原出来，只能得到砷（铅）铜。因此，从砷铜到锡铅（砷）青铜的转变可能是对同一矿床不同程度的开发和冶炼技术进步（还原气氛增强）共同作用的结果。铅锡砷可能来自同一矿床的推断，对于揭示二里头遗址青铜器的制作工艺特征及其演变过程、寻找其原料产地具有十分重要的参考价值[7]。

王增林等通过对二里头遗址出土的 72 件陶器样品进行微量元素和痕量元素分析，发现可以把这 72 件陶片样品分为 A、B、C 三组。A 组基本上是普通黏土所制的陶器，B 组主要是白陶和灰陶的酒器，C 组仅有一件灰陶爵。值得注意的是，二里头遗址的陶质三足酒器经历了一个由红褐或灰褐陶向白陶、再到灰陶的发展过程，这说明陶礼器的制作工艺逐步有别于日常所用的陶器。A 组有两件深腹罐，从制作风格上看明显属于山东岳石文化，但它们的微量元素和痕量元素却显示出其与二里头遗址的陶器成分极为相似，说明就是在二里头遗址制作的，由此可以肯定山东岳石文化的制陶工艺传到了二里头遗址。属于 C 组的灰陶爵的成分与这次分析的其他陶器存在相当明显的差异，可能是一件从别的地方传入的陶器。上述三组陶器之间的差异既反映出胎土的不同、用途的不同，也反映出可能与当时存在的文化交流有关[8]。

吴瑞等通过对二里头遗址中出土的 54 件陶器样品的研究，得出一些认识，如证实这批陶器为软陶，它们的制作原料为普通的黏土，也就是中原地区的黄土；二里头遗址陶器的烧制场所可能存在由分散到集中的趋势；这批陶器与陈尧成等曾经研究过的二里头遗址中出土的印纹软陶的化学组成相接近，而与他研究过的印纹硬陶的化学组成差别较大，对陶片的吸水率、显气孔率以及体积密度等材料性能分析的结果也是如此；经过对比，初步推测陈尧成等所研究的二里头印纹硬陶的产地很可能与上海马桥遗址及江西吴城遗址相关；二里头遗址中部分陶器的表面非常光滑，且有光泽，分析结果显示这一表面光滑层的化学组成与陶胎基本相似，说明这些陶器表面的光滑层是经过打磨处理得到的，而不是涂层；在 1 块陶片的内侧表面发现附着一层薄薄的白色颗粒，主要为富镁方解石颗粒及少量的石英颗粒，这一附着层是长时间沉积形成的，其成因有可能是因为该陶器曾用作盛水的容器，也有可能是其曾用作盛放方解石的容器，还有一种可能是为了制盐之用，即该附着层是制盐留下的残留物[9]。

〔7〕 李延祥、许宏：《二里头遗址出土冶铸遗物初步研究》，见中国社会科学院考古研究所考古科技中心编：《科技考古（第二辑）》，第 59~82 页，北京：科学出版社，2007 年。

〔8〕 王增林、许宏：《二里头遗址陶器样品中子活化分析与研究》，见中国社会科学院考古研究所考古科技中心编：《科技考古（第二辑）》，第 83~96 页，北京：科学出版社，2007 年。

〔9〕 吴瑞、吴隽、李家治、邓泽群、许宏：《河南偃师二里头遗址出土陶器的科技研究》，见中国社会科学院考古研究所考古科技中心编：《科技考古（第二辑）》，第 97~115 页，北京：科学出版社，2007 年。

王小庆通过对石器的研究，发现在公元前 2500 年之前的仰韶文化时期和龙山文化早期阶段，石器以斧、锛、锄、铲等为主，磨制石器中石斧的数量最多，通常占到出土磨制石器总数的 30％到 40％。此外在这一阶段还存在一定数量的打制的敲砸器、砍砸器等。而到公元前 2500 年至公元前 1500 年的龙山文化晚期阶段和二里头文化时期，打制石器已十分少见，石斧、石铲等在各类生产工具中所占的比重下降，而石刀、石镰等收获工具在各类生产工具中的数量则占绝对优势。石刀、石镰等收获工具数量的激增表明了这一时期农业生产有了较大的发展[10]。

邓聪等对玉器制作工艺的研究显示，二里头文化中闪石玉器开片是以片切割技术生产毛坯。玉器制作过程采用了琢制、锯切割、管钻穿孔和研磨抛光等技术体系。通过照相技术，确认了闪石玉圭上和石钺上的装柄痕，为探索圭、钺的装柄方式提供了科学的证据。同时还确认了牙璋阑部的浅刻花纹，牙璋上的一些浅刻纹饰是二里头文化玉器纹饰的一种特色。邓聪还对二里头文化绿松石嵌片、管、珠制作和使用历史作出初步复原，并对嵌片的制作、形式分类、拼合方式及对大型龙形器的工艺进行了研究，比较全面地复原了当时的制玉工艺[11]。

几点认识

综合以上的研究成果，参考以往考古学研究的收获，我们对整个课题提出如下几点总结性认识。

公元前 2500 年至公元前 1500 年中原地区的经济形态发生了明显的变化

公元前 2500 年至公元前 1500 年中原地区的经济形态的变化，以包括家畜饲养在内的农业经济最为明显。从龙山文化到二里头文化这个时间段里，中原地区在保持以粟类为主的农业生产和以家猪为主的家畜饲养的基础上，普遍出现种植水稻和饲养黄牛。同时，起源于西亚地区的小麦和绵羊也传入这个地区，由此逐步建立起多品种的农作物种植制度和多种类的家畜饲养方式。水稻、小麦、黄牛、绵羊等动植物在这个地区的出现不仅仅是简单的农作物品种或家养动物种类的增加，还应该伴随有特定的种植制度和饲养方法的传入，这些新的生产对象和生产技术的传入不仅加速了中原地

〔10〕 王小庆：《公元前 2500 年～公元前 1500 年豫西晋南地区考古资料所反映的人类生产工具的状况》，见中国社会科学院考古研究所考古科技中心编：《科技考古（第二辑）》，第 116～119 页，北京：科学出版社，2007 年。

〔11〕 邓聪、许宏、杜金鹏：《二里头文化玉工艺相关问题试释》，见中国社会科学院考古研究所考古科技中心编：《科技考古（第二辑）》，第 120～132 页，北京：科学出版社，2007 年。

区农业生产发展的步伐，而且还对这个地区原有的农业生产结构产生了深远的影响。在二里头文化向二里冈文化演变的过程中，小麦的种植规模突然大幅度提升，这个变化对后来中国北方旱作农业种植制度的根本性改变具有深远的影响。另外，对陶寺遗址和二里头遗址中出土人骨和猪骨的食性分析，也在一定程度上证实不同遗址和不同时期农业经济的发展变迁。

除农业经济以外，青铜器、陶器、石器和玉器制作等手工业经济的发展也是经济形态发生变化的重要特征。比如，在龙山文化晚期首次出现复合范铸造的铜铃，在二里头文化里除发现容器、兵器等众多青铜器以外，还首次发现大型的青铜器铸造作坊，用多块内外范拼合铸造青铜器，出现包括砷铜和锡（铅）青铜在内的合金技术。这个时期的陶器以灰陶为主，还有白陶、黑陶及几何印纹硬陶、原始青瓷等，陶器烧成温度明显提高。陶器成型工艺采用手制、模制、轮制等多种方法，新出现的陶礼器做工精致，造型优美。作为当时主要生产工具的石器种类中，石斧、石铲等多功能生产工具的比重下降，打制石器减少，而石刀、石镰等农业生产工具的数量增加。玉器种类明显丰富，其加工方法表现为采用琢制、锯切割、管钻穿孔和研磨抛光等一系列比较先进的技术手段。

技术和经济的发展状况与文明演进的关系密不可分

在公元前 2500 年至公元前 1500 年这个时间段里，中原地区逐步建立起多品种的农作物种植制度和多种类的家畜饲养方式，青铜冶炼技术、制陶技术、制玉技术显著提高，石器种类和以前相比明显增加，龙山文化出现夯土城墙、大型夯土建筑和可能与观象授时相关的大型遗迹，二里头文化出现多个大型宫殿夯土基址等等，这些因素都从物质的角度显示出当时的生产力已经达到相当高的水平，当时的粮食生产和家畜饲养也已经可以为从事其他生产行业的大量人员提供食物保障，而这一切恰恰处于文明演进的关键时期。尽管根据此次研究所获得的实证性资料，我们还不能肯定当时究竟是中原地区的技术与经济发展引起了上层建筑的变化，推动了文明的演进、出现国家；还是因为文明社会的形成、国家的出现带动了技术与经济的发展。但是我们至少可以肯定，当时技术与经济的发展在文明演进过程中发挥了举足轻重的作用。

另外，我们要强调的是，在龙山文化时期开始出现的动物种类和人工制品在确立等级制度中扮演了重要角色，而等级制度的形成在文明演进中具有重要的意义。比如，在龙山文化以前猪一直是古代人类用于与神或祖先沟通的动物，在龙山文化及后来的社会发展过程中，黄牛和绵羊在宗教祭祀活动中也具有了不可或缺的地位。商代晚期甲骨文中提及的"太牢"和"少牢"等，即王和卿大夫在祭祀活动中必须使用的猪、牛和羊，在龙山文化的较晚阶段都已经存在了。特别需要指出的是后来猪、牛和羊等家养动物还被分出高下，成为等级的象征，在不同身份的人与神或祖先的沟通中分别发挥了重要的作用。再如，二里头遗址中首次发现的爵、斝、鼎等象征身份、地位的青铜礼器，说明那时已经形成以青铜器为中心的礼器群。还有，自龙山文化开始出现陶制的礼器。另外，二里头遗址中首次出土的大型玉刀、玉璋的刃部大部分不见使用痕迹，这些玉器可能是特定礼仪场合使用的仪仗。因此，我们认为农业和手工业的发展为等级制度的形成提供了一系列物质保障。

我们的研究还发现了中原地区在技术与经济方面存在着长距离交流的一些重要证据。例如，在龙山文化及其向二里头文化演变时期出现了小麦和绵羊，这些农作物和家畜最早的起源地在西亚地区。通过对二里头遗址中出土的陶器进行微量元素和痕量元素的分析，可以证明当时山东东部的文化因素传播到了河南西部。这些交流与融合明显地推动了中原地区技术、经济乃至社会和文化的发展。我们推测，地域相隔很远的文化之间的交流与融合及其不断增强的趋势，在中华文明的演进过程中也发挥着不容忽视的作用。

创立新的研究方法

此次我们针对同一时期、同一地区多个遗址出土的相关遗物，从植物考古、动物考古、DNA 分析、食性分析、冶铸遗物分析、陶器成分和烧成温度分析、石器研究、玉器成分分析和制作工艺研究等 8 个领域开展合作研究，试图全面复原当时的技术与经济状况。从研究方法本身看，这是带有创新性质的探讨和集成。这 8 个领域的研究过程和研究结果都是互相联系，互相印证的。经过这样的研究，我们提出了一系列带有实证性的观点，填补了以往认识上的空白。我们的研究方法和成果都证明，围绕考古学的总体目标，加强自然科学相关学科与考古学的多学科合作，开展综合研究是十分必要的。

蔡大伟等对陶寺和二里头遗址中出土的古代绵羊开展 DNA 研究，这是中国首次对古代动物进行 DNA 研究[12]。吉林大学生命科学学院的周慧教授和边疆考古研究中心的朱泓教授曾合作开展过古代人骨的 DNA 研究，取得了不少成果[13]。此次把研究对象扩展到古代动物，拓宽了研究领域的范围。尽管根据此次提取的数据，尚不能做过多的推测，但这个方法的建立和初步的研究结果，为我们以后深入开展古代家养动物起源与发展过程的研究奠定了基础，其深远意义必定会在今后动物考古学的研究中逐

---

〔12〕 蔡大伟、韩璐、周慧、朱泓：《陶寺和二里头遗址古绵羊线粒体 DNA 序列多态性分析》，见中国社会科学院考古研究所考古科技中心编：《科技考古（第二辑）》，第 35～40 页，北京：科学出版社，2007 年。

〔13〕 a. 万诚、崔银秋、段然慧、周慧、朱泓、李惟：《夏家店等古人骨 DNA 的提取、扩增及序列

步体现出来。

　　吴小红通过此次研究，系统地归纳出应用食性分析鉴别家猪和野猪的原理、方法和标准[14]。中国社会科学院考古研究所的蔡莲珍、仇士华和张雪莲曾在研究人骨食性的同时，对家猪进行过食性分析，取得了可以相互印证的结论[15]。此次对应用食性分析鉴别家猪和野猪的方法进行系统地归纳和完善，对于动物考古学研究是十分必要的。这样的研究可以进一步完善区分家猪和野猪的系列标准。另外，这种方法还具有启发的作用，提示我们考虑如何拓展思路，建立相应的区分家养的牛、羊和野生的牛、羊的食性标准。相信其深远意义同样会在今后动物考古学的研究中逐步体现出来。

总　结

　　综上所述，通过对本课题涉及的 4 个遗址的研究，我们首次对一个特定时空范围内的农业经济形态进行了定性定量的研究，比较科学地把握了当时农作物种植和家畜饲养的发展状况。同时，通过研究、归纳当时的手工业经济技术的发展状况，对当时的青铜器、陶器、石器和玉器等也有了比较全面的认识。本课题的研究填补了以往关于这方面研究的空白，以包括农业、手工业在内的一系列实证性资料，显示出中原地区整个经济形态在特定时间段里出现了显著的变化和发展。我们能够认识到，这个特定时空范围内的整个经济形态特征有别于同一地区公元前 2500 年之前的经济状况，同时公元前 1500 年以后商周时期经济基础的雏形在这个特定时空范围内已经基本形成。

　　　　分析》，《中国生物化学与分子生物学报》2001 年第 17 卷第 5 期，第 636～641 页。

　　b. 崔银秋、段然慧、朱泓、周慧：《交河故城古车师人线粒体 DNA 分析》，《高等学校化学学报》2002 年第 2 卷第 8 期，第 63～67 页。

　　c. Yu Changchun, Xie li, Zhang Xiaolei, Zhou Hui, Zhu Hong. 2006. Genetic Analysis on Tuoba Xianbei Remains Excavated from Qilian Mountain Cemetery in Qahar Right Wing Middle Banner of Inner Mongolia, *FEBS Letters* 580：6242-6246.

　　d. Fu Yuqin, Zhao Han, Cui Yinqiu, Zhang Quanchao, Xu Xuelian, Zhou Hui, Zhu Hong. 2007. Molecular Genetic Analysis of Remains of Wanggu Tribe from Inner Mongolia in China, *American Journal of Physical Anthropology* 132 (2)：285-291.

〔14〕 吴小红、肖怀德、魏彩云、潘岩、黄蕴平、赵春青、徐晓梅、Nives Ogrinc：《河南新砦遗址人、猪食物结构与农业形态和家猪驯养的稳定同位素证据》，见中国社会科学院考古研究所考古科技中心编：《科技考古（第二辑）》，第 49～58 页，北京：科学出版社，2007 年。

〔15〕 a. 蔡莲珍、仇士华：《碳十三测定和古代食谱研究》，《考古》1984 年第 10 期，第 949～955 页。

　　b. 张雪莲、仇士华、薄官成、王金霞、钟建：《二里头遗址、陶寺遗址部分人骨碳十三、氮十五分析》，见中国社会科学院考古研究所考古科技中心编：《科技考古（第二辑）》，第 41～48 页，北京：科学出版社，2007 年。

我们可以肯定公元前 2500 年至公元前 1500 年这一时间段里技术、经济的变化和发展与文明演进的过程密切相关。

我们必须正视的是，迄今为止，对中原地区公元前 2500 年至公元前 1500 年这个时间段之前、之后及其他地区的各个时间段里的技术与经济的发展状况都还没有开展过定性定量的研究。因此，我们没有条件把中原地区特定时间段的技术与经济状况与其他时空范围内的技术与经济状况进行任何纵向和横向的比较研究，我们也就没有可能在区别异同的过程中，全面把握中原地区特定时空范围内的各种技术与经济现象所发挥的作用，对这些技术与经济现象在文明演进过程中的作用给出结论性的解释。

有鉴于此，在本课题研究的基础上，今后应该进一步扩大研究的时空范围，对中原地区公元前 2500 年至公元前 1500 年这一时间段之前、之后的不同时期，黄河上游、下游地区，长江流域及其他地区不同时间段里的包括生产力发展状况、原料产地、显示等级制度的物质因素及文化交流现象等在内的技术与经济状况开展系统的研究。比较和分析这一系列综合研究结果，对于我们在全国范围内把握技术和经济发展状况及其与中华文明演进的关系无疑是十分必要的。

感谢中国社会科学院考古研究所、北京大学考古文博学院、河南省文物考古研究所、山西省文物考古研究所、郑州市文物考古研究所等考古研究和教学机构的领导和研究人员对我们研究的支持及提供的宝贵资料，并感谢诸位和我们一起对研究结果进行认真的讨论。通过这样的合作研究，我们提出了关于技术和经济发展状况及其与中华文明演进关系的新认识，推动了科技考古研究的进一步发展，为今后更加深入地开展研究奠定了很好的基础。

（原载于中国社会科学院考古研究所考古科技中心编：《科技考古（第二辑）》，第 133～140 页，北京：科学出版社，2007 年）

《科技考古（第一辑）》后记

一位大学问家说过，古来新学问皆来源于材料和方法的新发现。我们感到，用这句话来概括在考古学中应用自然科学相关学科的发展过程是比较贴切的。

考古学与自然科学相关学科的联系由来已久，最早可以追溯到19世纪时考古学的开始阶段。自20世纪后半叶开始，以碳十四测年应用于考古学为标志，更多的自然科学相关学科的方法和技术被应用于考古学中，开拓了传统考古学研究所不能涉及的研究领域，提高了考古学研究的效率和精确度。

为了顺应世界考古学和中国考古学的发展趋势，1995年中国社会科学院考古研究所组建了科技考古中心。1996年科技考古中心被中国社会科学院列为全院50个重点扶植学科之一，2002年又被列为全院57个重点学科之一，同时被列为全院6个重点研究室之一。今年是科技考古中心成立10周年，为了更好地总结过去，设计未来，我们编辑了这本文集。

这本文集收录了科技考古中心的同志们所撰写的论文，内容主要涉及对考古学与自然科学相关学科相结合的宏观把握、遥感考古和磁法勘探、数字考古的探讨、高精度年代测定、树木年轮年表的建立、古代人地关系研究、古代人口统计研究、古代人类的体质特征分析、古代人类的食物结构研究、植物遗存研究、古代经济形态探讨、木炭碎块研究在考古学研究中的作用、古代家猪驯养研究、陶器和青铜器成分分析及制作工艺研究、使用 Photoshop 软件进行考古绘图、金属器和木器的保护与修复、古代马具和马车的复原与画法等等。这些文章大多曾发表在《考古》、《考古学报》、《文物》和《中国文物报》等国内考古学界的主要刊物及其他一些刊物上，也有的已发表在英国的 *Antiquity* 和美国的 *Journal of East Asian Archaeology* 等杂志上，还有一些是首次发表。我们在这些文章中提出了新的方法，公布了新的资料，阐述了新的认识，用自己的实际行动，和全国从事科技考古的同行们一起，实实在在地支撑起科技考古这门考古学的分支学科。

当年创建科技考古中心时，我们的目标就是要推动考古学与自然科学相关学科的紧密结合。在后来几年的实践过程中，我们又把这个目标进一步明确为三个方面：第一，要在考古勘探、年代测定、环境考古、体质人类学、食性分析、植物考古、动物考古、物质结构和成分分析、计算机技术在考古中的应用、文物保护和修复、实验考古、考古绘图等领域里做好工作，提出新的认识。第二，在上述领域里逐步建立起一系列适合中国考古学发展的方法和标准，做到规范化、科学化、国际化。第三，在国内和国际上考古学的一级刊物上发表文章，宣传我们的研究成果。汇编在这本文集里的文章及在附录1和附录2里具体罗列出的科技考古中心全体同志这10年来的科研工作和技术工作的成果目录，全面地体现了这三个方面的内容。

在这本文集的开头，还刊登了由11位中国科学院院士和11位中国考古学界前辈学者（包括与科技考古中心关系密切的先生）参与的笔谈的内容。他们中间有些先生很早就在自己所从事的自然科学某个研究领域里推动科技考古的发展，有些先生当年或现在就是考古研究所或其他文博单位的领导，有些先生一直在高校执教考古学，他们的共同特点就是多年来都直接参与或一直关注科技考古事业。这次他们专门为了科技考古中心成立10周年及这本文集的出版，欣然命笔，提出一系列纲领性、创新性和建设性的看法，让我们读来备受鼓舞，更加明确了前进的方向。

这里特别要提到参与笔谈的两位先生。一位是仇士华先生，1959年他来到考古研究所，和蔡莲珍先生一起建设碳十四实验室，这个实验室是我们科技考古中心的前身。还有一位是吴家安先生，1995年组建科技考古中心时，他是第一任主任。虽然他在1997调到中国文物研究所工作，在科技考古中心任职时间不长，但是他为中心的建设付出过很多心血。仇、吴两位先生在笔谈中的肺腑之言，让我们读起来倍感亲切。

马克思说过，"在科学上没有平坦的大道，只有不畏劳苦沿着陡峭山路攀登的人，才有希望到达光辉的顶点。"我们要进一步发扬刻苦钻研的精神，继续踏踏实实地做好工作，努力谱写科技考古的新篇章。

（原载于中国社会科学院考古研究所考古科技中心编：《科技考古（第一辑）》，第465～466页，北京：中国社会科学出版社，2005年）

《科技考古（第二辑）》后记

2005 年 10 月出版的《科技考古（第一辑）》得到了广大文博考古界、自然科学相关学科研究人员和学生的厚爱，在《中国文物报》举办的 2005 年度最佳文博考古图书评选活动中被评为"2005 年度全国最佳文博考古文集"。另外，日前从出版社获悉，2005 年 10 月第一次印刷的《科技考古（第一辑）》2500 本到 2007 年 3 月已经全部售罄。在将近一年半的时间里我们的书就销售一空，这无疑也是一个好消息。这两件事对我们而言，是一种鼓舞，更是一种鞭策，努力办好这本文集，争取在推动全国科技考古事业的发展中发挥更大的作用，成为参与这本文集编辑出版工作的全体人员的共同心愿。

经过多年的考古调查、发掘和研究，我们对各个时期的考古学文化谱系、一些主要遗址的布局、一些重要遗迹的结构及出自各个遗址的器物形制等都有了比较明确的认识，有关这些方面的研究也取得了大量丰硕的成果。但是，我们对于考古遗址中出土的各种涉及经济状况的遗迹和遗物的综合研究则一直没有太大的进展，一些相关领域仍然处于空白状态。这种不平衡的现象与 21 世纪我国考古学研究应该达到的水平极不相称。

有鉴于此，在国家有关部委的领导下，中国社会科学院考古研究所科技考古中心和国内多家相关研究机构合作，组建了"公元前 2500 年－公元前 1500 年中原地区经济技术发展状况及其与文明演进关系研究"课题组。由袁靖担任课题负责人，课题组的 26 名研究人员分别来自中国社会科学院考古研究所、北京大学考古文博学院、北京科技大学冶金与材料史研究所、中国科学院上海硅酸盐研究所、吉林大学生命科学学院、香港中文大学中国考古艺术研究中心等 6 家单位。研究范围涉及植物考古、动物考古、DNA 分析、食性分析、冶铸遗物分析、陶器成分和烧成温度分析、石器研究、玉器成分分析和制作工艺研究等 8 个领域。我们的总体思路是强调自然科学相关学科与考古学相结合，通过观察、测试等方法，对山西襄汾陶寺和河南登封王城岗、新密新砦、偃师二里头等四个遗址中出土的动植物遗存、青铜冶炼的炉渣、陶器、石器和玉器等进行定性定量的分析和研究，把握特定时空范围内的农业和手工业状况，探讨其与文明演进的关系。

　　整个课题已经于 2006 年顺利结项。课题结项评审组在评审意见中指出，"该课题的有关成果揭示了公元前 2500 年至公元前 1500 年上述四处遗址所在地区的经济技术发展状况，阐释了中原地区文明形成与经济、技术发展的关系。该课题的多个成果具有填补空白的意义，为今后更深入地开展这一攻关项目，提供了较好的研究思路。"另外，课题结项评审组还专门提出希望早日将全部研究成果结集出版。经过编辑委员会讨论，我们决定将此次课题研究中各个子课题的研究报告返还相关研究人员，请大家本着对自己文章中的材料、方法、观点甚至措辞在内的内容采取文责自负的原则，在认真考虑评审专家意见的基础上，仔细修改，再提交出高质量的研究论文。同时，又吸收了一些与中华文明形成与发展过程有关的科技考古研究文章，把它们汇集在一起付梓。

　　编者在日本留学时的导师加藤晋平教授在收到我们赠送的《科技考古（第一辑）》时，爱不释手，同时也诙谐地说道，"这是第一辑，你们可不要永远停留在第一辑哟。"现在，这本研究内容以公元前 2500 年至公元前 1500 年中原地区技术经济发展状况及其与文明演进关系为主的《科技考古（第二辑）》马上就要面世了。第二辑除了上述研究内容的特色外，作者队伍也有新气象，除了科技考古中心的人员，还包括一批在国内其他科研和教学机构中从事科技考古的人员。我们相信，有全国科技考古研究人员的共同参与下，在全国广大文博考古界、自然科学相关学科研究人员和学生的期待与鞭策下，《科技考古》将会一辑一辑出版下去，越办越好。

　　《考古科学杂志》（*Journal of Archaeological Science*）和《考古实验室》（*Archaeometry*）是国外两本专门反映科技考古研究成果的著名杂志，我们希望《科技考古》能够逐步成为中国广大从事科技考古的研究人员用中文发表自己优秀科研成果的专门刊物之一，为进一步推动中国考古学的发展贡献力量。

　　编者在《科技考古（第一辑）》的后记中曾经提到，"马克思说过，在科学上没有平坦的大道，只有不畏劳苦沿着陡峭山路攀登的人，才有希望到达光辉的顶点。"这段话，将永远指引我们奋发努力，不断前行。

　　（原载于中国社会科学院考古研究所考古科技中心编：《科技考古（第二辑）》，第 180～181 页，北京：科学出版社，2007 年）

科技考古　方兴未艾

——四部科技考古专著读后感

中国第一部比较全面地阐述科技考古的专著是由科学出版社于 1991 年 12 月出版的《现代实验技术在考古学中的应用》(图 1)。这本书分为考古断代技术及其应用、结构分析技术及其在考古学中的应用、元素分析技术及其在考古学中的应用、遗址勘探和计算机在考古学中的应用四部分内容，以科技内容作为脉络体系，同时配以科技考古研究内容作为应用实例。尽管当时中国考古学界除碳十四测定年代外，尚未全面开展其他科技考古领域的研究，因此缺少中国学者自己的研究实例，作者选用的范例主要都是来自国外，而且，这本书阐述的各种理化方面的原理、方法对于大部分文科出身的考古研究人员而言，可能过于艰深，似乎更适合学习自然科学出身，其后转而对科技考古感兴趣的研究人员或学生阅读。但是，作为中国国内首部科技考古方面的专著，其学术价值及历史意义都是不可替代的。

图 1　《现代实验技术在考古学中的应用》

记得 1993 年我从日本留学回国后，协助仇士华、吴家安、陆巍等几位研究员一起领导、建设考古研究所的科技考古中心。当时我的知识结构中，除了中国考古学的基础知识外，就是环境考古学和动物考古学的内容，对科技考古其他领域的研究知之甚少，而《现代实验技术在考古学中的应用》这本书中谈到的内容正好是我迫切需要学习的。当时这本书便成了我经常捧在手上的重要参考书籍之一。后来受命撰写发表在 1996 年第 7 期《考古》上的《科学技术在考古学中的应用》一文，其中的不少认识就是来源于对这本书的学习心得。我个人认为，自然科学相关学科被引入考古学研究中，主要在两个方面发挥着巨大的作用：一是开拓了以往的考古学研究不能涉及或忽略涉及的研究领域；二是进一步提高了考古学研究的效率、精确度和科学性。从《现代实验技术在考古学中的应用》出版到现在，差不多过去 17 年了，这些年里自然科学又有

了全面、快速的发展，不断为科技考古的发展提供新的
技术、新的方法和新的方向。但是《现代实验技术在考
古学中的应用》里所提到的不少基本内容仍没有过时，
至今仍然在启发我们，面对考古遗址中出土的遗迹和遗
物，开展新的科技考古尝试。

2006年5月由高等教育出版社出版的《科技考古
学概论》，由西北大学赵丛苍老师主编，郭妍利、刘
成、朱君孝、凌雪等几位老师参与编写（图2）。这是
中国第一部直接称作"科技考古学"的科技考古教科
书。全书分为三部分，第一部分介绍科技考古学的基
本含义、发展简史、理论、方法及科技考古学与其他
学科的关系，从整体上把握科技考古学。第二部分则

图2　《科技考古学概论》

介绍了各种考古勘探方法、水下考古、各种遗物的采集、清理、修复及室内保存方
法。第三部分的内容最为丰富，包括多种测年方法，物质的结构和元素分析，人工
遗物的产地研究，人地关系研究，涉及古DNA研究、牙齿人类学研究、古病理分析
在内的人骨研究，动物考古，植物考古等。可以说，这本教材基本上系统地涉及了
科技考古的方方面面。而且作为教科书，作者在每章结束后都列出几道思考题，供
读者对照思考，巩固复习。

编写《科技考古学概论》的几位大学老师大多不具体从事科技考古某个领域的
研究，但是他们充分认识到科技考古在未来考古学发展中的地位和作用，为了培养
适应今后考古学发展需要、具有一定科技考古知识的考古专业学生，几位老师竭尽
全力，刻苦钻研，历经十余年，终于完成全部书稿。这本教材的内容相当全面，给
学生学习科技考古方面的知识提供了极大的方便。作为科技考古的教材，自然包括
科技考古各个领域的基本原理及方法，尽管由于作者们大多来自文科专业，在阐述
理科的个别概念时不一定完全到位，但是书中引用的实例，则来自国内科技考古研
究人员的研究成果。一旦读到那些熟悉的遗址名称，头脑中立刻会出现关于那个遗
址的明确的时空方位和考古内涵，这也帮助我们比较容易理解与那个遗址相关的科
技考古的研究内容。同时，也能够进一步理解科技考古的作用和意义。我从事的具
体研究属于科技考古的一个组成部分，但是要我做到像他们那样全面、系统地阐述
科技考古各个方面的原理、方法和实例，谈何容易。由此，我从心里深深体会到这
几位作者的编写工作之艰苦，付出的努力之巨大，对他们那种耗时十余年、锲而不
舍的精神肃然起敬。

2008年1月由文物出版社出版的《科技考古》一书，是杨晶、吴家安两位考古学

图 3　《科技考古》

家撰写的，这是一本关于科技考古的科普读物（图 3）。全书分为八个方面，即考古勘探、采集特殊标本用于测试等田野考古的新方法；通过动植物考古研究、古代环境研究，探讨古代的人地关系；人骨鉴定、古代习俗探讨及从史前到汉以后的人种；以碳十四测年为主的多种测年方法，从旧石器时代一直到夏商周的重要遗址的年代；各种物质结构和化学元素的分析技术，及在金属冶炼、陶瓷工艺、玉石产地、颜料品种等四个方面的应用；土质和石质遗迹的现场保护，无机和有机遗物的室内保护；从陶器、铜器、木漆器、骨器、纺织品的复制到各类器物的制作工艺；计算机技术对考古文献、博物馆藏品、地理信息和考古学资料的管理，及对卜甲碎片的缀合处理和各种考古遗存的类型学研究等。

这本书处处贯穿着考古学家对于科技考古的认识，书中对科技考古各个领域的原理和方法着墨不多，主要通过收集大量中国科技考古的研究实例，分门别类地进行介绍，用科技考古的研究结果说话，让考古研究人员读起来通俗易懂。读完全书，能够真切地感受到两位考古学家在收集各种科技考古研究实例时的用力之深，用意之深。其实作者早在 2000 年前就完稿了，但由于某些原因一直到 2008 年才出版，因此书中收集的中国科技考古的研究实例局限在 2000 年以前，还未涉及 21 世纪后的实例。虽然现在有些观点已经改变，但是，作者阐述的各类研究结果完全可以证明，科技考古的研究对象几乎涵盖了一切与古代人类活动相关的物质遗存，科技考古是我们研究古代社会不可或缺的重要手段。我们在考古发掘中挖到的古代遗存，实际上就是当时社会整体的一个部分，其遗迹和遗物通过各种不同的形式折射出那个时期经济基础和上层建筑的方方面面。尽可能全面地收集古人遗留下来的各种信息，开展研究，是时代赋予我们这一代考古研究人员的历史使命。可能正是被这种强烈的使命感所激励，两位作者在本书的后记中提到，"一个考古工作者要清醒地认识到自己若无多方面的才能、经验和多种专门知识，便不可能在考古学上有所建树，要看到现代科学技术在考古学领域应用的广阔前景，通晓各种相关的自然科学诸多领域的研究目的、方法和意义，积极地投身科技考古。"这段话真实地表达了我们这一代考古研究人员的心声。

2008 年 6 月，陈铁梅教授编著的《科技考古学》由北京大学出版社出版（图 4）。这是中国科技考古的第二部教材。尽管从这本书的目录看，其论述的科技考古各个领域的研究目的、原理、方法等基本内容大多与上面提到的几本书有相似之处，而且陈铁梅教授在这本书的前言中还谦虚地称本书的编写参照了《科技考古学概论》

的论述脉络，但是在通读全书的过程中，我不时会感
受到一位长期从事科技考古的研究人员的精辟见解及
对多个科技考古研究领域的全面把握。比如，作者在
绪论里就特别强调我们面对的实物遗存是"不完整
的、变形的"，因此在进行各种分析研究和解释时必
须掌握分寸。再如作者在阐述每一个科技考古研究领
域时，都用较多的篇幅介绍这个研究领域的来龙去脉
及研究现状，帮助读者更好地理解该研究领域的发展
过程及其在科技考古中的作用。又如作者在提及学术
界尚存有不同观点的多个研究课题，如关于现代人的
起源、青铜器产地的溯源、瓷器的起源、一些农作
物的起源时，都是十分客观地列出各家的主要观
点，帮助读者进行独立思考。类似的特点还可以举

图 4　《科技考古学》

出不少，但是仅从上面谈到的三点看，我们就已经可以认识到这本科技考古教材
的独到之处。

今天，科技考古的概念已经深入到很多考古研究人员的头脑之中，现在再来给考
古研究人员讲述为何要做科技考古研究，好像已经变成一个老生常谈的话题。我们现
在更需要关注的，是如何更加准确地理解科技考古各个研究领域的内涵，如何在考古
调查和发掘工作中妥善设计好科技考古多个研究领域的参与，如何把科技考古的研究
成果有机地结合到考古学研究中，如何全面推动考古学研究进一步走向深入。陈铁梅
教授编著的这本《科技考古学》，正是努力从这个层面上论述了我们需要关注的问题。
对于培养具有复合型知识结构的考古学人才，这是一本不可多得的优秀教材。可能因
为交稿时间的限制，这本教材没有把人骨研究等方面的内容包含进去，相信以陈铁梅
教授多年从事科技考古研究的功力，如果时间充裕的话，一定能够在这方面为我们写
出精彩的篇章并提出有益的启示。

20 世纪 80 年代末我在日本留学时，读过日本学者编写的关于自然科学在考古学
中的应用的专著。当时真切地感受到他们在科技考古方面比我们先进很多，我们需
要向他们好好学习。其实，日本的科技考古是向欧美学习的结果，所以真正认识欧
美学者在科技考古方面做出的贡献，对于我们做好自己的研究，无疑具有更大、更
直接的帮助。时至今日，从已经连续出版的 4 部比较全面地阐述科技考古研究的专
著看，从不断出版的涉及科技考古各个研究领域的多部专著看，从发表的大量涉及
科技考古各个领域的研究报告和论文看，中国的科技考古研究现状确实是成果颇丰，
形势喜人。但是，我们也必须清醒地认识到，跟欧美等科技考古研究水平先进的国

家相比，还有相当大的差距，我们还要继续努力。希望有更多的考古研究人员、科技考古研究人员、自然科学相关学科的研究人员和学习这些学科的学生们，能够认真研读这几部科技考古专著，在考古调查、发掘和实践中开展科技考古研究，不断提高我国的考古学研究水平。我们坚信，中国科技考古的未来必定和中国考古学的未来一样，风光无限。

（原载于《中国文物报》2009 年 2 月 4 日第 4 版）

第四编

学术大家与科技考古

本编收录了两篇文章。

《地学泰斗刘东生院士与科技考古》讲述了曾获国家最高科学技术奖的刘东生院士关心动物考古、环境考古和科技考古的事迹。《考古学家俞伟超教授与动物考古》则回忆了本书作者在原中国历史博物馆馆长俞伟超教授指导下从事研究的往事。

地学泰斗刘东生院士与科技考古

　　2008 年 3 月 6 日晚上，当我打开电子邮箱查看邮件时，发现在一封邮件的主题栏里赫然出现一行"沉痛悼念刘东生先生"的字样。敬爱的刘东生先生走了，悲痛之情顿时涌上心头。

　　刘东生先生是蜚声海内外的大科学家，被誉为"一代宗师，地学泰斗"。我与刘先生不在一个单位，一般没有事情，从不敢去打扰先生，因此与刘先生直接见面的次数不多。平常倒是有机会从先生的弟子刘嘉麒院士、丁仲礼院士和吕厚远博士那里听到不少有关先生的事情，闻之常常有高山仰止、肃然起敬的感觉。我从别人那里听来的，从报纸、杂志和电视上看到的先生的丰功伟绩和高尚品格可能许多人都已知道，本文不再赘述。这里只从亲身经历中回忆几件与先生相关的往事，这几件往事记录了我和中国社会科学院考古研究所科技考古中心在刘先生的激励和指导下成长的过程。

　　到现在我还清楚地记得，自己第一次和刘东生先生间接接触是在 1994 年。那时，我从日本留学归国不久，时任中国历史博物馆馆长的俞伟超先生要我去河南渑池班村遗址，协助中国科学院古脊椎动物与古人类研究所的祁国琴研究员整理出土的动物骨骼。那次我在班村遗址呆了两个多月，有一天，在清洗一个属于庙底沟二期文化的灰坑里出土的动物骨骼时，发现这些骨骼几乎全部是猪骨，且有不少破碎的骨骼可以拼对。我对了几天，最后拼对出 7 头年龄不同、但是全身骨骼基本完整的猪。当时我兴致勃勃地把这些猪骨架一头一头分别陈列在标本架上，然后回北京了。几天后，俞先生陪着刘东生先生到班村工地检查工作。俞先生回到北京后打电话告诉我，他和刘先生看到我陈列在那里的 7 头猪的全部骨骼，刘先生表扬了我的工作。他们都认为，一堆破碎的动物骨骼和 7 头完整的猪骨架，在考古学研究上具有完全不同的意义。第一次和刘先生的间接接触就得到他的褒奖，真是让我受宠若惊。后来，我从刘先生那里得知，先生自西南联大毕业后，曾到河南安阳殷墟工作。当时杨钟健先生曾经让刘先生整理过殷墟出土的动物骨骼。为了做好鉴定工作，刘先生专门到当地的肉铺里买了猪的各个部位的骨骼作为比对标本，最后圆满地完成了任务。自从知道刘先生的这段经历后，每每想到中国动物考古学研究自开创之初就与刘东生先生的参与直接相关，常常让我感到高兴和自豪，同时也增添了一份沉甸甸的责任感。我们一定要兢兢业业地努力工作，把刘先生参与开创的中国动物考古学研究事业做大做好。

　　还记得 2002 年，在山东济南召开第三届中国环境考古学术大会，刘先生亲临大会，并和北京大学考古文博学院的严文明先生分别做大会讲演。刘先生在讲演中首先提出科学的创新包括三种：第一是新的发现，使我们认识自然。第二是新的理论，使我们理解自然。第三是新的整合，通过归纳和比较来研究自然。环境和考古这两大学科要在整合中进行归纳和比较，在整合中提出有原创性的新发现和新理论。刘先生认为中国与中亚、欧洲都存在季风影响下形成的黄土地带，这可能是过去人类从非洲到亚洲或从亚洲到非洲的一条早期通道，中国也可能与非洲一样同为人类的重要起源地。接下来讲演的严文明先生在评价刘先生的讲演时用了"振聋发聩"四个字。刘先生的讲演给我们从事环境考古研究的人员开启了如何做好环境考古研究的新思路。大会闭幕式上还举行了颁奖仪式，我和我的课题组撰写的《胶东半岛贝丘遗址环境考古》荣获大会评选的优秀科研成果奖，刘先生亲自把奖杯和证书颁发给我。在此要感谢 2002 年 9 月 27 日的《中国文物报》，上面刊登了一张刘先生当时给我颁奖的照片。现在，每当我看到这张自己站在刘先生身边的照片时，总会激励自己，一定要刻苦钻研，绝不辜负刘先生的殷切期望。

　　还有一件事情就是，2005 年适逢我们中国社会科学院考古研究所科技考古中心成立 10 周年，我们计划把我们中心从事考古勘探、年代测定、环境考古、人骨研究、动物考古、植物考古、物质结构和成分分析、计算机技术在考古中的应用、考古绘图、文物修复和保护等各个领域的研究人员撰写的文章汇集在一起，出一本《科技考古》文集。编委会特别邀请 11 位中国科学院院士和 11 位考古学专家参加笔谈，为科技考古中心的进一步发展指明方向。当我给刘先生打电话时，心中多少有些忐忑，担心刘先生年事已高，且工作繁忙，无暇顾及我们的事情。没想到先生一听到我们的请求就欣然应诺，且时间不长就嘱我去取文稿。我从先生手中接过他写的文章时，发现竟然是先生的亲笔手稿，工工整整地写在两页稿纸上。记得 2003 年先生被授予国家最高科学技术奖后，中国集邮总公司专门为他出过名为"与黄土对话"的纪念册，我曾经请刘先生在纪念册上亲笔签名，作为纪念珍藏。没想到这次居然能够得到先生将近一千字的手迹，真是喜出望外。而更重要的是先生在给我们写的文章中强调"对于人类起源、发展的新认识有赖于多学科的合作，地质学与考古学合作的新时期已经来临，地质工作者要努力学习考古学。"刘先生精辟地指出了一个关键问题，那就是要做好两个学科的真正合作，两个学科的研究人员都有必要认真学习对方的学科，努力实现知识结构的更新，这是培养新的学术生长点的重要基础。几年来，科技考古中心的研究人员一直在刘东生先生这番语重心长的教导下前行，为中国科技考古的发展贡献自己的力量。

在刘东生先生的学术思想的影响和人格魅力的感染下成长起来的学子有许多许多，我作为其中的一员，深深体会到刘先生身体力行，认认真真地开展科学研究，扎扎实实地在学术上建立丰功伟绩，呕心沥血地做好科学事业的组织工作，竭尽全力地辅导后学，虚怀若谷地待人接物，真心实意地为人处事，昂首挺胸地在国际学术大舞台为国争光等，真正是把古人所谓的"道德文章"做到了极致。

刘东生先生永远是我们科学工作者的楷模，永远活在我们心中。

（原载于中国第四纪科学研究会编：《纪念刘东生院士》，第 170～171 页，北京：商务印书馆，2009 年）

考古学家俞伟超教授与动物考古

　　2003年12月上旬我刚刚从外地出差回来，就听到俞伟超先生去世的噩耗。闻之心情久久不能平静，夜不能寐，与俞伟超先生相处的历历往事，在脑海里一幕一幕地展现出来。

　　记得第一次亲眼见到俞伟超先生是1982年秋季到北京以后，那时我在中国社会科学院研究生院考古系跟随石兴邦先生读新石器时代考古的硕士研究生。我在西北大学最要好的同窗徐天进当时考上了北京大学考古系邹衡先生的研究生。有一次我去他那里，正好赶上他们要去听俞先生给本科生讲授类型学，征得同意后，我就混在北大考古系的研究生堆里跟着听课。在课堂上，俞先生时而侃侃而谈，时而奋笔疾书，真是把类型学阐述得十分透彻。类型学和地层学是考古学的基础，这个道理我们从上大学时就已领会，久而久之，似乎已经成了习惯意识。但是直到那次听俞先生讲课，才觉得以前的认识还有欠缺之处，现在才开始比较全面地认识类型学，真正进入了一个新的境界。一堂课下来，对我而言，大有醍醐灌顶之感。对俞先生发自内心的深深敬佩之情油然而生。除了专业内容以外，还有一件事让我至今记忆犹新。那是到了课间休息时，俞先生走到我们中间来聊天，当时抽烟并不受限制，除了讲课时不能吸烟以外，下了课，在哪里都可以点烟。当时我和先生几乎同时拿出烟来，互相让烟，一起抽，一起聊。一支烟一下子就拉近了我和先生之间的距离。俞伟超、张忠培、严文明等几位当时正活跃在北京大学和吉林大学的考古讲坛上的学者，在我们这些"文革"后入学的大学生心目中占有重要的地位。能够和俞先生在一起吐雾吞云，那番情景，着实让我兴奋了相当长的时间，至今不能忘怀。

　　能够再次和俞先生长谈，已经到了20世纪90年代初我在日本留学的时候了。日本有一个中国考古学会，在东京和京都都有分会。每逢中国考古学界的先生们到东京来，日本学者们往往会邀请这些先生到日本中国考古学会东京分会每月的例会上做报告。我在日本读了4年书，有幸给俞先生做过几次翻译。虽然难免会因为自己的日文水平有限，不能把先生的精彩论断充分表达出来而汗颜，但是能够坐在先生旁边，目睹先生说到激动处不断用手指敲击桌子时的情景，就每每感到震撼。先生真乃性情中人也。翻译之余，我也常常和先生谈论各种事情，海阔天空，畅所欲言。能见师长，能闻乡音，能抒胸臆，对于独在异乡为异客的海外游子而言，真是其乐也融融。特别让我感动的是1993年我在日本千叶大学已经拿到博士学位，正在准备回国之际，恰逢俞先生访日。俞先生热情邀我回国后到中国历史博物馆工作，并许诺将尽他的馆长之力，帮助我解决一切手续和待遇问题，给我创造充分施展自己才华的空间。我是以自费留学的形式到日本读书，尽管我原来所在的中国社会科学院考古研究所还给我保留着公职，但我不知道回去以后所里会让我承担什么样的工作，我学到的知识有没有用武之地，心里是忐忑不安的。当时身为中国历史博物馆馆长的俞先生亲口对我说欢迎我去他们那里，真是让我受宠若惊。后来虽然因为种种原因，我最后还是留在了中国社会科学院考古研究所，没有去历史博物馆，但是俞先生的殷殷相邀之情，令我终生难忘。当年我是真正怀着报国有门之感，重新踏上祖国的土地。

　　回国后不久，俞先生就邀我去中国历史博物馆主持发掘的河南渑池班村遗址，协助中国科学院古脊椎动物与古人类研究所的祁国琴先生做动物考古工作。班村遗址的工作是国内首次由考古学牵头开展的多学科合作的考古发掘与研究。在开始阶段，有俞先生的指导和信立祥先生的直接领导，工作开展得有声有色。1994年下半年我在工地上待了相当长的时间，整理发掘出土的动物骨骼。当时动物考古学研究在国内刚刚兴盛起来，真正从事动物考古学研究的学者屈指可数，且在田野考古工作中处理动物骨骼的方法尚未普及，清洗遗址中出土的动物骨骼，在动物骨骼上写编号等涉及动物考古学研究的基础工作都由我们自己动手。记得有一天我在清洗一个单位出土的动物骨骼时，发现这些骨骼几乎全部是猪骨，且有不少破碎的骨骼可以拼对起来。我顿时兴致大发，拿着这些骨骼拼对了几天，最后一共拼对出7头年龄不等，但骨骼基本完整的猪。再去对照当时的发掘记录，我发现这些猪骨全部出自庙底沟二期文化的一个灰坑。在这个灰坑边上，还有一个同时期的祭祀坑，里面出土了凌乱的人骨，在人头骨上还发现有拔牙的现象。这是当时所知的地理位置最西的中国新石器时代的拔牙现象。我和工地上的考古工作者一起讨论，大家都认为这个出土了7头猪的灰坑，可能也与祭祀有关。我当时兴致勃勃地把这些猪骨架按照个体一头一头分别陈列在标本架上，就回北京了。后来俞先生陪着中国科学院的刘东生院士到班村工地检查工作，俞先生回到北京后给我打电话，告诉我他们在班村的标本库房里看到了我拼对后陈列在那里的7头猪的骨骼。他兴奋地对我说，"袁靖，我们一直通过拼对陶片来复原陶器，这个工作已经干了几十年了，但是通过拼对动物骨骼来复原完整的动物，这对我们来说还是第一次。毫无疑问，一堆没有搞清楚的乱七八糟的动物骨骼和7头完整的猪骨架，对于考古学家而言是完全不同的两个概念。"听到俞先生的夸奖和肯定，令我备受鼓舞，也更加坚定了要努力做好中国动物考古学研究的决心。因为动物考古学研究在不少遗址都是首次开展工作，每做一处遗址中出土的动物骨骼的整理和研究工作，总是会有新的认识，可以说，一直到 21 世纪的今天，我做的工作几乎还没有出现过重复研究的现象，每每面对整理动物骨骼时的新发现，总免不了又是一阵欣喜。而欣喜过后联想到的，往往总是那次通过电话听到俞先生夸奖和肯定时的心情。可以这样说，我的动物考古学研究是在俞先生的肯定下，一步一步走过来的。

2001 年俞先生刚刚患病，住在北京医院等待确诊时，我去看他。为了转移先生的注意力，我和他大谈我在陕西临潼秦始皇兵马俑博物馆研究马的收获，从那些陶马的形态上确认秦始皇兵马俑里拉车的马是阉割过的，战马是没有阉割过的。这很可能与马的用途及阉割直接关系到马的勇猛相关。先生似乎听得津津有味。我当时暗暗窃喜，也算是帮助先生分了忧。几天以后，我陪先生的日本挚友量博满教授的学生西江清高去医院看他。先生在国内的友人和学生众多，知道先生病后，探望的人络绎不绝，但是作为外国友人登门，西江还是第一位。那天是夜里去的，房间里灯光比较暗。西江既想知道俞先生的病情，回国后可以向先生在日本的好友们讲述，又担心过多的谈论病情，会影响先生的心情，再加上还想要好好地慰问先生，帮助先生调节情绪。这么多内容都要用中文表达，也难为已经好几年没有来过中国的西江了。说着说着，我感到房间里的气氛开始凝重起来，我无计可施。最后还是先生自己解围，他对西江说"等明年你和量博满先生再到中国来，我陪你们转，你们想去哪里我就陪你们去哪里。"说得豪气冲天，大家哈哈大笑，击掌为誓。但是我明显地看到先生收回手时，顺势就在眼睛上抹了一把。我心里暗暗吃惊，以先生这样的绝顶聪明，可能已经对自己的病情有所预感了。和西江一起离开后，一路上西江反复说，真是满肚子的话不知如何表达。西江和俞先生过从甚密，知道俞先生喜欢音乐，俞先生到日本访问时，他还专门陪俞先生在东京听过音乐会。看到俞先生的此情此景，西江也是感慨万千。

我最后一次与先生见面，是 2003 年过春节时到小汤山疗养院去给先生拜年，在那里和他谈的仍然是动物考古学研究。当时说到依据各个考古遗址出土的动物骨骼研究结果，黄河中下游地区牛和羊作为家畜起源的时间可能在距今 4500～4000 年左右，相比之下，黄河上游地区似乎有线索，可以帮助我们思考羊是从现在中国版图以外的地方传播过来的。先生虽然在病中，但还是很认真地和我展开讨论，帮助我全面把握古代人类与马、牛、羊的关系。先生的指点，对我教益颇多。后来一起出去吃饭，先生吃得极少，且滴酒不沾。想想前些年，到俞先生那里去聊天，逢到吃饭时，先生总是要请客，大家围坐一桌，必喝酒，必抽烟，必大侃特侃，尤其是在下班以后的饭桌上，先生俨然是我们的中心，谈话的中心，喝酒的中心。我几次见过先生聊得尽兴，喝得过量，要由人搀扶回家的场景。此一时彼一时，看到先生现在的模样，实在让人心酸。

我曾经告诉俞先生，我正在写一本书，名字叫《与人同行》，内容是依据对众多考古遗址出土的动物骨骼的研究结果，讲述人的狩猎、饲养动物、利用动物祭祀、驾驭动物打仗和耕作等，复原一段动物和人交往的历史。俞先生听后马上哈哈大笑，并且开玩笑说那你就是动物了，因为有一部电影叫《与狼共舞》，是人拍的，而《与人同行》就该由动物来写了。可惜我这些年来因为野外工作及其他杂事太多，完稿的时间一拖再拖，书稿至今尚摊在案头，连几次三番来催稿的编辑都觉得乏味了。不过我已经下定决心，无论如何也要把这本书写出来，以告慰俞先生的在天之灵。

俞伟超先生虽然走了，但是，他多年来对动物考古学研究所给予的指导和帮助，已经永远地留在了中国动物考古学发展的过程之中，俞先生的谆谆教诲，将永远激励我们把这门学科不断推向前进。

（原载于中国国家博物馆、北京大学考古文博学院编：《俞伟超先生纪念文集·怀念卷》，第 155～158 页，北京：文物出版社，2009 年）

第五编

作者著述篇目

本编由三个时期发表的著述篇目组成。

20世纪80年代，发表7篇文章。其中新石器时代研究论文5篇，研究报告1篇，翻译日文文章1篇。

20世纪90年代，发表3部专著，68篇文章。其中新石器时代研究论文2篇，研究报告3篇，随笔1篇，翻译日文文章9篇，参与主编日本贝丘遗址考古专刊2部；动物考古研究论文11篇（其中英文3篇，日文2篇），研究报告9篇（其中日文4篇），研究综述2篇，随笔1篇，翻译日文文章6篇；主编环境考古研究专刊1部，论文13篇（其中日文3篇），研究报告2篇，随笔2篇，翻译英文文章1篇；科技考古研究论文1篇，研究综述4篇；翻译日文文章1篇。

21世纪前8年，发表3部专著、论文集，111篇文章。其中新石器时代研究报告1篇；动物考古研究论文38篇（其中英文9篇，日文3篇），研究报告30篇（其中英文1篇，日文1篇），研究综述4篇，随笔5篇，翻译日文文章2篇；主编再版的环境考古研究专刊1部，环境考古研究论文5篇（其中英文1篇，日文1篇），研究综述1篇；主编科技考古论文集2部，科技考古研究论文4篇，研究综述2篇，随笔19篇。

20 世纪 80 年代著述篇目

1984 年

袁靖：《试论安乡划城岗遗址的几个问题》，《江汉考古》1984 年第 3 期，第 49~55 页。

王仁湘、袁靖：《河姆渡文化"蝶形器"的用途和名称》，《考古与文物》1984 年第 5 期，第 64~69 页。

1988 年

袁靖：《湖北公安王家岗遗址发掘的意义》，《江汉考古》1988 年第 1 期，第 36~43 页。

袁靖、王仁湘：《论新石器时代晚期权力与地位的象征物》，《史前研究》1988 年辑刊，第 141~148 页。

1989 年

袁靖：《试论马厂类型墓葬的几个问题》，见田昌五、石兴邦主编：《中国原始文化论集》，第 109~134 页，北京：文物出版社，1989 年。

中国社会科学院考古研究所陕西六队（袁靖执笔）：《陕西蓝田泄湖新石器时代遗址发掘简报》，《考古》1989 年第 6 期，第 497~504 页。

狩野千秋著，袁靖译：《新大陆的猫神礼仪和萨满教》，《民族译丛》1989 年第 4 期，第 70~75 页。

20 世纪 90 年代著述篇目

1990 年

袁靖：《试论良渚文化玉器纹饰的含义》，《文博》1990 年第 1 期，第 57～65 页。

守茂和著，袁靖译：《对氏族制度、氏族公社的探讨》，《民族译丛》1990 年第 2 期，第 25～29 页。

阿部义平著，袁靖译：《论石构遗迹》，《北方文物》1990 年第 3 期，第 96～102 页。

袁靖 1990「動物遺体」財団法人長生郡市文化財センター『岩川・今泉遺跡』茂原　財団法人長生郡市文化財センター 121－122 頁

1991 年

袁靖：《史前人类与自然生态的关系》，《史前研究》1990－1991 年辑刊，第 41～45 页。

中国社会科学院考古研究所陕西六队（吴耀利、袁靖执笔）：《陕西蓝田泄湖遗址》，《考古学报》1991 年第 4 期，第 415～448 页。

袁靖：《进日本皇居考古》，《人民日报》1991 年 10 月 30 日第 4 版。

依利查伯斯 S. 韦克、安托伊尼特 B. 布朗著，袁靖译：《考古遗物和生存活动的关系》，《青海文物》1991 年第 6 期，第 132～133 页。

1992 年

小池裕子、大泰司纪之著，袁靖译：《根据动物牙齿状况判断哺乳动物的年龄》，《北方文物》1992 年第 3 期，第 104～106 页。

Yuan Jing and Shinpei Kato. 1992. The Animal Remains of the Oshita Shellmound of Jomon Period, Eastern Japan, *The Journal of the College of Arts and Sciences*, *Chiba University* B－25：1-23.

袁靖 1992「動物遺存体」麻生町教育委員会（加藤晋平・茂木雅博・袁靖編集）『於下貝塚』麻生　麻生町教育委員会 102－185 頁

麻生町教育委員会（加藤晋平・茂木雅博・袁靖編集）1992『於下貝塚』麻生　麻

生町教育委員会

袁靖訳 1992「中華人民共和国文物保護法改正に関する決定」『博古研究』51－54 頁

蘇秉琦著 袁靖訳 1992「中国考古学の草創から開拓」『筑波大学先史学・考古学研究』第 3 号 123－128 頁

1993 年

江上波夫著，袁靖译：《在东西文化交流中农耕民族和骑马民族所起的作用》，《中国历史博物馆馆刊》1993 年第 2 期，第 81～87 页。

小池裕子、林良博著，袁靖译：《关于如何确定遗址中出土的日本野猪年龄问题的探讨》，见四川大学博物馆、中国古代铜鼓研究学会编著：《南方民族考古（第五辑）》，第 198～202 页，成都：四川科学技术出版社，1993 年。

西本丰弘著，袁靖译：《论弥生文化的家猪》，《农业考古》1993 年第 3 期，第 282～294 页。

西本丰弘著，袁靖、焦南峰译：《日本动物考古学的现状课题》，《考古与文物》1993 年第 4 期，第 104～110 页。

加藤真二著，袁靖、李伊萍译：《日本学者对日本列岛及周围地区旧石器时代考古研究现状之我见》，《北方文物》1993 年第 1 期，第 101～108 页。

Yuan Jing and Kato Shinpei. 1993. On the Cut Marks on Shell-sized Animal Bones Excavated from the Oshita Shellmound，Ibaraki Prefecture，Japan，*Bulletin of the Natural History Museum and Institute*，*Chiba* 2（2）：37-44.

袁靖・加納哲哉・加藤晋平 1993「東平賀貝塚（8 次）1 号土坑内貝層の貝類、魚骨分析」松戸遺跡調査会『東平賀貝塚（8 次）』松戸　松戸遺跡調査会 22－34 頁

袁靖・加納哲哉 1993「東平賀貝塚（8 次）1 号土坑出土貝刃について」松戸遺跡調査会『東平賀貝塚（8 次）』松戸　松戸遺跡調査会 35－36 頁

茂木雅博・袁靖・吉野健一 1993「茨城県狭間貝跡 B 地点の調査」『博古研究』48－62 頁

1994 年

袁靖：《关于动物考古学研究的几个问题》，《考古》1994 年第 10 期，第 919～928 页。

袁靖：《动物考古 梦幻几何》，《百科知识》1994 年第 9 期，第 44～45 页。

松井章著，袁靖、秦小丽译：《动物考古学研究的进展》，《考古与文物》1994 年第

1 期，第 92～112 页。

袁靖 1994「『常陸国風土記』の自然環境」茂木雅博編『風土記の考古学（第一卷）』東京　同成社 23－34 頁

1995 年

袁靖：《研究动物考古学的目标、理论和方法》，《中国历史博物馆馆刊》1995 年第 1 期，第 59～68 页。

袁靖：《试论中国动物考古学的形成与发展》，《江汉考古》1995 年第 2 期，第 84～88 页。

袁靖、焦天龙：《胶东半岛的贝丘遗址和环境考古学》，《中国文物报》1995 年 3 月 12 日第 3 版。

袁靖：《胶东半岛贝丘遗址调查札记》，《文物天地》1995 年第 4 期，第 24～27 页。

袁靖：《环境考古学与贝丘遗址》，《百科知识》1995 年第 6 期，第 28～29 页。

银洲遗址联合考古队（袁靖、赵辉执笔）：《柱状取样法在贝丘遗址发掘中的应用》，《中国文物报》1995 年 6 月 25 日第 3 版。

袁靖：《从贝丘遗址看绳纹人与环境的相互关系》，《考古》1995 年第 8 期，第 713～718页。

袁靖：《关于中国大陆沿海地区贝丘遗址研究的几个问题》，《考古》1995 年第 12 期，第 1100～1109 页。

安家瑗、袁靖：《国外动物考古学研究的新进展》，《文物季刊》1995 年第 4 期，第 76～81 页。

珠江三角洲地区考古调查小组（赵辉、袁靖执笔）：《珠江三角洲地区史前遗址调查》，《中国文物报》1995 年 11 月 26 日第 3 版。

袁靖 1995「貝塚」『季刊考古学』第 54 号 25－28 頁

袁靖 1995「貝塚調査におけるコラムサンプルの応用について」『博古研究』第 10 号 63－66 頁

袁靖 1995「B 地点出土の動物遺体」茂木雅博・袁靖・吉野健一編集『常陸狭間貝塚』水戸 茨城大学人文学部文化財情報学教室 61－71 頁

茂木雅博・袁靖・吉野健一編集 1995『常陸狭間貝塚』水戸 茨城大学人文学部文化財情報学教室

加藤晋平・袁靖 1995「先史時代の人類生活と自然破壊」大沢雅彦・大原隆編集『生物－地球環境の科学』東京　朝倉書店 157－165 頁

1996 年

胶东半岛贝丘遗址研究小组（袁靖、焦天龙执笔）：《胶东半岛北岸贝丘遗址环境考古学研究》，《中国文物报》1996 年 3 月 10 日第 3 版。

袁靖：《动物考古学研究》，《中国文物报》1996 年 7 月 28 日第 3 版。

中国社会科学院考古研究所考古科技实验研究中心（袁靖、吴家安、王增林执笔）：《科学技术在考古学中的应用》，《考古》1996 年第 7 期，第 1～11 页。

安家瑗、袁靖：《国外动物考古学研究的新进展》，《文物季刊》1996 年第 4 期，第 88～94 页。

1997 年

中国社会科学院考古研究所考古科技实验研究中心（袁靖执笔）：《浅谈科学技术在考古学中的应用》，《中国文物报》1997 年 1 月 19 日第 3 版。

袁靖、宋建：《上海市马桥遗址出土动物骨骼的初步研究》，《考古学报》1997 年第 2 期，第 225～231 页。

胶东半岛贝丘遗址研究课题组（袁靖、梁中合执笔）：《胶东半岛南岸贝丘遗址的环境考古学研究》，《中国文物报》1997 年 3 月 30 日第 3 版。

袁靖、安家瑗：《中国动物考古学研究的两个问题》，《中国文物报》1997 年 4 月 27 日第 3 版。

袁靖：《谈谈考古学与自然科学的结合》，《光明日报》1997 年 11 月 25 日第 5 版。

袁靖：《环境考古学研究》，《中国文物报》1997 年 12 月 7 日第 3 版。

烟台市文物管理委员会、中国社会科学院考古研究所胶东半岛贝丘遗址研究课题组（王锡平、林仙庭、袁靖、焦天龙执笔）：《山东省蓬莱、烟台、威海、荣成市贝丘遗址调查简报》，《考古》1997 年第 5 期，第 25～33 页。

中国社会科学院考古研究所考古科学技术实验研究中心（吴家安、袁靖执笔）：《考古研究所科技考古二十年》，《考古》1997 年第 8 期，第 40～52 页。

祁国琴、袁靖：《欧美动物考古学简史》，《华夏考古》1997 年第 3 期，第 91～99 页。

加藤晋平著，袁靖译：《剥片尖状器文化的扩散》，见苏秉琦主编：《考古学文化论集（四）》，第 15～19 页，北京：文物出版社，1997 年。

加藤真二著，袁靖译：《对日本、渤海湾周围地区细石叶文化的几点认识》，见苏秉琦主编：《考古学文化论集（四）》，第 20～26 页，北京：文物出版社，1997 年。

大贯静夫著，袁靖译：《环渤海地区初期杂谷农耕文化的进展》，见辽宁省文物考古研究所、日本中国考古学研究会编：《东北亚考古学研究》，第 145～170 页，北京：文物出版社，1997 年。

1998 年

袁靖：《胶东半岛贝丘遗址环境考古学研究的几点思考》，《东南文化》1998 年第 2 期，第 36～39 页。

安家瑗、袁靖：《新疆和静县察吾乎沟口一、三号墓地动物骨骼研究报告》，《考古》1998 年第 7 期，第 63～68 页。

米田穰、吉田邦夫、吉永淳、森田昌敏、赤泽威著，乌云格日勒译、袁靖校：《依据长野县出土人骨的碳、氮同位素比值和微量元素含量恢复古代人类的食物结构》，《文物季刊》1998 年第 4 期，第 85～94 页。

Yuan Jing and An Jiayuan. 1998. On Two Topics in the Zoo-archaeological Research of China, *EAAN nouncements* 25：8-10.

1999 年

中国社会科学院考古研究所编著（袁靖主编）：《胶东半岛贝丘遗址环境考古》，北京：社会科学文献出版社，1999 年。

袁靖：《论中国新石器时代居民获取肉食资源的方式》，《考古学报》1999 年第 1 期，第 1～22 页。

袁靖：《胶东半岛贝丘遗址的环境考古研究》，《光明日报》1999 年 5 月 7 日第 7 版。

袁靖：《考古学应与自然科学相结合》，《光明日报》1999 年 6 月 11 日第 7 版。

袁靖、刘建国、高立兵：《中国科技考古五十年》，《考古》1999 年第 9 期，第 59～68 页。

袁靖：《郑州南顺城街窖藏坑出土动物骨骼鉴定报告》，见河南省文物考古研究所、郑州市文物考古研究所编著：《郑州商代铜器窖藏》，第 128～129 页，北京：科学出版社，1999 年。

袁靖：《珠江三角洲贝丘遗址的环境考古学问题》，见香港中文大学中国考古艺术研究中心、厦门大学历史系考古教研室编（邓聪、吴春明主编）《东南考古研究（第 2 辑）》，第 147～149 页，厦门：厦门大学出版社，1999 年。

白石典之著，袁靖译：《日蒙合作调查蒙古国哈拉和林遗址的收获》，《考古》1999 年第 8 期，第 86～91 页。

袁靖 1999「中国大陸沿岸地区貝塚遺跡の環境考古学研究」シルクロード研究センター『シルクロード研究叢書Ⅰ』京都　シルクロード研究センター 23－42 頁

21 世纪前 8 年著述篇目

2000 年

袁靖、徐良高：《沣西出土动物骨骼研究报告》，《考古学报》2000 年第 2 期，第 246～256 页。

袁靖：《略论中国古代家畜化进程》，《光明日报》2000 年 3 月 17 日第 C4 版。

袁靖、唐际根：《河南安阳市洹北花园庄遗址出土动物骨骼研究报告》，《考古》2000 年第 11 期，第 75～81 页。

袁靖：《近年来的中国动物考古学研究》，《博望》2000 年創刊号，第 13～20 页。

袁靖、安家瑗：《动物骨骼》，见原州联合考古队编：《唐史道洛墓》，第 296～336 页，京都：勉诚出版社，2000 年。

珠江三角洲史前遗址调查组（赵辉、袁靖、赵善德、李子文执笔）：《珠江三角洲史前遗址调查》，见北京大学考古系编：《考古学研究（四）》，第 355～403 页，北京：科学出版社，2000 年。

2001 年

袁靖：《中国古代的家猪饲养》，《中国文物报》2001 年 3 月 7 日第 7 版。

袁靖：《中国新石器时代家畜起源的问题》，《文物》2001 年第 5 期，第 51～58 页。

始皇陵考古队（袁靖执笔）：《对秦始皇陵园 K0006 号陪葬坑出土马骨的几点认识》，《中国文物报》2001 年 9 月 21 日第 7 版。

袁靖：《垣曲古城东关遗址出土动物骨骼研究报告》，见中国历史博物馆考古部、山西省考古研究所、垣曲县博物馆编著：《垣曲古城东关》，第 575～588 页，北京：科学出版社，2001 年。

袁靖、陈亮：《尉迟寺遗址动物骨骼研究报告》，见中国社会科学院考古研究所编著：《蒙城尉迟寺》，第 424～441 页，北京：科学出版社，2001 年。

西本丰弘著，袁靖译：《石虎山 I 遗址猪骨鉴定》，见内蒙古文物考古研究所、日本京都中国考古学研究会编（田广金、秋山进午主编）：《岱海考古（二）》，第 514～526 页，北京：科学出版社，2001 年。

Yuan Jing and Xu Lianggao. 2001. A Study of Faunal Remains Unearthed at Fengxi, Chang'an, Shaanxi Province, *Chinese Archaeology* 1：134-136.

袁靖 2001「中日両国における貝塚の環境考古学研究」三浦正人・稲村繁・塩谷修編集『日本考古学の基礎研究』水戸　茨城大学人文学部考古学研究室 43－57 頁

2002 年

袁靖：《文理结合，加强重点学科建设》，《文汇报》2002 年 9 月 17 日第 11 版。

袁靖：《从动物考古学研究看商代的祭祀》，《中国文物报》2002 年 8 月 16 日第 7 版。

袁靖：《中国大陆沿海地区史前人地关系研究》，见北京大学中国考古学研究中心、北京大学古代文明研究中心编：《古代文明（第 1 卷）》，第 58～70 页，北京：文物出版社，2002 年。

袁靖：《从中日两国贝丘遗址看古代人类和自然环境的相互关系》，见中国社会科学院考古研究所编著：《21 世纪中国考古学与世界考古学》，第 576～587 页，北京：中国社会科学出版社，2002 年。

袁靖：《自然遗存（二）——动物》，见上海市文物管理委员会编著：《马桥（1993～1997 年发掘报告)》，第 347～369 页，上海：上海书画出版社，2002 年。

袁靖、石黑直隆：《中日古代家犬的遗传基因比较研究》，《中国文物报》2002 年 12 月 13 日第 7 版。

袁靖：《古动物环境信息》，河南省洛阳市文物一队编：《洛阳皂角树》，第 113～119 页，北京：科学出版社，2002 年。

袁靖：《"考古学的定位"学术研讨会笔谈》，《考古》2002 年第 3 期，第 86～87 页。

Yuan Jing. 2002. The Formation and Development of Chinese Zooarchaeology, *Archaeofauna* 11：205-212.

Yuan Jing and Rowan Flad. 2002. Pig Domestication in Ancient China, *Antiquity* 76（293）：724-732.

Yuan Jing, Liang Zhonghe, Wu Yun, Jia Xiaobing. 2002. Shell Mounds in the Jiaodong Peninsula：A Study in Environmental Archaeology, *Journal of East Asian Archaeology* 4（1-4）：1-26.

袁靖 2002「家畜」後藤直・茂木雅博編『東アジアと日本の考古学（第Ⅳ巻)』東京　同成社 183－206 頁

袁靖 2002「動物遺存体の鑑定」遼東先史遺跡発掘報告書刊行会『文家屯』京都　京都大学人文科学研究所考古学研究室 85－93 頁

2003 年

袁靖、孟华平：《庙坪遗址出土动物骨骼研究报告》，见湖北省文物事业管理局、湖北省三峡工程移民局编：《秭归庙坪》，第 302～307 页，北京：科学出版社，2003 年。

袁靖：《展望考古学的前景》，《光明日报》2003 年 6 月 17 日第 B3 版。

袁靖：《考古，高科技给铲子帮忙》，《环球时报》2003 年 7 月 2 日第 21 版。

袁靖：《当代科技与考古学》，《中国文物报》2003 年 7 月 11 日第 5 版。

袁靖：《古代家猪的判断标准》，《中国文物报》2003 年 8 月 1 日第 7 版。

袁靖：《动物考古学研究综述》，见中国考古学会编：《中国考古学年鉴（2002）》，第 106～121 页，北京：文物出版社，2003 年。

袁靖：《水陆生动物所反映的生存环境》，见中国社会科学院考古研究所、广西壮族自治区文物工作队、桂林甑皮岩遗址博物馆、桂林市文物工作队编：《桂林甑皮岩》，第 270～285 页，北京：文物出版社，2003 年。

袁靖：《摄取动物的种类及方式》，见中国社会科学院考古研究所、广西壮族自治区文物工作队、桂林甑皮岩遗址博物馆、桂林市文物工作队编：《桂林甑皮岩》，第 344～346页，北京：文物出版社，2003 年。

袁靖、杨梦菲：《水陆生动物遗存的研究》，见中国社会科学院考古研究所、广西壮族自治区文物工作队、桂林甑皮岩遗址博物馆、桂林市文物工作队编：《桂林甑皮岩》，第 297～341 页，北京：文物出版社，2003 年。

袁靖：《中国古代家马的研究》，见陕西省文物局、陕西省考古研究所、西安半坡博物馆编：《中国史前考古学研究》，第 436～443 页，西安：三秦出版社，2003 年。

Yuan Jing and Rowan Flad. 2003. Two Issues Concerning Ancient Domesticated Horses in China，*The Museum of Far Eastern Antiquities* 75：110-126.

袁靖 2003「『常陸の貝塚』発刊にあたって」茂木雅博・吉野健一・井之口茂編集『常陸の貝塚』水戸　茨城大学人文学部考古学研究室 1－2 頁

2004 年

袁靖：《思念：北京・东瀛・班村》，《中国文物报》2004 年 2 月 27 日第 3 版。

袁靖：《河南安阳殷墟动物考古学研究的两点认识》，见考古杂志社编辑：《考古学集刊（15）》，第 236～242 页，北京：文物出版社，2004 年。

袁靖：《论甑皮岩遗址居民获取肉食资源的方式》，见邓聪、陈星灿主编：《桃李成蹊集》，第 188～193 页，香港：香港中文大学中国考古艺术研究中心，2004 年。

袁靖：《认真学习"意见"精神　为哲学社会科学事业争光》，《社科党建》2004 年第 3 期，第 27～28 页。

袁靖：《序一》，见陈全家、王善才、张典维著：《清江流域古动物遗存研究》，xv-xvi 页，北京：科学出版社，2004 年。

袁靖：《高科技与手铲》，《读书》2004 年第 6 期，第 160～166 页。

袁靖：《考古发掘报告体例的变迁》，《中国文物报》2004 年 7 月 9 日第 7 版。

袁靖：《动物考古学研究的新发现与新进展》，《考古》2004 年第 7 期，第 54～59 页。

袁靖：《论考古学方法的多样化》，《中国文物报》2004 年 8 月 13 日第 7 版。

袁靖、杨梦菲：《动物研究》，见浙江省文物考古研究所、萧山博物馆编：《跨湖桥》，第 241～270 页，北京：文物出版社，2004 年。

町田章著，袁靖译：《从考古学看文明的交流》，《考古》2004 年第 5 期，第 80～85 页。

袁靖 2004「中国古代農耕社会における家畜化の発展過程について」『国立歴史民俗博物館研究報告』第 119 集 79－86 頁

2005 年

袁靖：《2004 年的中国科技考古》，《中国文物报》2005 年 2 月 18 日第 7 版。

袁靖：《论长江流域新石器时代居民获取肉食资源的方式》，见中国社会科学院考古研究所编著：《新世纪的中国考古学》，第 967～983 页，北京：科学出版社，2005 年。

袁靖：《纪念〈考古〉创刊 50 周年笔谈》，《考古》2005 年第 12 期，第 22～23 页。

袁靖、杨梦菲：《前掌大遗址出土动物骨骼研究报告》，见中国社会科学院考古研究所编著：《滕州前掌大墓地》，第 728～810 页，北京：文物出版社，2005 年。

袁靖：《后记》，见中国社会科学院考古研究所考古科技中心编：《科技考古（第一辑）》，第 465～466 页，北京：中国社会科学出版社，2005 年。

赵志军、袁靖：《植物考古学和动物考古学研究的新进展》，《中国文物报》2005 年 2 月 18 日第 7 版。

罗运兵、袁靖：《观察野猪向家猪转变的新视角——线性牙釉质发育不全分析》，《中国文物报》2005 年 4 月 1 日第 7 版。

Yuan Jing and Rowan Flad. 2005. New Zooarchaeological Evidence for Changes in Shang Dynasty Animal Sacrifice, *Journal of Anthropological Archaeology* 24 （3）: 252-270.

2006 年

袁靖、杨梦菲、陶洋、罗运兵：《动物研究》，见国务院三峡工程建设委员会办公室、国家文物局编著：《巴东楠木园》，第 139～158 页，北京：科学出版社，2006 年。

袁靖：《考古学与当代科技》，见杨楠编：《考古学读本》，第 472～482 页，北京：北京大学出版社，2006 年。

袁靖、梁中合、杨梦菲：《论山东滕州前掌大墓地随葬动物的特征》，见中国社会科学院考古研究所编：《二十一世纪的中国考古学》，第 903～908 页，北京：文物出版社，2006 年。

袁靖、杨梦菲：《雕龙碑出土动物骨骼研究报告》，见中国社会科学院考古研究所编著：《枣阳雕龙碑》，第 364～375 页，北京：科学出版社，2006 年。

袁靖、杨梦菲：《甘肃庄浪徐家碾寺洼文化墓葬出土动物骨骼研究报告》，见中国社会科学院考古研究所编著：《徐家碾寺洼文化墓地》，第 238～244 页，北京：科学出版社，2006 年。

袁靖：《走向世界的中国动物考古学》，《中国文物报》2006 年 9 月 8 日第 7 版。

袁靖：《中国古代的家猪起源》，见西北大学考古学系、西北大学文化遗产与考古学研究中心编：《西部考古（第一辑）》，第 43～49 页，西安：三秦出版社，2006 年。

袁靖：《公元前 2500 年至公元前 1500 年中原地区经济形态研究》，《中国文物报》2006 年 10 月 27 日第 7 版。

袁靖、齐乌云、梁中合、贾笑冰、张蕾：《胶东半岛贝丘遗址的人地关系研究》，见周昆叔、莫多闻、佟佩华、袁靖、张松林主编：《环境考古研究（第三辑）》，第 46～52 页，北京：北京大学出版社，2006 年。

袁靖：《继往开来，开拓环境考古的新局面》，见周昆叔、莫多闻、佟佩华、袁靖、张松林主编：《环境考古研究（第三辑）》，第 272～274 页，北京：北京大学出版社，2006 年。

袁靖：《论中国古代家猪和家马的起源》，见中国社会科学院考古研究所、瑞典国家遗产委员会考古研究所编：《中国考古学与瑞典考古学》，第 90～97 页，北京：科学出版社，2006 年。

袁靖：《陕西临潼秦始皇陵园 K0006 号陪葬坑出土马骨的研究报告》，见陕西省考古研究所、秦兵马俑博物馆编著：《秦始皇帝陵园考古报告（2000）》，第 226～233 页，北京：文物出版社，2006 年。

袁靖、杨梦菲：《河南省洛阳市妯娌、寨根遗址出土动物骨骼研究报告》，见河南省文物管理局编：《黄河小浪底水库考古报告（二）》，第 277～279 页，郑州：中州古籍出版社，2006 年。

傅罗文、袁靖：《重庆忠县中坝遗址动物遗存研究》，《考古》2006 年第 1 期，第 79～88 页。

凯斯·道伯涅、袁靖、安东·欧富恩克、安波托·奥巴莱拉、皮特·罗莱-康威、杨梦菲、罗运兵：《家猪起源研究的新视角》，《考古》2006 年第 11 期，第 74~80 页。

罗运兵、杨梦菲、袁靖：《郑国祭祀遗址动物骨骼研究报告》，见河南省文物考古研究所编著：《新郑郑国祭祀遗址》，第 1063~1152 页，郑州：大象出版社，2006 年。

Yuan Jing and Rowan K. Flad. 2006. Research on Early Horse Domestication in China, in Marjan Mashkour（ed.），*Eauids in Time and Space*：124-131. Oxford：Oxbow Books.

2007 年

袁靖：《桂宫遗址出土动物骨骼鉴定报告》，见中国社会科学院考古研究所、日本奈良国立文化财研究所编著：《汉长安城桂宫（1996~2001 年考古发掘报告）》，第 205~208页，北京：文物出版社，2007 年。

袁靖：《城头山遗址出土猪骨鉴定》，见湖南省文物考古研究所、国际日本文化研究中心（何介钧、安田喜宪主编）：《澧县城头山——中日合作澧阳平原环境考古与有关综合研究》，第 123~124 页，北京：文物出版社，2007 年。

袁靖、李湘涛、范亚昆、欧阳秀英、罗杰·卡拉斯：《乙亥猪福》，《文明》2007 年第 2 期，第 49~75 页。

袁靖：《别开生面的一加三会议》，《中国文物报》2007 年 4 月 13 日第 7 版。

中国社会科学院考古研究所编著（袁靖主编）：《胶东半岛贝丘遗址环境考古》，第 2 版，北京：社会科学文献出版社，2007 年。

袁靖：《科技考古研究的新起点》，《光明日报》2007 年 8 月 10 日第 9 版。

袁靖：《中国动物考古学研究的回顾与思考》，《中国文物报》2007 年 9 月 7 日第 7 版。

袁靖：《中译本序》，见安格拉·冯登德里施著，马萧林、侯彦峰译：《考古遗址出土动物骨骼测量指南》，vii-x 页，北京：科学出版社，2007 年。

袁靖、杨梦菲：《M54 出土狗骨研究报告》，见中国社会科学院考古研究所编著：《安阳殷墟花园庄东地商代墓葬》，第 331~342 页，北京：科学出版社，2007 年。

袁靖、黄蕴平、杨梦菲、吕鹏、陶洋、杨杰：《公元前 2500 年至公元前 1500 年中原地区动物考古学研究》，见中国社会科学院考古研究所考古科技中心编：《科技考古（第二辑）》，第 12~34 页，北京：科学出版社，2007 年。

袁靖：《试论技术与经济发展状况与中国文明起源的关系》，见中国社会科学院考古研究所考古科技中心编：《科技考古（第二辑）》，第 133~140 页，北京：科学出版社，2007 年。

袁靖：《后记》，见中国社会科学院考古研究所考古科技中心编：《科技考古（第二辑）》，第 180～181 页，北京：科学出版社，2007 年。

袁靖：《动物考古学揭秘古代人类与动物的相互关系》，见文化遗产研究与保护技术教育部重点实验室、西北大学文化遗产与考古学研究中心编著：《西部考古（第二辑）》，第 82～95 页，西安：三秦出版社，2007 年。

吕鹏、杨梦菲、袁靖：《动物遗骸的鉴定和研究》，见北京大学考古文博学院、河南省文物考古研究所编著：《登封王城岗考古发掘与研究（2002～2005）》，第 574～602 页，郑州：大象出版社，2007 年。

吕鹏、杨梦菲、袁靖：《禹县瓦店遗址动物遗骸的鉴定和研究》，见北京大学考古文博学院、河南省文物考古研究所编著：《登封王城岗考古发掘与研究（2002～2005)》，第 815～901 页，郑州：大象出版社，2007 年。

吕鹏、杨梦菲、袁靖：《颍河中上游区域考古调查出土动物遗骸鉴定报告》，见北京大学考古文博学院、河南省文物考古研究所编著：《登封王城岗考古发掘与研究（2002～2005）》，第 902～915 页，郑州：大象出版社，2007 年。

罗运兵、吕鹏、杨梦菲、袁靖：《动物骨骼鉴定报告》，见中国社会科学院考古研究所、安徽省蒙城县文化局编著：《蒙城尉迟寺（第二部）》，第 306～328 页，北京：科学出版社，2007 年。

Rowan K. Flad, Yuan Jing and Li Shuicheng. 2007. Zooarchaeological Evidence for Animal Domestication in Northwest China, in: David. B. Madsen, Chen Fahu and Gao Xing（ed.）, *Late Quaternary Climate Change and Human Adaptation in arid China*: 167-203. Amsterdam: Elsevier.

袁靖 2007「古代中国におけるブタの起源」茂木雅博編『日中交流の考古学』東京　同成社 483－490 頁

2008 年

袁靖：《从研究古代技术与经济状况看科技考古的重要性》，《中国文物报》2008 年 3 月 14 日第 7 版。

袁靖：《沉痛悼念刘东生先生》，《中国文物报》2008 年 3 月 21 日第 3 版。

袁靖、赵志军：《在考古发掘中应该使用浮选法》，《中国文物报》2008 年 3 月 21 日第 7 版。

袁靖：《史前贝丘遗址研究》，见严文明主编：《中国考古学研究的世纪回顾·新石器时代考古卷》，第 153～167 页，北京：科学出版社，2008 年。

袁靖：《新石器时代动物考古学研究》，见严文明主编：《中国考古学研究的世纪回顾·新石器时代考古卷》，第 168～174 页，北京：科学出版社，2008 年。

袁靖：《考古发掘报告编写工作高级研修班发言摘要》，《中国文物报》2008 年 5 月 2 日第 7 版。

袁靖、宫希成：《安徽滁州何郢遗址出土动物遗骸研究》，《文物》2008 年第 5 期，81～86 页。

袁靖：《环境考古当前应该关注的问题》，《中国文物报》2008 年 7 月 4 日第 7 版。

袁靖、傅罗文：《动物考古学研究所见商代祭祀用牲之变化》，见《庆祝何炳棣先生九十华诞论文集》编辑委员会编：《庆祝何炳棣先生九十华诞论文集》，第 377～384 页，西安：三秦出版社，2008 年。

袁靖：《陶器研究应该关注的问题》，《中国文物报》2008 年 9 月 19 日第 7 版。

袁靖：《黄河与长江流域史前居民获取肉食资源方式的差异》，《光明日报》2008 年 9 月 21 日第 7 版。

袁靖：《科技考古与区系类型》，《中国文物报》2008 年 11 月 28 日第 7 版。

袁靖：《日本的中国考古学研究中科技考古的新进展》，《中国文物报》2008 年 12 月 12 日第 7 版。

杨杰、袁靖、杨梦菲：《南越宫苑遗址出土动物骨骼研究报告》，见南越王宫博物馆筹建处、广州市文物考古研究所编著：《南越宫苑遗址》，第 211～238 页，北京：文物出版社，2008 年。

Yuan Jing, Rowan Flad and Luo Yunbing. 2008. Meat-acquisition Patterns in the Neolithic Yangzi River Valley, China, *Antiquity* 82 (316): 351-366.

Yuan Jing, Han Jianlin and Roger Blench. 2008. Livestock in Ancient China: an Archaeozoological Perspective in: Alicia Sanchez-Mazas, Roger Blench, Malcolm D. Ross, Ilia (ed.), *Past Human Migrations in East Asia: Matching archaeology, linguistics and genetics*: 84-104. New York: Routledge.

Yuan Jing. 2008. The Origins and Development of Animal Domestication in China, *Chinese Archaeology* 8: 1-7.

Abstract

Section 1 : Zooarchaeology

This section consists of seven groups of articles.

The first group includes "Formation and Development of Zooarchaeology in China", "An Overview of Zooarchaeological Research", "Chinese Zooarchaeology in Global Context" and "A Review of Zooarchaeological Research in China". These articles describe the establishment, development and main accomplishments of zooarchaeology as a discipline in China, and its current status as well as position in the arena of zooarchaeology in the world.

The second group includes "Purpose, Theories and Methods of Zooarchaeology", "Identification Criteria for Domestic Pigs in Ancient China" and "Rrelationship between the Study of Zooarchaeology and the Temporal-spatial Classification of Archaeological Cultures". These articles analyze zooarchaeological research from a theoretical and methodological view.

The third group includes "Study of the Horse Remains of Ancient China" and "The Origin of Domestic Pigs in China", which discuss the issue of animal domestication, one of central research foci in zooarchaeology.

The fourth group includes "Meat-Acquisition Patterns in Neolithic China", "Meat-Acquisition Strategy at Zengpiyan, a Neolithic Site in South China", "Meat-Acquisition Patterns in the Neolithic Period in the Yangzi River Valley" and "A Comparative Study of Prehistoric Meat-Acquisition Patterns between the Yellow River and Yangzi River Areas". These articles explore the meat resource acquisition strategies in different times and places in ancient China.

The fifth group includes "The Use of Pigs in Ritual Activities in Neolithic China", "New Zooarchaeological Evidence for the Study of Changes in Shang Danasty Animal Sacrifice", "The Animal Forelimbs Found in Graves at the Qianzhangda Cemetery, Tengzhou, Shandong" and "Study of Animal Remains Found in Graves at the Heying

Site，Chuzhou，Anhui". These articles are all discussions of the ways ancient people treated animals other than as meat resources. These include the ritual use of animals as well as the variation in different funeral and sacrificial contexts by different classes of people in different times and places.

The sixth group consists of one article in title "Zooarchaeological study on the Animal Exploitation between 2500 BC and 1500 BC in the Central Plains", which discusses different kinds of human-animal relationships during the course of formation and development of civilization from the late Neolithic to the early Bronze Age in the Central Plains.

The seventh group includes "Preface I to *Ancient Animal Remains Found in the Qing River Valley*" and "Preface to the Chinese Translation of *A Guide to the Measurement of Animal Bones from Archaeological Sites*". They are introductions to zooarchaeological monographs and translations.

Section 2：Environmental Archaeology

This section consists of three groups of articles.

The first group includes "The Human-Environment Relationship at Shell Midden Sites of the Jomon Period", "Some Issues Related to the Environmental Archaeological Study of Shell Midden Sites on the Jiaodong Peninsula" and "Environmental Archaeological Research of Shell Midden Sites on the Jiaodong Peninsula". The first article analyzes the relationships between humans and the Environment in the shell midden Sites of the Jomon period. The second and third articles summarize the methods and accomplishments of research on the human-environment relationship in shell midden Sites in Jiaodong Peninsula.

The second group includes "Research on Prehistoric Human-Environment Relationships along Coastal areas of China" and "The Human-Environment Relationship-a study of Shell Midden Sites found in both China and Japan". These articles comparatively analyze the Jiaodong Peninsula，the Pearl River delta in China and the Lake Kasumigaura region in Japan，examining their similarities and differences of prehistoric human-environment relationships in these regions.

The third group consists of one article in title "A New Era of Environmental Archaeology"，which review the achievements of environmental archaeology and proposes directions for further development of this discipline in China.

Section 3：Archaeological Science

This section consists of five groups of articles.

The first group includes "Archaeological Science in China in the past 50 years", "A New Starting Point for Archaeological Science" and "Recent Advances in Archaeological Science of Chinese Archaeology in Japan". These articles synthesize and evaluate the research results and recent advances in archaeological sciences in China.

The second group includes "Archaeology and Modern Science/Technology", "Introduction for the Book *The Methods and Application of Archaeological Sciences*", "The Changing Status of Archaeological Science in the Reports of Archaeological Excavations" and "On Archaeological Science". They are systematic discussions of the articulations between Chinese archaeology and natural science. The articles raise both the potential and necessity of archaeological science in absolute dating, environmental archaeology, physical anthropology, zooarchaeology, paleoethnobotany, ancient DNA research, subsistence analysis, material-structural analysis and component analysis, discussing the goal and uses of these techniques and raising questions to be addressed by archaeological sciences.

The third group consists of one article in title "Relationship between the Development of Ancient Technology/Economy and the Origin of Chinese Civilization", which combines the research results of many disciplines in archaeological science to discuss the relationship between technological and economic development and the evolution of civilization in ancient China.

The fourth group includes "Epilogue to *Science for Archaeology* (volume Ⅰ)" and "Epilogue to *Science for Archaeology* (volume Ⅱ)". They briefly introduce the development and the main research achievments of the Research Centre for Archaeological Science, Institute of Archaeology, Chinese Academy of Social Sciences.

The last batch is an article "Bright Futures for Archaeological Science", which reviews four published monographs on archaeological sciences.

Section 4: Leading Scholars and Archaeological Science

This section consists of two articles. The first article "Liu Dongsheng and Archaeological Science" describes the contributions made by the winner of China's highest technology award, Academician Liu Dongsheng, to the fields of zooarchaeology, environmental archaeology and archaeological science. The second article, "Yu Weichao and Zooarchaeology" is a remembrance of the author's research experiences under the guidance of the former director of the National Museum of Chinese History, Professor Yu Weichao.

Section 5: Publications of the Author

This section lists the author's published works in the 1980s, the 1990s and the early 2000s. Seven works were published in the 1980s, including five articles on the Neolithic cultures, one archaeological report, and a translation of a Japanese article.

There are three monographs and 68 articles published in the 1990s, including two articles on the Neolithic cultures, 11 articles on zooarchaeology, of which three are in English and two in Japanese; 13 articles, of which three are in Japanese; 14 research reports, of which four are in Japanese; one article on archaeological science, six articles synthesizing academic findings, 16 translations of Japanese articles, one translation of an English article, and four informal essays. The author also edited one monograph on environmental archaeology, and co-edited two monographs on shell midden studies in Japan.

The last batch lists published works from 2001 to 2008, three monographs and collections of essays and 111 articles have been published. One was a research report on Neolithic archaeology. There were 38 papers on zooarchaeology, of which nine are in English and three are in Japanese, 30 research reports, of which one is in English and one is in Japanese, four syntheses, five informal essays, and two translations of Japanese papers. There was one second edition of a monograph on environmental archaeology and five papers on environmental archaeology, of which one is in Japanese and one is in English, one synthesis. There were two monographs on archaeological science and four articles, two syntheses, and nineteen informal essays.

后 记

　　终于把这本集子所收录的全部文章认真校对完了，看着眼前这厚厚一沓文稿，想了很多很多……研究、撰文、著书，这是我二十多年来所走的路，今后也会继续这样走下去。细细想来，从少年时代起，这种做学问的影响就一直伴随着我。

　　记得小时候，每当暑假，外公就常带我们几个孩子从上海回到绍兴的寿家老宅小住。每次回到老宅子，我们常常会去隔壁的三味书屋转一转。三味书屋是我的曾外叔公寿镜吾创办的私塾，当年它和寿宅是连在一起的，因为鲁迅先生曾经写过有名的文章《从百草园到三味书屋》，所以新中国成立后，外公他们就把三味书屋捐献给了国家，从此三味书屋也就成为鲁迅纪念馆的一部分。

　　我的太外公寿孝天幼年时曾在三味书屋读书，考中秀才后，他和当时的革命党人徐锡麟等合作创办了一个名叫越郡公学的学堂，这是绍兴最早的新式学堂之一。当时的中国处于清朝末年，已经是积贫积弱、内忧外患、民不聊生，学堂自然也就办不下去了。太外公离开小镇绍兴，来到上海，进入商务印书馆当编辑。那时的商务印书馆在张元济先生"开发民智，拯救中华"的理念指导下，编辑出版了一大批有价值的学术著作和教材。其中太外公编辑、翻译、校对的各种数学教材有十余种。

　　相比太外公从绍兴走到上海，我的外公寿林文就走得更远了。1912 年，他去了德国，在艾益吉（AEG）公司进修，学习电机技术。回国后，外公在上海的艾益吉公司当工程师，监造了上海电力公司（1949 年后改名为上海杨树浦发电厂）的负责全上海电力供给的发电机。对我们这些外孙辈的教育，他也是秉承三味书屋的做法。在文化大革命期间，外公为了让我们继续读书，他一笔一画地用复写纸抄写《成语字典》，然后装订成册，分给我们一人一本，辅导我们学习，寿家重开"私塾"。

　　我的父亲袁东衣为国家做过一些工作。他生前自认为最得意的事情，就是他在改革开放后担任全国政协委员和天津市政协常委期间建立起了天津市政协编译委员会。这个编译委员会曾编译出版了众多与国外的政治、经济、外交、社会、历史等相关的书籍，从多个方面为中国的改革开放提供了许多有价值的启迪。在《简明大不列颠百科全书》中文版的序言中提及参与翻译的单位时，有名有姓的单位是中国科学院、中国社会科学院、中央编译局、新华社、天津市政协编译委员会等五家，其他参与编译的单位则全部归入"各大专院校、各科研机构"里了。一个地方单位能够和中央级单位并列，可见他们发挥的作用之大。

　　1969 年，我初中尚未读完，就从上海到云南西双版纳插队落户，三年后转到陕西临潼的农村继续务农，1975 年进入临潼的工厂当工人。幸逢拨乱反正、恢复高考、改革开放，使我有机会考上大学，后来又留学东瀛，学习考古学的新方法和新技术。在日本取得博士学位回国后，通过十多年的野外实践和室内研究，取得了一些科研成果。主编了《胶东半岛贝丘遗址环境考古》这本专刊及《科技考古》第一、第二辑，参与主编了《环境考古研究》第三、第四辑，并在《考古》、《考古学报》、《文物》等国内一流刊物上发表了多篇文章，也在英国的 *Antiquity*、美国的 *Journal of anthropological Archaeology* 等世界一流刊物上发表了多篇英文文章，还在一些日本一流的刊物上发表过多篇日文文章。另外，我还多次走出国门，到日本、美国、英国、法国等国做访问学者，到加拿大、瑞典、韩国等国出席学术会议，尽自己所能把中国科技考古的成果展示给世界，把我所了解到的国外考古学最新动向带回国内。

可以说，做好学问，做好知识的传播，用知识为祖国效力，是从一百多年前寿家前辈开设三味书屋起，逐渐形成的一种传统。这一传统在家族中代代相传，在改革开放的新时代里，继续发扬光大。

我要感谢当年西北大学历史系考古专业的老师们传授我考古学基础知识，感谢我的硕士生导师石兴邦教授引领我进入新石器时代考古研究的领域，感谢我的博士生导师加藤晋平教授培养我站在新的角度研究考古学。感谢中国社会科学院科研局和考古研究所的领导们为我的研究创造了很好的条件，感谢考古界的前辈学者们指导和关心我的研究，感谢考古界的同仁们参与和帮助我的研究，感谢考古研究所科技考古中心的同事们给予我各种支持和协作。感谢我的学生杨梦菲、刘羽阳、余翀帮助我校对文稿，感谢考古杂志社的张静和文物出版社的王霞和李媛媛三位编辑为出版这本文集所做的各种努力。

我要真诚地感谢我的夫人肖克多年来对我的支持和帮助。

这里我还要特别感谢第十一届全国人民代表大会常务委员会副委员长、中国科协主席韩启德院士为这本文集题写书名。

马克思说过："在科学上没有平坦的大道，只有不畏劳苦沿着陡峭山路攀登的人，才有希望到达光辉的顶点。"我用它来鞭策自己继续前行。

作者简介

袁靖，1952年10月出生于上海，先后就读于西北大学、中国社会科学院研究生院和日本千叶大学研究生院，获日本千叶大学生态学博士学位。

袁靖现为中国社会科学院考古研究所研究员、科技考古中心主任，中国社会科学院研究生院博士生导师，并兼任国际动物考古学会理事、中国第四纪研究委员会常务理事、中国考古学会理事、国家社会科学基金学科评审组专家、北京大学等多所大学的客座教授、中国科学院传统工艺与文物科技研究中心等多个研究或教学机构的学术委员会委员或理事、《考古》等多家杂志的编辑委员会委员，曾任美国哈佛大学、英国杜伦大学、法国国家历史自然博物馆、日本国立历史民俗博物馆客座教授。

袁靖的主要研究方向为古代人类与动物的关系、古代人地关系和科技考古。主持过多项国家自然科学基金，国家社会科学基金，中国社会科学院、国家科技部和国家文物局的课题及中外合作课题。

袁靖主编有《胶东半岛贝丘遗址环境考古》、《科技考古》第一、第二辑等专著，用中文、英文、日文发表的学术论文、研究报告等共计180余篇。

袁靖曾获中共中央组织部、宣传部、统战部、国家人事部、教育部、科技部等共同授予的"全国留学回国人员先进个人"称号，中国社会科学院"有突出贡献的中青年专家"称号，享受政府特殊津贴，作为主编、第一作者撰写的专著或论文多次获得中国社会科学院优秀科研成果二等奖、三等奖，全国最佳文博考古文集奖等。